A HISTÓRIA
SAGRADA

Frontispício do *The Art of Navigation*, de John Dee.

JONATHAN BLACK

A HISTÓRIA SAGRADA

COMO OS ANJOS, OS MÍSTICOS E A INTELIGÊNCIA SUPERIOR CRIARAM O NOSSO MUNDO

TRADUÇÃO DE
MÁRCIA FRAZÃO

Título original
THE SACRED HISTORY
How Angels, Mystics and Higher
Intelligence Made our World

Primeira publicação na Grã-Bretanha em 2013 pela
Quercus Editions Ltd.
55 Baker Street – 7th Floor, South Block, Londres
W1U 8EW.

Copyright © 2013 *by* Jonathan Black

Copyright das ilustrações © 2013 *by* Tabby Booth

O direito moral de Jonathan Black de ser identificado como autor desta obra
foi assegurado em conformidade com o Copyright, Designs and Patents Act, 1988.

Todos os direitos reservados.
Nenhuma parte desta obra pode ser reproduzida ou transmitida por qualquer
forma ou meio eletrônico ou mecânico, inclusive fotocópia, gravação ou sistema
de armazenagem e recuperação de informação, sem a permissão escrita do editor.

PROIBIDA A VENDA EM PORTUGAL.

Direitos para a língua portuguesa reservados
com exclusividade para o Brasil à
EDITORA ROCCO LTDA.
Av. Presidente Wilson, 231 – 8º andar
20030-021 – Rio de Janeiro – RJ
Tel.: (21) 3525-2000 – Fax: (21) 3525-2001
rocco@rocco.com.br
www.rocco.com.br

Printed in Brazil/Impresso no Brasil

CIP-Brasil. Catalogação na fonte.
Sindicato Nacional dos Editores de Livros, RJ.

B562h Black, Jonathan
A história sagrada: como os anjos, os místicos e a inteligência superior criaram o nosso mundo/Jonathan Black; tradução de Márcia Frazão. – 1ª ed. – Rio de Janeiro: Rocco, 2015.

Tradução de: The sacred history
ISBN 978-85-325-2963-3

1. Anjos. 2. Misticismo. I. Título.

14-17719   CDD–235.2
                                        CDU–27-167.2

Para Lorna Byrne

Sumário

Prefácio 9
Introdução: A visão mística 19
1. O orvalho cai docemente... 25
2. Mãe Terra e Pai Tempo 31
3. O anjo Miguel e a serpente 35
4. A mulher-aranha tece o seu encantamento 42
5. Ísis e o mistério do par perfeito 48
6. Amantes divinos e esposas angelicais 54
7. Odin e a teoria angelical da evolução 63
8. A história de um precioso anel 72
9. Homens poderosos, homens célebres 79
10. Os deuses pedem ajuda aos humanos 88
11. Orfeu, a Esfinge e o Senhor do Tempo 95
12. Noé e as águas do esquecimento 107
13. Rama e Sita – os amantes na floresta 112
14. Krishna, Branca de Neve e as Sete Donzelas 121
15. Gilgamesh e o elixir da imortalidade 129
16. Abraão, o pai do pensamento 135
17. Moisés e os deuses da guerra 146
18. Salomão, sexo e beleza 159
19. Elias entre os mundos 169
20. A história do Buda 180
21. Sócrates e seu *daimon* 189
22. Jesus vira o mundo de cabeça para baixo 201
23. O sol da meia-noite 217
24. A era dos milagres 231

25. A montanha vai a Maomé	242
26. Carlos Magno e os paladinos da dor	249
27. Percival se faz de tolo	258
28. Contos das mil e uma noites	267
29. São Francisco assume seriamente os evangelhos	282
30. O novo jeito árabe de amar	291
31. Dante, os Templários e a estrada menos transitada	302
32. Christian Rosencreutz e o nascimento da ioga	313
33. Joana e a chave da portinhola	324
34. As fadas querem o nosso sumo	336
35. Paracelso e os mistérios da cura espiritual	347
36. O sapateiro tem outro modo de saber	357
37. Shakespeare e os rosa-cruzes	369
38. Histórias sobrenaturais na era da ciência	382
39. Napoleão – o grande ímã da época	394
40. Abraão e Bernadette	401
41. O mandachuva de Odd	413
42. O grande segredo deste mundo	425
43. A história da vida após a morte	433
44. Jung e seu *daimon*	439
45. Fátima e os segredos do anjo da guarda	447
46. Hitler e os anjos húngaros	456
47. O que sem o qual	463
48. Lorna Byrne e o misticismo da vida cotidiana	475
Conclusão	485
Notas	493
Bibliografia	535
Agradecimentos	541

Prefácio

As histórias reunidas e recontadas em sequência neste livro representam um tipo de história folclórica do mundo.
Mais do que isso, no entanto, atuam em níveis diferentes e fazem parte de uma tradição mística.

Muitas descrevem os acontecimentos dramáticos não apenas no mundo físico como também nos domínios dos deuses e anjos e de outros seres espirituais. Muitas abordam personagens que entretêm deuses e anjos desavisados ou que fazem viagens por mundos que deslizam em meio a realidades alternativas. Por vezes essas histórias mostram o que se sente quando o reino espiritual se intromete no cotidiano, ou quando os seres espirituais se manifestam, ou quando se sente uma súbita presença ou quando até, sem qualquer intenção, acabamos por nos deparar com um mundo diferente – de cabeça para baixo e de dentro para fora.

Faz muito tempo que histórias como essas povoam a memória coletiva, mas ainda hoje aceleram o sangue porque representam grandes pontos-chave na evolução espiritual – ou para colocar em termos modernos, pontos-chave na evolução da consciência.

De acordo com a tradição mística, esse tipo de evolução é o desdobramento de um plano divino. Pois somos guiados pelos grandes seres espirituais que ao longo das eras e das etapas históricas nos atraem e nos ajudam a evoluir. Isso tanto nas brigas e no amor como nos momentos em que somos testados até os limites humanos, a ponto de nos sentirmos vitoriosos mesmo quando derrotados. Enfim, seguimos os passos dos deuses e dos anjos e os padrões dos significados e dos comportamentos que eles estabelecem para nós.

Contudo, como em tudo que diz respeito à dimensão mística, não se trata de histórias simplesmente lineares. Pela simples razão de que o tempo não funciona da mesma forma nos mundos espirituais, talvez haja acontecimentos históricos que em certo sentido ainda estejam em curso. Talvez os eventos históricos do mundo também sejam reproduzidos em nossas vidas individuais, de modo que cada um possa suportar um exílio no deserto e sair em busca do Santo Graal. Alguns eventos podem ter sido reencenados como parte de cerimônias religiosas. Um exemplo é a história que chegou até nós como *Cinderela* e que teve origem no drama sagrado de Ísis encenado nos templos do antigo Egito. Algumas histórias, como as de renascimento, talvez tenham feito parte de rituais de iniciação nos quais alguém "nasceu de novo" em estado mais elevado de ser ou de consciência. E alguns desses rituais ainda são reencenados secretamente hoje em dia.

Com o formato que chegaram até nós, tais histórias se destinam a se transformar em sabedoria humana. São "histórias de ensinamentos" que se destinam a atuar naquilo que hoje se chama de inconsciente, mas que também nos ajudam a nos tornarmos mais conscientes das formas e padrões místicos de nossas existências. Pode-se então argumentar que essa é uma das razões pelas quais essas histórias são importantes. Além do mais, muitas vezes são histórias que revelam a imanência da divindade na experiência humana.

Por isso mesmo, os grandes acontecimentos no desenrolar da história espiritual do mundo podem ser vistos em histórias que por vezes parecem totalmente fictícias – nos contos de fada, nas narrativas das *Mil e uma noites* e nos contos folclóricos que descrevem encontros com seres elementais e com espíritos de mortos.

Nenhuma grande história é mera fantasia – nada é fantasia.[1]

Organizo as histórias em ordem cronológica. Nos primeiros capítulos reconto as grandes narrativas do início da humanidade a fim de mostrar como os fundamentos da condição humana foram sendo encaixados época após época, etapa após etapa.

Intervenção divina, interação inteligente com seres espirituais, orientação espiritual, teste espiritual – tudo isso é inquestionável nas primeiras histórias e escrituras. Os escrutinadores dos contos míticos não questionavam o mundo material como passamos a questioná-lo a partir da revolução científica. Para eles, o grande milagre, a grande maravilha não era apenas a beleza e a complexidade do mundo exterior, mas também a beleza e a complexidade do mundo *interior*, da experiência subjetiva. Pois explicavam a experiência da vida conforme a conhecemos.[2]

Então, tal como a paixão de Vênus por Adônis, o desejo também pode ser destrutivo. Tal como Loki, o Lúcifer nórdico que roubou um anel mágico forjado pelos anões, o melhor de nós também pode se tornar ganancioso e egoísta. Tal como Odin e Mercúrio, nós também somos intelectualmente curiosos. Tal como o deus Sol, quando agimos de todo o coração e sem medo de nos arriscar acabamos por derrotar as forças das trevas.

No decorrer do livro veremos que por conta de Moisés a paixão pela justiça nos percorre dos pés à cabeça como um poderoso rio. Como também veremos que por conta do Buda nos tornamos capazes de sentir compaixão por todos os seres vivos, e que por conta dos grandes místicos da Arábia aprendemos as delícias da paixão.

A história dos fundadores medievais da Hatha ioga interliga-se à história dos rosa-cruzes cristãos e à introdução dos ensinamentos sobre os chacras na corrente do pensamento místico ocidental. Nestas páginas veremos que Carl Gustav Jung, um dos dois grandes cientistas da espiritualidade da modernidade, era aconselhado por um guia desencarnado, da mesma forma que Sócrates era guiado pelo seu próprio *daimon*. Rudolf Steiner, outro grande cientista da espiritualidade da modernidade, faz um relato detalhado da jornada do espírito após a morte.

Alguns temas e personagens se repetem, como a figura por vezes perigosa e perturbadora do Ser Verde, que reaparece em diferentes formas para finalmente anunciar o fim do mundo conhecido.

Em alguns capítulos introduzo comentários nas histórias para explicitar os pontos-chave dramatizados. Em outros casos, procuro me conter.

Tomo como um axioma o que disse Ibn Arabi, que além de místico sufi é a luz que guia este livro: "Não é só a religião que expressa plenamente a realidade de Deus." Ao longo deste livro abordo as práticas e os ensinamentos de escolas, como a cabalística, a sufi, a hermética, a rosa-cruz, a maçônica, a teosófica e a antroposófica, bem como o trabalho individual de místicos, como Platão, Plotino, Paracelso, Christian Rosencreutz, Jacob Boehme, Rudolf Steiner e Lorna Byrne. E questiono se as afirmações em relação à sabedoria antiga podem nos ajudar a encontrar uma linguagem moderna compatível com tudo isso.

Abordo ainda a obra de grandes escritores que contam as histórias dos tempos modernos, questionando se há uma dimensão mística na existência humana, se o mundo está pleno de significados ainda não colocados e se nós realmente interagimos com uma inteligência incorpórea. Essa talvez seja a maior questão filosófica da era do materialismo científico, uma questão que leva romancistas como Dostoievski, George Eliot e David Foster Wallace a investigarem padrões misteriosos, traços místicos e influências sobrenaturais não apenas na vida épica dos heróis, mas também na vida comum e cotidiana.

Este livro dedica-se em parte a fazer uma pergunta chocante: *e se os clamores das religiões do mundo forem de fato verdadeiros?* O que seria então a história? É possível examinar a Criação à luz do criacionismo, sem que isso seja prontamente descartado como absurdo pelos cientistas?

E se outros grandes clamores também forem verdadeiros? Será que Joana d'Arc realmente derrotou os exércitos ingleses sob a orientação dos anjos? Será que Bernadette de Lourdes era mesmo visitada pela Virgem Maria?

Claro que não é possível provar cientificamente os eventos extraordinários. Mas será possível tecê-los em uma narrativa histórica com uma explicação coerente do mundo que se contraponha à explicação cientificamente correta e convencional? Será possível construir uma narrativa significativa a partir de intervenções angelicais, de visões místicas e de experiências sobrenaturais – o lixo descartado pelos historiadores mais suscetíveis?

É possível seguir os mesmos padrões no mundo atual? Os grandes seres espirituais ainda intervêm de maneira decisiva como intervieram na vida de Moisés e Joana d'Arc? O último terço do livro narra experiências perturbadoras de um presidente norte-americano, milagres testemunhados por milhares de pessoas na Espanha, aparição de anjos para os judeus perseguidos pelos nazistas na Hungria, ataque de um exército de rebeldes a estudantes no Congo, além de pessoas que levam vidas urbanas aparentemente normais. *A história sagrada* fornece evidências em primeira mão das experiências do sobrenatural através dos tempos, e posso afirmar que o volume e a consistência de tais testemunhos são extraordinários.[3]

✥

Além de vivermos na interseção do plano mental com o plano físico, transitamos de um plano para outro. Ambos se espraiam para longe e nos fazem refletir de onde viemos e para onde vamos.

Os filósofos sempre se questionaram sobre o plano de origem e sobre o plano mais confiável e mais cognoscível. Será que um depende do outro para poder existir? Qual é a questão filosófica, a visão de mundo que mais traz implicações e *que é mais real – a mente ou a matéria*?

Considerando esse fio condutor, estamos aqui porque o universo nos fez do jeito que somos ou o universo é do jeito que é porque tem como *objetivo* nos criar? A mente é o principal constituinte do universo? Existem um valor e um sentido inerentes ao universo? Os fundamentos das leis morais são tecidos pelo próprio universo? Ou nós é que os inventamos?

Será que também inventamos o amor?

Sob o ponto de vista religioso ou espiritual da vida, talvez faça mais sentido supor que a mente chegou primeiro – até porque ao longo da história quase todos acreditaram nisso.[4] Em contrapartida, a visão materialista e ateísta supõe que a matéria vem primeiro. Isso se popularizou com o advento da revolução científica e agora se torna a visão predominante, pelo menos no meio da elite educada. Segundo a visão intelectual dominante de hoje, a mente ou a consciência só eclode como oportunidade efervescente junto a certas substâncias químicas.

Em termos filosóficos, a visão de que a "mente chegou primeiro" é chamada de idealismo, uma expressão confusa que o meio acadêmico utiliza com muita frequência para denotar a busca de ideais elevados. Para os estudantes de filosofia, sobretudo os que se dedicam à tradição anglo-americana, o idealismo é uma singular teoria do conhecimento que pontificou pela última vez no século XVIII, com o filósofo Bishop Berkeley, e que agora está em total descrédito.

Mas ao longo da história o idealismo constituiu-se em uma sólida cosmologia e filosofia de vida. A maioria das pessoas experimentava o mundo de acordo com essa filosofia – à qual podemos nos referir como "idealismo popular".[5] Muitos acreditavam que "no início" havia uma Grande Mente Cósmica – "Deus" nas tradições ocidentais. Para esses, a Mente Cósmica criara a matéria e lhe dera função. Era essa Mente Cósmica que reorganizava o cosmos em resposta às orações, aos anseios e aos medos mais íntimos, orientando-os, recompensando-os ou punindo-os por suas ações. Às vezes eles experimentavam uma presença espiritual que hoje chamamos de alucinação coletiva.[6]

A elite intelectual de hoje, ombreada com o materialismo científico, tende a zombar da experiência mística e espiritual, ridicularizando-a como crença infundada. Em vez de tentar se envolver seriamente com os dados da experiência espiritual, os ateus se manifestam estridentemente como se a questão tivesse sido resolvida. Mas não devemos ser levados a aceitar isso. Mesmo porque, se considerarmos o que aconteceu "no início", não encontraremos qualquer evidência decisiva – na verdade, não encontraremos provas de nada que chegue perto do decisivo. Só existem pequenos fragmentos de evidência para o Big Bang e nenhuma evidência para o que ocorreu antes disso. Em se tratando do início da Criação, nem crentes nem ateus têm muito terreno para seguir adiante. Grandes pirâmides invertidas de especulações equilibram-se em alfinetes de evidências.[7] Como em muitas outras áreas, aqui a certeza também não passa de uma resposta inadequada à natureza e às evidências disponíveis. Em um livro recente, o filósofo americano Alvin Plantinga também argumentou que não podemos descartar a ideia de que a evolução tenha se dado por um projeto – mas tampouco podemos descartar o contrário.[8]

⌒

Se a prova da ciência é escassa, existem outras fontes de conhecimento às quais apelar? O termo "místico" origina-se do grego *mystae*, já na Grécia antiga escolhiam-se alguns indivíduos para a iniciação em instituições denominadas escolas de mistérios, que eram anexadas aos grandes templos públicos. Embora todos soubessem da existência de tais escolas, apenas alguns tinham o privilégio de descobrir o que ali se ensinava. Os *mystae* eram educados em clausuras altamente secretas e submetidos a uma série de testes extremos, os quais envolviam longos períodos de jejum e de privação sensorial e ainda exercícios espirituais e por vezes até drogas. Todo o processo era projetado para induzir experiências místicas.

Os místicos eram habilitados a rasgar o véu que mantém os seres espirituais inacessíveis à maioria das pessoas. Eles eram capacitados para se comunicar direta e conscientemente com as forças construtivas do universo, as forças que, de acordo com o idealismo, controlam todos nós e nosso meio ambiente.

Mais adiante veremos que o conhecimento arcano obtido pelos iniciados era, em essência, a manipulação prática da matéria pela mente humana que se iniciava na fisiologia humana. Os iniciados aprendiam a gerar efeitos psicossomáticos no corpo humano, ativando a matéria externa a esse corpo pelo poder da própria mente. Eram, portanto, capazes de trabalhar o mundo de um modo inacessível à consciência cotidiana usual. Ora se tornavam profetas ou curandeiros, ora desenvolviam outros dons extraordinários. Eles também podiam originar ideias novas nas artes, na filosofia e na ciência. Conheciam os algoritmos espirituais utilizados pela Mente Cósmica para moldar o mundo circundante. Como veremos à frente, por vezes esse tipo de conhecimento se dava com precisão matemática. Muitos dos maiores gregos e romanos, incluindo Sócrates, Platão, Ésquilo, Píndaro, Ovídio, Virgílio, Sêneca e Cícero, tinham sido iniciados nessas escolas.

Alguns místicos alcançavam estados alterados de consciência e outras formas de conhecimento através de técnicas de iniciação, enquanto outros simplesmente nasciam com tais capacidades. Nesta *História sagrada* aprenderemos com o testemunho de ambos os tipos de místicos. A história aqui narrada é uma história humana com relatos de portadores de uma consciência alternativa ou superior e de outras formas de saber. Com base na sabedoria dos místicos ao longo dos séculos, entre os quais Ibn Arabi, Hildegard de Bingen, Rudolf Steiner e a notável mística moderna Lorna Byrne, tento esclarecer o que os seres espirituais pretendiam com suas intervenções na vida humana.

Este livro é, portanto, uma história visionária e, como já disse, sem quaisquer provas. Evidentemente, isso seria impossível. Mas há muito me dei conta de que todas as grandes tradições religiosas se fundem ao nível da experiência mística e espiritual. Tanto as experiências de um iogue nas florestas da Índia como as de um dervixe no deserto da Arábia e as de Lorna Byrne nos arredores de Dublin parecem ser notavelmente consistentes. Os místicos sufis descrevem um Outro Mundo, um lugar com realidade objetiva ao qual se acessa através da imaginação. A esse mundo adentramos através de portais em partes diferentes do globo que nos levam aos mesmos lugares e onde encontramos os mesmos seres espirituais.

No final do livro proponho o que chamo de "o argumento a partir de uma experiência pessoal direta": se o universo foi mesmo criado por uma Mente Cósmica, claro que deveríamos vivenciá-lo não como se tivesse surgido por acaso.

Como avaliar esse tipo de experiência, como testá-la sob essa luz? A evidência a favor de uma Mente Cósmica tende a cair em uma categoria mística. Mas nos parece difícil falar em abstrato sobre a experiência mística. Afora alguns poucos místicos quase desconhecidos, não são muitos os que tentam fazer isso e os resultados não dispõem de uma linguagem pronta para descrevê-los. E pelo fato de ser difícil nomear – ou pensar – as experiências místicas, tendemos a não reconhecê-las quando as vivenciamos.

George Eliot descreve essa falta de reconhecimento: "Os momentos de ouro no curso da vida passam às pressas por nós e não vemos nada além de areia; os anjos nos visitam e só nos damos conta disso quando já se foram."[9]

Assim, na falta de marcos conceituais, como considerar tais experiências – e as questões da vida e do destino? As histórias aqui descritas talvez constituam uma arena própria para isso...

Antes da revolução científica, a consciência humana concentrava-se em alguns fatos centrais da condição humana: temos muito pouco a dizer sobre os grandes eventos da vida, os eventos que mais interferem na felicidade humana irrompem espontaneamente e uma inteligência alheia é quem controla e faz o trabalho humano. Ideias como essas não são moedas correntes nos dias de hoje, mas o romancista norte-americano David Foster Wallace descreve-as em linguagem fresca, contemporânea e imediata:

> Tanto os beijos como as agressões estonteantes do destino ilustram a impotência básica do ser humano em relação aos acontecimentos realmente significativos da vida; ou seja, quase nada de importante que acontece com você é projetado por você. O destino não tem sinais sonoros; o destino sempre sai furtivamente de um beco com um psiu que geralmente você não consegue sequer ouvir, isso porque você está com muita pressa ou envolvido com algo importante que precisa fazer.[10]

Há uma grande e dura verdade subjacente às considerações sobre o significado da vida. Sem a Mente Cósmica preexistente, por definição nem o cosmos nem a própria vida possuem *qualquer* significado intrínseco – apenas os significados parciais e temporários que optamos por projetar. Sem a Mente Cósmica preexistente, as noções de destino não fazem o menor sentido.

Contudo, como sugerem David Foster Wallace e outros, de quando em quando surgem para muitos de nós insinuações com um significado mais amplo e absoluto. O mundo coloca-se contra nós e nos traz uma maré de má sorte, e depois nos esquivamos de algum teste. Isso retorna e nos encontra de outra maneira, fazendo-nos experimentar premonições, coincidências significativas e sonhos que tentam nos dizer alguma coisa. Mas de repente entendemos com clareza o que alguém está pensando e sentimos conexões especiais com pessoas que encontramos pela frente. Experimentamos um momento de felicidade e depois nos damos conta de que tudo na vida nos levou a esse momento e nos apaixonamos e passamos a ter certeza de que foi perfeito...

Às vezes as narrativas sobre os padrões sobrenaturais e os traços místicos nos sensibilizam em relação aos mesmos padrões de nossa própria experiência. Pois concentram a atenção nos acontecimentos sutis, complexos e internos que são ao mesmo tempo experiências de como o mundo funciona por dentro e provas de que existem grandes forças que se unem para tecê-lo, criá-lo, mantê-lo e movê-lo. Isso caso o idealismo propicie um quadro adequado do mundo. As histórias aqui apresentadas foram escolhidas para trazer à luz padrões como esses.

Muitas vezes lemos uma história que nos faz entrar num lugar misterioso e repleto de paradoxos, enigmas e quebra-cabeças, e acabamos nos dando conta de que *a vida também é assim*. A grande ficção nos abre para as profundezas da vida e do mundo onde vivemos. E assim também nos abre para um mundo encharcado de energia inteligente, cujos significados se comunicam com os seres humanos...

Espero que você aprecie estas histórias e que as leia com o mesmo espírito que elas encerram.

INTRODUÇÃO

A visão mística

"Deus nos salva a partir de uma única visão."
William Blake

Algumas pessoas são capazes de ver o mundo dos anjos com a mesma clareza que veem as rochas, as pedras e as árvores que todos veem. A essas pessoas se atribuem muitos nomes, alguns rudes, mas aqui as chamaremos de místicas.[1]

Por vezes essas pessoas vivem e trabalham no seio de uma religião organizada, mas geralmente vivem à parte e tendem a ser solitárias e sozinhas.

A religião organizada sempre demonstrou preocupação para com os místicos. Se você é um padre sincero e esforçado, que reza com fé, mas que no fundo do coração se preocupa por nunca ter tido uma experiência mística digna desse nome, talvez ache difícil entender que a poucos quilômetros adiante na estrada existe uma jovem que conversa com os anjos ao longo do dia. Como é possível defender os dogmas da Igreja com confiança quando se suspeita que outros tenham uma experiência direta e pessoal de realidades só conhecidas em teoria?

É desnecessário dizer que os ateus também são hostis aos místicos. Para eles, visões de anjos não passam de simples ilusões. Sei muito bem que se alguns psiquiatras com tendência autoritária tratassem alguns amigos meus, eles certamente os diagnosticariam como esquizofrênicos.[2]

Diante de tal hostilidade, precisamos esclarecer um equívoco comum: a visão mística não é necessariamente contraditória ao ponto de vista científico. Os místicos não colocam a evidência visível em questão, assim como não afirmam que a vida não aconteça do modo ordenado descrito pela ciência. O que eles afirmam é que os acontecimentos *se devem aos anjos e a outros seres espirituais que os planejam*. Isso porque trabalham nos bastidores para que possam acontecer.

Como os místicos sabem disso? Às vezes eles só veem aquilo que vemos – o mundo físico. E outras vezes entram em um estado visionário no qual o mundo físico é substituído pelo mundo espiritual.[3] Em certas ocasiões eles veem os dois mundos entrelaçados. Um místico pode ver um evento com os olhos físicos – a mãe que verifica o cinto de segurança que mantém a cadeirinha do bebê no carro – ao mesmo tempo que o vê com um terceiro olho, espiritual. Desse ponto de vista, é o anjo da guarda que, por cima do ombro da mãe, a faz se voltar para a trava de segurança que não está bem fechada. Feito isso, o anjo da guarda do bebê sorri com gratidão enquanto um clarão de luz azul brilhante de entendimento o ilumina.

O terceiro olho, ou olho espiritual, consegue enxergar aquilo que está para além do mundo físico, mas isso não *contradiz* aquilo que os outros dois olhos enxergam. Pelo contrário, abre uma nova dimensão tecida dentro e fora do mundo físico.[4]

É importante que se tenha esse tipo de visão dupla em mente quando se considera a Criação. Nesse caso, acredito que místicos e cientistas enxerguem a mesma série de acontecimentos. *Embora o façam de pontos de vista bem diferentes.*

Se nos voltarmos para o Capítulo 1 do Gênesis, na versão autorizada da Bíblia, teremos a seguinte sequência de eventos:

Deus criando o mundo com precisão matemática
(ilustração extraída de *Li Livres dou Trésor*, de Brunetto Latini).

E Deus disse: faça-se a luz... Faça-se um firmamento... Que ele separe as águas das águas... Que surja a terra seca... Que a terra produza a relva... Que as águas produzam abundantemente criaturas em movimento que tenham vida... Que a terra dê à luz... as feras da terra... Que se faça o homem...

Abstraindo a linguagem poética, o que isso descreve? Uma sequência onde às partículas subatômicas ("luz") se seguem o gás ("firmamento"), os líquidos ("águas"), os sólidos ("terra seca"), a vida vegetal primitiva ("erva"), a vida marinha primitiva ("as águas que produzam abundantemente criaturas em movimento que tenham vida"), os animais terrestres ("feras da terra") e, por fim, os seres humanos anatomicamente modernos ("que se faça o homem"). Visto dessa maneira, o Gênesis complementa a moderna visão científica.

Os ateus que desacreditam o relato bíblico da Criação sempre destacam a ideia de que isso ocorreu em apenas sete dias. Mas obviamente

O arcanjo Rafael enviado a Adão e Eva
(ilustração de Gustave Doré para o livro *O paraíso perdido*, de Milton).

a Bíblia não afirma que o mundo foi criado em sete dias no sentido moderno da palavra "dia", uma vez que um dia é a medida da Revolução da Terra em torno do Sol e, no início, nem a Terra nem o Sol existiam. No Gênesis a palavra "dia" deve significar alguma grande unidade de tempo, como um *aeon*. O Gênesis narra eventos anteriores ao tempo conhecido e mensurável, talvez até anteriores à existência do tempo.

Qual é então o problema? Por que a hostilidade? Porque, segundo o Gênesis, *Deus é que planejou essa sequência de eventos. Referiu-se à Criação e a fez acontecer.* Ele disse: "Deixe-a acontecer", e viu que era bom.

⌇

O mais instigante é que a Bíblia também diz que os anjos O ajudaram a empreender Seus objetivos e se rejubilaram com isso.[5]

Embora a Bíblia seja uma fonte de inúmeras histórias de anjos, existem outras fontes e algumas mais antigas. Os mitos e as lendas dos judeus – o Talmude e tradições místicas da Cabala, examinadas mais à frente – expandem-se nas descrições bíblicas dos anjos.[6] Os místicos sempre se referiram às visões sobre o papel dos anjos que talvez não estejam explícitas nas Escrituras, mas que talvez sejam aludidas e codificadas dentro delas. Na tradição mística judaica e cristã, por exemplo, o arcanjo Miguel tem um papel especial na Criação da forma humana, e os feitos e personalidade de Miguel e de outros anjos en-

São Miguel ajudando
a moldar a forma humana
(miniatura italiana do século XIII).

contram-se encobertos entre as letras e as palavras do Gênesis. Como veremos, existem tradições sagradas e místicas de outras religiões que parecem contar as mesmas histórias sobre os mesmos seres.

Observaremos então de olhos bem abertos místicos e visionários, panoramas de exércitos de anjos, dinastias de anjos, líderes angelicais, heróis angélicos e, claro, também os anjos maus. Nas páginas à frente veremos galáxias que se expandem e se colapsam e civilizações angelicais que emergem e ruem.

As batalhas entre os anjos não passam de fantasia humana, como insistem os ateus? Será que nossas vidas e nossos amores são ecos das vidas e amores dos anjos?

1

O orvalho cai docemente ...
..
.

No início não havia nem tempo nem espaço nem matéria – só escuridão.

Os cientistas não têm quase nada a dizer a respeito desse tempo imemorial – nem os místicos. A despeito de como se observe tal escuridão, é quase impossível encontrar alguma coisa ou mesmo palavras que possam descrevê-la.

Enquanto os cientistas afirmam que isso não era nada mais que nada, os que professam uma fé afirmam que isso era nada mais nada menos que a mente fervilhante de Deus.

Foi a partir desse ponto discordante, sobre qual ambos os lados precisam reconhecer que não sabem quase nada, que fluíram grandes argumentos no decorrer das épocas – inquisições, perseguições, prisões, torturas, execuções e guerras que se estendem pelos tempos modernos.[1]

Uma coisa que todos sabem ao certo, a despeito do lado em que estejam, é que deve ter havido uma transição de um estado imaterial para um estado material para que tivéssemos chegado aonde chegamos. Os cientistas produzem teorias para explicar a misteriosa transição, como a teoria do "estado estacionário", segundo a qual a matéria está sempre pronta para a existência e em constante precipitação para fora da escuridão. Depois, claro, a teoria do Big Bang, segundo a qual matéria, espaço e tempo irromperam ao mesmo tempo para a existência de um único ponto adimensional e atemporal denominado "singularidade". Mas se tivesse ocorrido como uma constância ou como um rompante instantâneo, isto é, independentemente da *velocidade* do processo, e se estivéssemos presentes com olhos físicos e pudéssemos observar tais eventos através de um poderoso microscópio, inicialmente teríamos observado partículas subatômicas quase abstratas evoluindo e tomando forma como átomos. Ou seja, o cosmos se enchendo de *coisas* na forma de uma finíssima névoa.

Isso talvez evoque a admiração que sentíamos quando acordávamos de madrugada nos tempos de criança e, ao sair para o jardim, víamos o orvalho se precipitando pelo ar. E mesmo sem chuva durante a noite, os primeiros raios solares revelavam um gramado cheio de gotas de água que brilhavam. Na tradição judaica, por vezes o místico orvalho da Criação cai suavemente da grande cabeleira de Deus.[2]

Ou talvez evoque a admiração que sentimos no laboratório de química quando pela primeira vez observamos por entre bicos de Bunsen e prateleiras de tubos de ensaio as maravilhosas formas dos cristais que se tornavam solúveis, como se as ideias de alguma outra dimensão estivessem espremendo a dimensão material. Caso sejamos pessoas que acreditam, isso foi exatamente o que aconteceu – e essa outra dimensão que dá forma e molda a dimensão material é nada mais que a mente de Deus.

Na visão dos místicos, o processo de Criação se fez quando Deus começou a pensar – quando os pensamentos começaram a emanar em sucessivas ondas da mente de Deus. Pois da mesma forma que as ondas arrebentam uma atrás da outra, polindo os seixos na praia, as ondas que emanaram da mente de Deus formaram a primeira matéria.

Se observarmos com os olhos da imaginação a versão mística dos eventos, talvez as ondas dos pensamentos divinos tivessem sido, na verdade, compostas de milhões de anjos. À primeira onda de anjos gigantescos que encheu o cosmos inteiro seguiu-se uma onda de anjos menores que os primeiros anjos ajudaram a criar; juntos, eles geraram uma terceira onda de anjos ainda menores. Uma sequência decrescente que acabou por se estender aos seres espirituais minúsculos, que por sua vez teceram o que é reconhecido como o mundo material circundante, composto de rochas, pedras e árvores.[3]

Talvez pareça estranho igualar os pensamentos de Deus aos anjos. Hoje em dia tendemos a subestimar os pensamentos humanos, classifi-

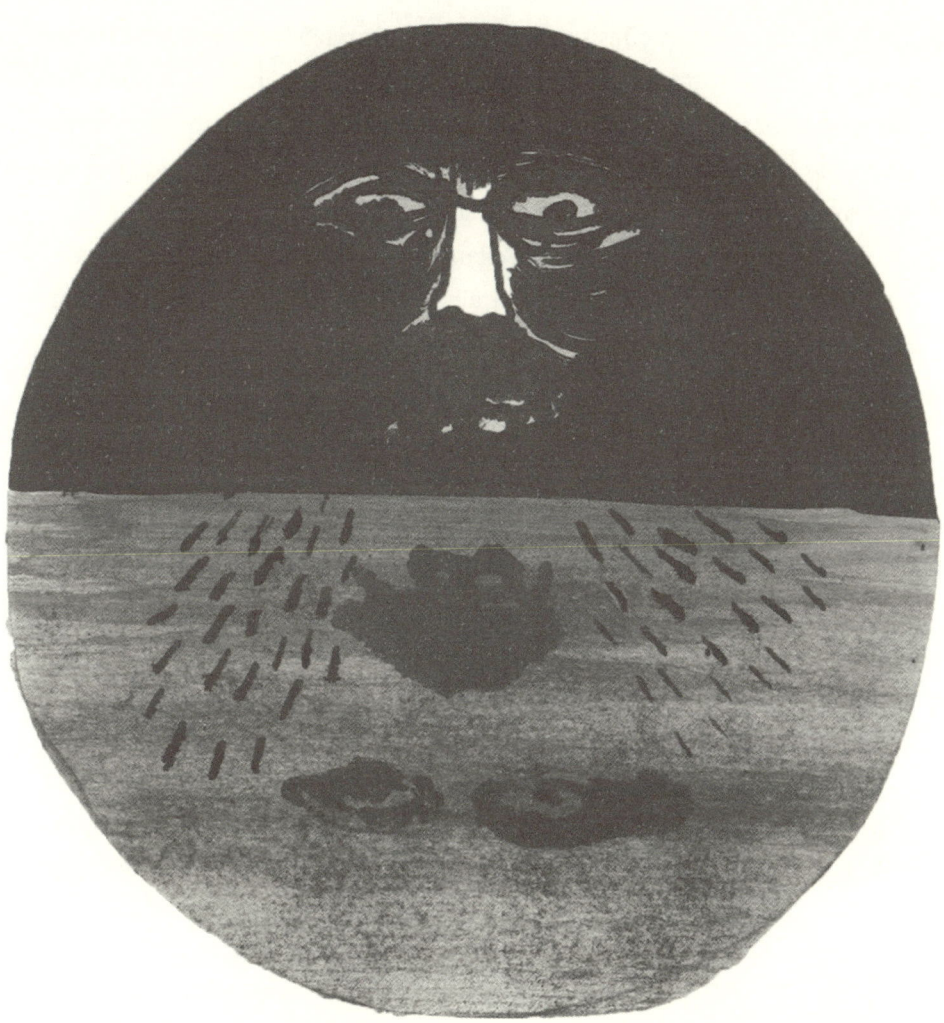

A fertilização de Deus. Mitos da Criação descrevem como a matéria foi criada e como as leis fundamentais do universo foram postas em prática. Uma vez que o tempo é uma medida do movimento dos objetos no espaço, o que eles descrevem pode ser dito que ocorreu antes do tempo como nós o conhecemos. De acordo com a teoria do Big Bang, a matéria e as leis fundamentais do universo irromperam após um intervalo muito curto de tempo depois da explosão inicial – diz-se às vezes que numa fração de segundo ou em alguns segundos. Mas em certo sentido, se o tempo ainda não havia começado, qualquer medição desse intervalo é arbitrária. Ele poderia igualmente ser pensado como o tempo suficiente para as batalhas dos anjos, os amores dos deuses e a ascensão e queda das civilizações descritos pela mitologia. Para uma representação em animação sobre isso, veja: http://www.youtube.com/watch? v = PeasdIUJ86M cando-os como abstrações sem *existência* própria. Mas existe uma forma antiga de classificar os pensamentos oriundos das grandes religiões que talvez seja mais esclarecedora. Pois ela considera os pensamentos como *seres vivos*, que adquirem existência e vida próprias à medida que são projetados no mundo para realizar os desejos humanos.

Retornaremos a essa forma de examinar os pensamentos, mas por enquanto basta dizer que as pessoas que rezam acreditam em algo similar. Pois ao rezar se envolvem numa atividade que ecoa a Criação de Deus do cosmos.

Eis a questão: o cosmos responde quando rezamos ou quando fazemos um pedido para uma estrela ou quando desejamos alguma coisa com força e de maneira correta? Ou será que a influência só tem um caminho a seguir – da matéria para a mente? A questão de saber se existe ou não existe uma interação entre a mente e a matéria situa-se no cerne do debate da vanguarda intelectual da atualidade.

Qualquer tentativa sincera de responder a essa importante questão implica considerar os sentimentos mais íntimos e os medos mais profundos, sem deixar de lado as grandes esperanças. Isso também exorta po-

Os hindus têm uma bela imagem para a Criação. Eles dizem que *Deus sonhou o mundo à existência.* Aqui, Vishnu, deus supremo dos vedas, sonha deitado em cima da serpente cósmica (gravura do início do século XIX).

deres de discernimento mais sutis e interpretações de experiências mais subjetivas. Só você sabe no fundo do seu coração o que o levou a rezar. Só você pode avaliar as respostas às suas orações. O melhor juiz do que significa cada um dos seus momentos é você. Estamos nos referindo às mudanças e às sombras sutis da vida interior – e não às questões acessíveis a medições ou testes científicos.

Às vezes os cientistas argumentam que as únicas questões válidas são as que admitem testes científicos. Mas esse ponto de vista é *exclusivamente científico* e não leva em conta as áreas da experiência em que a ciência não apresenta contribuições úteis. Os ateus militantes entre os cientistas tendem a ser bastante desconfiados em relação a tais experiências, sugerindo que nem sequer as temos. No ensaio *On Life,* Tolstoi descreve essa tentativa invasiva que nos engana e nos leva a acreditar que não vivemos o que de fato vivemos: "Segundo a pseudociência dos nossos dias, nunca sabemos o que realmente sabemos: o que o bom senso de nossa consciência nos diz."

Para um ateu, os objetos físicos servem de medida para o que é real. Em contrapartida, para um idealista a mente é *mais real* que a matéria. O cosmos está impregnado de espírito, carregado de espírito. A matéria vive com isso, pulsa com isso e reage a isso. A mente reorganiza a matéria circundante o tempo todo.[4] Nós também temos uma palavra a dizer e somos capazes de mudar o curso da história, simplesmente sentando-nos sozinhos e silenciosos em algum lugar e pensando a respeito disso...

A crença no poder da mente para mover a matéria é o que distingue o pensamento religioso do espiritual, e tal movimento é a quintessência do evento sobrenatural.

De qualquer forma, muitas vezes os que se dizem religiosos ou espiritualistas se comportam como se não houvesse o sobrenatural. Pois geralmente seguem o ponto de vista ateu. Será por isso que tendem a compartimentar as crenças espirituais? Já que tendem, por exemplo, a aceitar relatos históricos nos quais nem Deus nem o sobrenatural desempenham um papel importante.

De acordo com os místicos, os anjos trabalham em conjunto para criar o mundo material e guiar a humanidade nos grandes pontos-chave da história.

Ao escrever este livro, tive a sorte de ser ajudado por Lorna Byrne, uma mulher notável que sempre conversou com os anjos e sempre os viu. Ela mantém uma relação especial com um anjo de alta hierarquia que desempenhou um papel vital na história humana e continua desempenhando o mesmo papel em nossa época – o arcanjo Miguel.

Logo depois que me informaram sobre Lorna, ouvi de um amigo que o líder de uma ordem religiosa de Roma se encontrara com ela e que um teólogo sênior de uma faculdade de Dublin a tinha procurado para se certificar da exatidão do que estava escrevendo sobre as diferentes ordens de anjos. Desde então nos tornamos grandes amigos. De vez em quando me atrevia a ler alguma história preservada na tradição mística e perguntava a ela se os anjos a avalizavam. Foi Lorna que fez com que as histórias e tradições sobre os anjos tomassem vida para mim.

Será que o orvalho místico ainda se precipita?

Desde o nascimento somos metade vir a ser e metade vir a não ser. À medida que envelhecemos nos concentramos em nossas próprias existências e a morte passa a predominar. O crânio força o caminho contra a superfície da pele. Mas até mesmo na idade avançada continuamos recebendo influências vivificantes, sobretudo no sono, durante o qual o orvalho místico se precipita cintilando das profundezas escuras de nossas mentes. Acordamos renovados e com a vida e os propósitos também renovados.

Isso pode ser visto como um trabalho dos anjos que nos protegem à cabeceira, ensinando-nos e preparando-nos para o amanhã. Eles comungam com nossos espíritos enquanto dormimos, abraçando-nos e confortando-nos de maneira que durante a vigília ouvimos de algum lugar profundo de dentro de nós o que precisamos fazer.

2

Mãe Terra e Pai Tempo

"Que guerra é essa no seio da natureza? Por que a natureza compete consigo mesma, e a terra, com o mar?"

Palavras de abertura de *Além da linha vermelha*,
dirigido por Terrence Malick[1]

Se no início dos tempos os olhos humanos já existissem, certamente teriam contemplado as grandes ondas de uma névoa mais fina e mais sutil que a luz. Uma névoa suave e delicada que guardava o potencial da vida e que era a própria Mãe Terra.

Eis o que diz a Bíblia: "Havia trevas sobre a face da Terra."

Com base nas lendas judaicas e nos mitos da Criação de culturas circunvizinhas, talvez possamos entender o que está por trás do relato bíblico. Os mitos do mundo narram a seguinte história:

A Mãe Terra foi atingida por um vento seco e ardente. Aos olhos humanos, isso parecia uma neblina revolvida por um tufão, mas a visão mística apreende algo com formato humano por trás da tempestade – um gigante alto e ossudo encapuzado, pele branca escamosa e olhos vermelhos. A escuridão era o espírito de Saturno. Ele desceu armado com uma foice e se pressionou contra o corpo da Mãe Terra com sombrio prazer.

– Não tenha medo. Deixe-me apenas... deitar sobre você.

Será que ele queria fazer amor com ela? Ou seu único desejo era espremer a vida para fora dela? A ambiguidade de suas ações acabou por deixar uma cicatriz, uma brecha na profunda estrutura do cosmos.

Talvez você pense que a Mãe Terra tenha se aterrorizado com a frieza do hálito do gigante e a exasperadora presença de chumbo que pesava cada vez mais sobre ela. E talvez também pense que ela tenha lutado contra ele na tentativa de afastá-lo. Mas ela sabia que aquilo *tinha que ser* e que tudo tinha que acontecer conforme o plano. Então, quando ele a cobriu, ela se espraiou e o abraçou. E depois o segurou para que ele não alçasse voo para longe.

– Você é um homem! – convenceu-o ela.

Ah, sim, ele pensou – mas logo descobriu que não conseguia falar. Só conseguia emitir silvos agudos e metálicos.

Ela queria que ele a puxasse o mais perto possível que se pode estar com outro ser. Ela queria que ele descesse cada vez mais para dentro dela e que ela própria subisse por dentro.[2]

Para Saturno, as reservas pareciam ilimitadas, como se a Mãe Terra o absorvesse e drenasse toda a sua força. Mas a ironia é que ela própria começou a temer que também não pudesse continuar presente por mais tempo. Era como se ela não tivesse mais nada, e ele era o mais forte e a sufocava e a consumia. E ela sabia das consequências se ele continuasse fazendo isso até o fim: não haveria mais vida em recanto algum do universo. O universo seria para sempre um mero filtro de matéria morta...

"Que se faça a luz."

Justamente quando tudo parecia perdido ecoou um som como de uma trombeta, e de repente do nada se fez luz na forma de um belo jovem com uma cabeleira de ouro que conduzia uma carruagem dourada puxada por cavalos de ouro. De seu rosto brilhante irradiavam sete raios dourados, e sem temor ele andava em linha reta pela tempestade a dispersar a escuridão.

Tal resgate chegou em cima da hora e definiu um padrão intenso na estrutura do cosmos. E depois disso surgiriam para sempre equipes de resgate no undécimo instante – Robin Hood rolando sob a ponte levadiça para resgatar a donzela Marian antes que os portões se fechassem, e a chegada da cavalaria dos EUA para salvar o vagão do trem.

O jovem deus Sol lutou com Saturno e o venceu. Saturno é um dos nomes de Satã, o espírito da oposição, e por todo o mundo os mitos da

Criação preservariam a memória das histórias de Saturno oprimindo a Mãe Terra e do deus Sol derrotando o monstro.

Saturno foi banido para os limites exteriores, onde jaz enrolado em torno do cosmos, como uma grande serpente com o rabo na boca. Era um mal, mas um mal *necessário*. Por ele as brumas da protomatéria deixaram de ser sem forma. E depois os átomos se engendraram e os objetos individuais chegaram à existência.

Esse velho e terrível tirano seria lembrado por devorar os próprios filhos. Um mito segundo o qual *o que vem à existência também pode deixar de existir*. Isso ocorre quando se é mera coisa – quando se é limitado. Se você passa a *ser*, você também pode deixar de ser.[3]

Em pleno momento de triunfo, o deus Sol aqueceu a Mãe Terra agora de volta à vida. E ao mesmo tempo que fazia isso, ele cantava uma bela canção para ela, a princípio suave e gentil, mas aos poucos de voz elevada, até agitar todo o cosmos. Foi uma canção de vitória e amor do deus Sol que fez toda a matéria no universo vibrar. Uma bela expressão preservada pelos místicos cristãos descreve a agitação da matéria primordial: "A dança das substâncias." Como resultado dessa dança, as substâncias coagularam e formaram inumeráveis padrões. Se alguém espalhar um pó de talco na superfície lisa de um painel de vidro e passar o arco de um violino ao longo da borda, o pó acabará por formar uma sequência de padrões enquanto a música e suas vibrações se transformam. Os padrões formados no vidro são como os padrões formados em tempos imemoriais – formas de plantas primitivas semelhantes a samambaias.

Os gregos tinham um nome para o deus Sol que moldou o mundo de forma padronizada: "A Palavra." A Palavra estava com Deus e era o maior e o mais importante pensamento de Deus. Foi a Palavra que cantou a vida enquanto existência. São João se refere à Palavra nos versículos de abertura do seu evangelho, na esperança de que os leitores compreendessem o que significava "a Palavra que brilha nas trevas".[4]

No último capítulo ocorre a misteriosa transição da não matéria à matéria. E com a chegada do deus Sol se dá uma igualmente misteriosa transição da não vida à vida – em primeiro lugar, a criação de formas vegetais.

A união de germes individualizados constituiu grandes redes flutuantes de fios luminosos entrelaçados que se dissolveram e de novo se reuniram para talhar padrões cada vez mais complexos, de cujo centro se urdiu um tronco com ramos que se estenderam por toda parte. É a esse vasto ser vegetal no centro do cosmos, cujos membros suaves e luminosos se espalharam por toda parte, que se dá o nome de Adão.

As plantas não se reproduzem pela via sexual, característica dos animais. Geralmente o rompimento da semente gera uma nova planta. A esse método de reprodução semelhante aos das plantas os cientistas chamam de partenogênese, e na narrativa da Criação os membros de Adão também se rompem para formar Eva. Adão e Eva se tornam, assim, sementes vegetais do que viria a ser a humanidade. É a isso que a Bíblia se refere quando diz que Eva foi criada a partir da costela de Adão.

Foi então por partenogênese que Adão e Eva povoaram todo o cosmos. Seus filhos e os filhos dos seus filhos evoluíram para formas de vida vegetais mais complexas, incluindo os órgãos sensitivos vegetativos, similares aos das flores. Com o tempo, o universo tornou-se repleto de flores gentis e palpitantes, como noites estreladas.

O Jardim do Éden é uma alusão bíblica à fase do desenvolvimento vegetativo. Como ainda não havia nenhuma vida animal no cosmos, Adão era sem desejo e também sem preocupações e insatisfações. Ele habitava um mundo de infinita felicidade. A natureza propiciava uma interminável provisão de alimentos sob a forma de uma seiva leitosa semelhante à do conhecido dente-de-leão. Os anjos frequentavam o jardim em ininterrupta comunhão com a humanidade, que por sua vez contemplava por intermédio dos anjos a face gentil de Deus.[5]

Ao longo da história seguiram-se rumores de que é sempre possível a humanidade recuperar tal estado de felicidade. Mais adiante seguiremos esses rumores até a fonte para ver se de fato são verdadeiros.[6]

3

O anjo Miguel e a serpente

Existe algo terrível na vida. Não sabemos o que é, mas vem em nossa direção, ora rápida, ora lentamente, à frente ou atrás, de dentro ou de fora, como o movimento estranho de um cavaleiro através de uma dimensão desconhecida.

E naqueles primeiros instantes algo se agitava por entre os ramos verdes e as flores. A um cheiro de enxofre seguiram-se um clarão de relâmpago e um trovão. A paz do jardim ensolarado se viu rompida por uma lívida serpente avermelhada e chifruda cuja esmeralda na testa brilhava como se coberta de diamantes, safiras e ônix. Ela se desenrolou rapidamente e se desvendou. Era tão brilhante que fez a folhagem no jardim sombrear. Com deslumbrante velocidade, a serpente se arremeteu até um tronco no meio do jardim e envolveu Adão.[1]

Ele se debateu como se nunca tivesse sentido isso antes. Era uma *dor* jamais sentida no mundo porque até então os únicos seres vivos eram as plantas.

Na visão mística da serpente e da árvore, vemos uma clara imagem do desenvolvimento da coluna vertebral, que certamente caracteriza anatomicamente a vida animal. Dessa maneira se dá a terceira transição misteriosa da Criação – da vida vegetal à vida animal –, e de novo o relato mítico e bíblico não contradiz o relato da comunidade científica, pois simplesmente se expressa de um modo diferente e mais visionário.

Adão viu uma silhueta alada que descendia com uma armadura faiscante. Era o arcanjo Miguel, campeão do deus Sol, que chegava para resgatá-lo antes que ele enlouquecesse de vez com a dor.

Com os olhos brilhando de fogo e o corpo inflado de veneno, a serpente afastou-se de Adão para enfrentar Miguel.

Miguel então investiu contra o pescoço da serpente, que se desenrolou e se projetou para o alto, a fim de pegá-lo. Era a oportunidade que ele tinha para cravar a lança na barriga da oponente que de repente ficava exposta à sua frente. A lança se manteve cravada, fazendo exalar um fedor nojento do ferimento naquela pele endurecida. Miguel recuou, e quando a serpente se contorceu para desalojar a lança, ele rapidamente puxou-a com toda força, soltou-a e projetou-a para cima, mas dessa vez para a direita, atravessando o pescoço da serpente. E depois o arcanjo espetou-a no topo do tronco da árvore.

Enquanto a grande serpente se debatia, Miguel observava a joia verde que escorria pela testa dela.[2]

A serpente se esvaiu diante dos olhos do arcanjo, mas o tempo todo sustentou o olhar, como se quisesse se mostrar superior no desafio, como se o arcanjo fosse estúpido!

Ainda apoiado na lança com uma das mãos, Miguel estendeu a outra mão e desembainhou a espada, a fim de decapitar a serpente com um golpe.

Por um instante lhe pareceu que a serpente era feita de vidro e que a espada a tinha quebrado. Mas logo Miguel se deu conta, horrorizado, de que não era exatamente isso que acontecia. A serpente se dissolvia em milhões de serpentes menores, que agora se dispersavam em todas as direções, enterrando-se na vida da floresta.

Miguel se saíra vitorioso, mas era uma vitória mesclada de amargor e doçura. Na derrota, Lúcifer realmente trazia algo doce e maravilhoso. Pois introduzia a luz da consciência animal no mundo, e o que mostra a história de Adão e Eva é que da vida animal irrompeu o desejo.

Mas o desejo trouxe o sofrimento, e em seguida o desejo de morte. Já que a planta se reproduz pelo derramamento de uma parte de si mesma, em certo sentido a nova planta é uma continuidade da planta anterior e nesse mesmo sentido as plantas não morrem. Mas o corpo do animal morre por inteiro e de maneira irreversível.[3]

A coluna vertebral e o sistema nervoso, característicos do corpo animal, geram a consciência anímica e a possibilidade de conhecimento.

O desejo traz a morte (gravura do século XV, de Sebald Beham).

Claro que o conhecimento traz a possibilidade de erro. Lúcifer então nos torna animados, tanto no sentido de que na condição de animais podemos nos mover pela superfície do planeta, como no sentido de que somos impelidos pelo desejo. E com o desejo nos colocamos em perigo permanente de tomar o caminho errado e perder o controle.[4]

Dessa maneira, tal como Satã, que o antecede, Lúcifer é necessário, porém encarna o mal.

Dizemos que Lúcifer se "assemelha" a Satã porque, na verdade, tanto na Bíblia como nos grandes mitos da Criação do mundo existem duas grandes histórias primordiais sobre a batalha entre o deus Sol e um monstro em forma de serpente. Claro que são histórias semelhantes que tendem a se entrelaçar em nossas mentes, mas vale a pena desembaraçá-las porque embora apresentem relações entre si, são diferentes em relação à condição humana. Ambas sugerem que a vida é difícil – mas "difícil" em dois sentidos diferentes, no sentido de que a vida nos traz desconforto e dor ao nos impelir até nossos limites, e também no sentido de que é difícil de ser entendida.

As histórias das duas serpentes refletem isso. A serpente Saturno – Satã – ataca de fora, ao passo que a serpente Vênus – Lúcifer – se insinua por dentro de nós. Satã, o espírito de oposição, geralmente torna a vida difícil de suportar. Satã nos deixa à mercê de ataques. E tal como a Mãe Terra, Satã nos testa em nossos próprios limites, a ponto de querermos desistir.[5]

Lúcifer nos ataca de diferentes maneiras, sujeitando-nos a cometer erros e dotando a matéria de uma sedução deslumbrante que nos cega para as verdades mais elevadas. Além de injetar uma qualidade complicada e paradoxal no coração do universo, Lúcifer também injeta uma qualidade perversa no coração humano, uma traiçoeira qualidade que vem "de fora". Como diz São Paulo, por conta de Lúcifer, "o bem que quero fazer acabo não fazendo, mas o mal que não quero fazer acabo fazendo".

Eis o que retrata exatamente a condição humana: não há caminhos fáceis nem respostas fáceis. Os caminhos são sempre repletos de perigos de morte, mas, quando não os percorremos, morremos na cama sem nunca termos vivido. Se não colocamos em risco o que mais valorizamos, acabamos perdendo-o de um jeito ou de outro. Não existe retorno para além de um determinado ponto. E esse ponto deve ser alcançado.

Acabamos de recontar histórias que envolvem deuses planetários – Saturno, Mãe Terra, Vênus e o deus Sol. Como então é possível inseri-las no relato bíblico?

A resposta encontra-se na sequência de emanações de anjos da mente de Deus. Segundo uma tradição pouco conhecida, embora profunda e amplamente divulgada, uma das ordens de anjos relaciona-se de maneira especial com os planetas: *os deuses dos planetas são tipos de anjos*.

A Bíblia apresenta inúmeras histórias de diferentes tipos de anjos – incluindo arcanjos, querubins e serafins – e São Paulo também se refere às ordens distintas deles: "Nele todas as coisas foram criadas, no céu e na terra, tanto Tronos e Domínios como Principados e forças..." (Col. 1:16). São Paulo não se preocupa em apresentar as listas das ordens distintas de anjos. Como São João, ao escrever sobre a Palavra, ele também conta com o conhecimento dos leitores.[6]

Os seres a quem os antigos gregos e romanos se referem como deuses eram uma ordem de anjos a quem São Paulo se referia como "forças".

Claro que nas diferentes partes do mundo encontram-se seres desencarnados tidos como deuses, anjos ou espíritos, os quais são vistos e coloridos segundo as diferentes culturas. Os seres espirituais também se adaptam e assumem diferentes formas segundo as diferentes culturas. Eis como a devoção sagrada do povo tâmil aborda a divindade: "Tu que tomas a forma imaginada por Teus adoradores."[7]

Obviamente, tais relatos não passam de ilusões para a visão cientificamente correta. No entanto, caso sejam mais que isso, caso sejam encontros reais e de fato exista uma dimensão espiritual, não é de estranhar que os seres em questão sejam reconhecidamente os mesmos, embora com diferentes roupagens culturais.

Nas antigas culturas, a inteligência sem corpo era comumente retratada como seres alados. Essas três belas imagens extraídas do *The Dictionary of Greek and Roman Antiquities*, ilustrado com numerosas gravuras sobre madeira, editado por William Smith, de 1848, estampam um gênio alado – a partir da base da coluna de Antonino Pio – uma deusa fazendo inscrições num escudo, e a conjuração do espírito em uma bacia.

Lorna Byrne tem uma experiência direta e diária do reino espiritual que coincide com os relatos dos grandes místicos do passado. Por sua condição de disléxica e por suas muitas distrações de natureza angelical, ela passou parte da vida sem ler nada. Ela não tinha informações da tradição mística antes de nos conhecermos, mas vivenciava São Miguel como o arcanjo do Sol e Gabriel como o arcanjo da Lua.

Lembro-me de quando discutimos isso pela primeira vez. Caminhávamos na margem de um rio na zona rural dos arredores de Dublin – Lorna acabara de se oferecer para me ensinar a pescar e isso me surpreendera! Lembro que soltou uma sonora risada, abertamente encantada, quando lhe disse que a tradição de Miguel como arcanjo do Sol e Gabriel como arcanjo da Lua não era apenas cristã e judaica, mas também do Islã.

Enfim, apesar dos conflitos e das contradições entre as religiões no nível da doutrina e do dogma, observaremos que tanto as histórias como as experiências se assemelham. No decorrer deste livro tentarei tecer uma única história das múltiplas histórias dos grandes homens e grandes mulheres que foram guiados pelos deuses e pelos anjos.

4

A mulher-aranha tece o seu encantamento

"Quando recolhemos os mitos e os recolocamos em cena, acabamos por repetir aquilo que Deus, heróis e ancestrais originaram. Conhecer os mitos é aprender os segredos da origem das coisas."

Mircea Eliade, *Mito e realidade*

A mulher mutante vivia no desfiladeiro dos navajos. A terra era bonita, mas o povo do lugar era aterrorizado por gigantes e monstros que capturavam os viajantes e os devoravam.

Mas havia um gigante de sobrancelhas peludas que conseguia ver a mulher mutante quando ela estava sozinha e sempre a rondava com desejo, mas ela sabia que ele tinha um coração sombrio e cheio de ódio.

Um dia o gigante reparou em algumas pegadas na areia e, dissimuladamente, perguntou se tinham sido feitas pelos filhos gêmeos da mulher mutante. Ela respondeu que as tinha feito com as próprias mãos. Mas sem saber ao certo se o tinha convencido e com medo de que ele pudesse retornar, ela escondeu os filhos dentro de um buraco no centro da cabana coberto por uma laje de arenito.

Os meninos sobreviveram e cresceram, e ela então os ajudou a fazer arcos e flechas quando eles já estavam fortes o bastante para aprender a caçar. Mas isso despertou nos rapazes o forte desejo de caçar com o pai. O que era natural.

– Quem é nosso pai? – perguntaram.

– Vocês não têm pai – ela respondeu.

Eles insistiram e ela acabou dizendo que o pai era o deus Sol, que vivia distante, muito além do Grand Canyon, numa ilha no meio do grande oceano, acrescentando que seria impossível encontrá-lo e que eles nunca sobreviveriam à viagem – com armadilhas, terreno difícil e monstros vorazes...

Os rapazes se mostraram determinados e, com grande tristeza no coração, ela os deixou ir, mas sem deixar de abençoá-los. Alertou-os sobre o corvo, o abutre e o pega, explicando que eram aves espiãs dos monstros que poderiam devorá-los.

Assim, os dois rapazes partiram antes do amanhecer, cientes de que depois que passassem por entre as árvores teriam os passos espionados durante todo o caminho.

À luz do amanhecer, quando se aproximavam de uma montanha sagrada que pairava sobre as árvores, eles avistaram um filete de fumaça que emergia de um buraco no solo. Curiosos, fixaram os olhos em meio à penumbra e se viram frente a uma velha enrugada e feia que estava vestida de preto e cuidava de uma fogueira. Era a mulher-aranha.

– Quem são vocês? O que estão fazendo aqui? – ela perguntou, com rispidez.

– Não sabemos quem somos – eles admitiram. – E não sabemos para onde vamos.

Eles explicaram que eram os filhos da mulher mutante e que estavam em uma peregrinação de busca.

– Vocês estão em busca do seu pai?

Os dois rapazes assentiram e a mulher-aranha acenou com uma das mãos cinzentas e escamosas.

– Venham até a minha cabana.

Eles se estreitaram para descer e logo se deram conta de que as paredes subterrâneas eram cobertas de teias grossas como pano e entupidas de ossos.

– Não tenham medo – ela disse. – Vou lhes dizer como encontrar a casa do deus Sol.

Em seguida, ela explicou que a jornada que tinham pela frente era longa e perigosa e que o pai deles vivia do outro lado do oceano, no horizonte distante. Para alcançá-lo, eles teriam que transpor obstáculos mortais – pelas rochas que se fechavam e esmagavam os peregrinos, pela floresta de juncos cortantes, que drasticamente reduziam todos que passavam a tiras, e pelas dunas de areia em ebulição, que queimavam a carne e os ossos.

– Nenhum homem poderá sobreviver a esses testes sem o talismã que darei a vocês – disse a mulher, estendendo uma cesta feita de três penas arrancadas de águias vivas e instruindo-os para mantê-la sempre à frente. E depois recomendou que olhassem nos olhos do inimigo, recitando:

> Faça seus pés com pólen.
> Faça suas mãos com pólen.
> Faça sua mente com pólen.
> Seus pés, então, são polens.
> Seu corpo é pólen.
> Sua mente é pólen.
> Sua voz é pólen.
> Você é lindo.
> Você também é...[1]

Eles então retomaram a caminhada, armados com os artefatos e a sabedoria da mulher-aranha. As rochas do Grand Canyon se separaram e os deixaram passar, os juncos cortantes se abrandaram e as dunas se aquietaram e se deitaram. Já na praia, de repente um arco-íris surgiu à frente e eles cruzaram o oceano caminhando sobre as águas até chegar à casa do deus Sol.

A princípio o pai não acreditou que estava diante dos filhos. Depois de fazê-los lutar com ele, colocou-os dentro de uma tenda do suor, que teria matado qualquer homem comum. Só depois que os rapazes sobreviveram às provas é que o pai os reconheceu e os agraciou com capacetes de pedra, flechas de relâmpagos e raios mortais.

– Meus filhos – disse o deus Sol. – Com essas armas vocês poderão destruir os monstros que estão devastando o reino de sua mãe... Mas eu darei o primeiro golpe, porque só a mim cabe matar o grande gigante de sobrancelhas peludas.

Dessa maneira, os três homens partiram de braços dados na viagem de regresso...

Passados muitos anos, com os combates cessados, a vitória conquistada e os monstros erradicados, o lugar tornou-se novamente seguro para as crianças que passeavam sozinhas. Certo dia, uma menina brincava na floresta e de repente avistou um filete de fumaça que emergia de um buraco no solo. Ela baixou os olhos em meio à penumbra e surgiu à sua frente um rosto envelhecido e retorcido.

– Venha aqui, querida. Desça e sente-se aqui comigo.

A menina desceu por uma escada desgastada e enegrecida e sentou-se ao lado da mulher-aranha.

– O que é isso? – perguntou a menina.

– Isso é um tear, querida, e o que estou fazendo é tecelagem – respondeu a mulher-aranha.

Nos três dias e três noites seguintes, a menina aprendeu a tecer, observando boquiaberta a mão da mulher-aranha, que esvoaçava ritmicamente de um lado ao outro lado do tear. A mulher-aranha cantarolava enquanto confeccionava desenhos complexos de luz e cor em constantes volteios semelhantes aos das estrelas e planetas, como se trouxesse o próprio mundo à existência com formas, cores, harmonias e significados secretos. Mesmo calada, talvez a menina tivesse uma vaga ideia de que ali se tecia uma teia cósmica dentro da existência, na qual cada parte se relacionava com todas as outras partes, que por sua vez se fixavam em um buraco no centro do tecido.

A mulher sábia.

– Querida, não se esqueça de deixar um buraco no centro da coberta, está bem? – aconselhava a mulher-aranha. – Como as aranhas fazem. Caso contrário, você poderá ser pega na sua própria teia!²

"Eu sou tudo o que foi; tudo o que é e tudo o que será, e o meu véu nenhum mortal jamais o levantará." Essa inscrição, de um santuário em Saís, no Egito, foi registrada por um historiador greco-romano. Era um santuário dedicado a Atena, mas, segundo Plutarco, originalmente era dedicado a Ísis. A mulher que a menina navajo encontrou era, portanto, uma deusa criadora, conhecida por nomes diferentes nas diversas partes do globo terrestre.

No decorrer deste livro encontraremos essa misteriosa iniciadora sob formas diferentes, algumas bastante familiares. Por intermédio dessa deusa é que o divino entra em nossas vidas. Embora assustadora, uma vez que utiliza o sobrenatural para combater as forças das trevas, veremos na próxima história que com sua intervenção ela frustrou um plano saturnino de nos privar do divino por inteiro.

Sob a ótica do materialismo, tais mitos representam elementos do inconsciente – de acordo com Freud, são lembranças de nossa infância, os deuses expressam nossos pais vestidos de forma elegante. Por outro lado, sob a ótica do idealismo, representam relatos históricos de como a experiência humana tornou-se gregária, a deposição de sucessivos sedimentos que se agregaram à psique humana.

Tomei conhecimento da mulher-aranha no livro *O herói de mil faces*, de Joseph Campbell. Além de apresentar uma versão condensada da história da deusa, Campbell tem o mérito de ter apreendido a unida-

O Anjo da Noite
(extraída de *L'Art Byzantine*).

de essencial que está por trás dos mitos e das lendas do planeta, e de ter mostrado como as mesmas histórias são contadas de formas diferentes, segundo cada cultura. Talvez em parte pela influência de Jung, que compreendia os mitos como incorporadores de grandes verdades psicológicas, e não de verdades históricas. A jornada do herói através de uma sequência de provações é a própria jornada pela vida afora de todos os homens e mulheres comuns. E os mitos expressam os padrões profundos do inconsciente.

Embora um aspecto importante e verossímil da realidade seja o fato de que intuitivamente todos respondem e acreditam nos mitos como verdadeiros, a história não se resume a isso. O que está implícito em toda parte e não está explícito sistematicamente nos escritos do grande místico austríaco Rudolf Steiner é que os mitos e as lendas se originam das diferentes etapas do desenvolvimento da psique humana. Dessa forma, instigado e orientado por Steiner, observo ao longo destes capítulos que em determinado nível os mitos são memórias coletivas dos grandes pontos-chave da evolução humana, e que por isso podem ser dispostos em uma ordem cronológica própria.

5

Ísis e o mistério do par perfeito

Era uma vez uma menina que cuidava do fogo na cozinha de um grande palácio. Tinha uma vida dura e todos a chamavam de Cinderela, porque ela estava sempre enegrecida pela fuligem do fogão.

Embora a própria família e os outros servos debochassem da triste condição de Cinderela, ela sonhava que um dia chegaria um príncipe...

A história de Cinderela é uma versão de um drama encenado nos templos do Egito antigo. Na história original, Cinderela se enegrece de fuligem porque está de luto, uma vez que o príncipe com quem sonha está desaparecido, talvez até morto. Ela vagueia pelo mundo em busca dos restos mortais do amado, e a busca chega ao clímax – em termos de pantomima – na "cena de transformação", no momento em que ela se disfarça de serviçal nas cozinhas do palácio do rei da Síria.

Na versão original, Cinderela é chamada de Ísis, e seu príncipe, de Osíris:

Osíris era um rei popular, um poderoso caçador que liberta a região dos muitos monstros que a devastam. Um dia, ao voltar de uma das expedições de caça, ele topa com um jantar de gala organizado por Seth, seu irmão gigante.

Após o jantar organizavam-se jogos e Seth anuncia, durante os jogos, que havia confeccionado uma linda caixa de madeira, incrustada de ouro, prata e pedras preciosas. Seth então proclama que aquele que se encaixasse perfeitamente lá dentro seria o proprietário dela.[1]

Um convidado após o outro tenta se encaixar, mas todos ou eram muito gordos ou muito magros, ou muito baixos ou muito altos para a caixa. Casualmente, Osíris faz uma tentativa.

– Olhem! – ele grita. – Encaixou! Encaixou em mim como minha própria pele!

Todos olham espantados, mas ficam ainda mais espantados quando Seth e seus comparsas pulam em direção à caixa e a tampam. Martelam pregos e fecham todas as frestas com chumbo. E a caixa torna-se então um caixão.

Seth e seus homens transportam a caixa até a margem do Nilo e a lançam sobre as águas. A caixa flutua por muitos dias e muitas noites, até parar em outra margem.

Uma tamargueira brota lentamente em torno da caixa, envolvendo-a em ramos e depois envolvendo-a por inteiro. Com o tempo a árvore é cortada e utilizada como pilar no novo palácio do rei da Síria.

Na sua dor, Ísis, a jovem esposa de Osíris, corta o cabelo curto e cobre-se de cinzas. E vagueia pelo mundo à procura do amado.

Finalmente, ela instala-se na corte do rei da Síria. E como já não apresenta qualquer sinal de realeza, só encontra trabalho como serviçal nas cozinhas.

Mas uma noite ela tem a extraordinária visão de Osíris prisioneiro na velha árvore que sustenta o saguão central do palácio.

Na manhã seguinte, Ísis se dirige à sala do trono e revela sua verdadeira identidade ao rei. Ele a autoriza a cortar a casca da árvore e abrir o caixão. E também a transportar o corpo de Osíris para uma pequena ilha distante do palácio, onde ela se vale de óleos e artes mágicas para revivê-lo.

Ocorre que Seth também tem poderes mágicos e, durante uma caçada ao luar, ele e seus companheiros avistam Ísis com Osíris nos braços numa encosta da ilha. Seth investe contra o casal e jocosamente arrebata o corpo de Osíris e o despedaça. Por via das dúvidas, enterra os pedaços do cadáver em partes remotas da terra.

Ísis sai novamente em peregrinação, mas agora acompanhada de Néftis, sua irmã, de pele mais escura. Ela se transforma em um cão para melhor procurar e desenterrar os pedaços do cadáver.

Osíris e Bastet. Diferentes civilizações em diversas épocas lembraram-se dos deuses em diferentes fases evolutivas. De modo a fazer evoluir a anatomia humana como a conhecemos hoje, os deuses adotaram a forma antropomórfica, lembrada pelos egípcios antes mesmo de todos os elementos animais terem sido absorvidos pelo ser humano no papel de coroa da Criação.

As duas acabam juntando os pedaços dispersos de Osíris e os levam para a ilha de Abidos. Lá, Ísis une-os com uma tira de linho branco e traz o marido de volta à vida para engravidá-la.

Ísis, a deusa-mãe, agora carrega Hórus, o futuro deus Sol.

Hoje, Hórus é conhecido por muitas crianças como João. Pois como a história de Cinderela, a batalha entre Hórus e o gigante Seth acabou chegando a nós como um conto de fada. Hórus retorna para derrotar seu tio gigante e reinar como rei dos deuses, e assim a história de Hórus assume a versão de João e o Gigante.

Não acham essa história de Ísis, Osíris e Hórus muito estranha? Como dar sentido à trama? Podemos considerá-la como sendo de alguma forma real ou histórica? Talvez se possa entendê-la melhor recontando um outro conto de fada bastante conhecido, *A Bela Adormecida*...

Era uma vez, em terras longínquas, um reino feliz e abençoado, onde o rei e a rainha conceberam uma linda menina. Eles ficaram tão felizes que organizaram um baile para celebrar. Convidaram a nata da terra, que incluía seis das sete fadas que ali viviam.

Cada uma das seis fadas acionou sua própria varinha de condão para presentear a menina com bênçãos, que a ajudariam a ter uma vida completa e feliz.

Mas uma sétima fada malvada ficou furiosa porque não tinha sido convidada. Com um clarão seguido por um estrondo, ela irrompeu em meio ao baile e amaldiçoou o bebê. Lançou uma maldição mortal:

– Ela espetará o dedo e morrerá!

Uma das fadas boas deu um passo à frente e reagiu com magia branca à magia negra da fada malvada. A sentença atenuou-se para um sono profundo e sem sonhos, de pelo menos uns 100 anos, que só seria quebrado pelo beijo de um príncipe.

O rei e a rainha ordenaram que todos os objetos metálicos e afiados fossem removidos do palácio – todos os fusos, agulhas, tesouras, facas e garfos. O bebê cresceu e tornou-se uma bela jovem de cabelos escuros cujos olhos brilhavam quando ela falava. Era amada por todos no palácio, dos cortesãos aos criados.

Um dia, ela estava um pouco entediada e resolveu perambular pelo palácio, e acabou se deparando com uma área da qual não se lembrava de ter visitado. Avistou uma entrada para uma torre e subiu as escadas. Lá no alto, num pequeno quarto sob o telhado, ela encontrou uma velhinha de feições delicadas e olhos bondosos que trabalhava em uma roca.

A princesa sentou-se e observou o trabalho enquanto conversava com a velhinha, e depois de alguns minutos perguntou se podia manejar o fuso.

– É claro, querida.

– Ai!

Foi assim que a princesa desmaiou mortalmente ao solo, com uma gota de sangue saindo da ponta do dedo.

Sete é um número sagrado em todas as religiões e as sete fadas indicam um significado místico e secreto na história.

De acordo com os ensinamentos místicos de todo o mundo, o espírito que deixa o corpo após a morte espirala pelas sete esferas dos planetas. Por vezes essas esferas também são chamadas de "céus". São Paulo, por exemplo, comenta que se é levado ao terceiro céu, e a expressão "no sétimo céu" também tem origem na mesma tradição.

Depois de subir ao sétimo céu, o espírito é reabsorvido no grande abraço de Deus e de novo faz um caminho espiralado para baixo. E à medida que atravessa cada esfera recebe um presente do anjo correspondente ao planeta. São presentes únicos e importantes para a próxima encarnação do espírito, caso a ele seja destinada uma vida feliz e realizada. Assim, do anjo de Vênus, por exemplo, o espírito humano recebe qualidades amorosas; do anjo de Marte, qualidades de coragem, e assim por diante.[2]

O anjo da esfera de Saturno, no entanto, é satânico – a fada do mal. Seu objetivo é enfraquecer o espírito para sempre, aprisionando-o no mundo material.

Se levarmos em conta que no conto de fada tanto a doação das seis bênçãos como a maldição ocorrem *no baile*, poderemos apreciar a estranha natureza às avessas do conto. E chegaremos à conclusão de que tudo o que acontece com a Bela Adormecida, aparentemente acordada e viva, acontece com ela morta. E somente quando ela está em sono profundo de quase morte, ou seja, morta para o mundo espiritual, é que ela está viva no mundo material![3]

As semelhanças entre a história da Bela Adormecida e a de Ísis e Osíris são óbvias demais para mais explicações. Osíris morto e aprisionado no caixão denota que ele está realmente vivo na Terra. No fim das contas, essas e outras histórias aqui recontadas *não se referem ao que acontece neste mundo*.

Na verdade, as histórias examinadas até agora – derrocada de Saturno pelo deus Sol, a serpente do jardim, a mulher-aranha, Ísis e Osíris – são relatos de acontecimentos que se passam na dimensão espiritual. Isso ocorre por uma boa razão: até então o mundo dos objetos materiais conhecidos ainda não existia. O mundo material era como uma névoa, uma vaga informe e efêmera anomalia que flutuava em meio a um mundo espiritual resplandecente. Os corpos das ninfas e dos monstros e também dos animais e dos seres humanos eram mais similares a corpos fantasmáticos que a criaturas envoltas pelos sólidos corpos de hoje.[4]

Sendo assim, se reexaminarmos o que vimos até agora poderemos dizer como muitos outros contadores de histórias...

Afinal, foi apenas um sonho...

A lembrança das histórias antigas preserva os pontos-chave na história da humanidade, os grandes eventos que prepararam o caminho para o estilo de vida atual. O grande ponto-chave na história humana que o cristianismo chamou de Queda foi de fato uma queda na matéria. O espírito humano era até então fantasmático, tal como ocorria com deuses, anjos e gigantes. Quando seus corpos se adensaram e se tornaram carne, eles passaram a vivenciar novas alegrias – e novos perigos também.

A história de Ísis e Osíris refere-se ao nascimento e à vida no mundo da matéria por um período de tempo limitado – refere-se a como isso faz sentido. Osíris era o deus egípcio da regeneração. Morria no inverno e renascia na primavera. O cadáver de Osíris era representado por bonecos plantados junto com sementes que depois brotavam na primavera.

Em razão do anjo de Osíris, o espírito humano imergiria profundamente no mundo da matéria para o intervalo de uma vida na Terra. Em razão de Osíris, as tarefas do espírito humano enfrentariam uma corrida mais intensa e seriam mais exigentes e individuais que as tarefas dos espíritos que flutuavam livres...[5]

6

Amantes divinos e esposas angelicais

*"Anjos são forças que se ocultam nas faculdades
e nos órgãos do homem."*

Ibn Arabi

Do seu trono no monte Olimpo, Júpiter baixou os olhos e acariciou a barba, observando os flancos de uma ninfa que escalava as rochas debaixo de uma cachoeira sagrada. Io, a ninfa, surgira na última vez que ele baixara os olhos. Com sua divina visão telescópica, ele a viu, pele branca e macia, salpicada pela água, e lambeu os lábios.

Os deuses voavam pelo ar tão rápido quanto o pensamento.

Logo Júpiter apareceu ao lado da ninfa, que se deixou escorregar por entre as árvores e se escondeu. Mas uma risada estrondosa soou por trás dela.

As veias do pescoço de Júpiter saltaram quando ele a prendeu no gramado sagrado.

Juno, a esposa dele, conseguia ver o que ele pensava e o que ele via. Então, quando ele fechou os olhos com prazer, ela arquitetou uma vingança. Juno, que outrora era chamada de "olhos de vaca", porque tinha olhos grandes e lindos, transformou a ninfa em uma vaca branca.

Júpiter abriu os olhos e olhou para Io com espanto. Mesmo como vaca, a ninfa era linda.

Nos tempos de juventude, Júpiter dominava o mundo e voava pelo céu claro com seus companheiros do Olimpo. Cada árvore, cada rocha, cada rio e cada riacho tinham seu deus e seu espírito. As coisas se transformavam constantemente em outras coisas. Era um momento mágico no qual a Criação ainda não estava inteiramente estabelecida. Era uma época de visão clara e enevoada, mas nunca pela dúvida nem pela hesitação, apenas pelo desejo.

De uma gravura retirada de *Júpiter e Europa* (do pintor iniciado Paolo Veronese). O touro olha de fora do quadro e pergunta: "E você, não?"

Enquanto Io era plácida e gentil, Dafne mais parecia um moleque. *Essa* jovem ninfa gostava de brincar na floresta, recolhendo bagas e fazendo arcos e flechas. Embora sem pensamentos voltados para homens, era linda demais para escapar.

Apolo desejou-a assim que a viu. Imaginou-se ajeitando os cabelos que desciam pelo pescoço e as costas da jovem ninfa.

Ele pousou ao lado dela pensando em dizer que a amava. Mas talvez sabendo das intenções dele, ela se virou e saiu correndo.

Ele a chamou:

– Não fuja! Não vou machucá-la!

A essa altura ela subia uma colina.

– Cuidado! – ele gritou, temendo que ela pudesse se arranhar nos espinhos dos pés de amora-preta.

Nesse mesmo momento uma rajada de vento levantou a veste de Dafne e suas coxas rijas o fizeram andar com mais rapidez.

Ela sentiu a respiração dele no pescoço. Clamou aos gritos pela proteção do pai, um deus do rio, de modo que, quando Apolo a puxou pelo cabelo, sentiu apenas folhas. E quando ele a enlaçou pela cintura, a fim de puxá-la para mais perto, o estômago da ninfa se fechou em casca e seus pés se enraizaram na terra. Ela se metamorfoseou em loureiro.

De acordo com Ovídio, o poeta afro-romano que preservou essa história, nem assim Apolo deixou de amar Dafne. Ao enlaçá-la agora como árvore, ele a observou e se deu conta de que ela era boa.

Ser muito bonita é como ser a única pessoa sóbria numa festa: a beleza faz todos delirarem.

E eles não se importam se você se sentir excluído. Pois só querem que você se dobre à vontade deles.

Adônis tinha duas mulheres mais velhas interessadas nele, Vênus e Perséfone. Colocado sob os cuidados de Perséfone quando se tornou órfão ainda criança e também quando desabrochou em belo jovem, ele começou a se sentir desconfortável com as atenções que recebia dela. Odiava quando ela chegava mais perto e, quando ela o tocava, tudo se acinzentava.

De uma gravura retirada de *Vênus e Adônis* (do pintor iniciado Ticiano).

Foi quando Vênus apareceu sorridente e de braços estendidos, uma deusa maravilhosa e escultural envolvida por uma névoa que parecia um bater de asas evanescentes. Adônis sentiu-se como se tivesse sido dragado. Ela disse alguma coisa e ele não conseguiu ouvir, mas percebeu que ela oferecia um sem-fim de doces segredos.

Fazia calor no meio-dia daquela clareira na floresta. Havia prímulas no solo e ele ouvia o zumbido de um milhão de abelhas. Então, era verdade o que diziam – Vênus era muito, muito bonita. Uma beleza igual à dele.

Ela acariciou sua mão suada e tentou sufocá-lo com beijos, e isso o fez também sentir uma seiva que subia pelas veias – então, por que não?

Porque estava se sentindo oprimido de tal maneira que se virou e correu, a fim de escapar.

– Garoto malvado! – ela disse aos gritos. – Você ainda não é um homem!

Ele ainda ouvia os gritos quando se espetou nas presas de um javali que irrompeu de dentro de uma vegetação rasteira.

Do sangue que verteu da coxa de Adônis estendido ao solo brotaram anêmonas.

Vênus ajoelhou-se para cheirar as flores e um traço do doce hálito do rapaz entrou-lhe pelo nariz.[1]

Se Júpiter, Apolo e os outros deuses dos planetas eram anjos, não é estranho que se comportassem de maneira tão imoral? O que se espera dos anjos são padrões morais mais elevados.

É bem provável que uma passagem em particular da Bíblia tenha sido encoberta pela escola dominical – e também é provável que você não tenha ouvido sermões a respeito. Lê-se no Capítulo 6 do Gênesis: "Os filhos de Deus viram que as filhas dos homens eram bonitas: e tomaram as preferidas por esposas... e depois os filhos de Deus penetraram nas filhas dos homens e elas lhes deram filhos, que se tornaram os poderosos heróis do passado." A expressão "filhos de Deus" empregada em outras partes do

Gravura retirada do vaso de Salpion. É fácil subestimar a sofisticação intelectual dos gregos quando se trata dos deuses. De acordo com Macróbio, para os iniciados órficos Dioniso era o princípio da Mente dividida em mentes individuais. A elite intelectual considerava Apolo e Dioniso como diferentes aspectos de um princípio divino. O que não era um ponto de vista grosseiramente antropomórfico. Os deuses gregos dos planetas são agentes de um ajuste perfeito entre a humanidade e o cosmos. Já vimos isso expresso na narrativa, mas também era expresso por eles em termos numéricos. Os gregos antigos atribuíam valores numéricos às letras do seu alfabeto. Somando-se os números atribuídos às letras de uma palavra resulta um número significativo. Mas é surpreendente e comprovadamente verdadeiro que os nomes Apolo, Zeus e Mercúrio resultam em constantes matemáticas, conforme as formas naturais do mundo estão construídas. Os valores numéricos desses nomes são os números que descrevem triângulos equiláteros, quadrados, cubos, pirâmides, octaedros e tetraedros. A harmonia musical também é proporcional a esses números. (Para uma explicação mais completa e uma demonstração dos cálculos, veja *Jesus Christ, Sun of God*, do brilhante David Fideler.) Nos tempos modernos fazemos uma distinção entre qualidade e quantidade, com a matemática sendo uma descrição da quantidade indiferente às preocupações humanas. Isso está muito longe do antigo modo de pensar idealista. Os antigos viviam em um cosmos associado à humanidade, e a matemática avançada era um modo de descrever essa relação. Algumas pessoas são hostis ao misticismo porque o veem como um lapso de um pensamento preguiçoso ou infantil. O que não é o caso aqui. O pensamento é extraordinariamente complexo e perspicaz – mas não é um pensamento empírico. É um pensamento do idealismo trabalhando o mundo e descobrindo a maneira pela qual ele funciona.

Antigo Testamento refere-se aos anjos. Trata-se de uma alusão bíblica às histórias amorosas dos deuses.

Um outro aspecto a se considerar é que histórias como essas, qualquer que seja a parte do mundo de onde procedam, descrevem eventos que antecedem a noção de moralidade humana. São descrições do que viria a ser conhecido como forças *naturais* – e isso é uma pista para os eventos históricos que estão por trás de cada mito em particular.

Já vimos que às vezes a Bíblia e alguns mitos não são vistos em oposição à história científica da Criação, e sim como relatos da mesma série de eventos sob uma perspectiva diferente. Io é transformada em vaca; Dafne, em loureiro; os belos jovens Adônis e Jacinto, em flores; Aracne, em aranha, e Calisto, em ursa... ou seja, narrativas que chamam a atenção para a proliferação de formas biológicas. São descrições da chegada à existência das inúmeras e diferentes espécies hoje conhecidas – plantas, flores, árvores, animais; o florescimento da biodiversidade no mundo.[2] Enfim, com a matéria ainda indefinida e os corpos ainda suavemente fantasmáticos, ocorreu uma proliferação de formas biológicas de maneira vertiginosa e mágica.[3]

Embora as versões das histórias gregas sejam as mais conhecidas, essencialmente contam-se as mesmas histórias por todo o mundo. A tradição celta que influenciou Tolkien e a fantasia moderna inclui uma história galesa a respeito de um rapazinho chamado Gwion:

Uma bruxa contratou Gwion para mexer o caldeirão. Ela estava cozinhando um elixir para transformar o seu filho estúpido e feio.

Certo dia Gwion mexia o caldeirão e de repente o elixir começou a borbulhar. Foram cuspidas três gotas para fora do caldeirão, que lhe queimaram a mão. Sem pensar, ele levou a mão à boca.

A bruxa notou e saiu correndo na sua direção.

– Isso não é para *você*! – ela soltou um grito raivoso.

Gwion

Gwion se transformou em coelho e fugiu, mas no mesmo instante ela se transformou em galgo e o alcançou na corrida. Chegaram a um rio, e ele então se transformou em salmão, mas ela o seguiu de perto na forma de lontra. Com um repentino pulo para fora da água, ele se transformou em pássaro, mas ela se transformou em falcão e continuou atrás.

Em pânico, ele olhou para a terra abaixo e avistou uma pilha de trigo. Deu um voo rasante e pousou, transformando-se em grão de trigo. *Será como procurar uma agulha no palheiro*, pensou consigo.

Acontece que a bruxa transformou-se em galinha e bicou e bicou, até ingerir os últimos grãos da pilha. Algum tempo depois ela descobriu que estava grávida, se bem que ninguém a tinha engravidado. Aparentemente, o grão germinou no ventre da bruxa e Gwion renasceu como um bebê com toda a beleza e a sabedoria que ela desejara para o filho.

– *Tal iesin!* – Alguém bradou essa expressão, que significa "como as sobrancelhas dele são radiantes!".

E foi assim que um grande espírito encarnou como Taliesin, o célebre bardo galês.

Amamos as histórias que envolvem voos, não é mesmo? Algum tempo atrás me reuni num fim de semana com alguns velhos amigos. Sentamo-nos numa roda da qual participava a pessoa que me introduziu aos mitos e lendas galesas, e relembramos cenas dos filmes que mais nos tinham feito chorar. Claro, evocou-se a cena da morte da mãe de Bambi. E sugeriu-se ainda o momento de *O livro da selva*, em que se descobre que o urso Baloo não estava morto.

– E também quando se descobre que ET não está morto – disse alguém.

Lembrei-me do final do filme, quando o menino está carregando ET dentro de uma cesta no guidão da bicicleta, e de repente decolam e saem voando pelo céu. Uma pantomima que se repete quando repentinamente Peter Pan retoma a força e sobrevoa a plateia – isso faz com que todos queiram chorar. Existe algo profundamente comovente a respeito do voo humano, talvez porque todos abriguem memórias de um tempo imemorial em que os corpos físicos ainda não estavam formados por inteiro, um tempo em que voávamos e éramos espíritos livres entre outros espíritos em um mundo banhado de uma luz inefável e um sol espiritual. Acredito que todos nós sentimos uma nostalgia abissal desse tempo, e que sonhamos com um outro tempo em que de novo seremos puramente espirituais.

Tal é o arco da história humana conforme contada em todas as religiões do mundo. Embora estejamos brevemente imersos na matéria, um dia ressuscitaremos e voaremos livres de tudo.

Já está chegando o tempo em que voltaremos a alçar voo.[4]

7

Odin e a teoria angelical da evolução

*"Primeiro você foi argila, e de mineral tornou-se vegetal,
e de vegetal, animal, e de animal, homem... e você ainda tem
que percorrer uma centena de novos mundos..."*

Rumi

Diferentes anjos e espíritos tornam-se hegemônicos segundo diferentes épocas e lugares e diversas tradições. Se de um lado os gregos e romanos não cultivaram a memória vívida das obras do anjo de Júpiter, de outro lado, sobretudo no Norte da Europa, as obras do anjo de Mercúrio atiçaram a imaginação. Os povos nórdicos referem-se a esse anjo como Wodin ou Odin.[1]

Tanto as fábulas dos deuses planetários nórdicos como dos deuses do Olimpo apresentam um reino minado e ameaçado por gigantes.

Odin sabia que era preciso sofrer como uma preparação para sua missão de salvador do mundo.

Gravura de uma divindade nórdica em uma moeda de ouro chamada *braceate*, encontrada na Dinamarca.

Ferido por uma lança, enforca-se na retorcida e devastada Árvore do Mundo, onde permanece por nove dias e nove noites, durante os quais as folhas lhe sussurram os segredos das runas.

Em seguida, atravessa as névoas densas de cavernas escuras, o reino dos anões negros. Sua intenção é aprender com esse povo os segredos da forja dos elementos.

Por fim, segue ao longo das raízes da Árvore do Mundo, a fim de encontrar a fonte da sabedoria, uma fonte de todas as memórias guardada por um velho gigante de nome Memir (*Memor*, "Memória"). Memir se recusa a deixar que Odin beba da fonte, caso não sacrifique o seu bem mais precioso. Odin então arranca um dos seus próprios olhos. O olho afunda nas profundezas das águas da fonte e permanece brilhando.

Na visão espiritual dos povos do Norte da Europa, a Árvore do Mundo situava-se no centro do cosmos. O mundo humano era chamado Midgard, ou Meio da Terra, de onde a Árvore do Mundo brotava e se elevava aos céus.

Próximo ao topo da Árvore do Mundo encontrava-se um trono de ouro, onde Odin sentava-se com um corvo empoleirado em cada ombro. A cada dia os corvos voavam mundo afora, e à noite retornavam para contar a Odin o que haviam visto.

A Árvore do Mundo também abrigava em seus ramos Asgard, a grande cidade dos deuses – 12 castelos de ouro decorados com o sinal de uma constelação. Só se chegava a esse reino de ouro via Bifrost, uma ponte feita de ar, água e fogo que surgia à vista como um arco-íris para o povo em Midgard lá debaixo. Heimdell, o vigia dos deuses, mantinha-se próximo à ponte. Dizia-se que ele tinha os sentidos tão argutos que podia ouvir a grama que crescia no solo e a lã que crescia nas ovelhas num raio de 160 quilômetros.

Liderados por Odin em seu cavalo de oito patas, os deuses cavalgaram Bifrost adentro para uma batalha contra os gigantes e os *trolls*. O reino de Midgard era delimitado por montanhas, e para além das montanhas habitavam os gigantes de gelo, os gigantes do fogo, os gigantes do mar, os gigantes das montanhas e os gigantes da poesia.

Os anões e os *trolls* eram aliados dos gigantes. De olhos verdes e pele escura, os anões eram criados como vermes no corpo da Terra. Os *trolls* viviam em pequenas aldeias, com construções de montes cercadas de postes em cujas extremidades fincavam-se cabeças humanas. Embora acumulassem tesouros no interior dos montes, eles também gostavam de viver na miséria, o chão de terra das cabanas era repleto de vermes e cobras.

Os gigantes e seus aliados eram colocados em cheque pelos deuses, sobretudo por Thor, o grande deus do trovão, que se rejubilou com o título "Veneno dos Gigantes". Quando bebê, ele surpreendeu os deuses mais velhos ao levantar dez enormes fardos de peles de urso com uma das mãos. Desafiado para um concurso de pesca, ele abateu um boi que passava por perto e usou a cabeça como isca.

Thor andava numa carruagem puxada por dois ferozes bodes. Seu martelo, que atravessava as nuvens das tempestades e quebrava a cabeça dos gigantes, acabava por retornar às suas mãos. Thor sempre alardeava que se não fosse por ele, a terra dos deuses já teria sido invadida pelos gigantes.

O ferro imerso no bombeamento do sangue humano é fortalecido por Thor, o deus da guerra.

Tanto os mitos nórdicos como os mitos gregos, romanos e hebraicos compõem a narrativa de um mundo em evolução no qual os agentes da Criação são os grandes seres espirituais chamados de anjos por algumas tradições e de deuses e espíritos por outras.[2] Mais uma vez, tais seres não são *necessariamente* contraditórios com os dados coletados pela ciência. Alfred Russel Wallace concebeu a teoria da evolução das espécies, que se baseia na seleção natural, ao mesmo tempo e à parte de Charles Darwin; como testemunho, eles a apresentaram simultaneamente à elite intelectual da época, na Sociedade de Lineu, em 1858. Embora unidos na mesma teoria, isso acabou por comprometer e erodir a fé religiosa de Darwin, ao contrário de Wallace, para quem a seleção natural era guiada por inteligências criativas, que ele identificava com os anjos.

Mais recentemente, o biólogo Rupert Sheldrake reformulou a noção de inteligências criativas com a teoria da ressonância mórfica.[3] No recente livro *The Science Delusion*, o autor critica a falta de sofisticação filosófica dos líderes materialistas militantes, argumentando que esse tipo de versão científica que se contrapõe à espiritualidade se assemelha a um pau velho e quebrado. Mary Midgley, filósofa veterana do Reino Unido, fez uma resenha a respeito no *The Guardian*:

Infelizmente, não se menciona que o atual materialismo mecanicista baseia-se em noções confusas e ultrapassadas da matéria de uso pouco frequente na atualidade. Não se pode fazer abordagens de tópicos importantes como mente e corpo, ou consciência e origem da vida, enquanto se tratar a matéria ao estilo do século XVII, como algo morto e inerte... Precisamos de um novo paradigma para mente e corpo.[4]

Nos mitos, os deuses e os anjos dos planetas desempenham um papel essencial na formação da condição humana, pois trabalham no sentido de dar uma estrutura de base à vida humana – como se preparando um palco que nos habilita a evoluir, suportar, lutar, amar e desenvolver o livre-arbítrio e o pensamento livre. Os mitos são tutelados pelo idealismo, uma visão de mundo segundo a qual a matéria existe para nos propiciar experiências. Essa seria a serventia da matéria. Os mitos concebem a condição humana como *subjetivamente experimentada*, e podem ser tão precisos quanto é possível ser.

Já escrevi em outros lugares sobre as origens da noção de evolução no pensamento religioso. Evolucionar implica seguir para algo *melhor*, o anseio essencial do pensamento religioso e da experiência espiritual.

Contudo, o pensamento religioso que os mitos expressam também está consciente do quão precário é o processo de evolução...

Ao beber da fonte da sabedoria, Odin se deu conta da transitoriedade de todas as coisas, de modo que os gigantes não poderiam ser controlados para sempre. Nos salões dos deuses, o que mantinha a ansiedade sob controle eram os banquetes com carne assada de javali que eram regados a hidromel, junto a ruidosas competições desportivas e diálogos espirituosos, mas tudo isso era atravessado por uma cepa de melancolia.

Ninguém propiciava mais alegria e risos a Odin senão Loki – e por isso Odin o amava. Na tradição cristã, Loki é o anjo Lúcifer, que residia com os outros deuses em Asgard e era aceito por todos – mas ele era travesso e aos poucos as travessuras transformaram-se em mal.

Loki saiu de cena e passado algum tempo descobriu-se que ele tinha tomado como amante um dos inimigos dos deuses, uma giganta. Pior, descobriu-se que ela dera à luz três filhos monstruosos. Loki manteve os filhos em segredo enquanto pôde, mas depois eles cresceram e tornou-se impossível escondê-los. Odin então ordenou que os levassem para Asgard.

Horrorizados, os outros deuses recuaram quando os viram no saguão, mas Odin não temia qualquer criatura viva e deu um passo à frente para observar o primeiro dos monstros, uma grande serpente. Ele atirou-a no oceano e em seguida puxou-a e aprisionou-a com firmeza ao redor da Terra, com a cauda fixada na boca.

À filha de Loki e da giganta se deu o nome de Hela, um ser hediondo, metade vivo e metade cadáver em decomposição azulada. Odin arremessou-a para fora de Asgard, numa queda de nove dias que a levou a um reino úmido e escuro nas entranhas da Terra. Odin determinou que Hela se mantivesse nesse reino até o fim do mundo. A esse inferno de nome inspirado na sua rainha só se chegava com o pagamento de um pedágio, e depois se atravessava um rio subterrâneo congelado e se passava por um cão sanguinário que guardava os portões infernais.

Odin mostrou-se indeciso sobre o que fazer com o terceiro monstro, Fenris. A fonte da sabedoria já lhe tinha mostrado esse lobo gigante em profética visão. O lobo era uma ameaça mortal para Odin, mas as leis de Asgard proibiam o assassinato de convidados, até mesmo de lobos. No entanto, a cada dia Fenris se tornava maior e mais forte. Uivava no pátio de Asgard e arrebentava facilmente as poderosas correntes forjadas pelos deuses, como se fossem teias de aranha.

Odin então se lembrou dos segredos da forja dos metais aprendidos no reino dos anões negros e enviou um mensageiro até eles. No entanto, o mensageiro retornou com uma pequena corrente delicada e suave como uma fita.

– Isso nunca será capaz de conter Fenris! – disse Odin aos gritos.

O mensageiro argumentou que segundo uma jura dos anões a corrente seria capaz de conter o lobo até o dia da última batalha. E depois ele explicou que se tratava de uma corrente *mágica*, confeccionada com as marcas dos passos de um gato, a barba de uma mulher, as raízes de uma pedra, os nervos de um urso, o amor de um peixe e a saliva de um pássaro.

A essa altura o lobo tinha crescido e se tornado forte o bastante para resistir às tentativas de se colocar uma corrente em volta do pescoço dele. Já confiava na sua própria força e não tinha medo de correntes, exceto de correntes mágicas. Os deuses asseguraram que não se tinha utilizado qualquer magia na fabricação daquela nova corrente, e Fenris então concordou em usá-la em volta do pescoço, desde que um dos deuses colocasse a mão em sua boca, como um símbolo da promessa.

Os deuses hesitaram, mas o deus da guerra, Tyr, adiantou-se e pôs a mão naquela boca babada. Em seguida, Thor acorrentou o pescoço de Fenris e prendeu a corrente em uma rocha no centro da Terra.

A corrente apertou ao ser presa e penetrou no pescoço do lobo. Fenris rugiu e uivou de raiva, contorcendo-se e sacudindo a cabeça com tanta violência que mal se podia distingui-la. Só quando ele se aquietou é que puderam se certificar de que a corrente continuava bem presa – com a mão de Tyr severamente machucada e ainda presa entre as mandíbulas do lobo.

Enfim, Fenris estava acorrentado – pelo menos por ora. Pois Odin sabia que o bem não brotaria do mal e que o mal acabaria por resultar do mal. Haveria um preço a pagar por enganar o lobo, ainda que isso tivesse sido feito com o melhor dos motivos.

A condição humana é extremamente precária. Sempre ameaçada por todos os lados. Antes – como agora – a condição humana pode ser facilmente destruída por algo aparentemente tão leve e evanescente quanto uma intenção oculta.

⌒

Como então ainda continuamos aqui? De que forma as muitas coincidências extraordinariamente improváveis e a delicada sequência de confrontos e equilíbrios necessários à Criação de vida inteligente uniram-se para nos criar e nos propiciar a evolução? De acordo com os cientistas, as chances de isso ter acontecido por acaso são quase infinitas.[5]

Sob uma perspectiva antiga, o ajuste perfeito não é um acidente improvável. Isso se manifestou – e somos como somos – porque cada *coisa* é sempre dirigida e informada pela inteligência dos anjos. Sob a ótica de que a mente antecede a matéria, cada coisa é carregada de inteligência e está repleta de mente.[6] O mundo material é gerado para acolher o mundo vegetal, que por sua vez é gerado para acolher a vida animal, que por sua vez é gerado para acolher a consciência humana.[7]

Não somos rotineiramente conscientes desse tipo de inteligência e de como isso informa a totalidade do mundo material. Embora por vezes vislumbremos a evidência de tal inteligência no trabalho que se faz ao redor, o fato é que não a reconhecemos. No entanto, até mesmo as aparências mais inertes, como as montanhas e as escarpas, estão repletas de inteligência e intenção. O que acontece é que isso se movimenta muito, muito lentamente.[8]

Nos tempos pré-científicos as mentes mais agudas eram idealistas e dispunham de múltiplos sentidos de tal inteligência, tanto no mundo "externo" como no mundo interno. Eram mentes que tinham um sentido acurado do papel dos planetas, especialmente na formação do corpo físico e do corpo mental, e também da influência dos ciclos da Lua nas forças de geração e dos ciclos de Vênus nos rins para a produção do desejo em forma de testosterona. Para tais mentes, Mercúrio instigava os membros humanos a se moverem no espaço e a pensar espacialmente, enquanto a atração do Sol desenvolvia o ser tal como um girassol se desenvolve, a fim de encontrá-lo.[9]

O eu consciente é como um imperador infantil acompanhado do alto por uma movimentada fileira de babás, ministros, guarda-costas e generais – ajudantes que são as grandes forças da inteligência do universo.

Forças, portanto, muito mais amplas que a inteligência consciente e que atuam sob o limiar da consciência humana. Forças que realizam operações químicas complexas, como separando substâncias dos alimentos que se transmitem para as diferentes partes do corpo, absorvendo oxigênio para o sangue, transmutando substâncias inorgânicas em fluidos vitais, convertendo vibrações auditivas em sons audíveis. Um grande número de operações inteligentes que sequer chegamos perto de entender ocorre sob o limiar da consciência humana.

O mundo antigo concebia os agentes dos complexos processos nas diferentes partes do corpo vivo como espirituais – como deuses ou anjos. Hoje, cultivamos um sentimento complexo e sofisticado no qual o corpo humano é composto de partes distintas, com autonomia relativa, que trabalham em conjunto com outros elementos externos e internos ao corpo – um sentimento do corpo como uma máquina viva. Os antigos tinham um sentimento similar em relação à atuação do ser humano, uma vez que o via como uma máquina espiritual composta de diferentes partes de vida trabalhando em cooperação e a mando dos seres espirituais. Segundo Basiledes, discípulo de São Pedro, o ser humano é "um acampamento de diferentes espíritos". Segundo Ibn Arabi, mestre espiritual sufi: "Os anjos são os poderes ocultos nos órgãos e nas faculdades do homem."

A comitiva que conduz o imperador infantil pelo ar é então composta de São Miguel, Odin e Marte, os grandes deuses e anjos dos planetas e das estrelas, e dos anjos e espíritos inferiores sob o comando dos primeiros. Geralmente a crítica acadêmica exemplifica a crença nos deuses e anjos à falácia denominada antropomorfismo. Ou seja, uma projeção primitiva e infantil das características humanas em fenômenos naturais, como os trovões e os vulcões em erupção, que assim mostrariam o aborrecimento dos deuses.

O problema quanto a isso é que o materialismo científico se arraigou de tal modo na sociedade atual que às vezes é difícil sequer começar a compreender os relatos da antiga sabedoria espiritual sobre os deuses e os anjos. O objetivo aqui é tentar distinguir o que é bom e sábio na maneira antiga de pensar essas coisas. Os antigos se apraziam em se debruçar nas verdades importantes para extrair implicações. E uma dessas verdades é a seguinte: o ser humano é uma extensão do meio ambiente, de modo que a evolução humana é um reflexo, uma reação às qualidades do cosmos. Sendo assim, as qualidades "externas" situadas no universo nos tornam humanos.

Tais qualidades eram chamadas pelos povos antigos de deuses e anjos. Sob esse ponto de vista, as qualidades atribuídas por nós como intrinsecamente humanas nos são emprestadas pelos anjos.[10] São eles que projetam as qualidades em nós e não o contrário.

8

A história de um precioso anel

"Nós o queremos, nós precisamos dele. Ele deve ser precioso."

Gollum, O Senhor dos Anéis

Certo dia Odin, Loki e Honir, irmão de Odin, caminhavam juntos, disfarçados de humanos pela terra. Ao cruzarem com uma cachoeira verde e prata, Loki avistou uma lontra que se aquecia ao sol. Ele pegou um seixo e atirou na lontra, matando-a instantaneamente.

Os outros aplaudiram a habilidade de Loki e o grupo seguiu em frente até chegar a um grande salão, onde foram recebidos por um homem de pele escura com magníficas vestes cravejadas de pedras preciosas. Apresentou-se como Hreidmarr, o mago, e mostrou-se bastante amigável.

Loki puxou uma bolsa e disse que eles eram viajantes pobres e que não tinham grandes presentes para oferecer a um grande senhor de tal envergadura, mas que podiam oferecer uma lontra abatida recentemente para o jantar...

O sorriso acolhedor de Hreidmarr se dissipou e logo os três deuses se viram jogados ao solo por outros dois homens de pele escura. Hreidmarr pôs-se de pé com um machado duplo por cima do grupo, vociferando que todos estavam prestes a morrer.

– Por que quer nos matar? – balbuciou Loki.

– Meu filho mais novo gosta de se transformar em lontra quando sai para pescar!

– Não sabíamos disso! – disse Honir. – Como poderíamos saber? O que você quer para nos libertar?

Hreidmarr afastou-se para confabular com os outros homens de pele escura, que eram seus dois filhos mais velhos. E disse ao retornar:

– O preço da liberdade de vocês é encher a pele dessa lontra com ouro... até que nem um único fio de pelo possa ser visto. Dois de vocês serão mantidos presos em correntes aqui, e o terceiro estará liberado para buscar o ouro.

Loki refez os passos enquanto ladeava a cachoeira, perguntando-se sobre o que fazer. De repente, um brilho no lago abaixo lhe chamou a atenção. Ele perscrutou as profundezas e avistou um peixe lúcio escondido na entrada de uma caverna subaquática.

Loki não se deixou enganar pelo disfarce. Reconheceu que o lúcio era na verdade o anão Alberich, célebre guardião do estoque dos tesouros. Com o brilho da água ainda refletido nos olhos, Loki afastou-se, a fim de buscar uma rede para dragar o lago e trazer o lúcio à terra.

Alberich disfarçado em peixe lúcio.

E alguns minutos depois disse em voz alta para o peixe, que se debatia sem ar em sua mão.

– Você não me engana! Sei quem é você.

Ele acrescentou que Alberich seria morto se não lhe entregasse todo o tesouro. E ficou observando enquanto o anão submergia e emergia da água, com partes do tesouro nos braços, até que uma grande pilha oscilou em cima da mesma pedra lisa onde Loki avistara a lontra. O anão então disse que ali estava todo o estoque dos tesouros. Já dispensado por Loki, o anão se virou para mergulhar no lago e do seu dedo emanou um brilho. Era um anel de ouro. Atraído pelo brilho, Loki exigiu que o anão mostrasse a mão.

– Deixe-me ficar com este anel – rogou Alberich. – É um anel mágico. Com ele poderei reabastecer o estoque de ouro e essa magia só funciona com anões.

– Não, quero-o para mim! – disse Loki, tirando-lhe o anel.

– Se é assim, amaldiçoo você e todo aquele que usar o anel – disse o anão, escorregando de volta ao lago sob a forma de lança.

Loki retornou ao grande salão de Hreidmarr, com a enorme pilha de ouro e o anel precioso no dedo. Odin percebeu a manobra e exigiu que Loki entregasse tudo.

Em seguida, sob o olhar atento e vingativo do mago, os três deuses começaram a encher a pele da lontra com ouro. Era uma pele mágica que se expandia, mas no fim acabou repleta de ouro e eles pediram para ser libertados.

Hreidmarr estava prestes a assentir quando comentou:

– Não, ainda há um fio de cabelo no focinho que não está coberto de ouro. – Acontece que ele não estava preocupado com o fio e sim com o anel no dedo de Odin, e ordenou-lhe então que o entregasse.

Foi assim que uma maldição fatal entrou no fluxo da história.

Mais tarde, Hreidmarr recusou-se a compartilhar o ouro com seus dois filhos restantes e eles o assassinaram. E depois se desentenderam entre si, até que um deles se transformou em dragão, a fim de manter o anel e todo o tesouro para si.

O outro irmão chamava-se Reginn. E como não era valente e forte o bastante para lutar contra o dragão, decidiu induzir alguém mais valente e mais forte para lutar por ele.

Logo Reginn notou a chegada do jovem Siegfried, que segundo os boatos tinha uma espada forjada dos fragmentos de outra espada presenteada por Odin ao pai dele. Reginn tratou de fazer amizade com o jovem e lhe confidenciou sobre o dragão que guardava um inestimável tesouro.

Juntos, os dois seguiram uma trilha pelo matagal que levava à caverna do dragão.

Reginn comentou que todo dia o dragão saía da caverna para beber água no rio, e aconselhou ao novo amigo que cavasse uma trincheira ao longo do percurso e ali se ocultasse. Dessa maneira, Siegfried poderia cravar a espada no coração do dragão com mais facilidade.

Siegfried golpeia o dragão (ilustração do século XIX).

Mas assim que Reginn escondeu-se atrás de algumas pedras para observar a operação a uma distância segura, um velho que vestia um longo manto azul e tinha os olhos cobertos por um chapéu de abas largas surgiu ao lado de Siegfried, alertando-lhe que não se colocasse embaixo do dragão quando o atingisse com a espada, porque o veneno mortal do animal o mataria.

O velho partiu e Siegfried seguiu o conselho recebido, cavando uma trincheira mais ao largo. E quando o dragão se arremeteu por cima, ele pulou para dentro da trincheira e se esquivou da enxurrada de sangue do animal.

Exultante com a morte do dragão, seu irmão, Reginn surgiu por trás das rochas e pediu a Siegfried que cortasse o coração dele e o assasse.

Enquanto assava o coração do dragão, Siegfried foi atingido pelos salpicos da fervura do sangue. Ficou com o dedo chamuscado e o levou à boca para aliviar a queimadura – e no mesmo instante descobriu ser capaz de entender a linguagem dos pássaros. Foi avisado pelos pica-paus de que estava sendo enganado, pois se Reginn conseguisse comer o coração do dragão se tornaria o homem mais inteligente do mundo. Ninguém seria capaz de resistir a isso e ele passaria a governar o mundo inteiro.[1]

O tró-ló-ló cada vez mais insistente dos pica-paus acabou por alertar a Siegfried que Reginn se esgueirava pelas suas costas, a fim de atacá-lo.

Siegfried girou o corpo e fez com Reginn o que Reginn pretendia fazer com ele. Cortou-lhe a cabeça com um golpe de espada.

Foi quando os pássaros começaram a cantar uma nova canção, de uma linda jovem adormecida que estava aprisionada em meio aos ramos dos espinhos.

De manhãzinha, enquanto selava o cavalo, Siegfried avistou um clarão intenso no horizonte. Cavalgou por regiões sem trilhas em direção à luz, até que se viu de frente a uma grande parede de fogo no topo de uma montanha.

Continuou a cavalo até o topo da montanha. Saltou por sobre a parede de fogo e topou com um cavaleiro de armadura de ouro estirado ao solo, aparentemente morto. Depois de desmontar, Siegfried puxou o capacete do cavaleiro, que na verdade era uma bela adormecida de longos cabelos dourados e pele branca e deslumbrante.

Só quando se inclinou para beijá-la é que ele percebeu o espinho de um galho que a prendia pelos flancos. E quando puxou o espinho, ela acordou. Disse que se chamava Brunhilde e que Odin a tinha feito dormir, e que só poderia ser despertada por um homem chamado Siegfried, o matador de dragões.

Eles se entreolharam no fundo dos olhos e se deram conta de que estavam destinados a se unir, e Siegfried então colocou o anel de ouro resgatado do tesouro do dragão no dedo da amada.

Brunhilde logo se transformou e disse que os dois só poderiam viver juntos se Siegfried provasse que era digno: ele deveria partir para conquistar um reino, que ela governaria como rainha.

E assim a má influência do anel do anão prosseguiu em sua sina.

Uma das principais características da cronologia mitológica é a sucessiva geração de deuses. Na mitologia grega, por exemplo, encontramos a geração dos pais de Zeus, a geração de Zeus e dos seus irmãos e irmãs, a geração dos filhos dos deuses, que também eram deuses – Afrodite, Ares, Atena –, e ainda a geração dos semideuses e heróis, que eram filhos da união entre deuses e seres humanos. Essa última geração possuía qualidades sobre-humanas. Eles geralmente eram mais fortes que os outros homens que não podiam se interpor em seu caminho, mas não eram tão poderosos quanto os deuses. Isso porque só eram divinos pela metade e não podiam voar por conta própria, se bem que muitas vezes contavam com a ajuda dos deuses e se comunicavam com eles. Na mitologia nórdica, Siegfried é um semideus ou herói e, portanto, pertence à mesma geração e à mesma era dos heróis gregos.

Essas diferentes gerações evidenciam as diferentes fases da Criação. À medida que o mundo da matéria tornou-se mais denso, a era dos grandes deuses chegou ao fim. Os deuses dos planetas já tinham desempenhado o seu papel na criação de um mundo para a humanidade, de modo que os deuses se tornaram cada vez mais raros nos mitos das gerações posteriores.

Contudo, a má influência do anel acabou por se disseminar não apenas para o exterior como também para o interior. Dessa forma, a vida na Terra seria muitas vezes difícil e cheia de lutas.

9

Homens poderosos, homens célebres

*"... os filhos de Deus possuíram as filhas dos homens,
e elas lhes deram filhos, os mesmos antigos homens que
se tornaram poderosos e célebres."*

Gênesis 6:4[1]

Um rei chamado Acrísio aprisionou a própria filha, Danae, em uma torre revestida de bronze que só tinha uma pequena janela no alto da parede da cela em que ela vivia. Ele cometeu esse terrível crime porque uma vidente lhe tinha dito que Danae daria à luz um menino que um dia o mataria.

Acontece que Danae era muito bonita e um dia Júpiter olhou através das nuvens para a terra lá embaixo e a avistou. Danae retribuiu o olhar com alegria e certa noite recebeu uma visita furtiva de Júpiter, que entrou por sua pequena janela em forma de chuva de ouro.

Ela deu à luz um menino chamado Perseu. Sem querer correr o risco de matar o filho de Júpiter, o rei trancou a mãe e o bebê numa caixa de madeira e os deixou à deriva no mar.

Danae amava o filho. Ela o ninava no escuro e se rejubilava quando ele dormia embalado pelo movimento suave das ondas.

Finalmente a caixa chegou à terra firme e acabou resgatada por um pescador, que a abriu com um machado. O bom pescador acolheu e cuidou de Danae e Perseu, e com o tempo o menino tornou-se grande e forte. Embora o pescador optasse por uma vida simples e longe da corte, na verdade ele era o irmão de Polidectes, o rei local. Um dia Polidectes viu Danae caminhando pela costa e logo a desejou. Mas ela não quis nada com ele. Seria algum mortal, mesmo um rei, particularmente atraente para uma mulher que tinha feito amor com um deus?

O rei elaborou um plano para tirar Perseu do caminho de Danae. Anunciou que daria um banquete. Todos os jovens do reino receberam a ordem de participar e cada um teria que levar um cavalo de presente para o rei. Todos os jovens cumpriram a ordem, exceto Perseu – o enteado de um simples pescador não tinha um cavalo a oferecer. O rei ficou irritado e os outros jovens zombaram de uma forma servil, rastejante e bajuladora. Ruborizado de vergonha, Perseu precipitadamente tentou salvar sua reputação, dizendo que poderia presentear o rei com qualquer outra coisa que ele desejasse. Ou seja, caiu direto na armadilha.

– Traga-me a cabeça da górgona Medusa! – exigiu o rei, radiante.

Medusa era uma das três irmãs górgonas. Era tão monstruosa que quem a encarava se transformava em pedra, e inúmeros aspirantes a heróis já tinham morrido em tentativas de destruí-la.

Perseu não sabia o que fazer. Sentou-se à beira-mar e pediu ajuda em oração, e logo surgiram duas figuras esguias e resplandecentes. De alguma forma ele soube que se tratava de Atena, a deusa da sabedoria, e Mercúrio, o mensageiro dos deuses. Os deuses o consolaram e garantiram que protegeriam Danae enquanto ele estivesse fora. Mercúrio ofereceu-lhe uma foice de sílex cujo fio era capaz de decapitar a górgona Medusa, e Atena emprestou-lhe um escudo que brilhava como um espelho, recomendando que ele se orientasse pelo reflexo do espelho quando golpeasse o pescoço do monstro com a foice para que não precisasse encará-lo.

Os deuses então aconselharam que Perseu primeiro saísse numa longa jornada para encontrar as irmãs greias, pois elas o colocariam no caminho certo e lhe revelariam como reunir os outros artefatos mágicos necessários à empreitada.

Perseu seguiu em direção ao norte e acabou encontrando as irmãs greias numa caverna sombria ao pé de uma montanha. Elas pareciam nascidas no início dos tempos e partilhavam um mesmo dente e um mesmo olho, sendo forçadas a passá-los de uma para outra e usá-los um de cada vez. Perseu então rastejou por cima das irmãs e se apossou do olho quando estava sendo passado de uma para outra. Ele não se deixou ser pego por elas e as fez jurar que lhe dariam um bom conselho, caso lhes devolvesse o olho.

Assim, as irmãs greias aconselharam Perseu a encontrar um caminho que levaria a um misterioso país situado por trás do vento norte. Ele seguiu as instruções e por fim se deparou com criaturas espectrais, que lhe entregaram os outros apetrechos mágicos necessários à realização da missão – calçados alados de alta velocidade, sandálias capazes de voos pelo céu como os de Mercúrio, uma bolsa mágica que poderia guardar a cabeça da Medusa sem ser dissolvida pelos venenos e um capacete da invisibilidade.

Finalmente, Perseu seguiu voando em busca das górgonas. Depois de aterrissar, saiu caminhando por uma floresta de pedras. Passado algum tempo se deu conta de que as pedras eram pessoas petrificadas e que, portanto, a górgona Medusa deveria estar por perto.

A certa altura ouviu um assobio e logo avistou as três irmãs monstruosas estiradas numa extensão de rocha sob o sol. Suas presas eram amarelecidas e seus corpos tinham asas verde-douradas como de morcegos e uma massa fervilhante de serpentes nos cabelos.

Com o capacete da invisibilidade e o escudo de Atena para se orientar, Perseu rastejou por cima das górgonas e, de olho no reflexo do espelho, cortou a cabeça da Medusa com um golpe da foice de pedra.

Escultura greco-italiana da Górgona
em pedra preciosa.

Mas as serpentes da cabeça da Medusa não morreram e começaram a soltar silvos frenéticos que acabaram acordando as outras irmãs. Utilizando os calçados de alta velocidade, Perseu alçou voo e disparou rumo ao horizonte. As gotas de sangue que pingavam da bolsa infestavam a terra de serpentes venenosas por onde caíam.

Perseu, que estava ansioso para se reencontrar com a mãe, acabou mudando de rumo quando se aproximou da ilha que considerava como casa. Ele tinha avistado uma linda moça de cabelos vermelhos e longos acorrentada numa rocha à beira-mar. Ela estaria nua não fosse pelo colar de esmeraldas e os riachos de lágrimas, de modo que ele se deteve e a circulou em pleno voo.

Ela disse que se chamava Andrômeda e que estava sendo sacrificada para um monstro marinho gigante porque sua mãe se vangloriara de sua beleza...

Nesse mesmo momento a superfície do mar começou a borbulhar e a espumar, e de repente uma grande serpente ergueu-se em direção a Andrômeda.

Perseu se projetou para cima e mergulhou no ar e investiu repetidas vezes contra o pescoço do monstro até fazê-lo tombar ao mar. E só libertou Andrômeda quando a agitação da água arrefeceu.[2]

Trabalho em pedra preciosa retratando o jovem Hércules com um capacete de leão (extraído de *Antique Gems*, do rev. C. W. King). Embora os leões estejam escassos e sua caça esteja proibida, os guerreiros das tribos maasai são ocasionalmente encurralados e forçados a matá-los em legítima defesa. E depois eles utilizam a pele do animal como um capuz. Isso marca um grande guerreiro e atrai um grande número de mulheres.

Perseu, a cabeça da Medusa e Andrômeda, desenhados entre as constelações (extraído de um manuscrito espanhol do século XIV).

Perseu e Andrômeda chegaram à corte de Polidectes. Ainda cercado pelos jovens ricos que tinham zombado de Perseu, o rei continuava zangado e ainda zombava dele, recusando-se a acreditar que ele realmente tinha obtido êxito na missão. Então Perseu enfiou a mão na bolsa e brandiu a cabeça da górgona Medusa. O rei e sua corte suspiraram de horror e na mesma hora foram transformados em rochas.

O irmão do rei deixou a pesca de lado para assumir o trono e casar-se com Danae.

Perseu e Andrômeda partiram para fundar um novo reino, mas no caminho se detiveram para participar de alguns jogos. Foi um desejo de Perseu, porque era uma oportunidade para desfrutar os talentos que tinha. Ele se destacou em todas as modalidades, mas especialmente no arremesso de disco. Na verdade, arremessou com tanta força que o disco precipitou-se para fora do estádio e foi de encontro à multidão. Só quando os espectadores se dispersaram é que Perseu notou que o disco tinha atingido a cabeça de um homem velho.

Esse velho era Acrísio, o mesmo que aprisionara a própria filha Danae e o neto dentro de uma caixa para escapar da profecia segundo a qual um dia o filho de sua filha o mataria...

⁓

Em suas viagens, o rei de Atenas apaixonou-se pela primeira vez na vida e gerou um filho. O rei era um tipo inquieto e aventureiro e não esperou pelo nascimento do filho, mas escondeu uma espada e um par de sandálias debaixo de uma grande rocha. Falou para sua jovem amante que seu filho deveria procurá-lo quando crescesse e fosse forte o suficiente para levantar a rocha e recuperar esses bens.

Foi assim que aos 18 anos Teseu partiu para Atenas. Chegou e encontrou o pai agora envelhecido e desgastado por um casamento infeliz.

Teseu não foi reconhecido pelo pai, mas a rainha o reconheceu assim que ele entrou na corte pela linha firme da mandíbula e o encanto que agora o marido mantinha apenas nos traços. Temendo que Teseu pudesse interferir no seu controle sobre o rei, ela exigiu que enviassem aquele estranho jovem para capturar o grande touro de Creta, que estava devastando os campos do reino.

Embora muitos tivessem perecido na tentativa, claro que Teseu arrastou o touro pelo nariz de volta para Atenas. O rei decretou que o animal deveria ser sacrificado em uma grande festa. A rainha planejava aproveitar a oportunidade para envenenar Teseu, mas, quando o jovem herói brandiu a espada para esfolar a carne sobre o osso, o rei reconheceu a espada que ocultara debaixo de uma pedra muitos anos antes. Enquanto pai e filho se regozijavam pelo reencontro, a rainha saía de fininho.

Na manhã seguinte, Teseu surpreendeu-se quando acordou ao som de prantos e lamentos nos pátios do palácio. Perguntou o que estava acontecendo, e lhe responderam que era o dia do ano em que os atenienses eram obrigados a enviar um tributo a Minos, o rei de Creta. A cada ano, sete rapazes e sete virgens eram dados em sacrifício para o Minotauro, um híbrido terrível de homem e touro.

Teseu então se ofereceu para ser um dos sete. Mas o pai rogou para que ele não se fosse. Com a insistência de Teseu, o pai o fez prometer que se sobrevivesse ao Minotauro, antes de navegar para casa mudaria as velas do navio de negras para brancas, como um sinal para o amoroso pai de que o filho ainda estava vivo.

Depois que Teseu chegou à ilha de Creta, Ariadne, a filha do rei, apaixonou-se pelo jovem aventureiro. E à noite revelou para ele os segredos de como derrotar o Minotauro, que era mantido num labirinto. As vítimas anteriores sempre se perdiam e se desorientavam antes de serem atacadas. Ariadne entregou um novelo de lã para Teseu, dizendo-lhe que se amarrasse uma das extremidades à entrada e a desenrolasse enquanto progredisse através das passagens, isso deixaria um rastro que lhe permitiria refazer os passos.

Ariadne ainda acrescentou um outro segredo a respeito de como atravessar um labirinto, que era seguir pelo caminho que aparentemente se distanciava do seu destino.

Assim fez Teseu, até chegar a uma câmara no centro do labirinto, onde o Minotauro investiu com rugidos fortes contra ele. Logo Teseu deixou de lado a espada emprestada por Ariadne, uma vez que não conseguia penetrar na pele rija da besta, e passou a lutar corpo a corpo. Por fim, agarrou o oponente pelos chifres e retorceu-lhe a grande cabeça para trás – até ouvir um estrondoso estalo.

Antes do amanhecer, Teseu e Ariadne saíram do palácio e seguiram de mãos dadas até o porto, de onde partiram antes que o rei acordasse.

Na viagem de volta a Atenas, o casal parou na ilha de Naxos.

Lá, o deus Dioniso se pôs à espreita por trás das árvores que cercavam a praia para observar a linda jovem. E esperou até que ela estivesse perambulando sozinha para abordá-la.

Além de belo, ligeiramente barrigudo e um tanto feminino, Dioniso era um jovem com ar sinistro. Depois de oferecer vinho a Ariadne, cortejou-a, até que a fez se esquecer de tudo, de Teseu e de por que e para onde estava indo.

Já era hora de partir e Teseu não encontrava Ariadne. Chamava-a e ela não aparecia. E dessa maneira Ariadne abandonou Teseu, tal como o pai abandonara a mãe dele.

O formoso príncipe ficou tão perturbado que se esqueceu de mudar as velas de pretas para brancas. Ao avistar o navio apontando no horizonte com velas pretas, o pai presumiu que o filho tinha sido morto pela besta e jogou-se da falésia para o mar.

⌒

As histórias de Perseu e Teseu terminam com a morte do pai. Na primeira trama trata-se do cumprimento de uma profecia, e na segunda, de um cruel acidente que resulta de um descuido.

A primeira história é embalada por elementos sobrenaturais e fantásticos. Junto à profecia, talismãs, transformações mágicas e seres de outro mundo, Perseu se vale do poder sobrenatural para superar os desafios que enfrenta.

Na fabulação de Teseu só há um elemento abertamente sobrenatural – a existência de uma besta mantida numa elaborada jaula talvez por conta de sua raridade.

No mesmo ato em que aniquilam as bestas, os semideuses também aniquilam a bestialidade de si mesmos e de toda a humanidade – na visão mística do mundo, os seres humanos estão interligados na mesma dimensão espiritual da qual compartilham, embora aparentemente separados em diferentes corpos na dimensão física. Aos seres humanos concedeu-se a dádiva de uma consciência anímica que tinha como contrapeso um perigo para todos – o de se transformarem em bestas e monstros.

Nascia uma era mais escura e fria. A vida de todos os seres vivos da Terra tornava-se cada vez mais difícil. Se antes os corpos eram densos em imaginação, mais como fantasmas e menos como carne e sangue, agora a gravidade pesava sobre todos à medida que os ossos se tornavam mais espessos e mais rijos. Os seres humanos passaram a se arrastar mais lentamente sobre a superfície da Terra, um mundo sangrento agora encharcado de morte, um mundo errado.

E por ironia do destino, à medida que eles se tornavam cada vez mais independentes dos deuses, estranhamente os deuses se tornavam cada vez mais dependentes deles...

10

Os deuses pedem ajuda aos humanos

Apesar da derrota dos Titãs, que eram descendentes de Saturno, de quando em quando eles irrompiam de assalto no horizonte e ameaçavam acabar com o domínio dos deuses – e, por consequência, com a evolução humana.

O mais temível monstro do mundo ainda era o conhecido Tífon, um Titã que quando emergiu do mar pela primeira vez fez um grito de medo ecoar pelo monte Olimpo. Com uma velocidade assustadora, ele partiu em direção ao Olimpo, cuspindo fogo e bloqueando o sol com asas de morcego. Quando emergiu das ondas com sua gigantesca cabeça de bode rumo à praia, os deuses observaram horrorizados que ele era uma massa fervilhante de serpentes da cintura para baixo.

Os raios que Júpiter lançava na tentativa de retardar a investida simplesmente ricocheteavam em Tífon e caíam ao chão. Enquanto o monstro se arremessava por cima, Júpiter empunhava uma velha foice de sílex – a mesma utilizada por Perseu para decapitar a Medusa. Mas, antes que o deus tivesse tempo de usá-la contra Tífon, as serpentes já estavam rastejando por cima, envolvendo-o pelos membros.

O deus se viu dominado rapidamente enquanto uma outra serpente tomava-lhe a foice da mão e cortava-lhe os tendões do corpo. Embora um deus da estirpe de Júpiter não pudesse ser completamente morto, podia ser completamente rendido.

Tífon recolheu os tendões e os levou para uma caverna, onde poderia descansar e se recuperar dos ferimentos.

Apolo e Pã, o deus-bode, ambos testemunhas de toda a cena, desenvolveram um plano. Rastrearam Cadmo, um herói matador de dragões que vagueava melancolicamente pela terra à procura da irmã desaparecida muito tempo antes, e o fizeram prometer que faria o que eles pediam; em troca, eles o ajudariam a completar a missão que empreendia. Pã entregou uma flauta para Cadmo, e o herói partiu disfarçado de pastor para procurar o monstro.

Tífon descansava na caverna quando se pôs a pensar sobre o maravilhoso som que ouvia. Era a primeira vez que ouvia uma canção, e isso o apaziguava e o curava. Ele então rastejou caverna afora para ver o que era.

Assustado pela terrível e sangrenta imagem à frente, Cadmo parou de tocar.

– Não pare! – rugiu Tífon. – O que é isso? Faça aquele barulho de novo!

– Oh, isso não é nada – respondeu Cadmo. – Faço canções muito mais bonitas com minha lira. As canções tocadas com minha lira o colocariam inteiro novamente.

– Por que então não toca com sua lira?

– Infelizmente, os tendões que servem de cordas se quebraram e não sei onde encontrar novos.

Tífon retornou à caverna para apanhar os nervos retirados de Júpiter e depois os entregou para Cadmo.[1]

Cadmo disse que teria que voltar à cabana para colocar as cordas na lira, mas claro que seguiu em direção a Júpiter.

Já com os tendões de volta, Júpiter pôde emboscar Tífon, e dessa vez o dominou e o enterrou debaixo de uma montanha.

Muitos anos depois, ainda na Grécia antiga, vez por outra a ira de Tífon entrava em erupção do topo da montanha e escoava como lava derretida.

Ocorria assim algo novo, algo sem precedentes no mundo, algo que marcaria uma mudança tectônica no poder: os deuses sendo forçados a pedir socorro a Cadmo.

Além de ter sido chamado pelos deuses para salvar Júpiter, Cadmo também passou a ser lembrado pelos gregos como o inventor da escrita. Mas, apesar dos seus feitos e suas realizações, ele continua a ser uma figura misteriosa.

Existe uma outra figura misteriosa na tradição hebraica também considerada como criadora da escrita e a quem os anjos pediram ajuda.

Enoque era um sapateiro de peito largo, com sólida constituição física. Solitário, ameaçador e com aguçados olhos negros e barba espessa, ele se afastou da maldade que contaminava a humanidade.

Um dia perambulava sozinho por um lugar empedrado e desolado no deserto, quando uma voz o chamou lá do céu:

– Enoque! Enoque!

– Estou aqui.

– Levante-se, abandone o deserto e peregrine em meio ao povo para ensinar os caminhos do Criador.

Logo uma grande imagem se espraiou por todo o céu. E a uma nuvem radiante seguiu-se uma escuridão estonteante, que a engolfou. Em seguida, veio a Santa Palavra, a Voz da Luz que fez tudo resplandecer e vibrar no interior da visão.

A literatura sobre Enoque é rica e abundante.[2] Segundo uma de suas vertentes, Enoque entendeu que um dos nomes da Santa Palavra era "Mestre Construtor". Isso porque ele avistou o Mestre Construtor construindo os sete Espíritos dos Planetas, os sete regentes que doaram as diferentes partes da natureza humana.

Os grandes pontos-chave da história humana representam novos começos e novos términos. E o que termina aqui é um período em que os seres humanos contemplavam os deuses tão claramente como agora contemplamos os objetos físicos. Uma capacidade que entraria em declínio e da qual se desfrutaria cada vez menos, e que posteriormente só seria desfrutada em condições especiais. Mas se de um lado se perdia algo precioso, de outro lado se ganhava algo mais – a *compreensão* de como funcionava o mundo e de como adequá-la à linguagem.

O objetivo das visões concedidas a Enoque foi a preservação da visão de Deus e dos anjos, que era uma experiência comum no passado humano – e a linguagem é o meio pelo qual isso é preservado. Por isso mesmo

Enoque é lembrado como inventor da linguagem e da escrita, tal como Cadmo.

Em algumas tradições, Enoque inscreve essa nova sabedoria em dois pilares monumentais, um de granito e outro de bronze. Foram construídos para ajudar a medir os movimentos dos espíritos celestes que os seres humanos não eram mais capazes de ver. Eram estruturas grandes e resistentes, porque Enoque queria que sobrevivessem à grande catástrofe que se abateria sobre o mundo. Outras tradições referem-se a um livro perdido ou a uma biblioteca.[3]

Dizem que a visão das estrelas e dos planetas é que inspirou Enoque a inventar a linguagem. Foi como a visão de um alfabeto nos corpos celestes que se espraiavam pelo céu. As consoantes eram as imagens dos 12 signos do zodíaco e as vogais eram as imagens dos planetas, e os padrões linguísticos das frases refletiam os mesmos padrões celestes.

Enoque então retorna do deserto com o dom da linguagem e pessoas do mundo inteiro o procuram, inclusive reis e príncipes. Ele transmite uma mensagem arrebatadora e todos o adoram. As multidões se aglomeram à sua volta para ouvi-lo e tocá-lo. Às vezes ele se sente oprimido e escapole. Outras vezes se refugia solitariamente no deserto e entra em comunhão com os grandes espíritos. A cada dia Enoque necessita ficar mais solitário.

A princípio, ausenta-se por três dias a cada escapada e retorna no quarto dia para se juntar ao povo. E depois de algum tempo só aparece uma semana por ano. Aparições que causam grande excitação. As multidões desesperam-se pelo ano de espera e reviram os olhos em êxtase quando Enoque reaparece com um rosto resplandecente.

Algumas histórias de Enoque nos fazem lembrar da pregação de Jesus Cristo, que atraía grandes multidões e depois se retirava e passava um tempo na solidão. Uma das epígrafes de Enoque – "Sol da Retidão" – também era uma epígrafe dada a Jesus.[4]

O que fazia Enoque em seus retiros no deserto? Claro que vivenciava outras visões: "E meus olhos viram os segredos dos relâmpagos e trovões, e os segredos das nuvens e do orvalho... e contemplei as câmaras de onde o Sol e a Lua se originam e para onde retornam." *O terceiro livro de Enoque* é um dos grandes repositórios da tradição angelical e do conhecimento das diferentes ordens de anjos.[5]

As fabulações sobre os amores de Júpiter e de outros deuses greco-romanos com seres humanos estão repletas de luz, beleza, alegria e bom humor. Eles são cheios de espanto e maravilha porque estão vivos no mundo. Já a literatura enoqueana apresenta um lado mais sombrio. Os anjos que tomam esposas humanas são anjos decaídos, também conhecidos como vigilantes. Sua prole, denominada *nefilim*, é composta de gigantes maus e destrutivos que provocam guerras, ingerem carne humana e bebem sangue humano. Toda a Criação acaba por se corromper como resultado dessas uniões antinaturais.[6]

Deus manda Enoque avisar aos anjos decaídos que eles não receberão perdão e que seus filhos sofrerão violência e ruína, sem nunca encontrarem a paz.

Mas quando Enoque dá o alerta aos anjos decaídos, eles tremem de medo e pedem pela intercessão dele junto a Deus. Isso porque os anjos decaídos se envergonhariam de se dirigir a Deus ou de sequer levantar os olhos para o céu.

Alguns dos seguidores de Enoque relatam ter visto a imagem de um gigantesco cavalo no céu, e quando relatam a visão a Enoque, ele então retruca:

– Isso significa que está chegando o momento que terei que deixá-los.

Enoque se retira para as montanhas, onde o terreno é inóspito e o clima, tempestuoso.

Milhares de pessoas tentam segui-lo e desistem, mas algumas persistem. Enoque se dirige a elas e aconselha que voltem para suas tendas:

– É perigoso me seguir. Os que o fizerem perecerão.

No sexto dia da jornada, Enoque se dirige outra vez para uns poucos que ainda o seguem. Mas de novo eles se recusam a voltar para trás, dizendo que apenas a morte poderá separá-los dele. É a última vez que Enoque se dirige a esses seguidores.

A Queda dos Anjos (gravura do século XIX).

No sétimo dia, um estranho objeto aparece por entre as nuvens. Uma carruagem puxada por cavalos de fogo. Enoque sobe à carruagem e se vai.

Mais tarde, outros saem em busca de Enoque e seu grupo de seguidores. Chegam ao ponto onde a trilha termina e encontram neve, gelo e os corpos dos seguidores, mas sem nenhum traço de Enoque.

Isso não quer dizer que Enoque tenha morrido. Pois Deus o levou para um lugar onde pudessem caminhar juntos. Ele tinha mais trabalho a fazer para Deus.

As narrativas de Cadmo e Enoque transformam a economia espiritual do cosmos. Onde antes a humanidade parecia depender inteiramente dos anjos e dos deuses, agora os seres espirituais é que saem em busca de ajuda dos seres humanos.

Na história espiritual do cosmos ocorre, então, o desdobramento de um plano. Neste capítulo começamos a abordar os mistérios de tal plano.

A próxima etapa do plano requer outro herói – se bem que um novo tipo de herói...

11

Orfeu, a Esfinge e o Senhor do Tempo

Deus decidiu ensinar a humanidade a pensar. E para isso escolheu a música como método.

Orfeu vivia com sua mãe e as irmãs dela. Sem nenhum pai à vista, sem nenhum homem como modelo. Isso até a chegada de um amigo de sua mãe, que gerou grande alvoroço. Circularam rumores de que aquele poderoso senhor estava interessado em se casar com uma das irmãs.

E todos disseram para Orfeu que o tal homem era muito importante.

O recém-chegado viajara numa grande carruagem real puxada por magníficos cavalos brancos. O homem se afigurou à luz do sol de maneira que Orfeu não podia observá-lo adequadamente, mas ainda assim ponderou que se tratava de um cavalheiro muito mais elevado que ele, de um nível diferente de todos os outros.

Orfeu recuou quando a mãe e as tias se apressaram para rodear o visitante de cabelos dourados. Sentiu-se intimidado e talvez até diminuído, porque, por alguma razão, tratava-se de uma reunião extraordinária.

Apolo olhou por cima das mulheres que o rodeavam.

– Quem é aquele?

– É Orfeu, meu filho – respondeu a mãe, com orgulho.

Só então Orfeu percebeu que os olhos do homem eram cintilantes e atentos, e que devia ser difícil dizer "não" para ele.

Apolo aproximou-se, pôs o braço ao redor do pescoço do jovem e os dois conversaram por um longo tempo. No decorrer do dia parecia que Apolo estava mais interessado em Orfeu que em qualquer das tias. E antes de sair ofereceu um presente nunca visto por Orfeu. Assemelhava-se a uma peneira, com a diferença de que tinha sete cordas e era feita de ouro. Apolo ensinou-o a dedilhar as cordas de maneira a extrair sons extraordinários e diferentes de tudo que se tinha ouvido antes...

Se melodias extraordinárias eram capazes de induzir mudanças de consciência como um despertar, imagine então o que seria viver numa época em que a música ainda era desconhecida e de repente soassem melodias plenas de belas harmonias e ritmos hipnóticos. *Que raio de coisa é essa?*, você pensaria. A música era como um encantamento, como se o ar se tornasse subitamente diferente em qualidade e repleto de significado, um congelamento repleto de sentido.[1] Ouvir novos e estranhos sons certamente fazia a mente se expandir. Era como se o ouvinte se sentisse inerte e em seguida se tornasse consciente de si mesmo, como se conseguisse ouvir o rio do próprio sangue ecoando nas veias como uma Via Láctea.

Orfeu se tornou um jovem cantor cuja lira arrebatava de tal modo que as aves, os animais selvagens, as árvores e até mesmo as pedras se agrupavam ao seu redor.[2] Ele conseguia curar com a música, restaurando a harmonia natural do corpo, da alma e do espírito.

Orfeu juntou-se a outros heróis, que depois se juntaram a Jasão, na busca do velocino de ouro. Orfeu, Hércules, Teseu e outros embarcaram no *Argo*, o primeiro navio a vela segundo algumas tradições. Consta que se não fosse pela adesão de Orfeu, Jasão não teria sido capaz de completar sua missão. Eles teriam que navegar pelas águas das sereias – demônios femininos e sedutores semelhantes a pássaros que se empoleiravam em rochas pontiagudas. O insólito e belo canto das sereias impregnava os homens de uma doce letargia que os levava a se lançar ao mar para nadar até elas, onde eram dilacerados pelas pedras. A música de Orfeu acabou por envolver a música das sereias com novas e belas harmonias, transformando a sonoridade do desejo sexual em algo superior. E o grupo então pôde continuar a jornada.

Ao voltar para casa, Orfeu se apaixonou por uma ninfa que se chamava Eurídice. No casamento, Eurídice saiu para caminhar pelas margens de um rio e de repente se viu atacada por um sátiro. Ela correu o mais rápido que pôde, mas não reparou na presença de uma serpente que se estendia no gramado e cujas presas a picaram no tornozelo. Os olhos da ninfa se encheram de lágrimas e sua vida se esvaiu com muita rapidez.

Suas irmãs soltaram um grito que ecoou nos cumes das montanhas, e o solitário Orfeu percorreu toda a costa cantando uma canção de amor e perda.

Até que se aproximou da entrada do mundo subterrâneo, e o mundo inteiro prendeu a respiração. Enquanto descia pela escuridão que levava aos pântanos às margens do rio Styx, as sombras dos mortos giravam ao redor como bandos de estorninhos. Mas tão logo Orfeu cantou, os mortos se dispersaram.

Em seguida, ele cantou para o barqueiro Caronte, que concordou em conduzi-lo no barco, e também cantou para as Fúrias, de cabelos entrançados com serpentes. A beleza da música as fez chorar, e manteve Cérbero, o cão de três cabeças, com as mandíbulas obedientemente fechadas. O caminho que espiralava para baixo levou Orfeu a uma grande câmara, onde estavam o rei e a rainha do mundo subterrâneo.

Ele cantou por sua amada, rogando poder levá-la de volta à vida. O rei e a rainha concordaram, mas com a condição de que ele não olhasse para Eurídice enquanto ela o seguisse em direção à luz do dia.

Assim, Orfeu iniciou uma longa e íngreme subida, com Hermes encarregado de conduzir Eurídice mais atrás.

O caminho já tinha espiralado nove vezes, de modo que Orfeu e Eurídice já estavam quase livres. Mas o dia surgiu, ficando à vista nas paredes rochosas à frente, e isso deixou Orfeu ansioso. E se os deuses do mundo subterrâneo estivessem brincando com ele? E se o tivessem enganado? Ele então se deteve quando faltavam alguns poucos passos.

– Ele se virou! – Ao grito de Hermes seguiram-se três grandes estalos lá embaixo, como se um grande edifício estivesse sendo rasgado em pedaços.

Eurídice acercou-se de Orfeu e o agarrou com força... se bem que apenas por um segundo.

– Estão me chamando de volta! – ela disse aos gritos enquanto ele tentava segurá-la, mas isso era como tentar se apossar de uma nuvem. Logo depois ele estava sozinho do outro lado dos portões do inferno.

Durante sete meses ele vagueou sem rumo, cruzando as terras nevadas do Norte e depois encantando tigres e animais da selva. O mundo inteiro ecoou o nome de Eurídice. Todos se encantavam por sua música, menos ele.

Um dia Orfeu subiu uma colina até chegar a uma planície gramada. As árvores o ladeavam na subida, a fim de ouvir a música. Os carvalhos se inclinavam para ouvir melhor. Os pés de freixo, ciprestes e olmos enroscavam-se com a hera, e os cheirosos morangueiros selvagens também escalavam a colina.

Mas de repente uma outra sonoridade encheu o ar. Com vestes de peles de animais, um grupo de mulheres bárbaras e seguidoras de Dioniso encharcava-se de vinho. Aos urros enlouquecidos e embriagados de lascívia, elas batiam no peito e dançavam com a boca revirada para o céu e os cabelos revoltos e agitados, percutindo tambores e sacudindo chocalhos.

Elas avistaram o belo jovem, mas como não conseguiam ouvi-lo o chamaram para se juntar ao grupo. Acontece que Orfeu estava afundado em uma tristeza tão profunda que não percebeu nada. Isso as enraiveceu e elas começaram a atirar pedras e torrões de terra em cima dele ao mesmo tempo que arrancavam ramos de árvores para se flagelar. E como ele não esboçou qualquer reação, elas se jogaram em cima dele com os olhos revirados em frenesi, mordendo-o e rasgando-o membro por membro. Foi assim que Orfeu morreu em grande dor depois de uma vida de grande sofrimento.[3]

Mais tarde, sua cabeça e sua lira flutuaram rio abaixo em direção à costa, com seus lábios ainda murmurando:

– Eurídice, Eurídice!

Uma brisa marinha fez a lira soar em meio às ondas até detê-la em uma caverna na ilha de Lesbos.

Construiu-se ali um santuário.

Ovídio e Horácio são as duas principais fontes da história de Orfeu, ambos iniciados em escolas de mistérios. Adicionei aos poemas saturados de enredo místico alguns elementos de Rainer Maria Rilke.

A versão de Horácio para a fábula de Orfeu encontra-se nas *Geórgicas*, uma série de poemas sobre a vida na fazenda. A fabulação é inserida num longo poema sobre as abelhas. Após a narrativa, Horácio descreve uma cerimônia religiosa em homenagem a Orfeu. Fúnebres papoulas são levadas junto ao gado para o sacrifício no bosque. Só depois que os flancos dos bovinos são cortados é que enxames de abelhas emergem numa nuvem de zumbidos.

De acordo com a filosofia mística, os animais não possuem espírito individualmente, como o possuem os humanos, mas cada espécie animal possui um espírito. Assim, os animais não possuem espaços mentais particulares, mas os da mesma espécie partilham um mesmo espaço mental. Um grupo de animais pode então ser movido por um único pensamento, como um bando de pássaros que voam juntos no céu com um entendimento perfeito. Rudolf Steiner refere-se aos espíritos das espécies animais que se movem pela superfície da Terra como ventos alísios.

Mas é bem provável que em nenhuma outra espécie do reino animal o mistério da mente compartilhada seja mais intrigante que no caso das abelhas. Elas agem de um modo muito complicado nas colmeias, comunicando-se telepaticamente com refinada inteligência. Elas podem, por exemplo, manter uma agenda. Uma única abelha que encontra alimento retorna à colmeia para informar às outras quando e onde devem estar, e passam a informação por um tipo de dança por vezes chamada a dança de requebrado. Conforme demonstram algumas experiências da década de 1940, as informações codificadas incluem o ângulo de rotação da Terra!

Dessa maneira, se por um lado uma única abelha pode ser compreendida como possuidora de uma inteligência limitada, em alguns aspectos uma colmeia possui uma inteligência acima e além da inteligência humana. Os biólogos de hoje comentam que as abelhas possuem "mente de colmeia". Para Steiner, a sabedoria da colmeia é guiada pelos espíritos superiores de Vênus. As abelhas trabalham juntas por amor – um amor comunitário e não de prazer sexual.[4]

Um outro modo de examinar a questão é conceber a cabeça humana como uma colmeia. Nós, humanos, nos orgulhamos do nosso espaço mental privado. Assim como gostamos de receber crédito pelas boas ideias que atravessam esse espaço. Mas a verdade é que os anjos e os espíritos se entrelaçam perpetuamente através do nosso espaço mental, ajudando-nos a criar a textura de nossa vida mental.

A música pode ampliar o senso de unidade existente entre a vida mental humana e a vida mental do cosmos. Uma boa música por vezes nos incute o senso de bondade criativa do cosmos. A música de Orfeu ajudou a despertar a humanidade no sentido de uma ordem cósmica. E mais tarde ajudaria a dar origem à matemática.

Mas também há notas dissonantes na música, e acordes a serem resolvidos.

Tudo começou com uma disputa comum de trânsito sobre o direito de passagem...

Foi tudo sem sentido. Édipo só estava viajando por aquela estrada devido a um mal-entendido.

Édipo amava o pai. Era sempre bom e gentil com o pai. Mas um dia uma anciã estranha o chamou para adverti-lo de que ele mataria o pai e se casaria com a própria mãe. Édipo passou a temer o seu próprio temperamento. Isso o levou a sair de casa de uma vez para sempre numa longa jornada em busca de um novo lar.

Por fim, Édipo chegou a uma encruzilhada, onde um velho estúpido bloqueava o caminho com uma carruagem. Os dois discutiram e o velho tentou impedir a passagem. Édipo recusou-se a ceder e saiu caminhando, e o velho então passou com a roda da carruagem sobre o pé dele na tentativa de atropelá-lo. Agoniado e cegamente raivoso, Édipo puxou o velho da carruagem como se fosse uma boneca e o matou.

Édipo continuou caminhando por entre uma passagem na montanha. O ar repleto de moscas fedia a carniça. Ele seguiu em meio ao miasma e de repente se deparou com um estranho monstro com cara de mulher, corpo de leão, asas de águia e cauda de serpente.

A boca era vermelha como sangue.

A Esfinge estava sentada numa borda que ladeava a passagem e interrogava os viajantes para que tentassem resolver um enigma:

– Que criatura tem quatro pés, e depois, dois pés, e depois, três pés?

Como sempre, os viajantes não conseguiam responder, e a Esfinge investia contra eles, devorando-os e cuspindo os restos mortais abismo abaixo.

Mas Édipo teve uma inspiração e respondeu:

– O homem engatinha quando bebê, quando cresce anda sobre dois pés, e na velhice utiliza uma bengala.

A Esfinge atirou-se no abismo, uivando de raiva.

Na cidade situada do outro lado da passagem, Édipo se viu aclamado como herói. E só então descobriu que o velho da carruagem tinha sido um rei tirânico daquela cidade. Édipo casou-se com Jocasta, a linda viúva, e o coroaram como rei em meio a muita alegria.

Mas Édipo estava desassossegado. Por algum motivo seu desejo por Jocasta era tingido de nojo, e por vezes o leito conjugal parecia um terreno baldio. Isso não o deixava dormir e o fazia percorrer um labirinto de pensamentos. Ele passou a ver a morte espreitando-o em todos os lugares – no campo, na terra, no ar e no ventre das mulheres que transitavam pela cidade.

Édipo então convocou Tirésias, um célebre vidente cego cuja velhice o fazia parecer um inseto cuja pele brilhava como uma carapaça. Tirésias era muito velho e, portanto, assexuado, mas circulavam rumores de que ele conhecia os segredos dos homens e das mulheres.

A Esfinge
(gravura do século XIX inspirada numa estátua de mármore encontrada na ilha de Delos).

Diante do trono, Tirésias pareceu nervoso e relutante nas respostas a Édipo: que tipo de vergonha se contorcia sob a superfície da cidade? Por que Édipo estava sofrendo?

– Ser sábio é sofrer. – Tirésias balançou a cabeça.

– Não me venha com chavões! – Édipo instou o vidente a que parasse com divagações e revelasse a origem do mal que afligia a ele e a cidade.

– É *você* que envenena a cidade – disse Tirésias por fim.

– Não... pelo contrário. Eu é que *salvei* a cidade, porque fui capaz de responder ao enigma que outros "sábios" de sua espécie não conseguiam responder. Como então se atreve a me acusar?

Édipo já estava perdendo a paciência, mas isso encorajou Tirésias a falar mais abertamente:

– Não me importo com o que possa fazer comigo. – O vidente então revelou para Édipo e para a corte que a cidade estava amaldiçoada por causa do assassinato do velho rei.

Jocasta tentou acalmar Édipo, que acabou se distraindo com a chegada de um mensageiro que trazia a notícia de que o pai dele estava morto...

Édipo amava o pai, mas a notícia lhe tirou um peso dos ombros porque o fez perceber que a profecia que o colocava como assassino do pai nunca se realizaria.

O mensageiro então explicou que estava ali para levar Édipo para assistir ao funeral. Mas Édipo se recusou a ir, alegando que se voltasse para casa estaria vulnerável à tentação. Isso porque tinha em mente a segunda parte da profecia, segundo a qual ele se casaria com a própria mãe.

O mensageiro tentou tranquilizá-lo, dizendo que ele não tinha nada a temer.

– O que quer dizer? Como pode afirmar isso?

– O senhor não é parente de sangue do rei e da rainha que considera como seu pai e sua mãe.

O mensageiro esclareceu que conhecera Édipo ainda bebê, quando um pastor o levara com os pés pregados a uma prancha de madeira. E depois acrescentou que tirara o bebê do pastor e que removera os pregos dos pés e o levara à corte, onde o casal real o adotara e o criara, amando-o como seu próprio filho...

Édipo ficou surpreso e exigiu que encontrassem o pastor para que confirmasse aquela história.

Foi quando Jocasta empalideceu e implorou para que Édipo deixasse aquilo de lado. Que bem traria investigar o passado?

– Somos o que somos. Já estamos felizes juntos. Que diferença isso pode fazer?

– Não, eu preciso descobrir o segredo do meu nascimento – ele retrucou.

Mais tarde, ele se deu conta de que fazia algum tempo que não via Jocasta e acabou encontrando-a enforcada. Foi assim que a verdade do nascimento de Édipo e as reviravoltas cruéis do destino o pegaram de chofre.

E com um broche que retirou do corpo da mãe ainda pendurado, ele cegou a si mesmo.

— Para que preciso de olhos — disse —, quando o mundo inteiro se mostra hediondo?

Na era dos semideuses, a rede da matéria era apertada, e agora irrompia uma outra rede: a do destino.

Por que estou enfrentando isso aqui e agora? Só escolhi conscientemente uma pequena parte disso. Em termos de tempo e espaço, grande parte disso, como o lugar e o tempo em que nasci, ou se nasci em tempo de paz ou de guerra, em riqueza ou em pobreza, ou se meus pais eram assim ou assado ou se me amavam ou não ou se eles me educaram bem, grande parte disso não é uma escolha minha — pelo menos não nesta vida. E minha capacidade de mudar essas coisas é, na melhor das hipóteses, limitada.

Vivemos em dois mundos diferentes, regulados por dois conjuntos de leis diferentes. As leis que regem esses universos paralelos são semelhantes, mas diferem em alguns aspectos. De um lado estão as leis da física, do outro, os valores humanos. A condição humana se constrói de maneira a que todos os seres humanos procurem felicidade, bondade e um sentido. Nós queremos fazer a coisa certa, mas nos preocupamos com o fracasso. Somos então aquele tipo de animal que encara o mundo com medo porque sabe que de alguma forma as coisas podem dar errado.

Enfim, levamos duas vidas paralelas. Uma vida de fatos, dados e números — uma vida que pode ser medida. E uma outra vida com a qual nos

O friso do templo de Teseu em Atenas, Teseu e o Minotauro à direita. Em um nível, o labirinto é uma imagem do espírito na matéria que trilha um caminho até o centro e, depois de completar a tarefa divinamente, trilha de novo um caminho para fora. A vida humana na matéria dispõe de um livre-arbítrio relativo. De vez em quando podemos optar em ir para um lado ou para outro. Mas de certa forma trabalhamos no escuro, porque não conseguimos ver o todo. De acordo com o idealismo, a matéria nos impede de ver o padrão geral, de modo que somos livres para fazer nossas próprias escolhas. Mais particularmente, o labirinto é um modelo do cérebro. De acordo com o idealismo, o cérebro é uma modalidade especial de matéria. Filtra o espírito, como toda matéria, mas também é estruturado de modo a permitir a entrada de elementos espirituais.

importamos. Uma vida onde raramente as chances de felicidade se transformam em grandes eventos e, com mais frequência, em eventos incomensuravelmente pequenos e sutis – um sorriso que se desvanece, um olhar furtivo e breve. Os eventos importantes dessa outra vida, desse outro universo não estão intimamente ligados ao mundo dos fatos, pesos e medidas, da guerra ou da paz, da riqueza ou da pobreza. São eventos que determinam felicidade e infelicidade, satisfação e insatisfação. Será que encontrarei um estranho que acabará sendo o amor de minha vida? Se isso acontecer, será que encontrarei a palavra certa para dizer? Serei atingido por alguma doença súbita? Terei filhos? Quando meus pais irão morrer?

Os aspectos mais extraordinários da condição humana têm a ver com essas questões de qualidade. E o grande milagre da consciência humana é que todas essas perguntas – sobre felicidade ou infelicidade, segurança e sobrevivência, realização ou irrealização, bondade ou maldade, salvação ou condenação, compreensão ou incompreensão, generosidade ou mesquinharia, amor ou ódio – jazem em permanente estado de equilíbrio.

Continuamente a vida nos apresenta testes, mistérios e dilemas. E a história de Édipo mostra um homem que experimenta um tipo de vida que se engaja com ele e que lida com ele em termos de valores humanos. Histórias assim são como relatos de uma inteligência cósmica imanente à vida humana. O cosmos tem planos para nós e nos envolve em uma troca inteligente de ideias – quase um diálogo – a respeito do nosso bem-estar.[5]

Hoje em dia já não dispomos de uma linguagem que aborde a vida sendo moldada, enquanto fado ou destino, a não ser, talvez, a astrologia, a qual nunca é levada a sério pela elite intelectual.

Eis uma das razões que reforçam a importância das histórias aqui apresentadas: a de nos ajudar a trazer à consciência as qualidades de nossas próprias vidas – traços místicos – que raramente são colocadas em palavras.[6] Já vimos que Orfeu inventou a música e lançou as bases para a matemática. Era uma figura de transição, pois mobilizava os animais, as árvores e até as rochas com o poder de sua música, mas ao inventar os números ele também lançou as bases para a ciência.

Dédalo era contemporâneo de Teseu, Orfeu e outros semideuses que se juntaram a Jasão a bordo do *Argo*, em busca do velocino de ouro.

Mas Dédalo estava de olho no futuro, de olho na nova etapa do desenvolvimento humano. Depois de projetar o labirinto que abrigou o Minotauro, ele tentou projetar asas para si mesmo e para seu filho, Ícaro, utilizando penas de aves e cera. Creditado como inventor da serra e da roda de oleiro, e também da vela e da proa de navios, Dédalo não precisou lidar com o poder do sobrenatural.

Dédalo consertava um barco na costa rochosa e, no eco da martelada de um prego, acabou ouvindo o grito de morte dos deuses.

12

Noé e as águas do esquecimento

Noé (pintura de uma catacumba, por Calisto).

Era noite de tempestade e o mundo inteiro rugia como um touro. De repente, ouvi uma voz que sussurrou por entre os juncos de minha cabana:
– Retire esses juncos e derrube essa cabana para construir um barco. Desista das coisas materiais e procure a vida. Pegue sementes de todos os seres vivos e conserve-as no barco, que deverá ser construído de acordo com as dimensões que eu lhe der.

Respondi conforme nos foi ensinado:

– Senhor, será uma honra obedecer.

De manhã todos começaram a trabalhar. O enfardador de juncos se pôs a desmontar minha casa, o carpinteiro pegou o machado e as crianças pequenas também trabalharam, carregando o suficiente de alcatrão e betume para fundir e colar a madeira e os juncos de modo a fazer um barco resistente à água.

Ali pelo quinto dia já tínhamos construído a estrutura básica. Era enorme. Abarcava um acre inteiro e tinha seis pavimentos de altura, mas o que estava sendo feito era apenas o que eu tinha prometido.

A cada dia abatia ovelhas e produzia vinho – tinto e branco – para manter os trabalhadores fortes e felizes no trabalho, e no sétimo dia martelei os hidrantes e o barco estava acabado. Levamos para o barco os enormes remos que ajudariam a conduzi-lo e os suprimentos de alimentos em cestas.

E depois tentamos lançar o barco à água. Foi uma tarefa difícil, pois tivemos que retirar e reposicionar algumas tábuas. Foi quando decidimos esperar até que o barco estivesse na água para carregá-lo com um estoque de ouro e prata.

Finalmente, depois de embarcar minha família, embarcamos todos os animais – animais domésticos, como o gado, e também animais selvagens. Pedi aos artesãos que subissem a bordo e depois fechei a porta, selei-a com betume e fechei as janelas.

Já deve estar na hora, pensei. Os ventos se reuniam.

Passamos a noite em paz, mas de madrugada vi um grande raio e um trovão no horizonte negro. Seguiram-se flechas de relâmpagos, que incendiaram as florestas nas colinas. Olhei novamente e uma grande nuvem cobria o céu de lado a lado. O mundo inteiro escureceu. Logo começaram as chuvas e os estrondos eram capazes de fazer os próprios deuses tremerem; era como se o mundo estivesse sendo agitado e esmagado como uma panela de barro. De repente, ecoou o gemido de uma mulher:

– Oh, Senhor, faça a luz do dia voltar!

Sacolejamos dentro do barco durante seis dias, até que no sétimo dia tudo se aquietou repentinamente. Abri uma escotilha e pus a cabeça para fora. Fiquei feliz com a luz no rosto, mas o que vi depois me fez sentar e chorar: o mar estava abarrotado de corpos humanos, que flutuavam em manchas como retalhos.

Foi quando o barco fez uma pausa e ficou encalhado no topo de uma montanha, e o mar se estendia em todas as direções que os olhos alcançavam. *A humanidade é devolvida ao barro*, pensei.

Soltei uma pomba, que acabou retornando porque não tinha encontrado lugar para pousar.

No dia seguinte, soltei uma andorinha, que circulou por perto e também retornou.

No terceiro dia, soltei um corvo, que depois retornou com bolotas de barro nas garras. Então, soltei inúmeras aves, que não retornaram, e isso me fez dar graças ao Senhor.

Essa é uma versão da história que quase todos conhecem como a história de Noé. Embora extraída de fontes da Suméria, Mesopotâmia e Babilônia, essa mesma história é contada pelo mundo inteiro, desde a China à América do Sul. Na versão do *Livro dos jubileus*, o propósito do Dilúvio é destruir a monstruosa descendência deixada pelos anjos decaídos. Nos mitos do povo Hopi, a mulher-aranha é que salva a humanidade. Ela corta juncos gigantes e os esburaca para que possam flutuar como canoas e transportar os sobreviventes.[1]

No relato bíblico, o ato de Noé transportar os animais em pares implica dizer que a humanidade é como a coroa da Criação. Na filosofia mística, a forma humana abarca as outras formas da natureza, absorvendo-as e aperfeiçoando-as dentro de si. Segundo uma lenda, deixou-se apenas um animal para fora da arca e que, portanto, não sobreviveu ao Dilúvio – o Unicórnio. Isso também diz respeito ao ser humano, pois à luz da história mística os seres humanos também tinham um olho espiritual, pelo qual observavam deuses, anjos e outros seres espirituais quando ain-

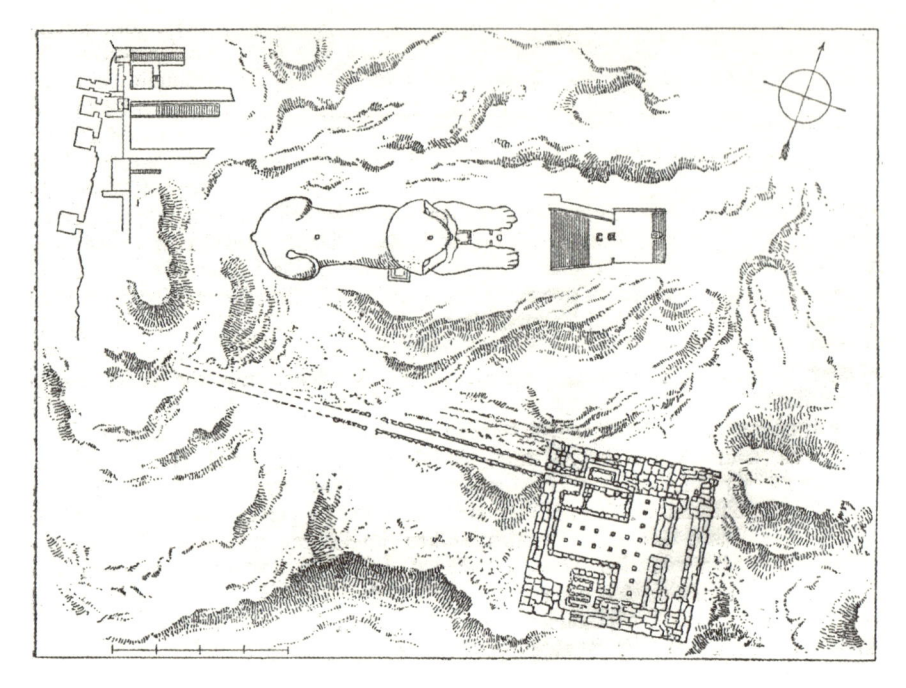

Vista aérea do planalto de Gizé, do século XIX.

da eram em sua maioria seres espiritualizados e não de todo materializados. O olho espiritual também é visto como o olho de Odin.[2]

De todo modo, nos tempos do Dilúvio a forma humana acabou por se fixar na forma que é hoje conhecida.

Afirmamos que os deuses ajudaram a criar a condição humana porque frequentemente eles próprios assumiam a tarefa de guiar os seres humanos em algum sentido. Os antigos egípcios, por exemplo, referiam-se aos deuses Osíris, Ísis e Hórus como seres antropomórficos. São memórias cósmicas que recordam os tempos longínquos em que os deuses conduziram a humanidade para a condição humana.

A esfinge esculpida no planalto de Gizé demarca a conclusão de tal processo. Ela é composta de quatro animais – leão, homem, touro e escorpião – que na tradição judaico-cristã são chamados querubins. São 12 querubins que representam os anjos das 12 constelações, sendo que os quatro querubins nos pontos cardeais do zodíaco – Touro, Escorpião,

Leão e Aquário – fazem uma cruz no cosmos que juntos também representam os quatro elementos, que, segundo a metafísica tradicional, compõem a matéria do cosmos: terra, ar, fogo e água.[3] A Esfinge, portanto, marca não apenas a determinação da anatomia do ser humano, mas também a fixação da matéria adensada da maneira hoje conhecida. Pode-se então dizer que em função dos querubins existem os objetos de quatro lados.

A história nos 12 capítulos anteriores, em parte aparentemente fantasmática, se deve ao fato de que até então a matéria ainda não estava de todo fixada, mas com a escultura da esfinge nas areias do Egito, finalmente a era da metamorfose estava encerrada.

A fixação da matéria também torna possível uma fixação de datas. O autor e engenheiro belga Robert Bauval sugere com um argumento convincente que a esfinge esculpida no planalto de Gizé data de 11451 a.C. Em todas as culturas, o Dilúvio é registrado no final da Idade do Gelo, abrangendo o que se lembra como um mundo de criaturas híbridas, gigantes e anões e um tempo em que os deuses voavam e os seres humanos emparelhavam-se ombro a ombro com semideuses e heróis.[4]

No estranho epílogo da narrativa sumeriana do Dilúvio, Xisuthros prepara uma fogueira de juncos e madeira de cedro e murta para celebrar o arrefecimento do Dilúvio e fazer um sacrifício (provavelmente de ovelhas, mas não se pode afirmar com certeza porque o texto está mutilado). Os deuses inalam um aroma doce e logo se precipitam em cima como um enxame de moscas. Embora seja uma desconcertante analogia, o que se diz aqui é que os deuses estavam famintos de companhia humana.

13

Rama e Sita – os amantes na floresta

Rama (extraído de *The Gods of Greece, Italy and India*, de sir William Jones, 1784).

Os povos nômades em fuga das inundações que destruíram o antigo estilo antediluviano de vida se dirigiram rumo a oeste, em parte pelos rumores de uma montanha mágica. No *Mahabharata*, o grande épico hindu com raízes no período neolítico, considerava-se a referida montanha como inacessível ao pecador. Dizia-se que se encontrava em uma região remota e inacessível por trás do Himalaia, onde o orvalho celeste se acumulara no cume e formara riachos, os quais se fundiram e depois fluíram divididos, de modo a formar quatro grandes rios, que se dispersaram ao longo das planícies. Foi nesse lugar que se fundou a primeira das grandes civilizações pós-diluviana.[1]

Se você estivesse vivo e observasse a paisagem por meio dos modernos sistemas de referência, talvez não encontrasse evidências das histórias que serão recontadas a seguir. Os resquícios que sobreviveram como evidências arqueológicas sugerem apenas algumas habitações inexpressivas e alguns utensílios primitivos de pedra e osso. Como então poderemos compreender qual era a sensação de se estar vivo naqueles tempos remotos? O que melhor expressa a realidade humana daqueles tempos, fragmentos de evidências e significações científicas ou as grandes narrativas sagradas que habitam a psique humana?

O herói da arcaica civilização indiana cujo nome era Rama tem sua história escrita por um ladrão chamado Valmiki.

Depois de uma repreensão por ter atacado e roubado comida de homens santos, Valmiki sentou-se sozinho na floresta e meditou tão profunda e longamente que acabou coberto por um formigueiro.

Algum tempo depois, os homens santos fizeram o mesmo caminho, a fim de verem se finalmente Valmiki havia progredido, e, como não o encontraram, gritaram pelo nome dele. Valmiki irrompeu do formigueiro, como se de um banho de lama seca, e já como um novo homem escreveu a narrativa épica intitulada *Ramayana*...

Na grande planície onde o Ganges verte das montanhas, o rei já sentia o peso da idade. E também sentia falta do filho caçula. Todos amavam Rama pela beleza e os ombros largos e braços fortes. Era difícil não amá-lo. As pessoas eram atraídas para ele como rios atraídos para o mar. Ele emanava algo bom e verdadeiro.

Na verdade, Rama retornava ao encontro do pai depois de ter conquistado a mão de Sita, a princesa de um reino vizinho cujo pai elaborara uma tarefa a ser cumprida pelos pretendentes à mão da filha. Muitos fracassaram, mas Rama levantou com uma só mão um arco que nenhum dos outros tinha levantado. Ele o esticou com muita facilidade e arremessou uma flecha com um estalido alto! Rama era forte como um touro e o pai de Sita ficou feliz por lhe dar a mão da filha em casamento. Sita colocou uma guirlanda no belo pescoço dele.

Ao ver a felicidade do casal, o velho rei abdicou do trono e nomeou o filho Rama como sucessor. Os outros três filhos também ficaram encantados, como era esperado pelo rei. *Quem não ficaria?*, pensou o rei.

Mas ainda assim pairava uma vaga sensação de inquietude. O rei então se lembrou de um incidente de sua juventude. Ele estava à beira de um rio quando um burburinho o fez pensar que estava prestes a ser atacado por um animal selvagem. Ele se virou e com uma lança trespassou um menino que estava enchendo um pote. Os pais do menino lançaram-lhe então uma maldição – ele perderia seu próprio filho.

O que o velho rei não sabia é que a essa altura uma velha serva corcunda sussurrava no ouvido de uma de suas esposas que o filho dela é que devia ser coroado rei e não Rama.

– Se Rama se tornar rei – disse a velha e maléfica serva –, você e seu filho serão banidos. Rama considera você e seus filhos inferiores a ele. Você sabe que ele é muito orgulhoso.

O rei, que antes era perdidamente apaixonado por essa esposa, prometera duas dádivas para ela. E agora ela lhe cobrava a realização da antiga promessa. Exigia que o filho dela fosse coroado rei e que Rama fosse banido por 14 anos.

O rei implorou pelo rompimento da promessa, mas ela não arredou pé. Atordoado, ele virou-se para Rama na expectativa de que ele encontrasse um jeito de resolver o dilema. Mas Rama se determinou a fazer a coisa certa. Assim, juntou-se a Laxman, seu irmão favorito, e a Sita, sua nova esposa, despiu-se das sedas e joias, vestiu roupas rústicas e fugiu despercebido.

Quando chegaram ao Ganges, construíram uma jangada, que os levou à margem oposta, onde se embrenharam pela floresta. Enquanto percorriam os trajetos estreitos em fila indiana, abrindo caminho em meio à vegetação exuberante e às trepadeiras que descaíam ao largo, admiravam-se perante as flores insólitas e extremamente perfumadas, os pássaros exóticos e os macacos no alto das árvores. De noitinha, detiveram-se para construir uma cabana de madeira.

De repente, ecoou uma comoção – um movimento na floresta, uma nuvem de poeira, estalos de animais a fugir pelo mato. Laxman escalou uma árvore e relatou que seu irmão, Bharata, vinha à frente de uma coluna de soldados.

– Eles estão chegando para nos matar!

Rama se recusou a se esconder. Ficou à espera para cumprimentar Bharata.

Bharata chegou com a notícia de que o pai havia morrido. Ele não queria ser o novo rei e pediu a Rama para que voltasse e assumisse o trono, e acrescentou que a morte do pai os desobrigava da promessa.

Mas Rama se recusou, porque concordara em viver no exílio por 14 anos.

Bharata caiu de joelhos e lhe pediu os tamancos que calçava, explicando que se Rama realmente não retornasse, os tamancos permaneceriam no trono até o dia que ele retornasse.[2]

Rama, Sita e Laxman se embrenharam ainda mais floresta adentro, felizes com aquele estilo humilde de vida, comendo frutas e raízes, caçando veados e bebendo água dos córregos. Por muitos anos desfrutaram o prazer de explorar a terra e usufruir a passagem das estações. Rama dizia que apreciava muito mais a vida bucólica que a vida na corte.

Mas até mesmo escondido nas profundezas da floresta a perfeição de Rama afrontava os poderes do mal no mundo. Jamais o deixariam viver em paz, porque viver na floresta era *como* viver no paraíso.

Um dia o odor de um raro perfume preencheu a clareira em frente à cabana de Rama, Sita e Laxman. Logo uma bela mulher de pele branca entrou na clareira e sorriu para Rama, com um brilho nos olhos e unhas compridas de cor roxo-acinzentadas que se curvavam como garras.

– Faz muito tempo que estou de olho em você, e o amo desde a primeira vez que o vi – ela disse. – Por que você vive... sujo e de cabelo emaranhado nessa pequena cabana nojenta? Está desperdiçando sua vida com essa mulher simples. Case-se comigo e dominaremos o mundo e o tornaremos um lugar maravilhoso.

Rama trocou um olhar malicioso com Laxman.

– Este aqui é meu irmão solteiro. Por que não se casa com ele?

– Mas sou apenas um servo do meu irmão. Isso também faria de você uma serva. – Laxman sorriu. – É com ele que você quer se casar.

Ao perceber que estava sendo provocada, a mulher-demônio assumiu a sua forma habitual: barriguda, inchada e com cachos acobreados e olhos esbugalhados. Ao vê-la investindo contra Sita, Laxman rapidamente se interpôs entre as duas, sacou uma faca e cortou o nariz e as orelhas da mulher-demônio, que fugiu pela floresta aos gritos.

A vida voltou ao normal, mas um dia Sita estava sentada em frente à cabana e um cervo dourado passou pela clareira. Ela chamou por Rama e Laxman, que saíram correndo para pegá-lo. Mas toda vez que eles se aproximavam, o cervo se esquivava e sumia de vista, afastando-os cada vez mais de casa.

Passado algum tempo, Sita ouviu um doce murmúrio entoado. Era um velho ermitão que implorava por comida.

– Que moça bonita – ele disse. – Com esses dentes brancos e perfeitos e esses quadris redondos e bem torneados você deve ser a deusa do amor.

Sita achou que era uma linguagem um tanto estranha para um homem santo. Mesmo assim, pegou um pouco de comida.

Mas ao entregá-la, foi agarrada pelo braço pela mão ligeira do velho eremita e tentou se afastar. Mas ele se lançou sobre ela como um tigre, revelando-se na sua verdadeira forma – um demônio de dez cabeças com sobrancelhas que se contorciam como serpentes.

– Ah, meu dever de vingar minha irmã será um imenso prazer!

Era Ravana, o rei dos demônios, que chegava para se vingar por exigência da irmã mutilada por Laxman. Ele a tinha mandado de volta na forma de cervo para atrair os protetores de Sita e mantê-los a distância.

E agora agarrava Sita e a arrastava para uma carruagem mágica puxada por burros, que saiu sobrevoando as árvores.

Ao voltarem da caça, Rama e Laxman ficaram inconsoláveis com o desaparecimento de Sita. Depois de chamá-la, saíram em busca de sinais de luta ou de rastros que os levassem até ela.

Logo depois, Rama encontrou nos arbustos algo que à primeira vista parecia um demônio terrivelmente deformado. Na realidade, era uma grande ave ensanguentada e mutilada, que estava com asas e pernas cortadas e à beira da morte. Nos últimos suspiros o rei dos abutres disse que tinha visto Ravana sequestrar Sita e levá-la para a carruagem, e que embora tivesse tentado resgatá-la, Ravana tinha se saído melhor que ele. A ave acrescentou que Sita estava sendo levada para um palácio de Ravana na ilha do Ceilão.

Rama e Laxman queimaram cerimoniosamente os restos mortais do rei dos abutres e depois partiram em perseguição a Ravana.

Marcharam pela floresta durante muitos dias. O céu escureceu e as nuvens agruparam-se como um exército de demônios. À medida que se aproximavam do mar, atravessavam recantos onde só havia tocos de árvores queimadas e terra enegrecida na floresta. Até que deram com entulhos queimados de templos e aldeias.

Depois de percorrerem a última vegetação, atingiram a costa e se horrorizaram quando olharam para o mar. O Ceilão era muito distante. Como poderiam alcançar a ilha? Rama ajoelhou-se à beira-mar para rezar. Ele era amado tanto pelos seres humanos como pelo reino animal, de modo que todas as criaturas da floresta chegaram para ajudar. Liderados por Hanaman, o rei dos macacos, ursos e macacos trouxeram troncos e pedras. Insetos e aranhas ajudaram a tecer uma gigantesca ponte flutuante.

O exército de macacos de Rama.

Rama seguiu à frente de um exército de milhares de macacos para enfrentar um exército de demônios. E a batalha entre macacos e demônios durou sete dias.

Rama abriu caminho por entre as hordas demoníacas, até encurralar Ravana. Cada vez que cortava uma das dez cabeças do demônio, crescia uma outra no mesmo lugar. Ele então pegou um grande arco e atirou uma flecha, que atravessou o coração de Ravana. O rei-demônio tombou da carruagem, com o sangue a jorrar de dez bocas. E se antes o chamavam de "Bravo nos Três Mundos", agora os três mundos estavam finalmente livres dele.

Rama saiu vasculhando os corredores do palácio em busca de Sita. Encontrou-a num jardim secreto de Ravana, e ficou chocado quando a viu. Nem se apressou para abraçá-la. Pois ela estava esquálida e com a carne acinzentada e doentia.

Com a voz embargada pela dor, ela disse que Ravana a tinha ameaçado de cortá-la em pedacinhos e que a mataria se não dormisse com ele – mas Sita jurou que não tinha feito isso.

Só para se certificar, Rama a fez passar por uma prova de fogo. Sita emergiu intocada porque era pura.

E agora já tinham se passado os 14 anos de exílio, de modo que Rama e Sita entraram na carruagem de Ravana recém-enfeitada de flores e seguiram voando por sobre o dossel da floresta até o outro lado do mar, onde Bharata e o povo os saudaram com guirlandas e grandes celebrações. Houve danças, cantorias e procissões com bandeiras douradas e soldados em armaduras de ouro. O rei-macaco participou das comemorações girando uma sombrinha branca.

Foi essa então a história contada por Valmiki, que irrompera de um formigueiro.

O reinado de Rama foi a época de ouro com a qual muitas vezes Mahatma Gandhi sonhou que retornasse. Então, sentados em tronos de ouro, Rama e Sita recuperaram a felicidade da antiga vida errante na floresta. Mas ao sair disfarçado pelas ruas da cidade, Rama ouviu rumores de que Sita se deitara com Ravana. Seguiu-se uma fome geral e novos rumores atribuíram isso ao fato de Sita ter sido resgatada por Rama depois de ter vivido com outro homem.

Uma noite Laxman aproximou-se e sentou-se ao lado de Sita.

– Por que está chorando? – ela perguntou.

Ele explicou que Rama lhe ordenara que a levasse de volta para o exílio na floresta.

Laxman escoltou Sita até o outro lado do rio. Sita manteve-se à margem, observando as luzes do barco de Laxman que se afastava, e acabou perdendo a cabeça. Que sentido aquilo tudo fazia? Ela não suportaria viver sem o seu senhor Rama.

– Não faça isso – soou uma voz atrás dela. – Não se afogue.

Ela se virou e se viu frente a um eremita de idade avançada.

– Quem é você?

– Sou Valmiki. E a floresta é minha casa.

Sita, que a essa altura estava grávida, o acompanhou, e depois deu à luz dois filhos, que tiveram Valmiki como tutor.

Alguns anos depois os meninos já estavam crescidos e Valkimi os levou até a cidade e os incentivou a cantar uma peça musical de sua autoria, chamada *Ramayana*. Ao ouvi-la, Rama irradiou de felicidade e os reconheceu como seus próprios filhos. Saiu à procura de Sita e pediu-lhe que voltasse para ele – mas também disse que ela teria que se submeter a uma outra prova de fogo para mostrar que era pura.

Sita relutou, mas cumpriu a prova.

Rama sentiu uma onda de alegria quando a viu muito frágil, mas em vestes vermelhas e douradas.

– Tenho permissão para provar minha pureza e minha inocência para você? – ela perguntou.

Claro que ele permitiu, e Sita então passou pela prova ao morrer ali mesmo. E Rama se pôs a observar enquanto a alma de Sita subia ao céu.

Nas muitas diferentes versões do *Ramayana*, surgem algumas perguntas embaraçosas. Por que Sita é tratada com tanta dureza? Ela não é tratada por Rama de um modo terrivelmente injusto? A história também está encharcada de nostalgia. Rama e Sita anseiam por retornar ao jardim do paraíso e aos tempos que antecedem uma vida difícil e cheia de responsabilidade.

Trata-se então de uma história sobre a evolução espiritual – mas também sobre a dor que isso acarreta. Rama e Sita derrotam demônios inequivocamente maléficos, mas também são derrotados pelas ambiguidades morais. Embora a esposa de Rama esteja acima de qualquer suspeita de infidelidade, o povo do reino não pensa assim, de modo que o sofrimento de Sita se deve aos esconjuros dos pensamentos sombrios da própria comunidade.

Apesar de separados no plano físico pelo confinamento em corpos individuais de carne, nós estamos interligados no plano espiritual à Grande Mente Cósmica – o centro do cosmos, tal como o monte Meru.

Por que Rama não assume o trono quando todos querem que ele faça isso? Porque o pai dele agiu de maneira precipitada e matou um menino por acidente. E os rasgões causados no tecido do cosmos são reparados por todos nós.[3]

14

Krishna, Branca de Neve e as Sete Donzelas

No início do quinto milênio a.C. nasce um grande líder espiritual na região ocidental da Índia.

Àquela época, a terra que chamamos de Irã era perigosa, um lugar de saques, invasões e tribos em guerra umas com as outras. Imaginamos então uma paisagem rochosa e desoladora. Pequenas comunidades agrícolas e os gados sob constante ameaça de tribos rivais, bandidos, bruxas e lobos. Doença abundante. Limpeza e pureza sempre sob perigo. O sangue do corpo era sagrado, mas uma vez derramado tornava-se profano. Os mortos não eram enterrados e sim presos em estacas a céu aberto para que os abutres pudessem devorar a carne até os ossos. Em tais comunidades a escuridão exterior era ameaçadora, traiçoeira, cortante e devastadora. O povo encolhia-se nas cabanas e contava histórias de Satanás, que percorria a criação como uma mosca gigante.

Zaratustra[1] sorriu assim que nasceu – a única vez na história que isso aconteceu. Cresceu destemido em relação ao mal e determinado a combater fogo com fogo, mas também se intrigava com isso. Alguns dos seus pensamentos chegaram até nós. Antigos hinos denominados *Gathas*: "Por que me criaram? Quem me fez? Sou limitado por maléfica sede de sangue, e por raiva e por violência... Ninguém conhece a verdade..."

Aos 30 anos, ele conheceu sete seres altos e radiantes, que o fizeram ter uma visão da história espiritual e da realidade do cosmos.[2]

Foi para a corte e pregou os ensinamentos daqueles seres radiantes. Recomendou ao rei que se afastasse do mal e retornasse ao bem. Clamou infortúnios para os malfeitores e revelou que o destino do mundo estava sob a égide dos anjos. Foi o primeiro de uma linha de profetas a se pronunciar de um modo que os reis não queriam ouvir. Os conselheiros do rei, que eram sacerdotes de Saturno, o convenceram a colocar Zaratustra na prisão. Ele escapou e retirou-se para as remotas regiões montanhosas. E nas suas cavernas iniciou seguidores, tal como os seres radiantes o tinham iniciado. Em aterrorizantes provações que os faziam perecer e retornar à vida, tais seguidores aprenderam a não temer a morte. E depois que eram iniciados, ganhavam autoconfiança porque já tinham enfrentado e superado o pior que a vida e a morte propiciavam. Era quando Zaratustra os mandava de volta ao mundo para enfrentar os demônios. Esses guerreiros do bem eram chamados de magos, um termo derivado do antigo *magu*, que significava "sacerdote".

Aos 77 anos, Zaratustra velava a chama sagrada de um dos seus refúgios na montanha quando um assassino o esfaqueou pelas costas e o levou à morte.

Os demônios venciam assim a batalha. A guerra entrava numa nova fase.[3]

Um concílio de deuses reuniu-se numa dimensão paralela na costa do Oceano de Leite e eles rogaram para que o deus Sol encarnasse. Argumentaram que era a única forma de derrotar as forças das trevas, que estavam prestes a vencer a guerra no mundo.

Um dos líderes das forças do mal era o rei Kamsa. Depois de ter sido uma criança má, tornara-se um jovem príncipe assassino dos filhos de pobres. Mais tarde, aprisionou o próprio pai e usurpou o trono. Mantinha a corte em luxo e extravagância, enquanto as crianças da região desapareciam, mas ninguém se atrevia a questionar o rei.

Quando sua irmã, Devaki, casou-se, ele brindou-a com um dote extravagante, que incluía elefantes, cavalos e centenas de servos. O rei conduzia a carruagem de volta do casamento, satisfeito consigo próprio por sua generosidade, quando uma voz em meio à multidão o chamou de idiota e lançou um vaticínio de que o filho de Devaki iria matá-lo.

Contudo, Kamsa hesitou em assassinar a própria irmã. Em vez disso, trancou-a com o marido nas masmorras mais profundas de uma grande prisão de pedra. Mas na cela escura Devaki tinha sonhos estranhos e luminosos. Ouvia músicas inefáveis, como se harpas e flautas estivessem tocando na cela ao lado, e avistava grandes seres de luz.

O tempo passou e nasceu Krishna. À meia-noite de um dia memorável os carcereiros caíram em sono profundo e as algemas e cadeados dos portões que trancafiavam os prisioneiros romperam-se como que por encanto. O casal então se pôs em fuga, com o pai carregando o bebê Krishna enrolado em cobertas.

Eles chegaram a um grande rio nas imediações da cidade, e um tumulto que os seguia pelas ruas indicava que os soldados do rei estavam quase em seus calcanhares. Pelo que parecia, estavam encurralados. Mas as águas do rio se abriram milagrosamente, e eles puderam percorrer a lama até a outra margem antes que as águas se fechassem.

Kamsa ordenara aos soldados que vasculhassem ruas e casas e abatessem todos os recém-nascidos do reino.

Mas, após o massacre, o rei consultou um demônio serviçal, que o fez descobrir ainda mais enraivecido que seu rival mortal – o sobrinho – continuava vivo.

Naquela noite, o rei teve um sonho, no qual se olhava no espelho e estava sem cabeça...

Enquanto isso, Krishna era carregado com segurança pelos fugitivos que atravessaram os profundos corredores verdes da floresta e avistaram o monte Meru acima das copas das árvores. Estabeleceram-se numa remota aldeia perfumada de cedro e povoada por criadores de gado.

Krishna tornou-se um belo rapaz de olhos grandes e sorriso aberto, cuja doçura fazia com que todos se apaixonassem quando ele os olhava. As ordenhadoras que trabalhavam na fazenda sempre o perdoavam quando ele as desobedecia. Ele roubava manteiga para alimentar os macacos enquanto elas dormiam. Às vezes deixava as vacas pastando livres, pouco antes da hora da ordenha, e quando as ordenhadoras traziam os potes de leite da ordenha na cabeça, ele deliberadamente os derrubava e saía correndo aos risos, com elas no seu encalço.

Se a história de vida de Rama se faz com princípios estritamente observados, a de Krishna quebra repetidamente as regras com alegria. Se a vida de Zaratustra parece um aterrorizante teste de iniciação, a de Krishna é uma visão de um cosmos divinamente lúdico como princípio dominante.

De vez em quando a mãe de Krishna o flagrava brincando com os cervos. Certa vez ela o encontrou lutando com panteras jovens. Em outra ocasião, disseram a ela que ele tinha comido lama. Ele sacudiu a cabeça em negativa, e ela o fez abrir a boca. Lá dentro, por uma fração de segundo, ela observou todo o cosmos a se abrir e novas dimensões a se desdobrar.

Enquanto isso, Kamsa redobrava os esforços para assassinar Krishna. Certo dia, uma mulher aproximou-se da fazenda na hora em que Krishna estava sozinho. Ela o pegou dizendo que era ama de leite e o pôs contra o peito. Na realidade, era uma bruxa-demônio, que se chamava Putana e tinha sido enviada por Kamsa. Seus mamilos estavam empapados de veneno. Krishna sugou e sugou os mamilos da bruxa, até fazê-la se partir ao meio, esvaída de toda a vida. Ao morrer, assumiu uma aparência monstruosa, e ao tombar como uma grande árvore enegrecida, ela esmagou cabanas e latrinas.

Durante a adolescência, Krishna flertava com as jovens ordenhadoras. Certa vez, ele roubou as roupas das jovens enquanto elas se banhavam no rio e escondeu-se atrás de uma árvore para vê-las sair da água. Sete ordenhadoras o amavam tanto por sua doçura como por sua beleza. Elas o ouviam tocando flauta e às vezes nas noites de outono dançavam ao redor dele sob a luz do luar. E nessas ocasiões cada ordenhadora achava que tinha sido a única a ser olhada e tomada nos braços por Krishna.

Krishna com uma ordenhadora de vacas (extraída da imagem de um panô de parede do século XVIII).

Kamsa decidiu atrair o sobrinho para fora do esconderijo, enviando mensageiros que anunciaram um festival, que além de festa e dança incluía um torneio de luta livre com grandes prêmios para os vencedores. E assim Krishna e seu irmão, que estavam entrando na idade adulta, decidiram partir para a cidade.

Lá chegaram com vestes da gente pobre da região e se depararam com uma pobre moça terrivelmente deformada pela hanseníase que vendia perfumes para sobreviver e se alimentava de migalhas. Krishna se deteve e pediu um perfume de graça. Ela o entregou sem hesitar e ele a beijou, curando-a e transformando-a numa linda mulher.

Os rumores do milagre se espalharam rapidamente. E quando Krishna e o irmão chegaram à praça principal, uma multidão se aglomerou em volta e os aspergiu com pétalas.

Ao ver aquela procissão, Kamsa ferveu de raiva, porque lhe pareceu que o povo aclamava Krishna como o novo rei. Ordenou que conduzissem um elefante para atropelar e matar aquelas pessoas. Mas o irmão de Krishna repeliu o elefante com socos.

Nas diferentes versões do que ocorreu no final do festival, algumas dizem que Krishna arrastou Kamsa até a arena de luta livre e lá o matou. Outras dizem que Krishna e o irmão escaparam e retornaram para a floresta.

Em alguns aspectos, a história de Krishna lembra a de Branca de Neve, embora com gêneros distintos. Tanto Krishna quanto Branca de Neve viviam na floresta. O satânico tio de Krishna e a satânica tia de Branca de Neve tentam matá-los repetidamente, sob o disfarce de amáveis estranhos. Tanto o tio quanto a tia verificam o progresso dos próprios planos em espelhos sobrenaturais. Se Krishna é cercado por sete donzelas, Branca de Neve é cercada por sete anões. O número sete indica que ambos os conjuntos de sete são os planetas que giram ao redor do Sol.

Sendo assim, é melhor desvendar a misteriosa conexão entre as duas histórias. Segundo os psicólogos, Branca de Neve representa o eu e tece uma história arquetípica da infância humana. A filosofia oriental refere-se à Grande Mente Cósmica como Eu, de modo que cada eu individual é um reflexo do Eu original.[4] Embora muitos ignorem isso ao longo da vida (acreditando que apenas o indivíduo é a base do seu próprio ser), sob o referido ponto de vista a relação entre o Eu cósmico e o eu individual é a mais íntima possível. Como diz o místico alemão Meister Eckhart: "O olho através do qual vejo Deus e o olho através do qual Deus me vê é o mesmo olho."

Krishna é o Eu. Ele é chamado de Cristo indiano e, em termos ocidentais, é então uma manifestação da palavra na Terra, o deus Sol cuja intervenção vital impediu Saturno de espremer a vida da Mãe Terra, como vimos no Capítulo 2.

E como veremos adiante, as escrituras indianas descrevem Krishna revelando-se como o Eu.

⌒

Duas famílias reais estavam prestes a partir para a guerra. O tempo passou e Krishna acabou sobrevivendo às tentativas do tio de assassiná-lo para desempenhar um papel decisivo na grande batalha. A disputa entre as duas famílias surgira durante um jogo de dados no qual uma delas perdera tudo para a outra. E agora a disputa seria resolvida por Krishna.

– Sou o mais esperto nos dados – ele disse.

Na manhã da grande batalha (a *Mahabharata*), Krishna tornara-se o cocheiro de Arjuna, um líder guerreiro.

Arjuna estava prestes a soprar a trombeta de concha para iniciar a batalha e levar um dos dois exércitos à frente. Mas o grande guerreiro hesitou, porque ao vigiar o inimigo reconheceu amigos e parentes em suas fileiras e pensou que a batalha traria um massacre sem precedentes. Enquanto descia da carruagem, o arco escorregou de sua mão e caiu ao solo.

Krishna também desmontou e, posicionando-se à frente de Arjuna, disse que aquela batalha prestes a ser travada abriria as portas do céu, acrescentando que não poderia matar ninguém e que também não poderia morrer, uma vez que tudo que era eterno em meio à humanidade se deslocava entre os mundos.

E depois Krishna se deixou ver por Arjuna em sua condição divina, dizendo:

– Através de mim, toda a Criação vem a ser. Através de mim, toda a Criação se manifesta ao redor. Através de mim, todas as coisas chegam à vida. Eu sou o início e o fim. Eu sou a força do poder e sou o desejo puro do coração. Eu sou a beleza em todas as coisas belas e sou a bondade em todas as coisas boas. Eu sou o caminho. Eu digo a todos que me amam que eles estão em mim.

Ao olhar para o homem parado à frente, Arjuna entreviu uma luz de mil sóis, um sem-fim de formas, um desdobramento de universos infinitos e um espaço e tempo infinitos. Krishna então se afigurou com o sol e a lua como olhos. E assim o guerreiro pôde ver um ser adorado por todos os deuses e espíritos e muitos outros do qual ele jamais ouvira falar. (Esse incidente no *Bhagavad-Gita* evoca-nos a ideia de que isso seria como se deparar com o Cristo encarnado.[5])

Em seguida, Krishna disse para o guerreiro:

– Levanta-te, Arjuna, com o teu espírito pronto para a batalha!

Foi quando Arjuna retornou para a carruagem e soprou a trombeta de concha. Ao longo de 18 dias a grande planície estremeceu com os urros de guerra, o relinchar dos cavalos, os bramidos dos elefantes, as cornetas, os assobios das flechas, os estalidos de cetros dourados e os gritos dos moribundos; por fim, um conselho de Krishna no ouvido de Arjuna o fez triunfar sobre forças superiores.[6]

Existem diferentes versões sobre a morte de Krishna. Uma delas o coloca amarrado a uma árvore e martirizado pelos arqueiros. Uma outra o coloca vivendo uma época terrível de desastres e doenças. Aparentemente, tudo dava errado para ele. Isso o fez se retirar para a floresta, onde se pôs a meditar sob uma árvore com os pés estendidos por trás do tronco, até que um caçador confundiu isso com as orelhas de um cervo e atirou no herói com uma flecha. Mas as diferentes versões são unânimes em relação à data da morte de Krishna, determinada pelos ciclos astrológicos

As cavernas em Elephanta (gravura do século XIX). Segundo a lenda, essas cavernas foram esculpidas por Pandava, um herói do *Mahabharata*.

– e isso marca o fim de um grande ciclo e o início do ciclo de Kali Yuga, a Era Sombria.[7]

O início do ciclo de Kali Yuga coincide com o início da fundação das primeiras grandes cidades e das primeiras grandes civilizações. Tanto Rama e Sita como Krishna e Zaratustra viveram em estado selvagem. Os heróis da era seguinte seriam os primeiros a enfrentar não apenas a solidão e a alienação, mas também os sentimentos de futilidade que decorrem da vida urbana.

15

Gilgamesh e o elixir da imortalidade

"As pessoas viviam sem leis, como os animais do campo. Então, um dia um animal emergiu do mar fronteiriço à Babilônia e o chamaram de Oannes. Ele tinha o corpo de um peixe que sob a cabeça tinha uma outra cabeça, de homem. Seus pés, que também eram de um homem, uniam-se à cauda de um peixe. Oannes falava como homem e pôde então ensinar o povo que vivia junto ao mar a distinguir as diferentes sementes da terra e as frutas que podiam ser colhidas. Ele também transmitiu a escrita e a matemática, a utilização da geometria para construir cidades e fundar templos e, por fim, um conjunto de leis – tudo de que o povo precisaria para viver na cidade.

Na condição de anfíbio, à noite Oannes parava de falar e voltava para o mar."

Oriundo do antigo Oriente Próximo, o fragmento acima relata a fundação da primeira cidade, Uruk, por volta de 3000 a.C., no Sul do atual Iraque, numa extensão de terra entre Basra e Bagdá. Isso necessariamente implica concluir que uma inteligência sobre-humana interferiu na transição de uma sociedade tribal para uma sociedade constituída de cidades.[1]

A história seguinte, de Gilgamesh, o quarto rei de Uruk, refere-se em parte ao que o povo sentia enquanto se adaptava à vida da cidade. Esse relato estranho e maravilhoso permaneceu perdido por milhares de anos, até que em 1872 George Smith, um pesquisador do Museu Britânico, anunciou que tinha decifrado as plaquetas escavadas na biblioteca do último rei assírio. Inscritas em lápis-lazúli, as plaquetas estavam trancadas dentro de uma caixa de cobre no templo de Vênus...

Deus da caça sumeriano (gravura extraída de um selo).

Gilgamesh era um jovem fanfarrão. Mais alto e mais forte que todos os outros, era bonito e tinha belos cabelos encaracolados. Com uma energia incansável e um apetite voraz pela vida, ele caçou, abriu passagens pelas montanhas, escavou poços e construiu as muralhas da cidade – e também seduziu mulheres jovens. Ainda assim, parecia sempre inquieto. E para testar a força, competia e lutava, mas ninguém o enfrentava e isso o deixava solitário.

Mas um dia um caçador que trabalhava nas florestas circunvizinhas reparou que um homem ou possivelmente uma criatura estava desarmando as armadilhas, utilizando os poços e ajudando a caça a escapar. Passado algum tempo, o caçador se aproximava de um poço utilizado pelas gazelas e lá estava uma criatura simiesca, um tipo estranho, peludo e selvagem, que bebia água com as gazelas e depois se afastava junto com elas.

Enquanto isso, Gilgamesh sonhava seguidamente com um amigo que chegava com o impacto de um meteoro, de modo que quando o caçador lhe disse o que tinha observado, ele pensou: *Deve ser o amigo que estou esperando!* E os dois então elaboraram um plano para atrair o tipo selvagem para a cidade.

Levaram uma das prostitutas do templo ao poço e ficaram à espreita durante algum tempo. Observaram apenas as pequenas criaturas que bebiam no poço, mas no terceiro dia o tipo selvagem retornou junto com as gazelas. E o caçador disse para a mulher:

– Aproxime-se com os seios desnudos. Assim poderá domá-lo.

Foi quando o homem selvagem viu o que nunca tinha visto antes – uma mulher nua. Ela estendeu a capa no solo e eles fizeram amor por sete dias e sete noites. Até que o homem selvagem, chamado Enkidu, tentou sair correndo com os animais e se deu conta de que já não podia correr com a mesma rapidez, e o pior é que agora os animais o temiam.

– Enkidu, por que você corre com as feras? Você é lindo como um deus. Vamos juntos para a cidade – disse a mulher.

Ela o levou para uma casa de campo, onde ele tomou banho e se vestiu, e depois aprendeu a se alimentar de pão e outros alimentos cozidos acompanhados de sete jarras de cerveja. Isso o fazia cantar com alegria![2]

Ela também ensinou para ele outras coisas da vida na cidade – sobre as multidões, as roupas finas, os grandes prédios, os festivais e a música. Falou a respeito do alto e bonito jovem Gilgamesh, mas, quando mencionou a crueldade do rei com as mulheres, de como ele se apropriava das mulheres da cidade como se por direito, Enkidu resolveu desafiá-lo para impedi-lo de continuar com essa prática.

O aguardado confronto entre Gilgamesh e Enkidu ocorreu na praça do mercado. Gilgamesh era mais alto que Enkidu, mas Enkidu era mais musculoso e, depois de lhe bloquear o caminho, as paredes e o madeiramento dos prédios tremeram ao longo dos quatro dias de combate. Foi uma luta equilibrada, mas no final Gilgamesh projetou Enkidu de costas ao solo e o imobilizou.

Acabado o embate, os dois se confraternizaram e se abraçaram, e a partir de então passaram a andar sempre juntos.

Mas passado um tempo Enkidu começou a sentir falta da vida selvagem, queixando-se de que isso o deixava apático e preguiçoso e o fazia perder a força dos braços. Gilgamesh então propôs uma aventura juntos. Eles matariam o monstro Humbaba, que caçava os viajantes que percorriam as florestas de cedro do Líbano. Diziam que as feições do monstro pareciam um labirinto de rugas e sulcos que o deixavam tão feio quanto uma travessa de intestinos frescos.

Gilgamesh e Enkidu cruzaram as montanhas e o rastrearam nas florestas, e quando o encontraram cortaram-lhe a cabeça.

Contudo, eles mal acabavam de chegar a Uruk quando souberam que um touro gigante estava devastando os campos. O animal já tinha matado uns 300 homens. Já circulavam rumores de que as próprias portas do inferno estavam sendo postas abaixo e que os mortos surgiriam para devorar os vivos.

Quando Gilgamesh e Enkidu saíram no encalço do touro, um grande abismo abriu-se à frente. Enkidu desequilibrou-se, mas dependurou-se na borda, levantou-se e pegou o touro pelos chifres, dizendo aos gritos para que Gilgamesh enfiasse a espada entre a nuca e os chifres do animal – um alvo utilizado até hoje pelos matadores. Eles cortaram os chifres para dependurá-los na parede de casa.

Mas na volta a Uruk encontraram a cidade atingida por uma praga. O povo dizia que o touro era sagrado para Enlil, o rei dos deuses, e que agora esse deus estava irado.[3]

Logo Enkidu adoeceu e Gilgamesh chorou e rezou por ele. Enkidu se pôs a amaldiçoar o caçador que o havia encontrado e a prostituta do templo que o domara e treinara para desfrutar a vida civilizada. Seus olhos se enevoaram e ele sonhou que era levado por um caminho sem volta até a Casa da Poeira, onde as pessoas só comiam e bebiam poeira. Sem poder enxergar Gilgamesh, ele achou que o velho camarada o tinha abandonado. E nos sonhos passou a gritar em agonia.

Até que um verme saiu do nariz de Enkidu, e Gilgamesh soltou um grito. Ele puxou um lençol por sobre o rosto do amigo. Enkidu, que outrora era rápido como uma pantera, já não se movia mais.

Andando de um lado para outro, Gilgamesh arrancou suas roupas elegantes e cortou seus belos cabelos encaracolados.

– Enkidu era um machado sempre à mão! – ele disse aos gritos. – Enkidu era um punhal no meu cinto.

Gilgamesh ordenou que se fizesse uma estátua para Enkidu, e depois deixou a cidade e perambulou pelo deserto, em luto pelo amigo. Até que lhe ocorreu um terrível pensamento: *Se Enkidu podia morrer, ele também podia.*

Quanto mais os homens se afundam no seu próprio corpo de natureza animal, debilitando a vivência e a memória dos reinos espirituais e tornando-as sombrias, mais o pavor da morte se intensifica.

E assim Gilgamesh lembrou-se das histórias de outrora, nas quais um ancestral sobrevivera ao Dilúvio graças à construção de uma arca e passara a residir numa montanha sagrada a leste. Gilgamesh determinou-se a procurá-lo, a fim de descobrir os segredos da vida e da morte.

Depois de atravessar o deserto, matando leões e tomando as peles para roupas, ele cruzou os portões que guardavam uma estreita passagem que se estendia até um reino montanhoso. Caminhou pela penumbra da passagem da montanha e por fim chegou a uma planície intensamente iluminada, onde as árvores, feitas de ouro, tinham frutos de rubis, esmeraldas e outras pedras preciosas. O antepassado surgiu por entre as árvores e o cumprimentou.

– Eu esperava encontrar um homem estranho, mas vejo que você se parece comigo! – disse Gilgamesh. – Eu pensava em *forçá-lo* a me contar seus segredos, mas agora o conheço e sequer consigo levantar o braço contra você.

O ancião sorriu e começou a contar sua história:

– Era noite de tempestade e o mundo inteiro rugia como um touro. De repente, uma voz sussurrou por entre os juncos da minha cabana: "Retire os juncos e derrube a cabana para construir um barco. Desista das coisas materiais e procure a vida. Pegue sementes de todos os seres vivos e conserve-as no barco..."

Acabada a história, o ancião disse que se inclinara junto com a esposa perante o rei dos deuses, que entrara no barco após o Dilúvio. E que Deus os tocara na testa e os abençoara, dizendo que daquele dia em diante o casal viveria para sempre.

E depois o ancião disse que Gilgamesh receberia a mesma dádiva, mas que para isso não poderia se deitar nem dormir por seis dias e sete noites.

Mas após a exaustiva jornada pela passagem da montanha, Gilgamesh acabou vencido pelo sono tão logo se sentou.

E ao acordar se deu conta de que tinha falhado na prova.

– O que devo fazer? – rogou para o ancião. – A morte está à minha espreita, em cada passo e cada respiração que dou. Agarra-se às minhas roupas, aos meus lençóis e à minha carne.

O ancião o despachou irritado, apontando-lhe o caminho por onde tinha chegado, mas a esposa interveio, dizendo:

– Gilgamesh fez uma longa viagem e estava exausto quando aqui chegou. Dê-lhe ao menos a esperança de alguma coisa que ele possa levar de volta.

O ancião aquiesceu, dizendo onde Gilgamesh poderia encontrar uma planta muito especial.

– Cresce no fundo do oceano. É uma planta tão espinhosa quanto um espinheiro ou uma roseira. Se você conseguir mergulhar até as profundezas e encontrá-la, depois de trazê-la à superfície nunca mais envelhecerá.

Gilgamesh se dirigiu até o ponto mencionado, onde amarrou pedras aos pés, que o levariam até as profundezas das águas.

Submergindo cada vez mais, Gilgamesh atravessou os diferentes níveis do mar até encontrar a planta, e com a carne da mão picada e rasgada, arrancou-a do fundo do mar. Livrou-se das pedras e subiu até a superfície a toda velocidade.

Ele recuperava o fôlego deitado na praia quando uma cobra atraída pelo arrebatador aroma da planta rastejou furtivamente e surrupiou-a. Foi a partir daquele dia que as cobras se tornaram capazes de soltar a pele e se regenerar.

E também a partir daquele dia Gilgamesh acabou condenado. Pois falhara na missão de amenizar as dores e aflições da humanidade e de assim dispersar a escuridão.

Gilgamesh, rei de Uruk, teve uma ideia errada e olhou para um lugar errado. Era um habitante a mais daquela cidade, um homem bem diferente de um outro que acabou por colocar a humanidade no caminho certo...

16

Abraão, o pai do pensamento

Segundo uma história do Talmude, ao atingir certa idade um menino chamado Abraão perguntou ao pai onde poderia encontrar o Deus que criara o céu e a Terra.

– Filho, o criador de todas as coisas está conosco aqui nesta casa.

– Mostre-o então para mim, pai, por favor – retrucou Abraão.

O pai o levou até uma sala secreta, onde apontou para 12 grandes ídolos cercados por outros ídolos menores, com vestígios de alimentos e outras oferendas espalhados à frente.

– Aqui estão eles, filho... os deuses que criaram todas as coisas.

Furioso com o pai, Abraão quebrou todas as imagens com uma barra de ferro, menos uma.

– Você carrega a mesma culpa na alma que levou seus antepassados a serem punidos pelo Dilúvio. Deixe de servir a esses deuses, pai, para que o mal não recaia sobre sua alma e as almas de toda sua família.

Nessa história aparece um questionamento que se tornaria uma grande dádiva para o mundo judaico. Mais tarde, Abraão tornou-se conhecido em todo o mundo antigo por introduzir essa nova categoria.

A família de Abraão era originária de Uruk, a grande cidade governada por Gilgamesh. Talvez Gilgamesh ainda estivesse vivo quando Abraão nasceu. Reza a lenda hebraica que o pai de Abraão trabalhou para Nimrod, poderoso caçador mencionado no Gênesis e possivelmente sucessor de Gilgamesh como rei. Alguns identificam Gilgamesh com Nimrod.

Mas à medida que avançamos, da história de Gilgamesh até a de Abraão, torna-se óbvio que nos defrontamos com uma mentalidade bem diferente.

Elevação da Bir de Nimrod (face norte) de acordo com Estrabão e Heródoto

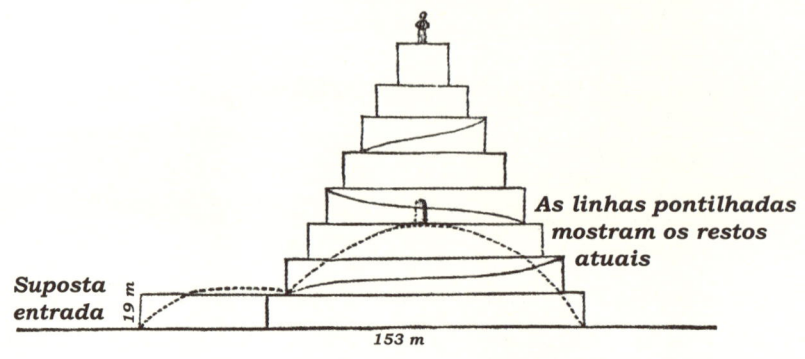

As linhas pontilhadas mostram os restos atuais

Suposta entrada

19 m

153 m

Planta da Bir de Nimrod

A Torre de Babel
(ilustração extraída de *Evidence of the Truth of Christian Religion*, do rev. Alexander Keith, 1833).

Segundo a lenda, Abraão acabou sendo expulso de Uruk por se recusar a trabalhar na construção da Torre de Babel. Uma torre piramidal que pontificava sobre a cidade como o mais alto dos grandes zigurates. Por que a construíram?

Tornava-se cada vez mais difícil para os grandes seres espirituais deslocarem-se dos céus para a Terra. E com essa história percorre-se um longo caminho desde os tempos em que Deus ladeava Adão e Eva no jardim e em que ainda havia um conhecimento e uma experiência direta dos feitos dos deuses encontrados nos mitos gregos. Algumas narrativas da vida que antecede o Dilúvio apresentam um desfile brilhante de atividades celestes, o que entra em declínio nos tempos dos semideuses. Heróis pós-diluvianos como Rama e Krishna travam combates com os demônios – nas histórias de Zaratustra, o céu chega a escurecer com a presença dos demônios. Mas nem os anjos de ordem superior e nem os deuses são uma presença constante.

De acordo com Rudolf Steiner, os sacerdotes do Egito e da Suméria acreditavam que a Lua era o ponto mais próximo que permitia aos seres superiores se aproximarem voluntariamente da Terra. A Lua tornou-se então uma espécie de parada, e tanto a grande pirâmide do Egito como os zigurates da Suméria foram projetados para atrair os seres superiores aqui para baixo.

As pirâmides do mundo antigo podem ser vistas como um grande grito de dor espiritual, como monumentos para um imenso sentimento de perda – da grande visão cósmica e do grande propósito cósmico unificador. Isso é o que está por trás da história da Torre de Babel. Quando a Bíblia relata que os diferentes povos sofreram uma punição porque falavam diferentes línguas e tentavam invadir as muralhas do céu, conclui-se que fazia tempo que eles não compartilhavam uma visão cósmica. Em vez disso, concebiam um caminho mais curto até os reinos espirituais – visões sombrias que os deixavam em desacordo entre si e os incapacitava de conceber um propósito a ser compartilhado.

Abraão experimentou esse sentimento de perda, mas não se valeu dos zigurates para tentar cumprir o anseio espiritual. Preferiu desenvolver novos métodos – para si e para a humanidade.

Por volta de 2000 a.C., Abraão deixou Uruk e os "arranha-céus" do mundo antigo e passou a vaguear pelo deserto. Era uma tentativa de encontrar um sentido, um modelo, uma unidade nos acontecimentos do mundo, e ele obteria sucesso por meio de uma série de encontros misteriosos que culminam com uma conhecida prova, cujo significado verdadeiro, como veremos, revela-se como uma tradição mística secreta.

Deus disse para Abraão:

– Sai de tua terra e da casa do teu pai, e segue até a terra que te mostrarei.

Era a primeira menção à Terra Prometida.

Abraão tinha 70 anos quando saiu em viagem rumo ao sul, rumo a Canaã, com a esposa, Sara, e o sobrinho, Lot. E anos de fome os levaram a abandonar o estilo de vida nômade para passar um tempo no Egito. Mais tarde, quando o número de seguidores e o gado cresceram, Abraão e Lot se separaram.

Algum tempo depois, capturaram Lot e o tornaram prisioneiro de um rei local, e Abraão armou e treinou 318 seguidores para resgatá-lo.

Ele comemorava a libertação de Lot em Salém – mais tarde conhecido como Jerusalém – quando recebeu um estranho visitante:

E Melquisedeque, rei de Salém, trouxe pão e vinho; ele era o sacerdote do Deus Altíssimo. E o abençoou e disse: bendito seja Abraão do Deus Altíssimo, possuidor do céu e da terra. E bendito seja o Deus Altíssimo, que entregou teus inimigos em tuas mãos... (Gênesis, 14:18-20)

O termo "Melquisedeque" significa "rei da justiça". Há uma outra referência a Melquisedeque no Antigo Testamento, em Salmos, 110:4: "Agora, tu és um sacerdote eterno, segundo a ordem de Melquisedeque."

As duas breves passagens circunscrevem o que o Antigo Testamento tem a dizer em relação à misteriosa figura de Melquisedeque. Mas a Carta aos Hebreus (7:17) refere-se a Jesus Cristo como *um sacerdote eterno da ordem de Melquisedeque* – uma alusão ao Salmo 110; portanto, Jesus é de alguma forma seguidor dos passos de Melquisedeque. Paulo também menciona Melquisedeque (Epístola aos Hebreus, 7:3), o qual é "sem pai, sem mãe, sem origem, sem começo e sem fim, mas feito à semelhança do Filho de Deus". Evidentemente, Melquisedeque é um ser extraordinário. E com o passar do tempo, artistas e arquitetos entenderiam isso. Melquisedeque acabaria por se tornar uma figura extremamente importante na iconografia da Igreja.

O rosto de Melquisedeque (desenho extraído de uma estátua da catedral de Chartres).

Qual é o seu segredo?

De acordo com uma pista de *Pistis Sophia*, um antiquíssimo texto cristão, Melquisedeque é "o grande receptor da Luz Eterna". Ou seja, uma das atribuições de Manu, Filho do Sol e sobrevivente do Dilúvio na tradição hindu – o ser que conhecemos como Noé. Segundo uma tradição talmúdica, Abraão ainda era menino quando resolveu aprender por conta própria aos pés do seu antepassado Noé.

Melquisedeque é então Noé com outra identidade, guardião e mestre da sabedoria antiga pré-diluviana. Era o antepassado procurado por Gilgamesh, cuja morte não tinha sido habitual. Se Gilgamesh falhara no teste e não fizera as perguntas certas, uma vez que tivera aspirações limitadas e materialistas, agora Noé/Melquisedeque apresentava uma lição verdadeira a respeito da vida eterna para Abraão, simbolizada na cerimônia do pão e vinho.

Deus fez uma promessa para Abraão: "Olhe para as estrelas no céu. Sua descendência será como elas" (Gênesis, 15:5).

Tal como ocorre na passagem de Melquisedeque, uma promessa também com um significado secreto. Com isso Deus queria dizer que os des-

Sara ofereceu sua serva Hagar para ser a segunda esposa de Abraão, e com a idade de 86 anos Abraão tornou-se pai. Hagar, uma menina egípcia guiada por um anjo, deu-lhe um filho chamado Ismael, de cuja linhagem emergiria o Islã quando o mundo precisasse (Hagar e o Anjo. Ilustração extraída de *Chronicle of the World*, de Rudolf von Ems, início do século XIII).

cendentes de Abraão seriam *numerosos* como as estrelas e também *ordenados* como elas. Seriam ordenados em 12 tribos, da mesma forma que as estrelas eram ordenadas em 12 constelações do zodíaco, e teriam um destino mapeado de acordo com os movimentos dos anjos das estrelas e dos planetas – com um plano e um padrão unificados.

Mas será que a promessa de Deus se tornaria realidade? Diante disso, parecia extremamente improvável. Abraão e Sara não tinham filhos e já estavam muito velhos.

Aos 99 anos, Abraão recebeu outros visitantes misteriosos. Um dia ele estava sentado em sua tenda, protegendo-se do sol do meio-dia, quando ergueu os olhos e avistou três seres se aproximando. Saiu apressado para cumprimentá-los, curvou-se e ofereceu água para que eles lavassem os pés. E depois sugeriu que descansassem debaixo de uma árvore e pediu a Sara que assasse bolos e os alimentasse com manteiga, leite e carne.

Abraão "entretinha os anjos que haviam chegado de surpresa" quando um dos anjos disse que Sara lhe daria um filho. Sara sorriu na tenda ao lado quando ouviu isso. Abraão estava com 99 anos, e ela, com 90.

Abraão ouviu de um outro anjo que Sodoma e Gomorra seriam destruídas, justamente onde estava o sobrinho dele.

Lot encontrava-se no portão de Sodoma quando alguns desconhecidos se aproximaram. Como Abraão, ele os recebeu com uma reverência e os convidou para entrar em casa, oferecendo-lhes água para lavar os pés e alimentos. Mas à hora de dormir ele ouviu um burburinho ao redor da casa, as pessoas queriam informações sobre os desconhecidos.

Do que o povo de Sodoma suspeitava? Sentiam-se culpados? Achavam que os forasteiros tinham chegado para espioná-los e julgá-los? Mas o fato é que exigiram que os levassem para fora e, com a recusa de Lot, tentaram arrombar a porta.

De alguma forma os misteriosos visitantes exerceram um poder sobrenatural que cegou os atacantes e neutralizou o assalto a casa.

E depois os anjos explicaram que o Senhor destruiria a cidade e que Lot deveria sair antes do amanhecer com a esposa e as duas filhas.

A partida de Lot e sua família de Sodoma (do artista iniciado Peter Paul Rubens).

Na hora indicada, a família hesitou. Os anjos aconselharam que se apressassem e os levaram pelas mãos, guiando-os para fora da cidade, rumo à segurança da montanha.

Depois que o sol nasceu, "o Senhor, o próprio Senhor, fez chover enxofre e fogo sobre Sodoma e Gomorra" (Gênesis, 19:24).

Abraão estava com 100 anos quando Sara lhe deu um filho.

– Deus me fez sorrir e todos que souberem disso também sorrirão comigo – ela disse.

Chamaram o filho de Isaac, que significa "Aquele que sorri".

O menino cresceu forte e com um temperamento naturalmente iluminado. O tempo passou e ele estava com uns 14 anos quando Abraão disse para Sara:

– Amanhã levarei Isaac comigo.

Ela amava tanto o filho que não gostava de deixá-lo fora de vista.

– Por favor, não o leve muito longe... nem por muito tempo.

Sara conseguiu sorrir, mas naquela noite não pôde dormir. Ficou deitada, insone, tomada por uma premonição, e pela manhã abraçou Isaac em prantos. – Meu único menino, meu único filho, minha esperança. – Em seguida, voltou-se para Abraão e disse: – Tome conta do menino. Ele é muito jovem. Não o faça andar sob o sol escaldante. Você sabe que ele se cansa com facilidade.

Os dois seguiram em frente e a certa altura Isaac notou que o pai coletava madeira para um sacrifício.

– Pai, onde está o cordeiro para o sacrifício? – ele perguntou.

– Nosso Deus escolheu você, uma criatura sem imperfeição, como uma oferenda aceitável no lugar do cordeiro – disse Abraão, pegando-o pelo ombro e olhando-o nos olhos. – Você está puro? Guarda algum mal em segredo no coração? Em caso afirmativo, é hora de me dizer.

– Sinto-me... sem culpa alguma – disse Isaac.

Eles caminharam durante três dias, até chegar ao monte sagrado escolhido por Deus, e ali Abraão ergueu um altar e pôs uma estaca de madeira no centro, ajudado pelo filho, e depois amarrou o filho à estaca.

– Ate-me com força para que eu não possa resistir – disse Isaac. – Diga para a mamãe que morri bravamente.

Abraão afastou-se de Isaac, dissimulando as lágrimas nos olhos.

– Agora, pai, rápido, cumpra a vontade de Deus.

Era Abraão solicitado a sacrificar o filho amado por quem esperara durante tantos anos junto com Sara?

Foi quando o anjo do Senhor disse aos brados lá do céu:

– Abraão, Abraão!

– Aqui estou.

– Não estendas a mão sobre o rapaz, e não faças nada contra ele.

E Abraão ergueu os olhos e no matagal estava um carneiro preso pelos chifres. Ele pegou o carneiro e o colocou como oferenda no lugar do filho.

Sob a superfície de toda a história de Abraão emerge outra vez um profundo e misterioso fluxo de significados secretos. Os chifres do carneiro preso ao matagal representam no misticismo hindu o chacra coronário, órgão de duas pétalas da visão espiritual cuja abertura propicia a conexão com o mundo espiritual e, portanto, a comunhão com deuses, anjos e espíritos. Ao sacrificar tal capacidade, Abraão evita as formas arrebatadoras e atávicas da religião praticada nos zigurates que perturba os sentidos e gera caóticas visões. O povo da pirâmide sonhava com a consciência dos primeiros tempos, e se não podia encontrar os seres espirituais mais elevados, encontrava os mais inferiores, inclusive os demônios. De certa maneira, Abraão entendeu que a humanidade teria que deixar de lado o atavismo de tal visão. Se a realidade espiritual era menos imediata e menos invasiva, cabia à humanidade aperfeiçoar uma faculdade para chegar a essa realidade.

A história de Abraão inicia a busca da Terra Prometida, e em certo nível importante relata o desenvolvimento de uma nova forma de consciência. Na história sagrada, a consciência humana nunca é estática e evolui continuamente, e tanto no Gênesis como no Êxodo os judeus desenvolvem novas faculdades em nome de toda a humanidade.

Por vezes Abraão é chamado o pai do monoteísmo. Ele está à frente do judaísmo, do cristianismo e do islamismo. Mas não podemos recair em qualquer anacronismo. Os povos do Antigo e do Novo Testamento, e certamente o povo do Corão, não eram monoteístas no sentido estrito da palavra, conforme a conhecemos – o da crença no ser divino totalmente indiferenciado e da descrença na existência de outros seres espirituais distinguíveis ou à parte de Deus. O mundo de então permanecia repleto de deuses, anjos, demônios e outros espíritos. São Paulo admite a existência de outros deuses em 1 Coríntios, 8:5: "Ainda que não sejam chamados deuses tanto no céu como na terra – e de fato existem tais deuses – para nós só há um único Deus."

Abraão funda o monoteísmo porque intui uma Grande Mente Cósmica que planeja tudo por trás de tudo. Monoteísmo não implica não haver outros deuses ou seres espirituais e sim haver um plano unificado no mundo. E o crucial é que a humanidade teria de desenvolver uma nova consciência para descobrir esse plano. Em razão do monoteísmo, a humanidade se habilitaria a construir um sentido para a vida e para o cosmos

A escada de Jacó (da Bíblia de Lübeck). "Quando ele chegou a certo lugar parou para pernoitar com o sol se pondo. Colocou uma pedra do lugar sob a cabeça e deitou-se para dormir. E teve um sonho, no qual avistou uma escada apoiada na terra e com o topo atingindo o céu, e os anjos de Deus subiam e desciam pela escada... Eu estou com você e olharei por você aonde quer que vá. Na manhã seguinte, Jacó posicionou a pedra que colocara debaixo da cabeça como um pilar e derramou azeite em cima" (Gênesis, 28:11-12).

É interessante que os anjos não tenham puxado Jacó para dar um passeio pelo céu, como Enoque ou mais tarde Maomé. Ele vê as ordens de anjos como se a distância, uma distância que deixa espaço para *pensar* sobre o assunto. E mais tarde ele tem um encontro mais privado: "Então, Jacó foi deixado sozinho e lutou com um homem até o amanhecer. Até que o homem percebeu que não poderia dominá-lo e o tocou na junta do quadril como se para arrancá-la. E disse em seguida: Deixe-me ir, pois já raiou o dia. Mas Jacó respondeu: Não o deixarei ir, a menos que você me abençoe. Então, o homem lhe perguntou: Qual é o seu nome? E ouviu a resposta: Jacó. Então, o homem disse: Você não será mais Jacó e sim Israel, já que lutou com Deus e com os homens prevaleceu. Jacó disse: Por favor, diga-me o seu nome. Mas o homem replicou: Por que pergunta o meu nome? E ali o abençoou" (Gênesis, 32:24-29).

Note que a luta de Jacó com o anjo não é uma prova de força, mas um teste de inteligência. Como em uma partida de xadrez.

como um todo, e o aperfeiçoamento de tal sentido se daria com um pensamento intelectual abstrato e sustentado.

Em suas jornadas os israelitas atravessaram terras áridas e hostis. A fome os levou de volta ao Egito, onde se tornaram escravos. O estilo de vida nômade cedeu lugar a um tipo de vida entre gigantescos monumentos de pedra, obeliscos, pirâmides e templos.

A terra de Ísis e Osíris preservou o cerimonial folclórico dos primeiros tempos. Os deuses e espíritos dos antepassados aparecem na fumaça dos incensários no clímax das cerimônias. A civilização egípcia era obcecada com a morte e sua paisagem urbana assemelhava-se a uma vasta necrópole.

O mais célebre dos israelitas tornou-se príncipe egípcio. Ele e seu irmão, Aarão, competiriam com os magos egípcios no desempenho dos feitos mágicos espetaculares.

As forças do materialismo destruíram Zaratustra e Krishna, os mestres do mundo. A luz esmaecida dos mensageiros do deus Sol se disseminou e da China surgiu uma nova forma de sabedoria que excluía os reinos espirituais. E que ensinava a ser prudente e a cultivar os próprios interesses materiais.

Fazia parte do plano de Deus e dos anjos que os espíritos humanos descendessem à matéria, mas eles desceram cada vez mais rápido e densamente. E além de se desligarem progressivamente dos reinos e das influências espirituais, também se desligaram progressivamente uns dos outros. Eclodiam então novas formas de crueldade.

Surgiam pela primeira vez na história a tirania, a escravidão, a exploração e a matança massiva. Esculturas conhecidas glorificavam as atrocidades nas paredes dos templos de Karnak, no Egito. O povo que deixara de lado a visão das ordens de anjos elevados que ascendiam à Grande Mente Cósmica passava a instituir ordens inferiores de seres espirituais como os mais altos deuses. E os classificavam como os deuses da tribo e da cidade – e com uma estranha e terrível reversão, o Deus de Abraão também se tornou um deus da guerra.

17

Moisés e os deuses da guerra

"No plano da ilusão, o fogo divino é a divina fúria."
Rudolf Steiner

"O homem vive na ilusão de que os pensamentos se fecham no cérebro, mas os pensamentos apenas se refletem ali."
Rudolf Steiner

A vida de Moisés revela uma série de intervenções sobrenaturais em uma escala e uma determinação com poucos paralelos. O sobrenatural está lado a lado com Moisés a cada momento. Os anjos o ajudam a colocar o ombro sob a grande roda cósmica e a empurrar e abrir a grande porta cósmica.

Para começar, um anjo aparece para Moisés no arbusto ardente e o leva a se tornar um fazedor de milagres. Mais tarde, Jeová lhe pede para estender a mão com uma varinha para ferir o Egito com pragas contínuas, culminando com o assassinato do primogênito.[1] O Mar Vermelho é dividido por uma ação sobrenatural para que os israelitas possam atravessá-lo. Deus envia uma coluna de fumaça para guiar os israelitas de dia e uma coluna de fogo para guiá-los à noite. Quando eles se veem em necessidade, Deus envia codornas e maná do céu, e faz Moisés bater a mão na rocha de Horebe para verter a água. Jeová recobre o monte Sinai de fumaça e fogo e lá dialoga com Moisés. Moisés, Aarão e os setenta anciãos têm uma visão de Jeová em cima de um pavimento de safira. Jeová entrega para Moisés as tábuas de safira nas quais os mandamentos são escritos "com o dedo de Deus".[2]

Moisés e a épica demonstração do poder divino (gravura extraída de uma ilustração na *The Christian's New and Complete Family Bible*, 1790).

Gravura extraída de *Seventh Plague of Egypt*, de John Martin, 1872.

Com o rosto resplandecente, Moisés desce do monte pela segunda vez, o que lembra a história de Enoque. Constrói-se o Tabernáculo, como modelo de todo o cosmos, e nele a "glória do Senhor" aparece antes de todos os filhos de Israel.

Mas um dia Deus diz a Moisés que ele não era o homem mais sábio da Terra. Isso deixa Moisés intrigado. Deus também lhe diz onde encontrar esse outro sábio – na "confluência dos dois mares".[3]

O lugar pode ser identificado como Bahrain, que significa "dois mares" ou "águas gêmeas". Ainda hoje os mergulhadores ao largo da costa de Bahrain seguem até o fundo do mar para nadar em correntes de água doce.[4] A esse fenômeno misterioso provocado por aberturas no fundo do mar, que vertem água doce de amplos lagos subterrâneos, os comentaristas do Corão se referem como "as fontes divinas das quais fluem os paradoxos da vida". No misticismo islâmico, a água pura é uma manifestação do espírito que "no início" originou o oposto de si mesmo, ou seja, a matéria. Por outro lado, a água salgada é uma manifestação da matéria, e essa união de opostos elucida a qualidade misteriosa e paradoxal da vida.

Examinaremos essa qualidade paradoxal da vida mais à frente, mas por ora simplesmente a tomaremos como um sinal de que a história que você está prestes a ouvir é muito estranha.

Moisés partiu com um servo, a fim de encontrar o homem sábio. Fizeram um longo percurso pelo litoral e ao meio-dia Moisés já estava exausto e pediu ao servo para preparar uma refeição. O servo então confessou que tinha deixado o peixe da ceia em cima de uma rocha na última parada para descanso.

– O quê! Você esqueceu o peixe? Precisamos voltar para pegá-lo!

– Não, o estranho é que aquele peixe estava realmente morto, e me certifiquei disso, e de repente uma grande onda bateu contra a rocha e um respingo o fez reviver e saltar para o mar!

Moisés reconheceu isso como um sinal vital. O aparente milagre de renascimento do peixe significava que eles tinham estado perto da confluência dos dois mares.

Isso os levou a refazer os passos, e Moisés acabou se surpreendendo quando encontrou um ancião sentado na rocha. Era um homem barbudo, de aspecto selvagem e vestido de verde. Mostrava um ar severo e irritado, talvez até um pouco louco, e não fez gesto algum de boas-vindas ou de reconhecimento.

– Posso acompanhá-lo para que me ensine sua sabedoria superior? – perguntou Moisés.

– Você não será capaz de se manter comigo – disse o ancião. – Assim como não será capaz de entender nada do que faço ou do que digo... nada!

– Pedirei a Deus para que me ajude a entender – retrucou Moisés. – E obedecerei ao senhor em todas as coisas.

– Se quer mesmo me acompanhar de perto – disse o ancião –, tenho uma condição: você não deve questionar nada do que faço.

Logo Moisés e o ancião seguiram ao longo da costa a uma velocidade surpreendente. Algum tempo depois, chegaram a um porto, onde estava atracado um barco. O ancião pulou para dentro e o pisoteou furiosamente na proa, até que a água entrou. Ele recuou para admirar sua obra enquanto o barco afundava.

– Que raio de coisa está fazendo? – perguntou Moisés. – Quer que os proprietários desse barco se afoguem?

– Já se esqueceu do seu juramento? – respondeu o velho.

Moisés pediu desculpas.

Eles caminharam lado a lado e mais à frente Moisés avistou um jovem que vinha em direção contrária. Ele ficou surpreso quando o ancião sacou uma espada de dentro da capa sem avisar, enterrou-a no jovem e o matou.

E quando os dois se colocaram por sobre o cadáver ensanguentado, Moisés perguntou, sem fôlego:

– O senhor enlouqueceu? Acabou de matar um homem inocente!

O ancião ergueu um dedo em reprovação.

– Lembra do que lhe disse? Você não consegue entender a sabedoria de Deus, não é? Você não consegue lidar com isso.

Moisés admitiu que se questionasse o ancião outra vez seria obrigado a aceitar que eles teriam que seguir caminhos separados.

O ancião retomou o passo a grande velocidade.

À noite, os dois chegaram a um pequeno e isolado vilarejo. O lugar parecia assolado pela pobreza. Ninguém saiu para cumprimentá-los. O velho seguiu apressado até um muro em ruínas e o reconstruiu com prodigiosa energia. Moisés não ousou interrogá-lo e, quando o muro estava terminado, apenas comentou que o ancião poderia ter cobrado por todo aquele trabalho.

O ancião então retrucou:

– Será aqui neste lugar que tomaremos caminhos separados, mas antes de nos separarmos explicarei minhas ações de hoje. Aquele barco pertencia a uma família pobre. Os fazendeiros locais estão requisitando todos os barcos da região para fazer uma guerra, e deixariam de lado um barco que precisa de conserto. Aquele jovem que matei estava repleto de más intenções. Planejava levar a família para o culto do demônio. E agora uma outra criança amorosa poderá nascer dos mesmos pais e trazer felicidade para eles. E aquele muro pertencia a meninos órfãos. O pai tinha escondido alguns tesouros debaixo do muro e morreu antes de ter a chance de dizer para eles. Se o muro não tivesse sido reconstruído, o tesouro teria vindo à luz e os meninos ainda são muito pequenos para se defenderem. E agora poderão encontrar o tesouro no momento certo.

Moisés manteve-se concentrado e de cabeça baixa enquanto ouvia, certificando-se de que tinha entendido tudo. E quando ergueu os olhos, o ancião já tinha desaparecido.

Quem é esse misterioso personagem a quem o poderoso Moisés se rendeu? Ele reaparece em diferentes formas ao longo da história sagrada e em breve o encontraremos outra vez.

O Antigo Testamento atribui diferentes nomes para diferentes aspectos de Deus, incluindo Elohim no ato da Criação e Adonai ou "o Senhor". Jeová expressa um aspecto particular de Deus que ajuda a humanidade a desenvolver a capacidade de reflexão, de pensamento. Já vimos no Capítulo 8 que em tempos remotos o corpo inteiro era considerado um órgão de consciência e percepção. Da mesma forma que as pessoas tinham uma consciência da cabeça, também tinham uma consciência do coração, uma consciência do rim (exprimindo o desejo) e assim por diante. Tal sentido de diferentes centros de consciência no interior do corpo humano começou a ser suprimido nos tempos de Jeová à medida que a história moldava uma "monoconsciência", com um centro sediado na cabeça.

O monte Sinai, onde Jeová fez a revelação para Moisés, é literalmente "a montanha da lua". Em termos esotéricos, Jeová é quem reflete a luz do sol por intermédio da lua, um arranjo cósmico que torna possível a reflexão humana.[5]

A ciência moderna acabou percebendo que a Lua é necessária para o desenvolvimento da vida na Terra. A Lua é responsável pela inclinação da Terra, que mantém o clima dentro de uma faixa estreita e adequada para a vida orgânica no planeta. E a ciência também acabou se dando conta de uma ideia preservada pela sabedoria popular – o efeito das fases lunares na psicologia humana. Segundo um levantamento estatístico sobre os ciclos lunares e a agressividade humana realizado pelo *Journal of Clinical Psychiatry*, da Flórida, e publicado em 1978, tanto as agressividades como os assassinatos violentos apresentam um pico na lua cheia.[6] Contudo, a filosofia ocultista e mística também propõe um conceito mais fundamental: *somente por causa das posições e dos ciclos do Sol e da Lua em relação um ao outro e à Terra é que somos capazes de pensar*. Além de refletir a luz para o nosso planeta, a Lua também reflete a vida espiritual do Sol. E considerando que a luz refletida é mais tênue que a luz direta, conclui-se que de outra maneira as influências espirituais nos atordoariam e nos sobrecarregariam. A Lua propicia a capacidade do livre pensamento e do livre-arbítrio, uma capacidade que os anjos não precisam porque possuem uma visão direta de Deus.[7]

O segundo dos Dez Mandamentos trazidos da montanha da lua – "não fazer imagens esculpidas nem fazer semelhanças ao que há no céu acima" – estabelece que se deixe de pensar por meio de imagens e se comece a pensar por meio de conceitos abstratos. O interessante é que o conteúdo das escrituras tidas como ditadas pelos anjos são geralmente pictóricas e não conceituais. Mais uma vez, talvez sejamos capazes de um pensamento conceitual que não é um dos atributos dos anjos – e é desse atributo humano que eles carecem.[8]

⌒

Por volta de 2500 a.C., nos primórdios do período assinalado pelos historiadores como final da Idade do Bronze, Moisés seguiu em direção à Terra Prometida, carregando consigo a referida faculdade mental recém-desenvolvida. Isso gerou grande devastação e destruição entre as tribos que estavam em seu caminho.

Temendo por si mesmo e por seu povo, o rei dos moabitas enviou mensageiros ao vidente Balaão. Finalmente, Balaão chegou à presença do rei e disse a última coisa que o rei queria ouvir: Israel teria sucesso na batalha.

O profeta Balaão estava andando no lombo de um burro para ver o rei dos moabitas, mas o animal refugou ao atravessar uma ponte. O profeta bateu no burro com uma vara, até que algo extraordinário aconteceu: o burro virou a cabeça e disse para Balaão:

– O que fiz para que você me bata dessa maneira?

– Você não me obedece e me machuca de propósito.

– Você me conhece por toda a vida. Alguma vez lhe desobedeci ou o machuquei?

Em seguida, baixou um véu dos olhos de Balaão, e de repente ele viu o que o burro também viu: um anjo parado no caminho com uma espada pronta para atacar Balaão.

Balaão prostrou-se no chão, frente ao anjo.

– Por que golpeou o seu jumento três vezes? – perguntou o anjo. – Seu animal me viu e se desviou três vezes. Se não tivesse se desviado, eu teria matado você.

(Extraído de Números, 22:21-38.)

O vaticínio acabou por se concretizar. Deus enviou um anjo para que os israelitas expulsassem os moabitas, os cananeus e outros povos indígenas. Algumas narrativas bíblicas sobre o avanço dos israelitas em direção à Terra Prometida fazem leituras desconfortáveis. Como a de um episódio terrível, no qual milhares de israelitas são abatidos sob as instruções de Deus, que envia pragas mortais e serpentes venenosas. O Capítulo 31 do Livro dos números é difícil de ser lido. Inspirados por Deus e através de Moisés, os israelitas dizimam todos os reis locais, levam mulheres e crianças como prisioneiros e queimam as cidades. Alguns comandantes são repreendidos por terem mantido as mulheres indígenas vivas e matado todos os meninos. Trinta e duas mil virgens são mantidas como escravas.

Um dia perguntaram a Rainer Maria Rilke, o grande poeta dos anjos dos tempos modernos, se ele seria destruído se clamasse para as hierarquias angelicais e um dos anjos respondesse e o abraçasse. A "beleza", respondeu o poeta nas páginas iniciais de *Elegias de Duíno*, "não é nada mais que o início de um terror que poucos somos capazes de suportar". Na poética de Rilke, os anjos são os agentes pelos quais recebemos os cuidados do cosmos – mas na verdade estamos mal equipados para compreender os anjos e seu trabalho. O fogo do amor divino pode parecer uma força terrível e destruidora.

Sendo assim, se fica difícil abster-se de julgar Jeová em termos modernos quando se leem relatos de atrocidades no Antigo Testamento, também fica difícil não fazer os mesmos julgamentos morais feitos por Moisés ao velho sábio. No entanto, como comenta um ditado medieval árabe, atribuir a moralidade humana a Deus talvez seja tão grosseiramente antropomórfico quanto imaginar que Ele tem barba ou fuma cachimbo.

O Senhor do Antigo Testamento é guerreiro e irado. Será por isso que Ele resiste ferozmente às primeiras tentativas delicadamente bruxuleantes das chamas do intelecto humano? Chamas que, aliás, correram o risco de serem extintas quando o povo eleito para se tornar o Seu cadinho partiu para uma perigosa jornada.

Quando os israelitas se aproximaram da Terra Prometida, Josué, o aprendiz de Moisés, encontrou um estranho e o desafiou:

– Você é a favor ou contra nós?

– Eu sou o capitão do exército do Senhor – respondeu o estranho, identificando-se como o arcanjo Miguel.

Josué prostrou-se.

– Tire as sandálias – disse-lhe Miguel –, pois o lugar que estás pisando é solo sagrado.

Guiado por um anjo, Josué tomou a cidade de Jericó, que teve seus habitantes abatidos.[9]

Se os seres espirituais superiores já não se manifestam no plano material com a mesma frequência do passado, aparentemente no final da Idade do Bronze ainda pontificavam nas grandes viradas da história. Nos livros históricos do Antigo Testamento, os anjos não só participavam de guerras espirituais, como também de batalhas, onde a carne é cortada e o sangue é derramado: "Naquela noite, um anjo do Senhor apareceu e dizimou cento e oitenta e cinco mil homens no acampamento assírio" (2 Reis, 19:35). Mas embora o Antigo Testamento faça alusão à intervenção dos anjos nas batalhas, não faz qualquer referência ao que significava estar presente naquelas batalhas.

Talvez se encontre mais sentido em relação a esse fato nos épicos de Homero, no relato sobre o cerco de Troia, possivelmente ocorrido uns duzentos anos após o cerco de Jericó.[10]

Em certas noites, escreve Homero, o ar está parado e sem nuvens e as estrelas rutilam em toda a sua glória – e com isso arquitetamos grandes pensamentos. Na *Ilíada,* Homero observa nas planícies como os deuses das estrelas e dos planetas moldam os eventos na Terra. Exulta-se com seu poder como contador de histórias quando descreve os deuses também exultantes com seus próprios poderes:

Atena e Apolo transformaram-se em abutres; empoleirados no alto carvalho, apreciaram a vista dos soldados alinhados na planície, fileiras após fileiras como ondas após ondas, ondulando e reluzindo com vistosos capacetes de crina de cavalo, espadas luzidias, escudos e lanças de madeira de freixo, vigas de bronze a piscar por todos os lados até as profundezas infinitas do céu. A terra estremecia sob os pés dos homens que marchavam com o assassinato no coração...

Homero também nos leva para o centro da batalha, onde assistimos de perto ao combate dos deuses. Suas descrições no cerne da ação nos fazem ver o que acontece quando os deuses "deixam escapar os cães de guerra", para usar a célebre expressão citada por Shakespeare:

> Atingido por um violento golpe na coxa, o príncipe Eneias caiu de joelhos, equilibrando-se com uma das mãos enquanto a escuridão insinuava-se como um anoitecer. Afrodite se apressou em tomar o filho na alvura dos seus braços e debaixo do seu manto cintilante, e as lanças então se precipitaram inofensivas no solo ao redor... Ares avançou como um gigante por entre os soldados, golpeando com grandes mãos mortíferas, até que a lança do herói Diomedes cravou-se na parte inferior do abdome do deus da guerra. Ele soltou um terrível grito de dor, que de tão alto parecia soar de nove ou dez mil homens, e os soldados de ambos os lados do campo de batalha tremeram de medo. Em seguida o deus da guerra rodopiou de volta ao céu, como um tornado enfumaçado... Zeus vestiu uma armadura dourada, pegou um chicote de ouro, montou na carruagem flamejante e chicoteou os dois grandes cavalos brancos com crinas de ouro. Cruzou o céu, traçando um curso entre o solo e as estrelas, e arremessou um raio que espalhou os gregos, drenando a cor da face de cada soldado e transformando-lhes o coração em água.[11]

Por volta do início do século XIX, os filósofos alemães começaram a investigar o desenvolvimento da consciência ao longo da história. (Mais tarde examinaremos o extraordinário relato de Hegel sobre a evolução da consciência em relação a Napoleão.) Em 1976, uma fonte inesperada segue a mesma vertente de pensamento sobre a evolução da consciência quando Julian Jaynes, da Universidade de Princeton, nos Estados Unidos,

Deuses gregos em batalha (gravura extraída do Altar de Pérgamo, no Museu de Berlim).

publica *The Origins of Consciousness in the Breakdown of the Bi-Cameral Mind*, um livro que atraiu muita atenção e que ainda suscita controvérsias. Jaynes ressalta que é possível abordar a consciência moderna em literaturas antigas, como a da *Ilíada*. Argumenta que uma leitura cuidadosa do texto talvez não consiga pinçar noções sobre a introspecção. Na linguagem de Homero, continua o autor, não há descrições de estados mentais. Assim como não há reflexões nem de homens nem de mulheres sobre o que terão que fazer ou decidir. Os impulsos que atribuímos à mente subjetiva os gregos atribuíam à mente objetiva – oriundos do mundo circundante. Não é Aquiles que decide não golpear Agamenon – Atena é que o puxa de volta pelos cabelos.

O mais curioso talvez seja o fato de que ambos os gêneros daquele tempo parecem não ter o sentido de um espaço mental privado como hoje o temos, mas apenas de um espaço mental comunitário. Não eram, portanto, somente os solitários que observavam o deus da guerra e a da sabedoria irrompendo por entre as fileiras do inimigo e empurrando-os para trás, mas sim todos os que participavam no campo de batalha. Evidentemente, a exemplo de Jaynes, isso também pode ser classificado como "alucinações coletivas". O cerco de Troia e as complexas civilizações da Idade do Bronze foram capitaneados pelas alucinações coletivas.[12]

As alucinações coletivas não ocorrem no universo do materialismo científico – salvo as coincidências extremas e improváveis das alucinações individuais ou as histerias em massa que levam todos a acreditar que estão vivendo a mesma alucinação. Por outro lado, no universo do idealismo, geralmente a aparição de deuses e de anjos para a multidão é a manifestação de uma realidade mais elevada. No idealismo compartilha-se um único espaço mental, mesmo que seja parcial e temporariamente interrompido pela matéria. De acordo com os relatos modernos, tais "alucinações coletivas" direcionam as batalhas e organizam sociedades altamente complexas.

Quando lemos relatos antigos sobre experiências humanas, geralmente concluímos que para aqueles escritores o mundo era uma arena de eventos sobrenaturais e que todos regularmente experimentavam visões, alucinações coletivas e outras manifestações do sobrenatural. Na verdade, a literatura do mundo antigo é franca e inquestionável a respeito do aparecimento de deuses e anjos, tanto para os indivíduos como para os grupos. Embora tais aparições para grandes grupos sejam extraordinárias, para os escritores e os contemporâneos da Antiguidade não eram inesperadas. Os relatos antigos não tentam jogar areia nos olhos. Os escritores de então sequer suspeitavam de que um dia o mundo seria diferente daquele que eles descreviam. Se a aparição de deuses e anjos era uma ilusão, era uma ilusão de massa compartilhada por toda a humanidade. Pois essa era a realidade daqueles tempos.[13]

18

Salomão, sexo e beleza

"Quem é ela que aparece como o alvor do amanhecer, bela como a lua, radiante como o sol e terrível como um exército embandeirado?"

Cantares de Salomão, 6:10

Já vimos que as descrições de Homero ondulavam em glorioso estilo na página tal como os deuses ondulavam na batalha.

Homero também descrevia outros tipos de intervenções dos deuses. Na *Ilíada*, ele faz uma descrição maravilhosa de Páris, cuja fuga com Helena ocasionara dez anos de cerco:

> Páris vestiu às pressas a armadura de bronze e saiu correndo de sua casa no alto das muralhas. Percorreu a cidade como um garanhão galopando pelos campos em triunfo até o local do seu banho favorito. Jogava a cabeça para trás de maneira que a crina caía sobre os ombros, e seguia em frente com tanta rapidez que os cascos quase não tocavam no solo. E assim chegou Páris, impressionante em sua armadura, reluzindo aos sorrisos como o sol e sabedor de que era bonito.

Páris e Helena eram feitos um para o outro porque ambos eram bonitos. Em visita à corte de Menelau, o marido de Helena, Páris entreviu nos olhos de Helena o seu próprio destino.

Segundo os historiadores, nos tempos de outrora, no início da Idade do Ferro, a Vênus-serpente começou a se debater com incontrolável energia sexual dentro do corpo humano. Já vimos no Capítulo 3 como se elaborou um cosmos de maneira que pudéssemos almejar a felicidade. A história de Moisés descreve como chegamos a nutrir um outro grande desejo que nos arrebatou como uma torrente incontrolável – o desejo de justiça e de equidade.

Tanto na história de Helena como nas de Davi e Salomão esses dois grandes desejos se entrechocam.

A beleza do mundo não é nada serena, embora por vezes a beleza individual pareça. "A beleza não é apenas misteriosa", diz Dostoievski, "também é terrivelmente assustadora". A beleza é o ponto onde todas as contradições se entrechocam, "onde Deus e o Diabo se enfrentam – e o campo de batalha é o coração humano". A grande beleza atrai as forças demoníacas.

Neste nosso mundo paradoxal, os opostos se fundem a ponto de se tornarem quase indistinguíveis. Talvez a beleza nos faça felizes. Em algum lugar dentro de nós agita-se uma visão de como a Criação poderia ser ou deveria ser. Talvez a beleza nos exija um sentido e um propósito. E talvez isso nos leve ao sentimento de que estamos em casa neste mundo. O êxtase do amor físico que às vezes a beleza inspira assemelha-se em muito à experiência mística.

Contudo, quando somos enganados pela beleza, geralmente isso ocasiona a queda de impérios.

De repente, pessoas boas, pessoas realmente boas se comportam muito mal.

⚯

Tal como seu contemporâneo Ulisses, Davi matou um gigante de um único olho. Educado para se tornar o primeiro rei a unir as tribos de Israel, estabelecendo-as como reino, tornou-se um grande rei, se bem que intempestivo – ele amava Betsabá e, para tê-la apenas para si, despachou o marido dela para uma guerra.

Tanto Davi como seu filho Salomão reinaram durante quarenta anos. Salomão acabou construindo o Templo que o pai prometera construir.

Uma noite, Salomão sonhou que Deus perguntava o que poderia dar a ele. Salomão ponderou antes de responder: *Se eu pedir ouro, prata, joias e as-*

sim por diante, pensou, *Deus me dará e ponto final. Mas se eu pedir sabedoria, poderei ganhar riquezas às minhas custas e muito mais...*

Ele então respondeu:

– Senhor, dá ao teu servo a profunda sabedoria.

Salomão acordou e perambulou pelos campos. E ao ouvir o trinado dos pássaros, o canto do galo e o zurro do jumento, acabou se dando conta de que entendia o que estava ouvindo. Salomão é tradicionalmente tido como autor do que os teólogos chamam de "livros de sabedoria" da Bíblia: Provérbios e Eclesiastes. Trata-se de uma "literatura sábia" que não se dedica apenas às questões espirituais. Os Provérbios ditam regras práticas para uma vida feliz e bem-sucedida, à semelhança dos provérbios de qualquer outra tradição, que nos aconselham a observar antes de dar um pulo ou uma virada. No sonho, Salomão agiu com prudência e, quando despertou, continuou assim. Segundo o Talmude, ele tinha o dom de compreender a natureza, as propriedades das árvores e das plantas, e passou ensinamentos "sobre os animais, as aves, os répteis e os peixes" (1 Reis, 4:33). Segundo o Alcorão, ele tinha o dom de dobrar o mundo à sua vontade em muitos aspectos, inclusive no controle do *jinn*.[1]

O reinado de Salomão trouxe ao povo riqueza e prosperidade sem precedentes. O comércio abriu canais para um fluxo de novas riquezas e novas ideias. Salomão construiu um palácio e, passados quatro anos de reinado, começou a construir o Templo. Milhares de trabalhadores cortaram madeira de cedro e zimbro. Arrastaram os troncos pelas montanhas do Líbano abaixo até Jerusalém. Milhares de outros trabalhadores extraíram calcário, a pedra local, e transformaram blocos ásperos de silhar em blocos perfeitamente lapidados.

O Templo de Salomão não era tão grande quanto se esperaria de uma edificação que segundo o imaginário coletivo era gigantesca. De acordo com as medidas registradas na Bíblia, era do tamanho de uma pequena igreja de um vilarejo. Mas o que impressionava a todos é que na penumbra da sala do Santo dos Santos habitava o próprio Deus.

Foi um Templo construído para ser o corpo de Deus e, tal como os templos do Egito e as catedrais cristãs da Europa, de acordo com o ideal das

Interior e pilar da capela Rosslyn (gravura do século XIX).

proporções humanas – e não apenas com as proporções do corpo físico, mas também com as qualidades dos corpos espirituais mais elevados. As figuras de quatro, sete e oito lados encontradas nos templos e nas catedrais atuam na alma e no espírito e, consequentemente, na fisiologia. É possível sentir isso quando se entra em pequenas igrejas de cidades campestres. Trata-se de um trabalho e de um conhecimento espiritual absorvidos pela sucessão de artesãos de gerações anteriores.

Martinho Lutero escreve sobre a estrutura tríplice do Templo, que se revela à medida que se sai do vestíbulo e se percorre o longo corredor até a sala do Santo dos Santos, a qual, segundo ele, reflete a natureza tríplice do ser humano – corpo físico, corpo psíquico e corpo espiritual. Em seguida, a luz de Deus revela-se no candelabro de sete velas situado à frente, de modo que os raios dos sete Pensamentos de Deus trabalham em uníssono.

Os dois pilares gêmeos foram construídos por Hiram Abiff, mestre artesão exímio no trabalho com bronze e arquiteto escolhido por Salomão para projetar e supervisionar a construção do Templo. Chamados Jaquim e Boaz, esses dois pilares externos do Templo de Salomão marcavam o ponto mais distante do nascer do sol nos equinócios. Mas também representavam os ritmos menores em escala humana, que se interligavam com os ritmos cósmicos como engrenagens de um relógio – ritmos da evolução humana: vida e morte, noite e dia, inspiração e expiração.

Jaquim, a coluna vermelha, representava a absorção do oxigênio pelo sangue – e também a absorção da influência espiritual, do Eu divino pelo eu humano. Isso ocorria naturalmente nos tempos imemoriais, em que os humanos ainda não tinham desenvolvido o corpo físico. E agora isso ocorria entre as encarnações, no momento em que o espírito se elevava até os mundos espirituais e se sutilizava, e à noite também ocorria com menos intensidade, no momento em que o espírito se elevava do corpo físico.

A coluna vermelha era a Árvore da Vida, representava a vida animal tornada possível pelo sangue. E a outra coluna, azul, era a Árvore do Conhecimento, representava o sangue carbonado e a contribuição de cada ser humano para a evolução cósmica e humana através dos pensamentos e ações durante a vida, a cada momento do dia e a cada ato e a cada pensamento. É o que levamos conosco para a vida após a morte, de modo que contribuímos para o misterioso processo alquímico que faz a humanidade evoluir gradualmente.

O Templo de Salomão não era indestrutível, mas aparentava indestrutibilidade. Era uma profecia feita de pedra. Era um templo para ser indestrutível só depois que o mundo e a humanidade tivessem passado por muitos estágios evolutivos, e que o corpo humano estivesse espiritualizado conforme o processo aludido pelos pilares e que o ser humano tivesse se redescoberto na natureza ideal. Eis a sabedoria maçônica implícita ao Templo: ao esculpir a pedra, o artesão a dividia com os compassos e a penetrava com o cinzel, a fim de aperfeiçoar o ser humano.

O rei se surpreende quando a boa sorte entra pela janela.
(Emblema de Jean Cousin, 1568.)

A rica sabedoria de Salomão com seus edifícios surpreendentes e propriedades estranhas e milagrosas atraiu multidões de todos os rincões.

A rainha de Sabá, conhecida por sua beleza, chegou com presentes de ouro, incenso e mirra. Salomão esperou-a num quarto feito de espelhos – nas paredes, no teto e no piso – e quando ela o viu pela primeira vez pensou que ele estava de pé sobre a água.

Ela receou caminhar sobre aquele vidro. Pois guardava um segredo que um piso espelhado poderia revelar – seus dedos eram interligados por membranas e seus pés pareciam de ganso.

O rei chamou-a e só então ela percebeu que teria que atravessar um riacho para alcançá-lo. E quando fez menção de pisar na ponte de madeira, alguma coisa a fez hesitar e ela se deteve por um tempo, refletindo sobre uma premonição que a tomou de assalto. Um momento depois ela entendeu a mensagem que lhe estava sendo passada: chegaria o dia em que um deus seria crucificado naquela madeira.

Assim, Sabá recuou para não pisar na ponte e optou por pisar na água do riacho para atravessá-lo. Chegou ao outro lado radiante de felicidade porque seus pés estavam curados.

Salomão então se aproximou.

Ambos sentiram uma atração mútua.

– Eu sou negra – disse Sabá. – Meu amado é meu e também sou dele; ele me apascenta entre os lírios.

Ela se divertiu com um enigma. Entregou-lhe uma esmeralda com um buraco no meio e o desafiou a passar um fio por ali. Salomão fez um bicho-da-seda rastejar com um fio de seda pelo buraco.

Ocorreu uma outra reviravolta na trama entre Salomão e a rainha de Sabá. Lembre-se de que aqui escavamos as camadas profundas da psique humana à qual se agregam tumultos espirituais.

Sabá conheceu uma outra pessoa, uma outra alma gêmea: Hiram Abiff. Como rainha dos sabeus, Sabá cultuava Vênus sob o nome de Astarte.

E como fenício, Hiram também cultuava Astarte, construindo o Templo de maneira que em certos momentos a luz de Vênus reluzia na mansarda do Santo dos Santos. Os templos maçônicos continuam sendo construídos com essa mesma orientação, de modo que os candidatos à iniciação na irmandade concentrem a atenção na estrela de cinco pontas de Vênus.

O Templo estava quase concluído e, durante a visita, Sabá pediu a Salomão que a fizesse conhecer o homem que projetara aquela maravilha. Ele relutou, mas ela insistiu.

Ao se apresentar, Hiram lançou um olhar para a rainha que a derreteu por dentro. Nem o olhar de Hiram nem o desvio de olhos baixos da rainha passaram despercebidos para Salomão, que manteve os pensamentos consigo mesmo.

Em seguida, Sabá perguntou se poderia conhecer os construtores.

– Impossível – disse Salomão, alegando que eles estavam dispersos e também muito ocupados. Mas Hiram pulou em cima de uma pedra, com o sinal da cruz de tau na mão, e na mesma hora centenas de homens surgiram à frente.

Salomão sabia que Hiram planejava a inauguração de sua maior maravilha alquímica: a bacia de bronze. E como também sabia que a rainha estaria presente à inauguração, nomeou três aprendizes para trabalhar no projeto. Ele tinha boas razões para acreditar que os três eram incompetentes, e assim esperava estragar a demonstração de Hiram.

No dia programado para a moldagem da bacia de bronze, ocasião em que o metal fundido e a água seriam derramados no molde, Salomão, a rainha de Sabá e diversos nobres reuniram-se para assistir. Acontece que os aprendizes derramaram o metal fundido e a água em proporções erradas e uma nuvem de vapor escaldante envolveu os espectadores.

Hiram sentiu-se ultrajado. E com a reputação destruída, naquela noite teve a visão de um anjo que lhe entregava um martelo e um triângulo dourado. Ao acordar, encontrou os artefatos ao lado e entendeu que teria que usar o triângulo em torno do pescoço. Uma palavra escrita no triângulo o fez concluir que se tratava de um nome secreto de Deus, e que se o pronunciasse perfeitamente poderia levar a humanidade de volta ao estado de perfeição de que desfrutara antes da Queda.

Com o otimismo restaurado, Hiram Abiff retomou o trabalho. Fabricaria de novo a bacia de bronze, e dessa vez usaria o martelo que recebera em sonho.

Esse trabalho estava prestes a ser concluído quando ele encontrou a rainha de Sabá no pátio do palácio. Confessaram amor um pelo outro e fizeram planos secretos para deixar o reino. Eles voltariam a se encontrar em algum lugar comprovadamente seguro.

Salomão não pediu diretamente para os três aprendizes que matassem Hiram. Simplesmente perguntou em voz alta quem poderia livrá-lo daquele homem turbulento.

Naquela noite eles atacaram Hiram, exigindo saber os segredos do mestre maçom.

– Sua vida ou seus segredos? – disseram aos gritos.

– Minha vida vocês podem tomar, minha integridade, nunca – respondeu Hiram antes de ser abatido com um único golpe na cabeça por um dos rufiões.

Pouco antes de morrer, Hiram lançou o triângulo dourado para dentro de um poço. E foi assim que a Palavra acabou sendo perdida.

Como veremos, a busca da Palavra perdida, tal como a busca pelo Santo Graal, está intimamente ligada aos mistérios da fisiologia humana.[2]

O significado de Vênus para os escritores do Antigo Testamento talvez não seja óbvio. Mas a descrição do Salmo 19, segundo o qual o Sol emerge de sua câmara como um noivo, baseia-se em uma antiga passagem cananita que descreve o casamento sagrado entre o Sol e Vênus. Talvez o mais interessante e mais importante, como aponta Robert Lomas, seja a frequente recorrência do número 40 – número de anos do ciclo de Vênus – no relato do Antigo Testamento. Israel, por exemplo, perambulou no deserto por quarenta anos. Saul reinou por quarenta anos. Davi reinou por quarenta anos e Salomão também reinou por quarenta anos. De acordo com 1 Reis, 6:1, o Templo de Jerusalém foi construído 480 anos (12 ciclos de Vênus) após o êxodo do Egito. O historiador Flávio

Josefo registra a tradição pela qual Salomão começou a construir o Templo 144 anos (36 ciclos de Vênus) após o Dilúvio. Tal recorrência é claramente significativa. Ou os autores estavam cientes da tradição de que os movimentos de Vênus exerciam uma influência controladora no padrão da história, e por isso falsificaram as datas para adequá-las, *ou então Vênus realmente exercia a referida influência e os autores da Bíblia a registraram com precisão.*[3]

19

Elias entre os mundos

Três apóstolos acompanham Jesus até uma montanha. De repente, eles o veem no céu. Ele está brilhando – "transfigurado".

Moisés e Elias também estão no céu, e Jesus conversa com eles, mas os apóstolos não conseguem ouvir o que está sendo dito.

A transfiguração é a espiritualização do corpo citada nos ensinamentos místicos de todas as religiões do mundo. O objetivo da transfiguração é que todos os corpos humanos acabem espiritualizados por igual. Moisés e Elias estão ao lado de Jesus pelo papel importante que desempenham em tal processo.

Moisés era uma figura quase divina, estrondosamente presente em algumas das intervenções sobrenaturais mais espetaculares da história. Elias também era estrondoso. Atingido por justa raiva, também conjurou o fogo do céu para eliminar os inimigos de Israel. Parecia viver em tempestades e as tribos eslavas da Europa Oriental acreditam que ele seja a mesma figura adorada pelos seus antepassados como Perun, o deus do trovão e dos relâmpagos.

E pelo fato de ser um deus, Elias não era uma presença constante. Ele vinha e ia de maneira imprevisível e misteriosa.[1]

Elias apareceu pela primeira vez no reino de Acabe, rei de Israel. Acabe era um rei bem-sucedido que construíra a riqueza e o exército da nação. Depois de derrotar um rei vizinho em batalha, Acabe fez um estratégico casamento com Jezebel, filha do rei de Tiro. Ela era uma seguidora de Baal, o grande espírito de Saturno. Em termos judaico-cristãos, obviamente Baal é Satã. Ela então persuadiu Acabe a construir um templo para Baal, e seus seguidores começaram a perseguir os que permaneciam fiéis ao Deus de Moisés. Foi quando Elias apareceu na corte para repreender o rei. Elias estava com o cabelo comprido e despenteado, e usava um casaco peludo escuro e um cinto de couro. Acabe zombou daquela figura desconcertante. Em reação, Elias amaldiçoou a terra:

– Não haverá nem orvalho nem chuva nestes anos, a menos que eu diga...

Abraão e Moisés foram líderes políticos dos seus povos, bem como líderes espirituais. Na época de Elias, o povo ficou estabelecido na Terra Prometida depois de ter passado por uma transição. O rei era um político por natureza, que se comprometera como tal. Elias chegava então à corte como um dos primeiros profetas hebreus a expressar a ira contra os líderes afastados dos ideais espirituais. Ele era da estirpe dos profetas severos e, tal como Zaratustra, dizia coisas que os ocupantes dos postos de autoridade não queriam ouvir.

Elias desapareceu com a mesma rapidez com que aparecera. Pois sabia que para sobreviver teria que se esconder. Em uma terra marcada pela seca devido a uma maldição, ele era um solitário. Parecia viver em estado visionário, entre mundos diferentes.

Certa vez Elias vagueava pelo deserto e ao chegar a um riacho os corvos trouxeram-lhe pão e carne.[2] Mesmo cansado, seguiu adiante. Chamou por uma senhora que apanhava lenha e pediu-lhe um copo de água. Ela se virou para pegá-lo e ele a chamou de novo, pedindo-lhe alguma coisa para comer. Ela explicou que só tinha um punhado de farinha na panela e uma pequena tigela de óleo, e que precisava disso porque seu filho estava morrendo de fome. Ele disse que se ela fizesse um bolo de farinha e lhe desse um pedaço, nem ela nem o filho dariam por falta. A velha fez o que Elias sugeriu e, como por encanto, a panela se tornou uma fonte infinita de refeição enquanto a tigela também se reenchia magicamente.

O menino, no entanto, debilitou-se ainda mais e passado algum tempo morreu.

– Você apareceu aqui para matar o meu filho? – disse a mulher para Elias.

Elias carregou o cadáver do menino até um sótão, onde às vezes repousava, e o deitou na cama. Eles ficaram no sótão por três dias e três noites. Em algum lugar no fundo do menino ainda restava uma centelha de vida...

Ele sentiu-se como se estivesse sendo sacudido para acordar. Estava deitado no fundo de um navio que navegava pelo oceano adentro. Os marinheiros da tripulação o sacudiam de olhos arregalados e mortos de medo. Falavam uma língua estranha, mas era possível entender que queriam que ele explicasse o que tinha causado a tempestade – e como poderiam arrefecê-la. Raivosos, perguntaram se ele era a razão daquela punição. Será que ele cometera algum grande crime que provocara aquela desgraça?

O menino pediu aos marinheiros que o jogassem ao mar. As ondas se fecharam em volta, a escuridão das profundezas o cercaram e as algas se enroscaram em torno de sua cabeça.

De repente, uma grande baleia apareceu e o engoliu, e ele permaneceu no ventre da baleia por três dias e três noites, até que sua alma se desfaleceu e ele rogou por Deus...

Jonas e a baleia.

E ao acordar num sótão se deparou com um homem velho de cabelos longos que vestia um casaco peludo e o olhava.

O que pensou o menino quando se viu trazido de volta à vida e sob o sol no mundo sobre solo? Elias é uma figura feroz e imprevisível, mas as crianças intuem que no fundo ele é benevolente. No início da Páscoa reserva-se entre as famílias judaicas um quinto copo para Elias na refeição cerimonial de Seder. A porta da rua é aberta, Elias é convidado e as crianças procuram uma ondulação na superfície do vinho no quinto copo como um sinal da presença dele.[3]

O menino no sótão de Elias cresceria e se tornaria um profeta, cuja identidade secreta é revelada pela tradição mística: Jonas, célebre por sua história com a baleia e por ter retornado dos mortos.

Enquanto isso, a seca na terra de Israel tornava-se cada vez mais causticante. O gado e os cavalos morriam e o povo passava privações. Passados dois anos o rei Acabe enviou uma equipe para tentar encontrar o homem estranho que previra a seca. Por fim, após uma longa busca, encontraram Elias e o convenceram a comparecer à corte.

– Foi você que trouxe esse problema para Israel? – o rei exigiu uma resposta.

Elias explicou que o problema se devia ao fato de que o rei cultuava Baal. E depois desafiou os sacerdotes de Baal para uma competição no topo do monte Carmelo que mostraria a diferença entre o deus que eles cultuavam e o Deus de Israel.

Do amanhecer ao anoitecer, 450 sacerdotes clamaram por Baal e o invocaram para que acendesse a lenha colocada sob um novilho para o sacrifício. Esfolaram-se aos gritos, na tentativa de alimentar o sacrifício com o próprio sangue – sem êxito algum.

Então, Elias também erigiu um altar e rezou, e prontamente o fogo desceu do céu e as labaredas envolveram o sacrifício. O céu escureceu e a um trovão seguiu-se uma chuva abençoada que caiu sobre a terra ressequida.

– Levante-se – disse a Acabe. – Coma e beba, porque há abundância de chuva.

Mesmo com muita alegria na capital, Elias se deu conta pela segunda vez de que precisava correr e se esconder. Pois Jezebel, a sacerdotisa de Baal, certamente tentaria matá-lo.

Em plena fuga pelo deserto, em dado momento Elias sentou-se pesadamente à sombra de uma árvore de zimbro e confidenciou para Deus que já tinha vivido muito e que queria morrer. Logo caiu no sono de tão exausto que estava.

Um anjo o tocou, dizendo-lhe que se levantasse e comesse. Ele acordou e encontrou a seu lado um bolo que assava sobre as brasas e um jarro de água. Alimentou-se, bebeu, deitou-se e voltou a dormir. Um anjo o tocou pela segunda vez, dizendo-lhe que se levantasse e comesse para enfrentar a terrível viagem que tinha à frente.

Elias percorreu o deserto por quarenta dias e quarenta noites. Atravessou a montanha onde Moisés ouvira a palavra de Deus a soar de um arbusto ardente. Será que Deus conversaria com ele com a mesma clareza com que conversara com Moisés?

Elias estava abrigado em uma caverna na encosta da montanha quando um vento forte rasgou a terra. As pedras começaram a rolar encosta abaixo, passando à entrada da caverna.

Mas Elias sabia que Deus não estava naquele vento.

Logo toda a montanha estrondeou com um terremoto, mas Elias sabia que não era isso o esperado. Deus não estava naquele terremoto.

Seguiu-se uma centelha de fogo que iluminou a entrada da caverna, mas Elias sabia que Deus não estava naquele raio.

O arbusto à frente da caverna lambeu em chamas, mas Deus não estava naquele arbusto ardente tal como estivera quando conversou com Moisés.

Elias amarrou o rosto, envolvendo-o com um manto, e enquanto fazia isso soou uma voz mansa e suave dentro dele:

– O que estás fazendo aqui, Elias?

A voz que ele reconheceu como a voz de Deus sugeriu-lhe que continuasse a missão e nomeasse um sucessor.

Mais tarde, ele cruzou com um homem que arava os campos. O homem se deteve e o seguiu. Era Eliseu, sucessor de Elias.

O relato da "voz mansa e suave" é um dos mais profundos pontos-chave na história da humanidade. Já vimos nos capítulos anteriores que a história religiosa relata os acontecimentos com a lente do idealismo, em que a formação do mundo físico passa de mão em mão junto à formação também gradual de uma consciência distintamente humana. Já vimos o procedimento divino nas descrições de Homero a respeito do cerco de Troia e no relato bíblico da divisão do Mar Morto. E por último, com Elias, a transformação da operação divina do plano exterior para o plano interior.

Elias percebeu que o fogo que fazia o arbusto lamber em chamas também faiscava e reluzia dentro da caverna do seu próprio crânio.

Elias é então o arauto de uma aurora interior.

Tal como Noé e Enoque, Elias não morre de modo ordinário. Como Enoque, ele se retira para as montanhas e se vê levado ao céu por um carro de fogo puxado por cavalos de fogo. A cena só é assistida por Eliseu, a quem ele escolhe como o seu sucessor e para quem, como um distintivo, passa o seu manto.[4]

Segundo a Bíblia, alguns anos após a morte de Elias o rei recebeu uma carta do profeta, repreendendo-o e vaticinando uma praga. Longe de ser um erro de impressão, como alguns tentam especular, isso abona o fato de que a morte física de Elias não reduziu – e até hoje não reduz – sua capacidade de trabalho mundo afora. Ainda se diz que com quatro batidas de asas Elias pode atravessar a superfície do planeta porque ele é um anjo. Segundo a Torá, às vezes ele assume a aparência de um homem comum, outra vezes de um árabe, e vez por outra de um cavaleiro, de um oficial de justiça e até de uma prostituta.

Na tradição judaica, ele aparece como mestre de grandes mestres, e na tradição árabe, como o desconcertante ancião Khdir, encontrado em uma jornada de arrepiar os cabelos de Moisés.[5]

Mas essa não será a última vez que o encontraremos.

Muitas vezes os exércitos assírios pareciam prestes a invadir Israel, mas eram continuamente repelidos. Para o rei assírio era como se os inimigos soubessem com antecedência onde ele depositaria suas forças. Era como se pudessem ouvir o que ele dizia na privacidade do seu quarto. Suspeitando de algum tipo de intervenção sobrenatural, ele enviou um espião para descobrir o paradeiro do célebre profeta Eliseu. E depois enviou um grande exército para o topo da colina na cidade, onde Eliseu ficava.

Assim, certa manhã, Eliseu e seu jovem servo acordaram, e quando baixaram os olhos, a cidade e a colina estavam cercadas pelo exército assírio.

– Mestre, o que vamos fazer? – disse o servo, apavorado.

– Não tenhas medo – disse Eliseu. – Temos mais forças aqui do nosso lado do que eles têm lá embaixo. – Ele então se pôs a rezar: "Senhor, abre os olhos dele para que ele veja."

E o jovem olhou e viu vastos exércitos de anjos em carruagens de fogo que se alinhavam em volta para protegê-los.

Naquela manhã os soldados tiveram os olhos cegados, de modo que Eliseu e o jovem servo passaram por eles ilesos.

Contudo, logo Israel se viu cercada por todos os lados. Enquanto esteve vivo, a simples presença de Eliseu mantinha os exércitos inimigos afastados, mas eles invadiram Israel no dia do enterro do profeta.

A história contada no Antigo Testamento apresenta a intervenção dos anjos em assuntos de homens e mulheres, tanto nos grandes eventos públicos, como no Êxodo, e mais tarde nos períodos da colonização e do exílio.

Além de intervir na vida dos bons e dos grandes, como Elias, Jonas, Eliseu e Daniel, os anjos também o fazem na vida dos humildes, como Tobit, Ana e Tobias.

Logo veremos a prova tardia de ambas as intervenções como igualmente verdadeiras na atualidade.

Gravura de *Tobias e o Anjo*, de Antonio del Pollaiolo. Durante o cativeiro assírio, aproximadamente 700 a.C., o velho Tobit ficou cego. Segundo o Livro de Tobit, ele enviou o filho, Tobias, para uma jornada em busca de um dinheiro que deixara aos cuidados de um amigo. Tobias se viu acompanhado por um homem chamado Azarius, que na verdade era o arcanjo Rafael disfarçado. No retorno à casa de Tobit e Ana, a esposa que esperava ansiosa, o arcanjo Rafael habilitou Tobias para curar a cegueira do pai. Os anjos expressam os cuidados do cosmos para conosco; na antiga tradição judaica, o arcanjo Rafael é quem ensina a arte e a ciência das ervas curativas para Noé.

A HISTÓRIA SAGRADA | 177

Rodas flamejantes aladas. Tronos (extraída de *Christian Iconography*, de Adolphe Napoleon, 1843).

O profeta Isaías (gravura extraída dos afrescos de Michelangelo na capela Sistina). Os serafins são tradicionalmente descritos como anjos de seis asas, conforme aparecem em Isaías, 6:1-7: eu vi o Senhor assentado sobre um alto e sublime trono, e seu manto preenchia o templo. Acima, estavam os serafins, cada qual com seis asas; duas cobriam o rosto, duas cobriam os pés e duas voavam. Então, um dos serafins voou até mim, com uma brasa viva na mão, que havia tirado com pinças do altar. E ele aproximou-me a boca e disse... eis que ela tocou teus lábios, e tua iniquidade é afastada, e teu pecado, purgado.

A visão de Ezequiel dos querubins. "E olhei e eis que um vento tempestuoso chegou do norte, uma grande nuvem envolvida em fogo... do meio da nuvem saíam uma semelhança de quatro seres vivos... E uma semelhança de rostos, os quatro tinham rosto de homem, e rosto de leão no lado direito, e todos os quatro tinham rosto de boi no lado esquerdo; os quatro também tinham rosto de águia" (Ezequiel, 1:4-10). Os quatro querubins são os anjos das constelações nos quatro pontos cardeais – Aquário, Leão, Touro e Escorpião –, que trabalham em conjunto para fixar a matéria e marcar os quatro grandes pontos de virada do ano. (Gravura da Bíblia de 1630, de Matthew Merian.)

A HISTÓRIA SAGRADA | 179

Quando os hebreus se viram de novo detidos no cativeiro, dessa vez na Babilônia, de 597 a 538 a.C., jogaram o profeta Daniel na cova dos leões e bloquearam a caverna à noite. Na manhã seguinte Daniel saiu ileso. Isso porque, segundo ele, um anjo paralisara a boca dos leões. (Gravura de uma Bíblia do século XIX.)

20

A história do Buda

O contista, ensaísta e poeta argentino Jorge Luis Borges gostava da seguinte história contada pelo Buda:

Ferido na batalha, um homem deitou-se no solo em agonia, com uma seta cravada na perna. Seus amigos e alguns outros o socorreram. Sabiam que se não puxassem a flecha para fora ele morreria, mas era um procedimento arriscado e o homem ferido estava ansioso e com medo. Sentia a dor aumentar e queria um procedimento bem-feito, ou melhor, queria *a certeza* de que seria um procedimento bem-feito. Ele então quis os detalhes sobre a flecha.

– De que é feita? – perguntou. – Quando foi feita? Quem foi o arqueiro? *A que casta ele pertence?*

Mas enquanto fazia essas perguntas e seus amigos se esforçavam para respondê-las, ele desfaleceu e morreu.

O Buda contava essa história para seus discípulos.

– Ensinarei a vocês como retirar uma flecha – dizia.

– Mas o que é a flecha? – eles perguntavam.

– A flecha é o universo.

Essa e outras histórias, como *A Bela Adormecida,* colocam o mundo pelo avesso. Achamos que o mundo nos mantém e nos sustenta, mas para o Buda o mundo acaba nos matando. Ficamos apegados ao mundano e achamos que isso é tudo que existe. Fazemos as perguntas erradas e nos perdemos em labirintos de pensamentos entorpecidos.

Contudo, no contexto da realidade espiritual maior e mais ampla, o mundo físico é um grão de areia, de modo que quando se puxa uma flecha para fora, também se puxa o mundo. Isso nos capacita a enxergar uma realidade espiritual mais ampla.

A própria história da vida do Buda é outra versão da história do homem ferido por uma flecha.

A rainha de um pequeno reino no Norte da Índia sonhou que era carregada em longa viagem pelo vento até um lago no Himalaia, onde um elefante branco, sábio e poderoso, colocou-se com suas seis presas ao seu lado esquerdo e a fez se sentir "ofuscada".[1]

Mais tarde, a rainha engravidou e, quando a hora do parto se aproximou, partiu ao encontro dos seus pais. Mamãe cuidará de mim, pensou. Em uma noite de lua cheia de maio, ela saiu para passear nos jardins e nos pomares. Aproximou-se para observar algumas árvores floridas. Era a hora. Ela se agarrou numa figueira, que se inclinou, manteve-se firme, baixou os olhos e o filho já tinha nascido e estava de pé.

Sidarta deu quatro passos para o norte, para o sul, para o leste e para o oeste, e anunciou sua chegada com o rugido de um leão.

– Eu sou o maior, eu sou o primeiro, eu nasci para tudo o que vive!

Naquela noite todas as criaturas da floresta e dos pomares fizeram silêncio em absoluta paz.

O bebê nasceu do tamanho de uma criança de seis meses de idade e cresceu com espantosa velocidade. E rapidamente tornou-se um belo atleta, um arqueiro tão aguerrido quanto Rama e tão amável quanto Krishna. Seu sorriso era deslumbrante e seus olhos atraíam todos os outros olhos. Os eruditos do templo espantaram-se com a sabedoria que ele mostrava quando ainda era menino. Aos 16 anos casou-se com uma linda princesa e em seguida tiveram um filho.

Durante todo o tempo o pai fez de tudo para proteger o filho do mundo, poupando Sidarta das realidades mais duras da vida e envolvendo-o em puro algodão. Sidarta era vestido com as sedas mais finas e mais suaves, e aonde quer que fosse os servos mantinham guarda-sóis erguidos para protegê-lo do sol. "Eu era tão delicado, tão delicado!", ele recordaria mais tarde. Quando se aventurava fora do palácio, limpavam as estradas e as enfeitavam com flores e bandeirolas para a passagem de sua carruagem dourada. E um povo bonito, radiante e feliz abria caminho para chegar mais perto dele. Cada resquício de tristeza e de feiura era varrido. Mas à medida que amadurecia se rebelava contra todos os mimos, até que um dia encarou o horror pelas frestas de uma portinhola.

Sidarta se encheu de medo com o que viu – seria um demônio? Parecia semi-humano, mas era retorcido e marcado por cicatrizes, e tinha olhos vermelhos e passos desengonçados, como de um inseto. Ele quis saber o que era aquilo. O cocheiro não queria desobedecer às ordens do rei, mas teve que admitir:

– É um ser humano. Já foi bebê e adolescente como você, mas depois perdeu a força e a beleza e agora se move com muita dificuldade.

– Como isso é possível? – perguntou Sidarta. – Como o mundo pode ser feito assim... para criar esse tipo de sofrimento?

A partir de então, Sidarta passou a prestar mais atenção em tudo, e depois observou uma mulher leprosa coberta de ferimentos e deitada numa vala. E de novo se estarreceu pelo fato de que tais coisas podiam acontecer no mundo, de modo que o condutor da carruagem teve que comentar que qualquer um poderia adoecer a qualquer momento. Sidarta então se perguntou por que a vizinhança continuava sorrindo e cantando quando algum semelhante poderia estar sofrendo na primeira esquina.

Em seguida ele observou um homem com uma palidez de cera que era carregado por outros homens. O cocheiro teve que explicar que era um morto que estava sendo carregado para a pira funerária.

– *Morto*? – repetiu Sidarta, profundamente alarmado. – Ele é o único? Existem outros no mundo que estão "mortos" como ele?

O cocheiro teve de explicar que todos morriam.

Foi quando Sidarta se deu conta de que seu pai construíra um mundo irreal para ele, e lhe pareceu errado que alguns pudessem viver bem face ao terrível sofrimento universal. Além de querer compreender isso e outras coisas mais, agora ele queria pôr um ponto final em tudo.

Mais tarde, Sidarta e o cocheiro encontraram um monge que peregrinava usando uma túnica simples e com uma tigela de esmolas na mão, e cujos olhos emanavam o brilho de uma paz profunda.

– Quem é esse homem? – perguntou Sidarta. – Por que parece tão sereno?

– É um homem santo – respondeu o cocheiro. – Ele desistiu de tudo: família, companhia, riqueza, posição, ambição... tudo. Mendiga para se alimentar e leva uma vida solitária em busca de iluminação.

Naquele momento Sidarta se apaziguou um pouco mais, pois vislumbrou o que poderia fazer.

Naquela mesma noite o príncipe informou ao rei que deixaria o reino em busca de uma resposta para os problemas do sofrimento e da morte. O rei ofereceu-lhe o próprio reino para que ele não se fosse. Sidarta recusou e o rei então assentiu, mas secretamente ordenou que fechassem todas as portas e que duplicassem os guardas.

Depois que escureceu, Sidarta seguiu ao encontro da esposa e do filho e os encontrou dormindo, a esposa com a mão pousada sobre a cabeça do filho. Embora quisesse abraçá-los e dizer adeus, se os acordasse isso apenas retardaria a partida. Assim, beijou levemente o pé da esposa e partiu.

Apressou a carruagem em direção aos portões da cidade. Eles se viram presos, mas os guardas caíram em um sono encantado e magicamente os cavalos que puxavam a carruagem alçaram voo por cima do muro.

Seguiram em disparada até uma floresta, onde Sidarta saiu da carruagem, despojou-se das roupas finas e pediu ao cocheiro que lhe cortasse os longos cabelos com uma espada. Um eremita surgiu por entre as árvores e Sidarta trocou suas roupas finas pelas roupas simples e grosseiras do santo homem.

E assim Sidarta sumiu de vista na floresta quando estava com 29 anos.

Ele viveu durante seis anos entre os eremitas e os ascetas de cabelos emaranhados e as comunidades de sacerdotes que se ocultavam nas profundezas da floresta. Praticou diferentes meditações e participou de diferentes ritos enquanto tentava encontrar a iluminação por meio da autonegação. Só comia um grão de arroz por dia e isso o levou a definhar. Sua pele perdeu a cor e o tornou parecido com uma criatura do mar profundo. Os tendões, os nervos e as veias projetavam-se para fora do corpo. O sangue drenado movia-se pelas veias como lodo. O brilho dos olhos esmaeceu até se parecer com o da água no fundo de um poço.

Mas Sidarta ainda não tinha encontrado o que procurava. Então, saiu rastejando até a beira de um rio e ali permaneceu, esgotado, durante um tempo. Em dado momento apoiou-se no galho inclinado de uma árvore, levantou-se e seguiu por um caminho.

A filha de um fazendeiro da região o encontrou debaixo de uma macieira. Levou para ele arroz de leite de vacas sagradas dentro de uma taça de ouro coberta por um pano branco como a neve.

À medida que se alimentava, Sidarta recuperava as forças. Já estava prestes a encontrar o perfeito entendimento sobre os problemas que o perturbavam desde que observara pela primeira vez os idosos, os doentes e os mortos.

Sidarta aproximou-se de um agricultor que capinava no campo e pediu-lhe uma braçada de capim. E depois estendeu o capim à frente de uma figueira sagrada, sentou-se e esperou pelos acontecimentos. Em sua visão mental a árvore inflou e tornou-se a grande árvore do mundo, interligando-o ao mundo inteiro em diferentes níveis e diferentes dimensões.[2]

Um jovem príncipe acordou no seu harém e, ao olhar para suas esposas, todas sorriram adormecidas. Ele pensou: Não admira que me chamem de Senhor do Desejo.

Embora estivesse nos recônditos sombrios do palácio, o ar cortante da manhã o atingiu e o apertou no nariz. Era hora de levantar-se e agir. Faria uma inspeção nos seus domínios para ver se as cercas e os portões de ferro precisavam de reparos. Ele gritou a plenos pulmões para alertar aos servos que estava a caminho. Isso porque todos os corações precisavam bater como martelos e os servos precisavam estar preparados para cumprir a vontade do príncipe e manter os cães de caça latindo e babando.

Mas depois de alguns poucos passos para fora do quarto de dormir ele pressentiu alguma coisa errada. As cordas dos instrumentos dos músicos da corte que tinham tocado tão bem na noite anterior agora estavam arrebenta-

das. Ele se dirigiu ao pátio. As fontes estavam desativadas. Quem permitira isso? Ele queimou de raiva. Seguiu até o poço que abastecia o palácio. O poço estava quase seco. Só se conseguia enxergar um brilho opaco lá no fundo.

Isso era um mau sinal. Talvez algum forasteiro tivesse chegado para desafiá-lo e destruir o reino. O jovem e belo príncipe Mara chamou pelo seu elefante blindado e, quando o montou, soltou um rugido sanguinário que se ouviu pelo mundo afora. O rugido convocou das profundezas da floresta que circundava o palácio um poderoso exército constituído de tigres, leões, insetos monstruosos, serpentes e outros répteis que ali se ocultavam desde antes do Dilúvio. E também demônios.

Contudo, à medida que investiam contra Sidarta, ainda sentado embaixo da árvore, as flechas se transformavam em flores antes de atingi-lo. E apesar das rochas que Mara lhe arremessava, Sidarta se recusava a se entregar ao medo. Tudo oscilava ao redor como palha. Raios e trovões se metamorfoseavam em brisas suaves e perfumadas. E quando anoiteceu sob uma lua cor de sangue, Mara enviou suas três lindas filhas para seduzir Sidarta, que se limitou a sorrir para elas.

Por fim, o próprio príncipe Mara acercou-se do príncipe Sidarta, que continuava sentado. De cima do elefante, Mara baixou os olhos e perguntou com que direito Sidarta se sentava naquele lugar. Sidarta respondeu que tinha vivido muitas vezes e que tinha se esforçado ao longo de muitos milênios para chegar até aquele momento. Mara retrucou que tinha feito o mesmo e que os exércitos que o acompanhavam atestavam isso. Mas quem atestaria por Sidarta?

Sidarta estendeu a mão no solo e a própria Mãe Terra atestou por ele. E naquele momento transfigurou-se em corpo radiante e tornou-se o Buda.

Mara e seu exército fundiram-se à noite. Do céu choveram pétalas e da lua emanou uma luz agora clara e diáfana.

O Buda continuou sentado debaixo da árvore por 49 dias. E depois partiu e pregou por quarenta anos. Com apenas alguns pertences, incluindo um manto amarelo, uma tigela de esmolas, um filtro de água, uma tesoura e uma agulha, o Buda peregrinava livremente e sem dificuldade uns trinta quilômetros por dia. Abrigava-se em mosteiros ou em pousadas temporárias. Levantava-se muito cedo e, após os rituais de purificação, passava o tempo em meditação solitária. No final da manhã perambulava para pedir comida, e pelo resto do dia meditava, ensinava ou peregrinava.

Tal como Krishna, o Buda passava o tempo com os humildes que arrebanhavam as ovelhas e o gado, ou com artesãos, como os ferreiros.[3]

Os ensinamentos do Buda caracterizavam-se por uma clareza translúcida de intelecto. Um intelecto abstrato e conceitual e nada visionário. Era tão desprovido de imagens quanto as pequenas igrejas do campo com paredes caiadas.[4]

Isso era fruto de um adolescente regiamente entretido no palácio do pai, mas que vislumbrava muito mais na vida. Quando jovem, o Buda queria entender o sentido da vida e acabou entendendo.

Essa é a condição humana, dizia. Ora estamos insatisfeitos porque não podemos estar sempre com os que amamos, ora porque temos que estar com os que não amamos. Somos infelizes porque não podemos possuir tudo que desejamos durante a vida. É dessa maneira que todos vivemos. Mas há uma forma de escapar disso.

O eu é um erro, uma ilusão, um sonho. Abra os olhos e acorde. Aquele que acorda deixa de viver com medo. E só então se dá conta de que o que parecia uma cobra na verdade era um pedaço de corda velha, e ele deixa de lado o tremor.[5]

O apego às coisas, o desejo de coisas, a sensualidade, tudo isso é herdado de vidas anteriores, de vidas passadas de nossos antepassados. Isso causa todo o sofrimento.

Aquele que descobre que não existe o eu abandona todos os desejos egoístas, toda a vaidade.

Deixe de se apegar e encontrará serenidade e paz de espírito.

Quando desistimos de nossa boa comida, ganhamos mais força; quando desistimos de nossas roupas, ganhamos mais beleza; quando desistimos de nossa riqueza, ganhamos mais tesouros.

Doe com reverência.

Somente pela compaixão por todos os seres vivos e pelos atos contínuos de bondade e doação é que poderemos alcançar o caminho da imortalidade.

Considere a eterna qualidade e a santidade de todos os seres vivos.

O Buda enfatiza a necessidade de uma boa intenção, e isso faz evoluir a noção de interioridade encontrada no profeta Elias. Pois se todas as coisas estão interligadas, inclusive os pensamentos humanos mais recônditos, uma única ação executada duas vezes com intenções diferentes apresentará resultados também diferentes. Um presente dado formalmente e outro presente dado graciosamente surtem efeitos distintos no cosmos, ainda que o dom e o ato de dar sejam na prática exatamente os mesmos. O que conta é o pensamento. Para o idealismo, o pensamento é mais real que o objeto, de modo que o mundo da matéria é uma contingência do mundo do pensamento. As ondulações de uma boa intenção geram efeitos amplos no mundo dos pensamentos – humanos e outros mais. Como diz o Buda no *Dhammapada*:

Apegar-se a si mesmo é morrer continuamente.
O ódio só pode ser superado pelo amor.
Se um homem me faz o mal, ofereço em troca o meu amor.

O Buda rejeitou os métodos extremos dos ascetas. Sabia que era possível alcançar os dons espirituais e sobrenaturais por esses métodos, mas os considerava altamente perigosos – tanto para os indivíduos em causa como para os outros e o mundo – quando desenvolvidos sem a presença da moralidade.[6]

Ao envelhecer, o Buda repreendeu um discípulo que estava ansioso para lhe tomar o lugar, e esse discípulo tentou assassiná-lo montando num elefante enlouquecido e investindo contra ele. Mas da mesma forma que muitos anos depois um lobo que aterrorizava os campos deitou-se obediente como um cão de estimação perante São Francisco, o elefante ajoelhou-se suavemente perante o Buda, que por sua vez ergueu a mão direita e gentilmente acariciou-lhe a fronte.

Já com a idade de 80 anos, o Buda pressentiu o final de sua vida. E na chegada da temporada de chuvas deitou-se adoentado entre duas árvores em florescência, com a cabeça voltada para o Himalaia. Ficou em silêncio e o silêncio ondulou por sobre a terra. Depois de se dirigir aos discípulos pela última vez, acentuando que todas as coisas criadas precisam de esforço para ser livres, o Buda mergulhou cada vez mais profundamente dentro de si, até alcançar o Nirvana.

O Buda então antecedia um caminho que independia dos ciclos naturais – próprios dos mundos animal, vegetal e mineral – que dominavam a humanidade.

O Buda levava consigo a promessa de uma espiritualização do mundo – a promessa de que os seres humanos também seriam capazes de superar o que ele superara.

21

Sócrates e seu *daimon*

— O que é a verdade mais elevada? – perguntou o imperador para um sábio que estava na corte.
– O vazio total... sem traços de santidade – respondeu o sábio.
– Se não há santidade, então quem, onde ou o que é você?
– Eu não sei – respondeu o sábio.
Questionar tudo. Testar com a razão. Observar os pressupostos subjacentes, seguir mais além das suposições e debater exaustivamente as questões. A consciência da ignorância é o princípio da sabedoria.

Sócrates inicia essa forma de pensar na cultura ocidental. Só depois de Sócrates é que se agregou um alto valor ao conhecimento. Sócrates é o pai da filosofia acadêmica ocidental – e como veremos, também da integridade intelectual.[1] Sócrates, no entanto, tinha o seu próprio *daimon*, um estranho conselheiro que possuía um conhecimento extraordinário do mundo e que muitas vezes sussurrava continuamente em seu ouvido o que ele deveria fazer.

– Isso começou na minha infância, uma espécie de voz que vem a mim – ele próprio disse.

Sócrates nasceu por volta de 470-469, na Era de Ouro de Atenas, época do florescimento das artes e das ciências. Era filho de um escultor pobre e de uma parteira.

Segundo uma história, um dia o jovem Sócrates tentou esculpir uma estátua das filhas de Apolo, as Três Graças. Frustrado, largou o cinzel, dizendo que preferia esculpir sua própria alma.

Sócrates foi descoberto por um homem rico, que pagou pela educação dele.

Aos 20 anos, enquanto estavam sendo aplicados os retoques finais no Partenon, Sócrates já dialogava com os grandes pensadores da época. Como soldado, lutou por Atenas com grande coragem, e também se tornou um herói ao beber cicuta. Embora fisicamente forte, era feio e tinha o nariz achatado. Seu rosto era parecido com os rostos das estátuas do centauro Quíron, diziam.

Mas o que realmente o distinguia eram as duas vozes – a do seu *daimon* e a sua própria, que questionavam tudo.

Sócrates chegou à meia-idade ainda pobre. Andava pelas ruas de pés descalços e com um manto velho e sujo. Poderia ter ganhado a vida como professor, mas sempre se recusou a receber dinheiro pelos ensinamentos. Diziam que no mercado ele não se preocupava nem com o preço das mercadorias nem como arranjaria dinheiro para pagá-las, mas sim com a lista de coisas que lhe eram desnecessárias ou indesejáveis.

"Afirmo que não precisar de nada é divino e que quanto menos um homem precisa de algo, mais perto ele se aproxima da divindade", ele disse.

Quanto a isso a esposa talvez achasse que ele não era um bom provedor para a família. Ela costumava importuná-lo. Em certa ocasião explodiu de raiva e frustração e o fez esvaziar um penico na própria cabeça.

Os atenienses o consideravam "um tanto excêntrico", como se diria hoje.

Sócrates possuía uma voz interna demoníaca que lhe chegava naturalmente e só ele ouvia.

Certa manhã, por ocasião de uma campanha militar, Sócrates caiu em profunda reflexão em pleno acampamento. Os outros soldados ficaram surpresos ao vê-lo no mesmo lugar do meio-dia ao anoitecer, e durante a noite puxaram as camas para fora das tendas a fim de observá-lo. Na manhã do dia seguinte ele saiu de onde estava para fazer uma oração a Apolo e só depois se foi. Pelo visto, a voz interna o alertou para que não cruzasse um determinado rio até que realizasse um ritual de expiação.

Evidentemente, o *daimon* também previa o futuro. Em outra ocasião, Sócrates caminhava com os amigos pelas ruas da cidade quando de repente se deteve porque recebeu um aviso do *daimon* para não tomar um determinado caminho. Os amigos que não teriam sido avisados por ele persistiram no caminho – e acabaram atropelados por uma manada de porcos.

O *daimon* também aconselhava Sócrates sobre assuntos mais sérios. Pois durante a batalha de Delium o fez tomar uma rota específica, que lhe permitiu resgatar Alcibíades e dois outros atenienses conhecidos. Os companheiros que se recusaram a acatar o conselho se viram surpreendidos e mortos pelo inimigo.

Sileno e uma pantera, de uma joia antiga, provavelmente romana (ilustração de *Antique Gems*, do rev. C. W. King, 1866). Há uma tradição de que Sócrates era a reencarnação do sátiro Sileno, o que se reflete nas estátuas de ambos com o mesmo rosto. É difícil não ver a influência do *daimon* de Sócrates no relato sobre os *daimons* na trilogia *His Dark Materials*, de Philip Pullman.

Durante a Guerra do Peloponeso, Sócrates também recebeu um aviso de que Atenas não devia enviar uma determinada expedição. Mais uma vez, não acataram o aviso e a expedição acabou por ser desastrosa.

Por que Sócrates era privilegiado? Por que a voz se dirigia a ele em particular? De acordo com seu discípulo Platão, todos nós ganhamos um *daimon* quando nascemos, que nos guia durante a vida terrena. De acordo com o historiador Plutarco, a princípio todos nós somos capazes de ouvir os sussurros divinos, mas Sócrates os ouvia mais claramente que a maioria dos outros porque não se distraía tanto com as paixões que inflamam a natureza corpórea e nublam a mente.

Em consulta ao oráculo de Delfos, alguém perguntou se havia algum homem vivo mais sábio que Sócrates.

– Não – respondeu a sacerdotisa laconicamente.

Ao saber disso, Sócrates insistiu que lhe dissessem a resposta exata do oráculo e a questionou.

– Como posso ser o homem mais sábio do mundo? – disse. – Se nada sei!

Ele sabia que os pronunciamentos dos deuses – no caso, Apolo – nunca eram simples e muitas vezes eram enigmáticos, ambíguos e abertos a interpretações equivocadas. E por isso dizia que tais pronunciamentos exigiam reflexão e questionamento.

Depois, Sócrates assumiu uma missão divina que lhe teria sido atribuída por Apolo e que consistia em questionar *tudo*. Ele achava *bom conhecer*. Pois se antes das escolhas conhecêssemos o melhor curso da ação com todas as implicações e os resultados positivos dessas escolhas, estaríamos naturalmente imunes a escolher o pior curso da ação. Para ele, o conhecimento era então uma virtude.

Sócrates procurava a melhor forma de viver. A felicidade, argumentava, não vem nem da riqueza ou do poder nem de outras coisas externas, e sim do conhecimento do que é bom para a alma. Ele significou a máxima do oráculo de Delfos – "Conhece-te a ti mesmo" – em termos lógicos e razoáveis.

Através de Sócrates o intelecto humano começou a saber do que era capaz – flexionar os músculos. Ele perambulava pela cidade conversando com todo mundo, não apenas com estadistas, generais e filósofos, mas também com comerciantes, lojistas e cortesãs. Tal como Gilgamesh, que percorria as terras à procura de um adversário capaz de enfrentá-lo, Sócrates também procurava alguém que pudesse se igualar a ele em força intelectual.

Desse modo, Sócrates testava tudo e todos, extraindo a opinião alheia e desvendando as premissas subjacentes a essas opiniões. Depois apontava as contradições na tentativa de reduzi-las ao absurdo. Às vezes ele era agradável, engraçado e fascinante, outras vezes, jocoso e sarcástico. Será que não fazia ideia de sua própria força? Onde encontrava ignorância, zombava dela, e vez por outra provocava os interlocutores de forma a despertar risadas dos espectadores.

"A filosofia", ele disse, "é a música por excelência." Sua filosofia – seus poderes de raciocínio – surtia um estranho efeito no público. Sócrates o encantava – mas nem sempre de maneira prazerosa, pois muitas vezes os interlocutores se davam conta de que já não sabiam o que acreditavam saber e assim entravam em choque – como se picados por uma arraia. Obviamente, ainda não estavam acostumados a ficar ligados pelo argumento lógico.

Certa vez um amigo comentou com Sócrates que ele era sábio porque não viajava, pois caso se aventurasse no exterior, como fazia em Atenas, logo seria preso como um mago. O amigo então lembrou que os magos muitas vezes eram punidos com a morte.

Foi um comentário profético. Sócrates acabou fazendo inimigos. Nem todos o achavam divertido. Os jovens reuniam-se à sua volta e parte da elite ateniense considerava o fato sinistro. Estaria ele subvertendo os jovens? Além do mais, se ele afirmava que não sabia nada, o que diriam dos grandes e poderosos que eram derrotados com facilidade nos debates públicos? Nem todos gostavam de ser colocados em posição de estúpido.

Já vimos que na época dos profetas os líderes políticos dos hebreus já não eram os seus grandes líderes espirituais. Tanto para Sócrates como para o seu jovem discípulo Platão, os líderes políticos teriam que ser "aqueles que conhecem", ou como dizia Platão, "reis-filósofos". Sócrates zombava de ideias atenienses sobre a democracia, chamando-as de entretenimento divertido, e também zombava dos políticos por se divertirem com as moças do coro.

Àquela altura, Atenas perdia a autoconfiança. Depois das derrotas na Guerra do Peloponeso, a cidade se mostrava injusta e cruel com alguns inimigos. Os que se sentiam desconfortáveis talvez achassem melhor que todos os atenienses se unissem. Não era um bom momento para "mensagens à parte".

Logo Sócrates se viu perante dois funcionários, que lhe informaram a respeito de uma nova lei que proibia o uso dos métodos de questionamento e de raciocínio usados por ele para influenciar os jovens da cidade.

– Posso fazer uma pergunta... apenas para me certificar de que entendi bem? – ele disse.

– Sim.

– Obviamente, não pretendo desobedecer à lei... mas vocês estão me dizendo que estou proibido de ensinar aos jovens de uma forma razoável? Isso implica...

– Você é mesmo um tolo, Sócrates – disse um dos funcionários com ar raivoso. – Colocarei em linguagem clara para que você entenda: você está proibido de se dirigir à juventude de Atenas, seja lá de que forma for.

Sócrates tinha dois inimigos em especial que se tornaram os seus principais acusadores: um poeta humilhado por ele em um debate público e um comerciante rico que não gostava de ter o filho sob a influência do filósofo. Levaram Sócrates a um julgamento perante quinhentos juízes, em que o acusaram de corromper a juventude e de não acreditar nos deuses de Atenas – já que os trocava pelo seu próprio *daimon*.

Interrogado por que instigava os jovens a não participar dos debates nas grandes assembleias públicas, Sócrates respondeu que seu *daimon* lhe aconselhara a não participar dos debates porque a política corrompia a alma e prejudicava a capacidade de enxergar a verdade. Isso talvez tenha soado como um insulto premeditado para os líderes e funcionários ali reunidos.

– Certamente não querem me punir porque digo a verdade, não é? – ele acrescentou.

Segundo Sócrates, ao invés de se dedicar aos assuntos mesquinhos e transitórios dos homens, os filósofos deveriam se concentrar nas realidades eternas para melhor observar o padrão dos movimentos das estrelas e dos planetas no céu. Ele se referia à obra dos grandes espíritos das estrelas e dos planetas na formação e direção do mundo.

Questionado sobre a palavra do oráculo de Delfos, segundo a qual ele era o homem mais sábio da Terra, Sócrates sugeriu que talvez tivesse sido uma brincadeira de Apolo. Isso fez a assembleia rugir de desaprovação.

A assembleia fez o mesmo quando o questionaram a respeito do *daimon*. Pois ele ressaltou que o *daimon* nunca o levava a fazer nada. Acreditava-se que o *daimon* sempre usava a quem possuía, mas o *daimon* de Sócrates o permitia decidir o que fazer.[2]

No transcorrer do julgamento, Sócrates fez referências às precisas previsões do futuro que ouvia do seu *daimon*. Mas tudo o que dizia soava arrogante para os juízes.

Quando inquirido se havia preparado uma defesa, ele declarou que deixava a própria vida à disposição dos juízes, pois sempre falava em nome da verdade e da justiça – e isso era a sua melhor defesa.

Mais tarde, indagado por que não tinha recorrido a sua eloquência habitual para convencer os juízes, respondeu que tinha sido instruído pelo *daimon* a não fazer isso.

Sócrates continuou:

– Foi-me dito que se estou preso por fazer a juventude questionar e filosofar, só me resta morrer. E digo-lhes ainda, homens de Atenas, que apesar de reverenciar e amar todos, jamais deixarei de filosofar enquanto estiver respirando e me sentir capaz. Embora o que direi agora talvez os faça esbravejar, rezo para que não façam o que pretendem fazer. Pois todos sabem muito bem que se me matarem, estarão ferindo muito mais vocês mesmos que a mim.

O cárcere onde aprisionaram Sócrates (gravura feita por um viajante do século XIX).

Ele foi considerado culpado.

Quando lhe perguntaram se gostaria de sugerir uma sentença, ele propôs que lhe concedessem a mais alta honra que pudessem conceder ou que lhe multassem com a moeda de menor valor possível. Sócrates parecia não levar os acusadores a sério, mesmo sob ameaça de morte.

Seguiu-se uma segunda votação, que o condenou à morte.

– Não se abate sobre mim o que todos talvez estejam pensando e o que a maioria leva em conta como o maior dos males – disse Sócrates tranquilamente, acrescentando que seu *daimon* não lhe tinha dado sinal algum naquela manhã, nem em casa nem no tribunal, de que seria assolado por algum mal se fosse condenado à morte.

"O que está prestes a acontecer comigo parece-me algo bom. Aqueles que pensam que a morte é um mal cometem um erro, pois a morte é uma nova esperança, meus juízes. E também saibam que não estou aborrecido de forma alguma com os que me acusaram e me condenaram, embora o tenham feito de má vontade. O que me aborrece é a intenção de me ferir. Certamente a vida após a morte se dá num lugar onde não se condena um homem à morte apenas por fazer perguntas."

Condenaram Sócrates a beber cicuta, e a sentença deveria ser cumprida no período de um mês.

Alguns amigos tentaram convencê-lo a fugir, mas ele se recusou a fazê-lo.

No dia marcado, ele se pronunciou:

– Logo estarei ingerindo o veneno. Talvez seja melhor tomar um banho primeiro, para que as mulheres não tenham que me lavar depois de minha morte.

Sócrates reuniu-se brevemente com a esposa e os três filhos porque ela começou a chorar e ele os afastou.

Na hora marcada, disse para o carrasco, que também começou a chorar:

– Retribuo os seus bons votos e faça o que tem de fazer.

Em seguida, ergueu a taça até os lábios e sorveu a cicuta com alegria. Os discípulos choraram e ele os repreendeu, apoiando-se no ditado segundo o qual os homens deveriam morrer em paz.

Já com as pernas bambas, deitou-se.

– Quando o veneno me atingir o coração, será o fim.

Cobriu o rosto. Os discípulos notaram um pequeno tremor e, quando lhe descobriram o rosto, ele já estava de olhos fechados.

Sócrates acabara de esculpir a própria alma. Se antes ensinara a viver, agora ensinava a morrer.

Em nossa época excessivamente materialista nem sequer conseguimos imaginar se Sócrates realmente se dispôs a morrer por vontade própria. Só nos ocorre duvidar de sua sinceridade. Mas a questão é que naquela época quase todos acreditavam em uma realidade espiritual, de modo que para Sócrates o corpo era "o túmulo do espírito". Um espírito gradualmente empedrado na matéria, mas que após esse meio-tempo ganhava liberdade e ascendia às realidades espirituais mais elevadas.

Sugeriu-se que Sócrates teria sido executado por ter introduzido um *daimon* pessoal em substituição aos deuses vigentes. Mas Atenas era um próspero mercado, não apenas para novas ideias, como também para novas crenças e novos deuses. E nosso filósofo, além de professar a tolerância para com os diferentes deuses, também propunha um debate aberto sobre a questão. Na verdade, a ofensa inaceitável para os atenienses era o fato de que o *daimon* de Sócrates assumia o aspecto de um novo deus pessoal e subjetivo. Algumas centenas de anos antes, tanto os deuses de Homero como o Deus e os anjos de Moisés manifestavam-se em grandes eventos públicos testemunhados por milhares de pessoas. Eram divindades incrivelmente poderosas no mundo. E tanto na história de Sócrates como na de Elias e do Buda abre-se uma nova arena para a intervenção divina.³

Sócrates tornou-se um mártir que morreu pela vida interior.

Platão tinha 25 anos quando Sócrates morreu.

As obras de Platão fazem o primeiro relato sistemático do idealismo segundo o qual a mente precede a matéria. Isso torna a matéria oriunda, dependente e de certa forma menos real que a mente. Se antes de Platão o idealismo ainda não era um sistema filosófico, certamente muitos o professavam.

O *ônfalo* (extraído de *Architecture, Mysticism and Myth*, de W. R. Lethaby, 1891). Para o pensamento grego, Apolo era o *Logos*, ou o Verbo, fonte de harmonia do mundo que tece uma canção eterna de tudo que é e que será. O que havia de mais sagrado em Delfos era o ônfalo de pedra, que marcava o centro sagrado do mundo e o lugar onde todos os mundos se encontravam. O monumento era coberto por uma rede matematicamente gerada pelo número de nomes dos deuses. Essa rede representava a alma do mundo. Ela capturava os pensamentos ou ideias da Grande Mente Cósmica, trazendo-os para o mundo material. Todos nós temos no corpo um centro sagrado como esse.

A HISTÓRIA SAGRADA | 199

Ilustração do século XIX da caverna de Platão. O mundo material é feito de sombras projetadas pelo mundo espiritual.

Geralmente concebemos o idealismo como uma árida e acadêmica teoria do conhecimento, e acabamos por nos esquecer de que ao longo da história era uma filosofia de vida, ou seja, uma forma de experimentar o mundo concreto de acordo com determinados preceitos mentais, como as orações. Em suma, as pessoas tinham experiências espirituais, místicas e religiosas, e entendiam o funcionamento das coisas de acordo com padrões que não estariam presentes se o mundo se reduzisse a um lugar onde átomos colidem contra átomos.

Platão desenvolveu o idealismo quando predominava a visão antagônica do materialismo, segundo a qual a matéria precede a mente, o que tornava a mente dependente e de certa forma menos real que a matéria. Platão professa então o idealismo justamente no momento em que a maioria não o professava.[4]

Aristóteles, o maior discípulo de Platão, cujo estilo categórico de pensamento preparou o caminho para a ciência moderna, tornou-se tutor de Alexandre, o Grande, o qual fundou um poderoso império que se estendeu até a Índia enquanto ocorria o último e mais expansivo florescimento da antiga civilização grega chamada pelos historiadores de Período Helenístico.

Da mesma forma que mais tarde o Império Romano se tornaria um veículo para a difusão do cristianismo, a expansão do império de Alexandre, o Grande, carregava consigo a filosofia de Sócrates, Platão e Aristóteles. Foi um grande momento para a troca de ideias filosóficas, pois muitas vezes budistas, judeus e seguidores de Platão se surpreendiam por constatar que tinham muito em comum.[4]

Foi em meio a esse grande turbilhão de ideias que um grande ser nasceria para unir todos em espírito.

22

Jesus vira o mundo de cabeça para baixo

Retrato de Cristo (do cemitério de São Calisto, Roma).

"És tu aquele que havia de vir, ou esperamos um outro?"

Mateus, 11:3

Pelo início do primeiro século, uma criança estava prestes a nascer na cidade de Tiana, na atual Turquia. A mãe deitou-se na relva e os cisnes saíram do rio e fizeram um círculo de proteção à sua volta, cantando e batendo as asas.

Fazia tempo que circulavam rumores sobre aquela criança. Seria Apolônio sobre-humano? Seria filho de um deus? De Apolo, talvez?

Uma gravura extraída de *A Escola de Atenas*, de Rafael. Pitágoras é a figura sentada que escreve um livro à frente do lado esquerdo. Nascido em 570 a.C., Pitágoras era místico, filósofo, matemático e cientista, creditado pela definição matemática das harmonias musicais. Enquanto esteve vivo era considerado um semideus com poderes sobrenaturais. Seus discípulos eram admitidos à fechada fraternidade após uma iniciação, e de acordo com o estudioso francês de esoterismo René Guénon, isso representou uma verdadeira radiação esotérica europeia, precedendo as influências orientais.

O menino bonito e gentil tornou-se um jovem alto com volumosos cachos dourados. Chegava gente de longe apenas para admirar a beleza de Apolônio.

De uma família rica e poderosa que fundara a cidade com outras famílias, o menino inclinava-se naturalmente para os temas espirituais. Além de usar cabelo comprido, era vegetariano e andava descalço, e preferia vestes longas de linho branco a vestes de matéria animal.

Um dia os seus pais o levaram ao templo e os sacerdotes se surpreenderam com a sabedoria do menino. Aos 14 anos seu pai o mandou a Tarso para completar a educação. Absorveu com alegria a filosofia mística do matemático Pitágoras, e decidiu que levaria uma vida de completa castidade. Juntou-se a uma escola ligada ao templo de Asclépio, filho divino de Apolo, onde aprendeu que os grandes dons espirituais eram adquiridos através de uma vida pura e virtuosa.

Mas um dia um mensageiro chegou com a notícia de que o pai de Apolônio morrera inesperadamente. Isso o deixou devastado e ele fez um voto de quatro anos de silêncio, a fim de contemplar os grandes mistérios da vida e da morte. Contudo, quanto mais se isolava, mais a sua fama se espalhava, atraindo pessoas que chegavam de longe e o procuravam no deserto na esperança de que seriam curadas pelo simples toque de suas mãos.

Apolônio voltou para casa e acabou sabendo que o irmão se apropriara de sua parte da fortuna da família. Ele o perdoou e permitiu que o irmão ficasse com a fortuna.

Em seguida, Apolônio partiu em solitária viagem a pé, atravessando Atenas, Assíria, Abissínia, Babilônia e Egito. Sua intenção era conversar com os grandes sábios.

– Toda a terra é minha e me é dado percorrê-la de lado a lado – ele dizia.

Algum tempo depois um jovem assírio juntou-se a ele. Damis registraria os atos e os ditos de Apolônio. O mestre, diz Damis, gostava de meditar solitariamente na hora que antecede o amanhecer, quando os seres espirituais e os espíritos dos mortos conversam mais claramente com os de mente apurada e preparados para ouvir. Damis comenta que o mestre nunca entrava em um templo sem uma simples oração: "Garanta que eu tenha pouco e não queira nada."

Ainda segundo Damis, o mestre entendia a linguagem dos pássaros e, por ser guiado por eles, trilhava sem erro um caminho próprio. Damis se ofereceu para ser o intérprete de Apolônio, mas acabou por descobrir que o mestre falava a língua de todos que com ele se reuniam em todos os países. Damis chegou a acreditar que Apolônio era capaz de ler as mentes.

Na fronteira da Índia, os dois se depararam com um monumento de bronze cuja inscrição dizia que Alexandre, o Grande, passara por ali. Depois disso, a paisagem se metamorfoseou de forma estranha. O caminho por onde passavam parecia desaparecer atrás deles, e à medida que avançavam as montanhas do Himalaia pareciam mudar de posição no horizonte. Eles subiam as encostas de uma montanha quando Apolônio quis saber de Damis se o céu parecia mais claro.

– Será que o céu está mais azul, e à noite as estrelas, maiores e mais brilhantes, e o zelo de Deus pela humanidade, mais translúcido?

Damis disse que tudo estava realmente mais claro, e Apolônio então comentou que as coisas se tornariam ainda mais claras se fossem olhadas com alma pura.

A essa altura estariam eles em outra dimensão? Mais tarde, Apolônio faria uma referência aos mais sábios entre os sábios da Índia:

– Conheci alguns homens que não vivem na superfície da Terra.

Eles já estavam de partida quando os brâmanes deram sete anéis para Apolônio, explicando que as pedras dos sete anéis representavam os sete planetas e que deveriam ser usados separadamente e nos dias apropriados da semana.

Já de volta à casa, Apolônio escreveu uma tese – *Dos sacrifícios* – na qual defendia a extinção do sacrifício de animais, o que deveria ser substituído pelo sacrifício e a purificação da natureza animal humana. Ele também combateu os lucros excessivos dos comerciantes e os embates sanguinários entre os gladiadores, além de ter realizado um exorcismo em um homem que estava possuído por um demônio e atacava cada mulher que lhe atravessava o caminho.

Alguns registros narram uma centena de milagres de cura realizados por Apolônio. Um dia ele cruzou com um cortejo fúnebre de uma jovem que falecera no dia do seu casamento. Apolônio fez sinal para que parassem, dizendo que enxugaria as lágrimas dos enlutados. Colocou as mãos no corpo da garota e murmurou algumas palavras inaudíveis. Logo ela se levantou do esquife.

– Nada realmente morre – ele disse. – Tudo que aparece aos olhos humanos assim o faz em razão da densidade de sua própria matéria. Mas a essência vive desde sempre e continua vivendo após o desaparecimento do corpo físico.

Era meio-dia e Apolônio ministrava uma palestra sobre filosofia num pequeno parque em Éfeso. De repente, hesitou e continuou falando, até cair novamente em silêncio, olhando fixamente para o chão. E depois deu três passos à frente e bradou:

– Peguem o tirano! Peguem-no! – Ele explicou para o público que acabara de ter uma visão do assassinato do imperador Domiciano, que ocorria naquele mesmo momento em Roma.

Alguns dias depois, mensageiros chegaram com a notícia de que o imperador fora assassinado no momento exato em que Apolônio tivera a visão.

Ao ser preso pelas autoridades, que o consideravam uma ameaça, Apolônio fez com que o texto do documento que o acusava apagasse como por milagre.

Em outra ocasião, acusado de conspiração contra o imperador Domiciano, Apolônio simplesmente caminhou livre das correntes que o prendiam, como que para provar que não podia ser contido daquela forma, dizendo que apenas cuidava de sua própria vontade.

Foi levado perante um outro tribunal, onde disse:

– Vocês não podem me tocar. – E depois desapareceu na frente de centenas de pessoas.

Alguns disseram que ele tinha subido direto para o céu, e outros, que tinha se retirado para uma vida serena e solitária até à velhice extrema. Diziam que depois de morrer ele apareceu para seus discípulos.

A vida de Apolônio se assemelha à vida de Jesus – com a diferença de que tudo correu às mil maravilhas para Apolônio. Em sua época tornou-se muito mais conhecido e bem-sucedido que Jesus. Seus milagres de cura eram mais amplamente comemorados e melhor atestados. Além de ser uma celebridade no mundo antigo, Apolônio era muito popular, amado pelo povo e consultado por reis e imperadores. Era politicamente influente e corajoso o bastante para criticar Nero e Domiciano. E também era um pensador original, autorizado pelas escolas fundadas por Pitágoras, Sócrates e Platão. Pregou uma religião universal, que era progressista em seu tempo, e por isso recebeu o crédito de ter ajudado a reformar o

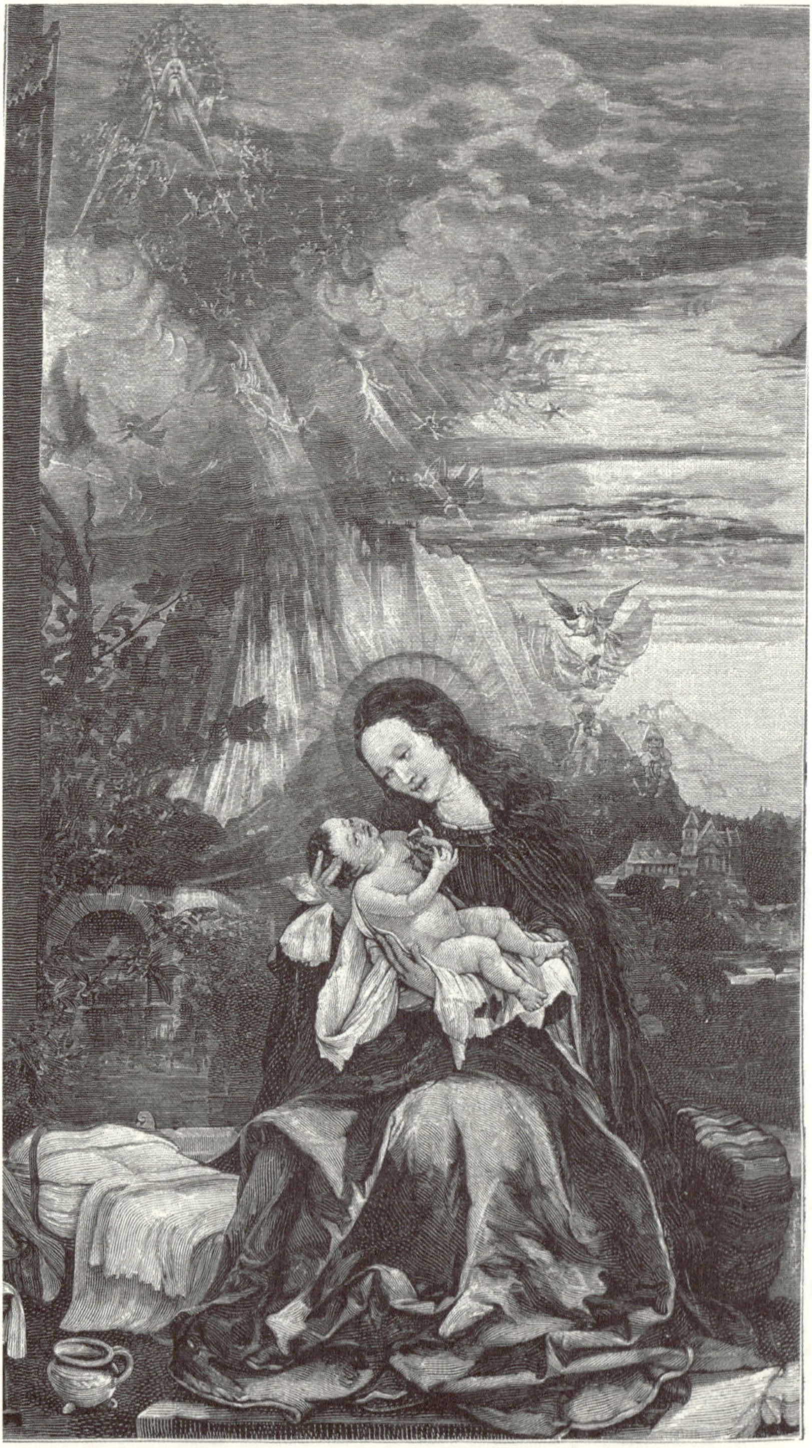

pensamento dos imperadores romanos e, consequentemente, colaborado para a sobrevivência posterior do cristianismo. O imperador Adriano coletou seus textos e o grande imperador e filósofo Marco Aurélio tornou-se um fiel entusiasta de sua obra. Seu estilo pitagórico de filosofar influenciou o neoplatonismo, que, por sua vez, influenciou o fluxo místico da teologia cristã. "Por que é que os talismãs de Apolônio têm o poder de impedir a fúria das ondas, a violência dos ventos e os ataques dos animais selvagens, considerando que os milagres de Nosso Senhor são preservados apenas pela tradição, enquanto os de Apolônio são mais numerosos e se manifestam nos fatos presentes?", lamentou-se o teólogo da Igreja, Justino, o Mártir.[1]

Jesus Cristo, no entanto, transformou o mundo, e Apolônio, não.

Elias, o Buda, Sócrates e Apolônio trouxeram consciência espiritual e compreensão para o mundo – o conhecimento de que todos nós estamos interligados e devemos nos compadecer de todos os seres vivos e desempenhar um papel evolutivo no mundo. Embora todos eles soubessem o que estava acontecendo e o que estava para acontecer, apenas Jesus Cristo teve o poder de fazer acontecer, de modo que teve o poder de transformar drasticamente a história. Elias, o Buda e Pitágoras trouxeram fé e esperança, mas Jesus trouxe amor.

AO LADO: Maria e Jesus (do Altar de Isenheim, de Matthias Grünewald).[1] Lorna Byrne teve uma visão que de algum modo lhe permitiu presenciar a Natividade. Ela estava colocando as decorações de Natal e chegou à janela para olhar os filhos, que deviam estar de volta da escola. Seus olhos estavam abertos e de repente pareceu que o mundo desaparecia. Ela vislumbrou uma pequena colina com uma caverna de uns dez metros de extensão, cujo interior era uma construção de pedras coberta por um toldo que se projetava para a frente. A mãe era uma bonita jovem adolescente de rosto redondo, com cabelos longos e escuros presos a um lenço branco. O pai era mais velho, talvez de uns 20 e tantos anos, ou 30 e poucos, e era mais alto. Tinha um rosto desgastado e uma barba castanho-escura rudemente cortada. O bebê estava deitado em uma espécie de manjedoura de pedra, com roupas soltas de modo a deixá-lo confortável, e tinha um suave tufo de cabelo castanho e cílios longos. Seus olhos eram escuros e atentos. A família era rodeada por uns vinte anjos altos, com asas que se moviam suavemente e mudavam de cores e tons o tempo todo. Grupos de quatro anjos que cantavam em uníssono deixaram de cantar e outros assumiram a cantoria. Todos tinham longas e delicadas penas brancas manchadas de amarelo e ouro nas pontas, e também sinos que tocavam para entreter a criança. É interessante comparar os detalhes dessa visão com a obra de artistas visionários.

Jesus Cristo se viu tentado por Satã no deserto porque repudiava a magia, já que isso implicava trabalhar com os espíritos inferiores, e Jesus trabalhava com os anjos.

Como vimos antes, os anjos aparecem em momentos-chave da história narrados pelo Antigo Testamento, mas eles saíram das sombras à época de Jesus. O Novo Testamento está repleto de anjos: informando a Zacarias que sua esposa teria um filho, na anunciação para Maria, aconselhando José a se casar com ela, anunciando o nascimento de Jesus para os pastores, recomendando a José que fugisse com esposa e o filho para o Egito, ministrando para Jesus após a tentação no deserto, comungando

Pinturas da crucificação mostram muitas vezes um anjo colhendo com uma tigela o sangue de Jesus que escorre do ferimento no flanco provocado pela lança de Longinus. (Miniatura do evangelho sírio de Zagba.)

com Jesus no Jardim do Getsêmani e dando-lhe forças na cruz, rolando a pedra do túmulo de Jesus e aparecendo frente à Maria Madalena e aos discípulos para comunicar a ressurreição. Mais tarde, os anjos guiaram Felipe rumo ao sul e à Etiópia, e dirigiram o centurião Cornélio na busca de Pedro. Um anjo aparece para Paulo à noite, pedindo-lhe para levar o evangelho para a Europa.

Os primeiros capítulos deste livro narram uma história do cosmos comum a todas as religiões. A matéria precipita-se da Grande Mente Cósmica e segue-se a vida vegetal, de onde se faz um berço para a vida animal e a consciência animal.

Já vimos que a imagem da serpente na árvore é a representação mais clara possível da origem da consciência animal que prepara o caminho para uma consciência distintamente humana. Assim, à medida que a história segue adiante, a matéria torna a consciência humana mais densa e mais rija. Os seres humanos tornam-se cada vez mais inconscientes e distantes da Mente Cósmica. E líderes espirituais da estirpe de Zaratustra, Krishna, Moisés, Sócrates e o Buda ajudam a guiar a humanidade em meio a essa redução da consciência espiritual.

Contudo, à época do Império Romano os seres humanos se veem quase que completamente excluídos – não apenas da dimensão espiritual, mas também da vida concreta. O sistema legal destinado a ser a maior contribuição dos romanos para a civilização mal consegue manter sob controle uma terrível e sanguinária cultura de crueldade. A visão espiritual esmaece a tal grau que se chega a duvidar da própria realidade, dando origem ao atomismo e ao ateísmo de Demócrito e Lucrécio.[2]

Assim, quando a queda atinge o ponto mais profundo e mais escuro, a crucificação e a ressurreição de Jesus Cristo marcam o início da ascensão.[3] Da mesma forma que a consciência animal aprisionara-se à árvore do Jardim do Éden, a consciência divina aprisionava-se agora à cruz da matéria. Da mesma forma que a consciência animal absorvera-se à vida vegetal, enclausurando-se na matéria para criar os seres humanos, a consciência divina também seria absorvida pela matéria.[4]

E a consciência divina, por sua vez, começaria um processo de dissolução e espiritualização da matéria.[5]

Jesus e os quatro elementos (de uma ilustração de *Le Propriétaire des Choses*, de Bartholomaeus Anglicus, 1490).

Na história de Maria Madalena, encontramos indícios da transformação de toda a estrutura do cosmos.

Seu nome aparece pela primeira vez na Bíblia como uma das mulheres que ajudavam a cuidar de Jesus. Talvez tenha sido rica e muitas vezes a retratam com um manto amarelo e cabelos longos geralmente descritos como avermelhados. Com o aparente brilho da mística luz interior, ela emana ternura e tristeza.

Em geral ela é retratada com um jarro de alabastro. Isso porque a tradição católica a identifica com Maria, irmã de Marta, cuja história encontra-se no Evangelho de Lucas.

As irmãs entretinham Jesus depois de recebê-lo em casa, até que a certa altura Marta se irrita porque enquanto ela corria de um lado para outro, organizando tudo e fazendo o que tinha que ser feito, a irmã mantinha-se sentada aos pés do convidado, ouvindo-o e compartilhando momentos de intimidade.[6]

Mais tarde, Maria unge os pés de Jesus com o caríssimo óleo perfumado de um frasco de alabastro e um dos discípulos comenta que isso era um desperdício, porque esse dinheiro poderia ter sido gasto com os pobres. Jesus então retruca:

– Deixe-a em paz; ela sempre quis aplicar esse óleo em mim e quer guardar um pouco para o meu sepultamento.

Essa história antecipa a morte de Jesus, com Maria Madalena em primeiro plano.[7]

Não sabemos ao certo se Maria Madalena e Maria, a irmã de Marta, eram a mesma pessoa, mas ambas compartilhavam o mesmo zelo por Jesus e se relacionavam intensamente com ele. Jesus não estava sendo egoísta ao aceitar que Maria o ungisse com um óleo muito caro, e sim fazendo uma alusão sobre o cosmos. Pois sob a ótica do cristianismo Deus é pessoal e ocupamos um cosmos pessoal, de modo que a criação do cosmos se fez de maneira a dar a cada um de nós as qualidades que nos tornam seres humanos, além de uma compreensão e uma experiência pessoal do todo por meio de testes, dilemas, mistérios, conflitos e bênçãos sob medida para nossas forças e fraquezas individuais. Em suma, as personalidades individuais, com todas as suas imperfeições, coroam a Criação e, portanto, devemos estimá-las.

Maria Madalena era uma das três mulheres que se colocaram aos pés da cruz como testemunhas da crucificação. Ela também testemunhou o enterro de José de Arimateia, além de ter sido a primeira pessoa a ver Cristo ressuscitado. No Evangelho de João, Maria visita o túmulo no início da manhã, ainda na penumbra. Ao ver que a pedra que bloqueava a entrada fora removida, sai apressada e conta para Pedro e João. Os três retornam e lá encontram o linho que antes envolvia o corpo... mas sem nenhum sinal de Jesus, que talvez tivesse sido roubado.

Pedro e João se retiram. Maria continua chorando do lado de fora do túmulo e de repente desvia os olhos lacrimejantes e avista dois anjos vestidos de branco lá dentro, um posicionado à cabeça de onde estava Jesus e o outro, aos pés.

– Mulher, por que estás chorando?

– Porque levaram o meu Senhor, e não sei para onde.

Em seguida, ela avista uma silhueta no jardim externo ao túmulo, que presume ser do jardineiro. Ele diz a ela:

– Mulher, por que estás chorando?

Ela pede que ele revele o paradeiro do corpo, caso o tivesse levado para longe dali. Mas o ouve dizer o nome "Maria" e o reconhece pelo amor que palpita em seu coração.

Ela corre para abraçá-lo, mas ele a detém:

– Não me toque, porque ainda não ascendi. – Ele então lhe pede para que se dirija aos outros discípulos e lhes diga o que tinha visto.

A "ressurreição do corpo" de Jesus, visivelmente diferente do antigo corpo carnal, é o primeiro dos corpos transformados que espiritualizará a dimensão material do cosmos. Somos levados a entender o mesmo na história do estranho que acompanha dois discípulos no caminho de Emaús. Eles também não reconhecerão o Cristo ressuscitado.

Jesus diz a Maria para que não o toque porque a ressurreição do corpo ainda estava em algum processo misterioso de transição que se completaria no momento em que Tomé fosse chamado para tocar nos ferimentos.

Como os discípulos reagem quando Maria Madalena lhes diz que o Mestre ressuscitara dos mortos? A suspeita de que alguns possam ter se ressentido da intimidade dela com Jesus aparece nos textos cristãos redigidos à mesma época dos quatro evangelhos canônicos.

No Evangelho de Tomé, Pedro pede para que Jesus faça Maria sair, uma vez que "as mulheres não são dignas", mas Jesus se recusa e responde: "Farei de Maria um espírito vivo."[8]

No Evangelho de Felipe, diz-se que Jesus "a amava mais que a todos os discípulos e que muitas vezes a beijava na boca".[9] Os discípulos se queixam de que ele a ama mais que a todos, e ele não o nega. Essa passagem levantou especulações de que Jesus e Maria eram casados, mas, como veremos adiante, tal referência se faz em relação a uma experiência de intensa felicidade mística, um "casamento místico".

Os fragmentos do Evangelho de Maria Madalena que chegaram aos nossos dias descrevem os acontecimentos após a ressurreição – talvez depois que ela ouviu que devia dizer a Pedro e aos outros que tinha visto a forma ressuscitada de Jesus. Pedro pede para que Maria conte os ensinamentos que Jesus revelara, e ela descreve as sucessivas fases percorridas pelo espírito até libertar-se do apego à vida terrena e reascender a Deus. Pois uma visão propiciada por Jesus lhe mostrara que o espírito se elevava ao longo de sete reinos, através dos quais era testado por sete poderes – das trevas, do desejo, da ignorância, do anseio de morte, da escravidão à carne, da sabedoria mundana e da ira. E depois ela apresenta uma visão de mundo na qual o espírito humano está aprisionado à matéria, e afirma que a libertação se daria por intermédio do poder sobrenatural de Jesus.

Ísis amava Osíris, o deus Sol, e o guiou pelo outro mundo, onde ele seria rei. E agora a sabedoria de Ísis opera através de Maria Madalena.

Segundo uma tradição ainda viva, Maria Madalena viaja de barco com seu irmão Lázaro até o sul da França, onde vive o resto dos seus dias. Pelo fato de que essa região está intimamente associada ao Santo Graal, examinaremos mais à frente o verdadeiro significado dessa relíquia.

Como diz Maria Madalena no seu evangelho: "Onde há mente, também há tesouro."

Jesus Cristo carregou a cruz pelo calvário. E do outro lado do mundo um grande e poderoso homem foi retirado santuário afora. A entrada para a sua caverna era esculpida e pintada para formar a boca de uma serpente. O povo tinha medo de se aproximar do lugar, mas depois os soldados fizeram o deus-rei prisioneiro.

Por ele o milho crescia tanto que uma única espiga era quase que muito pesada para um único homem transportar. Dizia-se que as plantas floresciam e frutificavam rapidamente quando ele conversava com elas. Com ele deixou de haver fome. Os animais domésticos se reproduziam e se multiplicavam com surpreendente rapidez, e os animais selvagens se amansavam e lhe eram obedientes. Um grande número de maravilhosos pássaros de canto mavioso – alguns de espécies nunca vistas – reunia-se na região em serenata para o povo.

Será que o rei realmente exercia poder sobre as forças de crescimento e reprodução? As mais lindas mulheres do reino lhe deram bebês bonitos e louros, talvez uma nova raça – e isso causou inquietude no povo. O que seria dos filhos do povo?

Logo chegaram as tempestades que devastaram as culturas. Os pássaros abundaram e começaram a roubar alimentos e atacar crianças. Circularam rumores de mutantes que irrompiam da caverna e galopavam na floresta noite adentro. Até que um dia um profeta bradou ao povo que o rei da região praticava magia negra. O profeta apontou para a dança de Vênus e Mercúrio nas proximidades do Sol, que ora se escondia, ora se revelava, e mostrou-se tão convincente quanto o rei – e o povo assentiu quando ele disse que o rei devia ser crucificado.

Em seguida, o corpo do rei foi arrastado como uma serpente coberta de penas verdes ao longo da floresta sagrada, onde as raízes das árvores esculpiam-se em forma de serpentes. Levaram o rei ao Monte das Caveiras e lá o pregaram na cruz entre dois criminosos, que o ladearam com insultos e provocações.

Naqueles tempos penduravam as pessoas numa cruz e as alvejavam com lanças até a morte. E pintaram sóis por todo o corpo do rei, com muitas zombarias porque ele tinha a pretensão de ser o emissário do Sol.

Um pequeno grupo de mulheres assistia à execução na colina repleta de crânios e ossos, e entre elas a mulher-aranha se rejubilava porque enfim seus filhos estavam salvos e a grande dívida para com o cosmos seria reparada.[10]

⌒

Com a vida de Jesus, a história entra numa sala de espelhos. A vida de Jesus assemelha-se e ao mesmo tempo opõe-se à de Apolônio – e à crucificação ocorrida na América. Embora este mundo seja um lugar paradoxal, os paradoxos gerados pela aparição de Jesus proliferam para além de todos os limites.

No mundo espiritual, as leis naturais não se aplicam nem são invertidas, de modo que os paradoxos resultam da irrupção do mundo espiritual

Gravura de serpente-pássaro do relevo no Templo da Cruz Foliforme, Palenque, agora no Museu Britânico.

no mundo material. O paradoxo é então a expressão característica e a força retórica das palavras de Jesus Cristo:

Quem procurar salvar a própria vida a perderá.

Os dóceis herdarão a Terra.

Aquele que está perto de mim está perto do fogo.[11]

O mundo é então um lugar de paradoxos mutantes. Pois quando nos asseguramos de algo, somos surpreendidos pelo oposto do que esperávamos. Eis o que diz o sábio chinês Lie Tzu, que viveu logo depois de Jesus Cristo:

Quando o olho consegue ver a ponta afiada de um único fio de cabelo, está prestes a ficar cego. Quando um ouvido consegue ouvir a batida das asas de um mosquito, está prestes a ficar surdo. Quando a língua consegue distinguir o sabor da água de rios diferentes, está prestes a perder o paladar. Quando o nariz consegue diferenciar o odor queimado de um linho em brasa, está prestes a perder o olfato. Quando o corpo se apraz em correr, seus membros estão prestes a enrijecer. Quando a mente mais se aguça entre o certo e o errado, está prestes a cometer um erro.

O universo não seria nem belo, nem abundante, nem estranho se não houvesse seres humanos para observá-lo. E não seria decepcionante se o universo entrasse em colapso, de modo que tanto suas extensões infinitas como seus padrões mutantes e suas complexidades deixassem de existir. Pois tudo isso são expressões de valor e sem mente tudo perde valor e sentido.

A vida de Jesus Cristo ilustra uma grande convergência de forças e seres espirituais. E muito embora seja uma vida cujo mistério e importância ainda escapem à compreensão humana em todas as suas dimensões cósmicas, consideremos o seguinte aspecto: há uma lei especial que funciona como a lei da termodinâmica. Quando fazemos algo puramente bom, a influência saturnina do mundo, que é uma força do mal igual e oposta, emerge de encontro a nós. Mas segundo uma outra lei de ordem superior, quando fazemos algo puramente amoroso, o poder do amor se amplia dentro de nós.

23

O sol da meia-noite

"Eu tenho visto o sol à meia-noite."

Apuleio, O asno de ouro

"Nós temos visto o sol vagueando na Terra."

São João Crisóstomo

A multidão deixou os mantos com Saulo para atacar com mais vigor. Enquanto Felipe era apedrejado, Saulo olhava com ar de aprovação, porque era um fariseu investido de autoridade que sancionara o apedrejamento daquele seguidor de Jesus.

Naquele tempo os fariseus eram os guardiões da sabedoria mística judaica. Isso poderia ajudar Saulo a entender as mudanças sutis e complexas do cosmos quando o tempo chegasse. Além de familiarizado com a filosofia de Platão, ele também o era com os pensamentos vanguardistas de Filo, filósofo judeu, e as ideias de uma consciência pessoal desenvolvidas pelos estoicos. Era um grande apaixonado por tais matérias. Quando lemos as epístolas de Paulo, reconhecemos alguém que se importava mais que a maioria das pessoas em ser direito. Enfim, não havia nada na natureza de Saulo, nem antes nem depois de sua conversão, que pudesse dizer: "Esquece..."

Então, Estêvão caiu de joelhos e clamou:

– Senhor, não guarde esse pecado contra eles! – Em seguida, tombou morto no solo.

Saulo estava a caminho de Damasco, determinado a erradicar as ideias subversivas dos cristãos, com o máximo de zelo possível e a despeito de onde os encontrasse. Vasculhou casa por casa, arrastando homens e mulheres ou para fora ou para a prisão e condenando alguns à morte.

Já estava próximo de Damasco quando uma luz brilhante incidiu do céu em cima dele e dos que o seguiam ao mesmo tempo que soava uma voz. Embora aparentemente os outros tivessem visto a luz e ouvido algo sem nada entender, ele ouviu com toda nitidez:

– Saulo, Saulo, por que me persegues?

Ele caiu no solo.

– Quem és tu, Senhor?

– Eu sou Jesus, aquele que persegues. Mas levanta-te e entra na cidade porque te dirão o que deves fazer.

Ao se levantar, Saulo se deu conta de que estava cego. Os que o seguiam o guiaram pela mão até a cidade. Ele permaneceu cego por três dias.

Enquanto isso, um morador da região e seguidor de Jesus chamado Ananias também recebia uma revelação divina. Foi-lhe dito para que se encontrasse com Saulo em certa casa de uma rua chamada Direita. Ananias conhecia a reputação de Saulo e a princípio relutou, mas acabou obedecendo e tão logo pôs as mãos em Saulo o curou da cegueira – e ele se converteu.

O que ele tinha visto durante a cegueira que o convertera de Saulo em Paulo?

A Segunda Carta aos Coríntios menciona as extraordinárias experiências de "uma pessoa que ele conhecia", mas a maioria dos comentaristas diz que Paulo falava de si mesmo. Segundo ele próprio, o tal amigo se viu "levado para o terceiro céu – não sei se no corpo ou fora do corpo – e [se viu] arrebatado para o paraíso, onde ouviu coisas que nunca são ditas e a que nenhum mortal é permitido repetir" (2 Coríntios, 12:2-4).

A ideia de que Paulo ouviu coisas que não tinha permissão para repetir evoca as cerimônias de iniciação do mundo antigo, nas quais os neófitos eram mantidos em estado de transe por três dias. A menção ao terceiro céu também evoca Enoque, que é conduzido para o terceiro céu, onde está o paraíso e por onde Deus caminha.

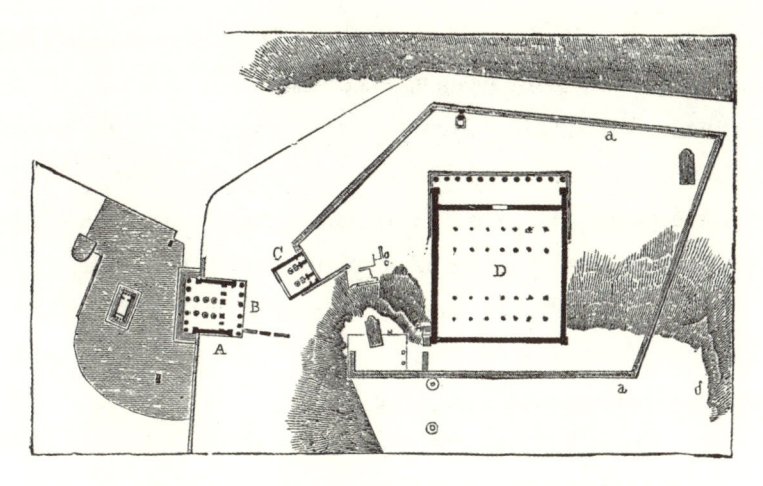

Plano da clausura no templo de Elêusis. Tal como acontece com lojas maçônicas de hoje, todos sabiam da existência das escolas de mistérios, mas ninguém sabia o que acontecia lá dentro.[1]

Mais tarde, em Atenas, Paulo conhece um homem chamado Dionísio e o converte na colina de Marte, do Areópago, lugar em que Sócrates fizera sua própria defesa, sem êxito.[2] Dionísio, o Areopagita, como se tornou conhecido, escreve sobre os céus e podemos entender o que Paulo queria dizer com o "terceiro céu" por meio dos escritos do grego.

Ao referir-se à passagem pelas diferentes ordens de anjos, Paulo claramente espera que os leitores compreendam a alusão; no entanto, na obra *As hierarquias celestiais* Dionísio expande os comentários de Paulo, fazendo um relato sistemático das nove ordens de anjos. A inferior é a dos anjos propriamente ditos, tendo acima a dos arcanjos, incluindo Miguel, Gabriel e Rafael. A terceira ordem na hierarquia, chamada por Paulo de os Principados, é composta pelos anjos encarregados de cuidar das nações. A ordem seguinte, chamada os Poderes, é composta pelos anjos dos planetas, que desempenham um papel especial na formação das formas biológicas e da consciência humana. São os seres espirituais mencionados pelo Gênesis como Elohim. Os anjos acima dos Poderes são as Virtudes, as Denominações, os Tronos – "Senhores do Tempo" – e os Querubins, os 12 anjos das constelações. A ordem mais elevada é composta pelos Serafins, anjos de seis asas que aparecem para Isaías por meio de uma visão e, como veremos mais adiante, também para São Francisco. Os Serafins são os pensamentos mais elevados de Deus.

As nove ordens dividem-se em três grupos que por vezes ocupam um "céu". Na Segunda Carta aos Coríntios, quando Paulo diz que é levado para o "terceiro céu", isso se refere ao céu ocupado pelos Tronos, Querubins e Serafins, ordens de anjos na perpétua presença de Deus.

A experiência de Paulo com os céus fez com que ele pressentisse que algum evento grandioso e misterioso ocorria por lá. Algo tremendo estava acontecendo. "Eis que vos digo um mistério. Na verdade, ascenderemos novamente... em dado momento, num abrir e fechar de olhos... cumprir-se-á a palavra que está escrita: a morte tragada pela vitória. Ó morte, onde está tua vitória? Ó morte, onde está teu aguilhão?"[3]

O que Paulo diz é que o cosmos passava por uma transformação fundamental. Mas na superfície nada parecia mudar. Todos ainda envelheciam, adoeciam e morriam. Não havia nem mesmo uma revolução política.

Então, o que Paulo *tinha visto* na experiência de sua conversão, nos seus três dias de cegueira?

À medida que reunimos as peças do ocorrido, a partir de textos como *O asno de ouro,* do escritor afro-romano Apuleio, pelo que parece no início dos procedimentos que se estendiam por três dias nas escolas de mistério do mundo antigo, os candidatos eram levados a uma visão do mundo subterrâneo antes de finalmente serem guiados para cima, para uma visão gloriosa dos céus. Será que Paulo experimentou algo semelhante?

Nas escrituras aparecem alusões dispersas de um grande evento no inferno. Segundo os Atos, "o inferno não poderia segurá-lo", e Pedro registra que Jesus fez uma proclamação aos "espíritos na prisão". No evangelho apócrifo de Pedro, perguntam a Jesus: "Porventura pregastes a eles que dormissem?" E um dos princípios centrais do credo cristão é que Jesus Cristo "desceu ao inferno".[4]

Para encontrar um relato detalhado do ocorrido, precisamos recorrer a uma literatura cristã primitiva atribuída a Nicodemos.

Como Saulo, Nicodemos era um fariseu. E também um iniciado nos mistérios que uma noite ouviu os ensinamentos de Jesus, e mais tarde ajudou José de Arimateia a preparar o corpo de Jesus para o enterro.[5] O evangelho que leva o nome dele preserva uma descrição da descida ao inferno. Isso se faz por meio das palavras de dois homens que ressuscitaram do reino dos mortos e que, portanto, eram testemunhas oculares da chegada de Jesus Cristo:

> Quando estávamos com nossos pais na profundeza do inferno, na escuridão das trevas, de repente emanou a luz do sol como ouro, cobrindo o lugar com uma luminosidade arroxeada.
>
> O poderoso Senhor apareceu na forma humana, iluminando aqueles recônditos que sempre tinham estado na escuridão e quebrando em pedaços os grilhões que antes não podiam ser quebrados. E com seu invencível poder aproximou-se dos que estavam na escuridão profunda pela iniquidade e dos que estavam à sombra da morte pelo pecado. O Senhor então tripudiou sobre a morte e encarou o príncipe do inferno.
>
> Em seguida, Jesus estendeu a mão e disse: "Vinde a mim todos que foram criados à minha imagem e que foram condenados pela árvore do fruto proibido e pelo diabo e a morte."
>
> Nesse momento todos os santos uniram-se e o Senhor pegou Adão pela mão direita e ascendeu do inferno seguido por todos os santos de Deus. Depois, o Senhor entregou Adão para o arcanjo Miguel, que conduziu todos para o paraíso, repleto de misericórdia e glória.
>
> E dois homens de idade muito avançada aproximaram-se e a eles os santos perguntaram:
>
> – Quem são vocês, que não estiveram conosco no inferno e tiveram os corpos colocados no paraíso?
>
> – Eu sou Enoque, aquele que foi trazido pela palavra de Deus – respondeu um deles. – E este ao meu lado é Elias, o tisbita, que foi trazido numa carruagem de fogo.[6]

Jesus conduzira os mortos para fora das garras do inferno rumo ao céu, e talvez isso tenha feito Paulo anunciar o fim da morte.[7]

Conforme disse anteriormente, as histórias seriam contadas na medida do possível a partir do ponto de vista dos seres espirituais. E como acabamos de ver, embora à época de Paulo o mundo histórico não passasse por muitas transformações, os mundos espirituais se transformavam por inteiro.

Como Moisés, Jesus conduz o povo para fora do cativeiro. E como Josué, o conduz para uma terra de leite e mel em direção à luz.[8] Ele tinha uma missão para com os mortos e para com os vivos, e a essa luz os vivos e os mortos eram vistos como pertencentes à mesma comunidade.

Embora em épocas anteriores a humanidade tivesse desfrutado de uma interação livre com os mundos espirituais, de forma que as pessoas tivessem a certeza de uma vida após a morte nos mundos espirituais, com o passar do tempo essa visão se esmaeceu. Por volta de 1.200 anos antes de Jesus, na viagem que Ulisses empreendeu pelo mundo subterrâneo, a fim de encontrar o fantasma acinzentado de Hércules, os mortos eram descritos como formas sem vida que voavam como morcegos. Por isso mesmo disse Aquiles: "Prefiro ser escravo na casa de um pobre que senhor na terra das sombras." Os Salmos de Davi referiam-se à morte como uma descida à cova, um lugar de meia existência achatado, sombrio e triste. E à época do Império Romano apenas alguns poucos começaram a se perguntar se havia vida após a morte.

AO LADO: Anjo resgatando São Pedro da prisão (gravura de uma Bíblia do século XVIII). Herodes Agripa perseguia os cristãos. Já tinha colocado as mãos em um irmão de Jesus e jogado Pedro na masmorra. Pedro começou a orar durante a noite da véspera do julgamento. Estava acorrentado a dois soldados e outros guardavam os portões. De repente, ele sentiu uma cutucada em uma perna e se deu conta de que tinha caído no sono enquanto rezava. Ouviu uma voz: "Levanta-te depressa", e as correntes se soltaram dos seus pulsos. Notou que os guardas estavam dormindo, e disse então o arcanjo Miguel: "Coloque o cinto e as sandálias." Parecia um pai apressando ternamente o filho para a escola. "Vista a capa e siga-me." Pedro saiu da cela, passou pelos guardas que dormiam e entrou pela rua escura e vazia. Só depois que tinha passado por alguns portões de ferro é que percebeu que Miguel tinha desaparecido. Saiu correndo para casa, onde viviam alguns cristãos (extraído de Atos dos Apóstolos, 12:3-19).

A HISTÓRIA SAGRADA | 223

Foi nessa escuridão que o ressuscitado Jesus Cristo irrompeu subitamente, iluminando os mundos espirituais a ponto de seduzir Paulo. Já cego para o mundo material, Paulo recebe visões extraordinárias que culminam com a morte, a descida ao inferno e a ressurreição de Cristo que torna possível a ressurreição de todos.[9] E, como diz o próprio Paulo nas epístolas, ele passou o resto da vida aplicando o melhor que sabia, em termos intelectuais e filosóficos, para dar sentido às suas visões.

Para que se entenda a grandiosidade de tais eventos cósmicos, é preciso ter em mente o conceito essencial da história sob o ponto de vista do idealismo. O que se descreve não é meramente psicológico. Pois não diz respeito apenas aos seres humanos em particular e à humanidade como um todo, mas também à transformação de toda a matéria. Os tempos eram sombrios – uma meia-noite do mundo histórico – e a essa altura Jesus Cristo tinha descido ao centro da Terra e ali plantado a semente de sua natureza solar. Após alguns séculos de preparação, finalmente a semente solar plantada à meia-noite poderia germinar de maneira que o mundo pudesse se tornar um sol.

Eis então a grande visão cósmica do cristianismo – muitas vezes negligenciada em tempos materialistas. No início a matéria precipita-se da Grande Mente Cósmica. E depois a matéria se faz mais densa, mais fria e mais dura, aprisionando, isolando, cegando e afastando as almas humanas da Grande Mente Cósmica. Mas em meio a essa trajetória a Mente Cósmica envia um emissário que, além de portar a essência criativa, libertaria a matéria, de modo a possibilitar a dissolução e a espiritualização de todos os corpos humanos e de todo o cosmos material.

Embora as escolas de mistério do mundo antigo não tivessem partilhado a presença de Jesus de Nazaré, nem por isso deixaram de partilhar uma visão igual da história do mundo e do papel da palavra – o deus Sol – na história.

O Evangelho de Mateus registra que naquela noite os mortos perambularam pelas ruas de Jerusalém. Aos grandes eventos nos mundos espirituais sempre se seguem grandes eventos no mundo físico, mas de repente os eventos nos mundos espirituais geravam uma irrupção explosiva de eventos sobrenaturais na superfície da Terra. Cinquenta dias após a ressurreição de Jesus Cristo, os apóstolos estavam reunidos na sala superior de uma casa quando de repente soou o que parecia ser um grande vendaval que tomou a casa de lado a lado. Em seguida, avistaram línguas de fogo que pairavam por cima como coroas e que falavam fluentemente línguas desconhecidas. Segundo Pedro, era o cumprimento de uma profecia de Joel: "Eu derramarei meu espírito sobre toda a carne, e vossos filhos e filhas farão profecias, e vossos jovens terão visões, e vossos anciãos enxergarão em sonhos." Os apóstolos então se deram conta de que podiam fazer milagres, curar, prever o futuro, enxergar os seres espirituais e entender a mente dos outros.

Era meia-noite quando Jesus iluminou o interior da Terra e o interior do cérebro humano. E com Jesus aflorou a ideia assumida por todos de que cada um de nós tem dentro de si um "espaço" mental que é tão infinito, rico e variado quanto o cosmos material. "O reino de Deus está dentro de você", diz Jesus – um reino inteiro! E as pessoas que se sentiram impelidas a procurar um reino interior e o encontraram, logo se tornaram cristãs.

A humanidade passava então por uma grande e repentina mudança. Homens e mulheres tinham inspirações e ideias extraordinárias. Foi uma revolução completa na consciência.

Em 216, na Pérsia, Mani "ocupa um corpo terrestre", como ele próprio disse. Ele era de uma família seguidora de uma seita judaico-cristã. Quando criança teve visões de anjos, e quando jovem realizou milagres de cura. Seus amigos diziam que ele era capaz de aparecer do nada, quando e onde achasse necessário, e de ouvir as vozes de plantas. Ao ter uma visão na qual Jesus era o sofrimento de toda a humanidade e de toda a natureza, incluindo as plantas e os animais, Mani concluiu que a matéria era uma dolorosa roupagem do espírito e, como ele era aleijado de nascença, isso lhe soou literalmente verdadeiro.

Mani tinha visões fantásticas da história cósmica. Nascido na terra de Zaratustra, ele tentava entender a relação dinâmica entre luz e escuridão e entre espírito e matéria. Segundo ele a luta entre a luz e a escuridão só terminaria depois que as centelhas de luz tivessem transformado a matéria.

Tal como Pitágoras e Apolônio, Mani peregrinou pela Índia em busca de aprendizado. E assim acabou por compreender os papéis desempenhados por Krishna e Pitágoras na evolução da humanidade – ambos tinham sido enviados para preparar o caminho para Jesus Cristo. "A sabedoria e a bondade se manifestam sucessivamente ao longo das épocas através dos profetas e de acordo com um plano perfeito", ele diz. "Manifestaram-se na Índia através do Buda, um profeta, na Pérsia, através do profeta Zaratustra, e mais tarde, no Ocidente, através de Jesus... E agora eu sou o verdadeiro profeta da Babilônia."

Seus escritos também revelam que ele era versado no misticismo egípcio. Aos 25 anos, depois de um longo tempo de reflexão, meditação e esforço espiritual, Mani teve uma visão do seu irmão gêmeo celeste.

– Eu o saúdo, Mani, em meu nome e em nome do Senhor, que me enviou para lhe transmitir uma missão a ser cumprida por você. Vá até o povo e anuncie a jubilosa notícia da verdade – disse o gêmeo.

Mani fez um comentário tardio sobre o seu gêmeo celeste:

– Eu o reconheci como sendo o meu outro eu de quem me separara.

O gêmeo também recomendou que ele deixasse a comunidade onde se educara e fundasse a própria.

Mani ensinava os discípulos a serem puros em todas as coisas, abrindo mão da carne, da bebida e do sexo. Catequizava um evangelho de resistência pacífica ao mal. E também recomendava aos discípulos o respeito à luz própria de todos os seres vivos e todas as coisas, inclusive das plantas. Eles não deviam se restringir a plantar e cultivar, e a comer o que encontrassem pela frente. Mani pregava o retorno ao paraíso anterior à queda: "Cada parte do mundo vegetal entoa uma canção, passando adiante mistérios divinos secretos."

O gêmeo também aprofundou os conhecimentos de Mani a respeito da guerra entre luz e trevas, fazendo-o entender que o mal só poderia ser combatido pelo bem e que os seres humanos só seriam capazes de travar essa luta se dessem à luz o seu eu superior. Mani se trabalhava como se a esculpir uma estátua interior, equilibrando o que estava desequilibrado e purificando o que estava impuro, de modo que a luz divina pudesse irradiar de dentro para fora.

A natureza descompromissada de Mani e sua recusa em dar ouvidos às advertências para que ficasse longe da corte do rei persa o levaram à crucificação.

Após a morte de Mani, o estilo de pensamento do maniqueísmo se disseminou rapidamente até se tornar uma religião. Santo Agostinho, o maior teólogo do cristianismo primitivo depois de São Paulo, assumiu o maniqueísmo por nove anos.

O ensino regular do cristianismo primitivo acabou adotando uma noção similar à do gêmeo celeste ou anjo-tutor proposta por Mani. *O pastor de Hermas*, um dos textos cristãos mais antigos, apresenta instruções de como distinguir o bom anjo que zela pelo ser humano do anjo mau que sempre paira por perto:

> O anjo da retidão é gentil, modesto, humilde e pacífico. Quando ascende ao coração, você desperta para a justiça, a pureza, o amor e o contentamento. Já o anjo da iniquidade é irado e amargo. Quando ascende ao coração, você o reconhece pelo que ele faz. Se você é atormentado pela raiva, a brutalidade, a cobiça, o orgulho, a gabolice ou a ansiedade por coisas impróprias, saiba que ele está em você; portanto, agora que já sabe como ele trabalha, afaste-se dele. Seja homem ou mulher, por mais que ruins. Quando a obra do anjo da retidão ascende ao coração de um homem ou de uma mulher ruins, ele ou ela certamente farão algo bom.

O pai da Igreja, Orígenes, e São Gregório de Nissa também escreveram sobre o anjo da guarda e o anjo mau que acompanham cada ser humano.

Existem graus de certeza nos ensinamentos da Igreja. A existência de anjos é o mais alto nível de certeza e, consequentemente, *uma doutrina definida*. Segundo o *De Fide ex Jugi Magisterio*, os anjos bons são emissários

O Anjo da Guarda (de Jacopo de Barbari, século XV).

de Deus que atuam como guardiões dos homens. Embora seja *teologicamente certo* que todos os fiéis têm anjos da guarda, não é certo que todos tenham um anjo mau.[10] O místico do século XVII Jacob Boehme explica a relativa fraqueza dos anjos maus: "Os demônios só enxergam a escuridão da ira de Deus." O teólogo e exorcista Martin Israel segue nessa esteira, explicando que o anjo negro possui visão restrita e compreensão reduzida do "lugar que ocupa no cosmos" e da história cósmica. Os anjos sombrios são então praticamente cegos e de inteligência limitada. E somente por meio de tais limitações é que exercem influência maligna. Se enxergassem claramente todas as implicações do mal que acarretam, não o praticariam.

Por outro lado, os anjos de luz possuem uma clara compreensão da direção e do papel a tomar no cosmos que os torna mais poderosos.

⁓

Para os primeiros cristãos, o cosmos era um campo de batalha onde as forças do bem se confrontavam com as forças do mal, de modo que todos eram acompanhados de um anjo do bem e de um anjo do mal que tentavam conquistá-los. A batalha entre as forças do bem e as forças do mal era então travada em diferentes dimensões – no céu, na Terra, no reino dos mortos e no mundo interno de cada ser humano.

Aqui, começamos a entender mais de perto o que é o cosmos material. No início, os seres humanos sentiam-se naturalmente pressionados pela presença de Deus e não faziam outra coisa senão o que Ele ordenava que fizessem.

A criação da matéria se deu em parte, de modo que os seres humanos fizessem evoluir o próprio livre-arbítrio. À medida que a matéria se desenvolvia e enrijecia, envolvendo o espírito humano em corpos físicos, constituía-se uma barreira que liberava todos da pressão de Deus. Sob a ótica do idealismo, essa é a função da matéria.

No curso da história do cosmos estabeleceu-se um engenho metafísico complexo e afinado, com registros e controles sensíveis que dotavam os seres humanos da capacidade de discernir a realidade espiritual apenas o suficiente para utilizar a mente sem a pressão de evidências esmagadoras.

E tal arranjo hoje se reflete na experiência humana universal. Muitas vezes é difícil saber o que é certo fazer. Já que o certo e o errado aparecem como similares. A vida pode ser enganadora, de modo que às vezes nos enganamos e somos tentados a fazer a coisa errada na certeza de que o errado é certo. Mas como disse Blaise Pascal, místico e matemático: "Há luz suficiente para os que querem acreditar e sombra suficiente para os que não querem acreditar." De acordo com o idealismo, a história do mundo mostra como a condição humana adquire essa qualidade extraordinária.

24

A era dos milagres

Os séculos posteriores à morte de Cristo parecem ter sido a grande era dos milagres. Muitas histórias chegaram até nós, relatos de aparições milagrosas, curas e transformações que foram retratadas em pinturas e coletadas pela conhecida obra *The Golden Legend*, de Jacob de Voragine.

Geralmente tendemos a pensar tais fenômenos em termos cristãos, mas há registros de aparições de deuses tanto para multidões como para individualidades notáveis que surpreendentemente se estendem até o final da Antiguidade. Na sua obra *Vida de Marcellus*, Plutarco relata que o templo de Enguinum, na Sicília, era reverenciado por conta das aparições da deusa-mãe que lá ocorreram. Philostratus descreve frequentes manifestações de Esculápio, deus da cura, em certo templo em Tarso. Plínio menciona aparições de deuses sobre um banco de pedra consagrado no templo de Hércules em Tiro. Na sua obra *Sobre a natureza dos deuses*, Cícero, o mais racional dos romanos, narra constantes aparições de deuses no seu próprio tempo: Castor e Pólux, gêmeos divinos, socorrendo as tropas no campo de batalha, faunos regularmente avistados nas florestas e deuses aparecendo nas mais diferentes formas.

Tessalo de Tralles, célebre médico de Roma contemporâneo de São Paulo, relata uma viagem ao Nilo e aos grandes templos do Egito. Ao chegar a Tebas, um velho sacerdote promete-lhe uma entrevista com um deus ou um fantasma. Após três dias de jejum, o sacerdote conduz Tessalo a uma cela especialmente preparada, com um assento para um deus. Ocorre uma aparição de um deus de indescritível beleza que responde às questões do médico a respeito de ervas medicinais.

Também há muitos relatos de curas milagrosas. Uma das curas milagrosas mais intrigantes da Antiguidade ocorre com Phormion, um homem que residia na cidade de Kroton. Ferido em batalha e sem perspectiva de cura, ele é aconselhado por um oráculo a viajar para Esparta e visitar um santuário de Castor e Pólux. Depois de seguir as instruções, ele pega a maçaneta da porta e de repente se vê segurando a maçaneta da porta de sua própria casa, em Kroton. Ele estava em casa e curado. Mais tarde, veremos outras histórias de deslocamentos milagrosos envolvendo transformações pessoais.

O templo de Epidauro, um santuário dos gêmeos divinos, era um lugar de serpentes curadoras. No seu recorde de aparições e curas milagrosas encontra-se a história de um homem que certa vez adormeceu em frente ao templo. Segundo alguns transeuntes, uma das serpentes domesticadas do templo aproximou-se e lambeu o dedão do pé inchado do homem. Ele acordou curado e disse que uma bela jovem lhe aparecera em sonho e lhe colocara um curativo no dedão do pé.

Imagem de uma moeda do templo de Epidauro.

As duas histórias chamam a atenção para uma outra esfera ou dimensão na qual podemos entrar para sermos curados. Retornaremos a esse tema mais tarde.

Os milagres não são então fenômenos exclusivamente cristãos, mas a ideia parece ter se tornado mais corrente no final da Antiguidade. Como já vimos, antes de o cristianismo se disseminar, os mitos antigos, como o de Perseu, não apresentavam os acontecimentos extraordinários como milagrosos porque ocorriam em um tipo de mundo onde as leis da natureza ainda não tinham sido fixadas. À época de Cristo, a curiosidade sobre o mundo material se propagava. Já se faziam coletas de informações – tanto geográficas e biológicas como históricas – que eram categorizadas ao estilo aristotélico e discernidas por padrões. Começava-se então a tomar conhecimento das leis naturais ou, como dito por alguns filósofos árabes, dos "costumes".[1] Dessa maneira, os milagres passaram a ser acontecimentos que aparentemente violavam as leis naturais. (Retornaremos a esse tipo de pensamento quando abordarmos o Iluminismo e o célebre ataque aos milagres de Hume, filósofo escocês.)

Mas, embora o conceito de milagre tenha eclodido enquanto o materialismo era formulado, o idealismo continuava sendo uma filosofia ainda vibrante e dominante. Pois o idealismo é que explicava a precipitação da matéria a partir da mente em uma escala descendente de emanações da Mente Cósmica. As diferentes religiões e filosofias da época apresentam uma visão unificada de tal escala ou hierarquia, ainda que modificada segundo as diferentes culturas – o idealismo grego, por exemplo, com um toque neoplatônico; o idealismo judaico, com um toque cabalístico; e o idealismo egípcio, com um toque do hermetismo tardio. Alguns estudiosos também apontam uma influência persa e um toque indiano no idealismo neoplatônico de Plotino, o que coincide com a chegada de monges budistas à Grécia na época do filósofo.

A despeito do toque particular de idealismo adotado, as pessoas experimentavam o mundo de maneira a expressar suas crenças. Plotino escreve sobre o trabalho da Alma do Mundo, como ele próprio denomina, no ato da criação do mundo físico: "Eu sou uma visão amorosa e crio por meio da faculdade de ver dentro de mim. Eu crio os objetos de contemplação da mesma forma que os matemáticos imaginam e desenham as figuras. Eu olho para dentro e as figuras do mundo material passam a ser à medida que vertem de mim."

Experimentar o mundo como se respondendo aos pensamentos e orações mais profundos, como fizeram os apóstolos, e trabalhar no ato da criação com a Mente Cósmica, como descreveu Plotino, são ações quintessenciais do idealismo e base de todas as filosofias religiosas e espirituais.

Quando se olha o mundo pela lente de idealismo, os milagres se tornam possíveis e até mesmo prováveis. Na verdade, eles são tudo que se espera.

De acordo com o idealismo, a história do mundo deve sugerir linhas gerais de um plano de desdobramento imanente às manifestações aparentes do divino disseminadas pelas diversas culturas. Se há um outro mundo que se introduz no mundo mundano para influenciá-lo, claro que seremos capazes de encontrar algumas pistas ou coordenadas de um plano unificado.

⁓

No século IV, duas facções lutavam pelo controle do Império Romano. E ambas partiram para o campo de batalha sob a influência de sonhos. Maxêncio sonhou que se conduzisse o seu exército para combater fora das muralhas da cidade, o maior inimigo de Roma seria derrotado. Seu exército estava bem entrincheirado e protegido dentro de Roma, mas o sonho o levou a liderar o exército contra Constantino – sem se dar conta de que esse era o maior inimigo de Roma.

Deixaram a ponte sobre o Tibre intransitável para bloquear o avanço de Constantino. Então, em 28 de outubro de 312, construíram uma ponte flutuante às pressas para que Maxêncio e seu exército pudessem atravessar o rio. A ponte ruiu e milhares de homens se afogaram, e entre eles o próprio Maxêncio.

Enquanto isso, Constantino enfrentava incertezas teológicas. Entre as inúmeras religiões e filosofias à mão, Constantino se perguntava quem era o verdadeiro deus, o deus maior, e rezou para que esse deus se revelasse e estendesse a mão para ajudá-lo naquela hora de necessidade.

Naquele mesmo dia ele teve uma visão quando o sol se pôs. Surgiu uma cruz brilhante e radiante acima do sol e algumas palavras escritas no céu: "Conquiste pela cruz."

Embora impressionado com a visão, Constantino não soube o que fazer. Mas naquela noite sonhou com Jesus Cristo carregando a mesma cruz que tinha aparecido no céu. Jesus lhe disse para que fizesse uma cópia daquela cruz e a carregasse para a batalha porque isso lhe traria a vitória.

De manhãzinha, Constantino reuniu os trabalhadores mais qualificados e, depois de descrever a cruz em detalhes, ordenou que fizessem uma réplica da mesma.

Com essa cruz à frente, Constantino derrotou o inimigo e uniu o Império Romano. Saíra-se vitorioso com a ajuda do Deus cristão e por isso emitiu um decreto acabando com a perseguição aos cristãos e iniciando um processo de cristianização do império.

E assim o cristianismo, que até então era uma seita local, tornou-se a religião oficial de Roma.

Grande parte de nossos sonhos são percepções dos mundos espirituais confusas e difíceis de entender. No entanto, os seres espirituais utilizam os sonhos como veículos quando precisam comunicar algo importante. Nessas ocasiões eles se tornam muito mais claros. Na história de Maxêncio e Constantino, diferentes impulsos espirituais trabalham em conjunto com os sonhos de diferentes personagens, de modo a trazer uma grande virada na história.

Alguns historiadores duvidam da sinceridade de Constantino, se bem que a seu favor está o fato de ele ter presidido o Concílio de Niceia, que decidiu a doutrina da Igreja, e de ter conduzido ele mesmo os debates. Posteriormente, além de novas visões com São Miguel, ele construiu a igreja do Santo Sepulcro, a igreja da Sagrada Natividade, na Terra Santa, a basílica de São Pedro em Roma, e também lançou as bases da Hagia Sophia, em Constantinopla. Helena, que compartilhava o entusiasmo do filho Constantino, viajou para a Terra Santa, onde desenterrou a lança de Longinus, que perfurara a bacia de Jesus Cristo na cruz.

Não resta qualquer dúvida em relação ao ardente desejo de Constantino de entender a realidade espiritual em níveis mais profundos. Mesmo porque ele não promoveu uma cristandade estreita e dogmática que negasse a realidade espiritual de outras tradições religiosas. Como diz o próprio Constantino, a leitura do nascimento de um salvador solar e o alvorecer de uma nova era de ouro, na quarta *Écloga* de Virgílio, o ajudaram a se converter ao cristianismo. Antes de morrer, ele mudou a capital do império para Bizâncio – depois chamada Constantinopla – por conta de uma profecia sibilina da queda de Roma. Como marco, ele ganhou uma relíquia sagrada, o paládio, uma estatueta de Atena de madeira esculpida, que enterraram sob uma coluna no centro da nova capital. No mundo

Iniciação de um poeta romano (do pintor francês iniciado Nicolas Poussin).

antigo, acreditava-se que o paládio garantia uma proteção divina especial às cidades.

⌇

Uma menina de 15 anos cuidava de um rebanho de ovelhas que pertencia à sua madrasta. Seus pais biológicos a tinham expulsado de casa, em Antioquia, porque não toleravam seu interesse no cristianismo. Mas agora ela construía uma vida nova no campo e estava feliz.

Um dia o governador de Antioquia perambulava pelos campos e a viu sentada perto de um poço. Era uma menina bonita e ele, consumido de desejo, pensou: "Ela será minha amante."

Já de volta à cidade e rodeado pelos mecanismos do poder, ordenou aos servos que a buscassem. Mas ela se recusou e os servos relataram o fato quando retornaram:

– Ela disse que não dá a mínima para o seu poder!

O governador então ordenou que a pegassem à força se necessário.

– Logo mudarei o pensamento dela.

Depois de ser arrastada até os aposentos do governador, ele exigiu que ela dissesse quem era. Ela disse que se chamava Margaret e que era de linhagem nobre e também cristã.

O governador prometeu a si mesmo que a faria amá-lo. Ofereceu-lhe ouro e pediu que se casasse com ele. Mas foi ele quem se apaixonou...

Ao se dar conta de que ela o desprezava, ordenou furioso que a amarrassem pelas mãos e os pés. E depois a penduraram na parede e a espancaram, até que o sangue verteu do corpo da menina como água de uma nascente.

– Donzela Margaret, essa dor é boa? – perguntou o governador.

Nem assim ela cedeu, e o governador acabou cobrindo o rosto com a capa porque não conseguia mais suportar a visão de tanto sangue. E depois ele ordenou aos soldados que a levassem e a jogassem na prisão.

Naquela noite, ela ardia em febre sobre a palha encharcada de sangue quando de repente uma grande serpente com chifres tão verdes quanto a grama de verão deslizou pelo solo e abriu a boca repugnante como se fosse engoli-la inteira.

– Fique longe de mim, espírito maligno!

Ela afastou a serpente para longe com um golpe e depois se esforçou para se levantar e plantou um pé sobre o réptil, prendendo-o ao solo e dizendo:

– Aquiete-se sob os pés de uma mulher.

Na manhã seguinte, encontraram-na de pé sobre um dos carcereiros desmaiado. Só então o governador se deu conta de que nunca seria correspondido em sua paixão e condenou-a à morte.

⁓

No ano 380, excomungaram um místico espanhol chamado Prisciliano sob a acusação de ter conduzido a missa sem roupa alguma e de ter engravidado uma jovem que fazia parte do seu rebanho. Em 386 o torturaram e o executaram, tornando-o o primeiro cristão a ser martirizado por outros cristãos. Os padres da Igreja aprovaram.[2]

⁓

No ano 419, nasceu Genoveva. Ela ainda era uma jovem pastora quando se mudou para Paris a fim de frequentar um convento. Era propensa a crises e visões. Falava das diferentes ordens de anjos descritas por Dionísio, e fazia advertências sobre os anjos das trevas – e por isso é muitas vezes representada com um demônio no ombro.

Genoveva deixava as pessoas nervosas. Algumas se perguntavam se ela estava possuída e conspiravam para jogá-la no rio Sena.

Uma noite ela caminhou de volta para casa com um grupo de freiras, iluminando o caminho apenas com uma vela. Não soprava sequer uma brisa, mas de repente a vela apagou. As outras freiras se atemorizaram, dizendo que aquilo era um sinal do demônio de que Paris sucumbiria nas mãos de Átila, o Huno. Genoveva pegou a vela, que acendeu rapidamente.

Átila *se aproximava*. Com as tropas do huno visíveis no horizonte, o povo entrou em pânico e muita gente fugiu, deixando a cidade para o invasor. Mas Genoveva teve uma visão e saiu pelas ruas aos gritos:

– Eu vejo! Eu sei! Eles não virão! Que os homens fujam, se quiserem. Nós, mulheres, rezaremos com tanta força que Deus certamente ouvirá nossas preces.

Ela acalmou as pessoas e as persuadiu a não abandonar a cidade.

Sua visão estava certa: Átila prontamente rumou para o sul.

São Dionísio – São Dênis – e Genoveva se tornariam depois os santos padroeiros de Paris.

No ano 438, Constantinopla foi destruída por um terremoto. A população amontoou-se nos campos próximos, rezando para que os tremores cessassem.

De repente, no meio da multidão, uma criança foi arrastada pelo ar por uma força invisível, ascendendo ao céu, até que não conseguiram mais vê-la.

Algum tempo depois, a criança retornou pelo ar abaixo e disse para a multidão ainda reunida e para o próprio imperador que tinha presenciado um grande concerto dos anjos no céu em louvor ao Senhor.

Mais tarde, o bispo de Constantinopla escreveu que toda a população da cidade havia testemunhado o evento.

À medida que avançarmos pelos tempos modernos no restante deste livro, observaremos se ainda é possível vivenciar o mundo como Sócrates, São Paulo, Plotino e Mani, que o vivenciaram ao interagir com inteligências desencarnadas, e questionaremos se os mesmos padrões sobrenaturais ainda se tecem em volta de nós.

Será que ainda exercemos os mesmos poderes sobrenaturais como faziam os apóstolos?

Gregório Magno enviando missionários para converter os ingleses (miniatura do século X atribuída a São Dunstan). Gregório via anjos, em muitas ocasiões, e também recolhia relatos de outras pessoas que tinham passado pela mesma experiência. Ele tinha curiosidade sobre os estados mentais nos quais se alcançavam as percepções espirituais, distinguindo a "sombra misturada à luz" quando o poder da imaginação misturava-se à razão, e também sobre as grandes visões que só eram alcançadas por intermédio das mais elevadas formas de contemplação. (Carol Zaleski, *Otherworld Journeys*, Oxford University Press, 1987, pp. 89-90.)

A Tentação de Santo Antônio (extraída de uma pintura de um mural do Santo Sepulcro, Barletta). "Os halos dourados em torno da cabeça dos deuses e dos santos cristãos referem-se ao fato de que eram banhados na glória do sol e também ao fato de que o sol espiritual de suas próprias naturezas irradiava um *raio fulgurante* que os envolvia com esplendor celeste. Sempre que o halo é constituído por linhas radiantes retas, ele é solar no significado; sempre que linhas curvas são usadas para vigas, isso indica natureza lunar; sempre que estão unidas, simbolizam a mistura harmoniosa de ambos os princípios." W. e G. Audsley, *Handbook of Christian Simbolism*, 1865.

25

A montanha vai a Maomé

"Todos os homens estão dormindo. Eles só despertam quando morrem."

Sabedoria tradicional citada por Maomé

Esta é uma história do mundo que inclui as partes descartadas pelos historiadores convencionais – compostas de histórias que sempre pairaram no imaginário coletivo.

A expressão "acredite em magia" pode ser entendida de duas maneiras. Ou você acredita que tem justificativas para utilizá-la ou então acredita que ela realmente funciona. Caso você não tenha cedido à visão materialista de que a mente não passa de um subproduto da matéria, pode muito bem utilizá-la nesse último sentido.

Maomé, que certamente acreditava nesse último tipo de magia, disse o seguinte: "A influência do mau-olhado é um fato." Esse aspecto é marcante em grande parte de sua missão.[1]

Já vimos anteriormente que a descida ao inferno aumentou a atividade demoníaca e a aparição dos espíritos dos mortos. O limite entre os mundos físico e espiritual tornou-se muito tênue, junto à proliferação de religiões, filosofias e seitas. No entanto, fecharam-se os centros de mistério situados em lugares como Luxor, Karnak, Delfos, Corinto e Elêusis, onde a entrada nos mundos espirituais era administrada sob condições controladas. Alguns sacerdotes e magos que praticavam essas técnicas foram banidos para o mundo subterrâneo. Outros fugiram para o Sul da Arábia, e talvez essa seja uma das razões para que tal região tenha se agigantado na imaginação humana como uma terra de encantamento.

Até agora tentamos traçar o desenvolvimento da faculdade do livre-arbítrio. Já que os seres humanos passaram a exercer tal faculdade no sentido de impor os seus desejos aos seres espirituais.[2]

Um seguidor de Apolônio, cujo nome era Alexandre de Abonoteichos, mantinha uma grande cobra adestrada chamada Glycon. Ele colocava na cobra uma máscara de linho com cara humana, e as pessoas recorriam a ela em busca de curas milagrosas e adivinhação.

Há relatos de garrafas de latão seladas com rolhas de chumbo que teriam sido apanhadas nas redes de pescadores na costa da África. Dizia-se que quando se retirava uma das rolhas, emergia uma fumaça azulada que assumia uma forma humana fugaz – isso porque nessas garrafas Salomão aprisionara os *jinn,* ou gênios.

Simão, o mago, discípulo de um mago árabe, percorreu muitos lugares, acompanhado de uma bela mulher chamada Helena. Ele dizia que ela era a reencarnação de Helena de Troia, e por isso em parte se atribuía o seu poder como mago à magia sexual que ele praticava com ela.

Seus muitos e renomados talentos de magia incluíam, além de voar e se tornar invisível, curar os doentes, ressuscitar os mortos e fazer as estátuas ganharem vida e falar. Dizia-se que ele comandava legiões de demônios.

Segundo Simão, cada ser humano guarda dentro de si uma raiz profunda do universo, uma fonte de energia infinita.

Mais tarde, quando seus poderes e sua fama pareciam desaparecer, ele se deixou ser enterrado vivo por três dias, com a promessa de que ressuscitaria dos mortos. Mas quando as pessoas reuniram-se para testemunhar o fato ouviram apenas os gritos do mago que ecoavam do inferno. Por via das dúvidas, o papa Paulo I construiu uma igreja sobre o túmulo de Simão.

Maomé nasceu no ano 570. Foi criado numa terra onde um dia o povo acreditou no Criador supremo, mas que àquela altura se voltava para os planos inferiores, adorando ídolos esculpidos em madeira, granito e ágata.

O maior santuário era a Caaba, em Meca, um santuário cercado e decorado por centenas de ídolos de madeira e pedra, muitos incrustados de joias. Alguns tinham forma de animais – como, por exemplo, Nasr, o deus-abutre. Outros eram divindades de estrelas e planetas, incluindo três deusas lunares. Havia estátuas de Moisés e Jesus Cristo e uma pintura da Virgem Maria. Vez por outra se faziam sacrifícios de centenas de camelos de cada vez. Meca também era um grande centro comercial, aonde chegavam grandes caravanas para vender camelos, escravos e mulheres. Médicos e mágicos trocavam cumprimentos com ladrões, jogadores e prostitutas.

Maomé tinha 6 anos quando sua mãe morreu, e ele foi viver com o avô. Trabalhou como pastor e como cameleiro para os comerciantes, e aos 25 anos começou a gerir os bens de uma viúva rica chamada Khadija.

Maomé gostava de perambular sozinho pelos campos e às vezes montava uma tenda no monte Hira, com uma vista magnífica da cidade e das planícies. Mas alguma coisa o incomodava – uma sede do infinito. Os cultos da Caaba não satisfaziam essa sede. Ele então deixou de falar com os outros por vários meses. E com os cabelos desgrenhados e os olhos arregalados, passou a ouvir vozes que não pareciam humanas.

Um dia uma outra voz soou ao vento:

– Você é o escolhido. Proclame o nome do Senhor.

Maomé refugiou-se dentro de uma caverna, no monte Hira, onde a silhueta de um gigante caminhou até ele. Seria um *jinn*? O estranho ser de olhos penetrantes falou com um tom claro e distinto como nenhuma outra voz falara.

– Recite!

– Eu não posso recitar... – Maomé não podia recitar porque não tinha aprendido a ler.

– Recite!

Surgiram à frente as linhas de um texto em letras de fogo no ar. Eram as primeiras linhas do que depois seria o Corão, e naquele mesmo instante ele descobriu que *podia* ler.

Maomé saiu da caverna e subiu até o topo do monte, onde a voz sussurrou no ouvido dele:

– Tu és o mensageiro de Deus, e eu sou Gabriel, seu arcanjo.

Gabriel passou a se comunicar frequentemente com Maomé. Às vezes ele se sentia observado pelo arcanjo enquanto estava na rua, e outras vezes, em casa, geralmente à noite. Ora soava uma voz, ora aparecia uma forma humana, de modo que aos poucos o arcanjo transmitiu as verdades do Corão a Maomé. Foi assim que um simples analfabeto que não era particularmente articulado produziu a mais complexa, a mais bem formulada e a mais sublime obra da língua árabe.

Finalmente, disse o arcanjo Gabriel para Maomé:

– Agora saia e pregue a nova fé para o mundo.

A esposa de Maomé foi a primeira a acatar a mensagem, seguida por um pequeno grupo de discípulos que se juntou ao mestre.

– Reze para Deus. Seja bondoso para com os cativos, os pobres e os órfãos, e dê esmolas... alimente os famintos, seja compassivo e útil... seja firme na justiça, testemunhe perante Deus, ainda que seja contra si mesmo ou contra seus pais e seus parentes, sejam eles ricos ou pobres.

Segundo Maomé, sempre que um grupo de pessoas se reúne em louvor a Deus, os anjos colocam-se em volta.

Maomé começou a pregar para as multidões que clamavam por milagres, mas se recusava a realizá-los, ressaltando que Jesus os realizara e que apesar disso não fora amplamente acreditado.

– Sou apenas um homem como qualquer outro – dizia.

Em dado momento ele seguiu para a Caaba e se pôs ao lado das estátuas das deusas lunares.

– Elas não são nada. Elas não passam de uma criação dos pais de vocês!

Soaram urros irados.

– Não há deus algum senão Alá, cujo profeta é Maomé.

Em meio à multidão disseram aos gritos que ele era um louco perigoso.

Nos dias que se seguiram as crianças e os escravos atiraram pedras em Maomé pelas ruas. Certa vez ele teve que implorar para ser deixado em paz na cidade, e quando retornou para casa estava com o rosto coberto de sangue.

Ele estava deitado na cama, quase tomado pelo desespero, quando um ser entrou no quarto, assustando-o e fazendo-o derrubar um copo d'água.

Era Gabriel, coberto por um manto dourado e conduzindo uma criatura com corpo de cavalo e cabeça de ser humano. Era Buraq, o corcel celestial.

– Vamos cavalgar juntos – disse Gabriel. – Eu lhe mostrarei coisas extraordinárias.

Eles sobrevoaram os desertos de Jerusalém, onde apareceu a escada vista por Jacó. Subiram por ela e foram recebidos por Adão quando alcançaram as portas de prata do primeiro céu.

Seguiram em viagem pelos sete céus e acabaram encontrando Moisés e Abraão. Avistaram um anjo com corpo de fogo e gelo e depois um outro com 70 mil cabeças, cada cabeça com 70 mil bocas e cada boca com 70 mil línguas e cada língua falando 70 mil idiomas – e todas louvavam a Deus.

No sétimo céu chegaram a uma casa de oração. Gabriel explicou que todos os dias 70 mil anjos a visitavam e Maomé juntou-se aos anjos, que circularam a casa de oração por sete vezes.

Deus estava sentado no Seu trono acima do sétimo céu, com setenta véus cobrindo-lhe a face. Depois de pôr as mãos sobre Maomé, Deus ensinou-lhe o significado mais profundo da oração e em seguida ordenou que o apresentassem aos habitantes do inferno. Por fim, Buraq o levou de volta para Meca e o colocou na cama.

O copo d'água que tinha sido derrubado ainda não tinha chegado ao chão.

Tal como Enoque e Paulo, Maomé também é conduzido em uma viagem celestial que mudaria a história. Mas na primeira tentativa de Maomé para contar o ocorrido ao povo de Meca, a hostilidade contra ele aumentou ainda mais.

Na verdade, Maomé ameaçava os privilégios da elite dominante com a mensagem de justiça para todos, e também ameaçava os interesses comerciais com os ataques aos cultos que cercavam a Caaba. Acabaram expulsando-o para o deserto.

Maomé só começou a encontrar apoio popular entre as tribos dos beduínos. O mundo moderno chegava então ao deserto, não apenas com a mensagem de liberdade e igualdade, mas também com a recusa de Maomé de aprovar os milagres. Para ele, o mundo material, o mundo dos sentidos, já era milagroso o bastante. Ele acabou convencendo o povo a segui-lo porque trazia verdades razoáveis e universais. A ênfase na lógica claramente comprovada e verdadeira tornaria o Islã o ponto de partida para a ciência moderna.

Maomé estimulou a construção de uma simplória casa de oração de tijolos de barro secos ao sol. Um pátio à frente abrigava os sem-teto.

E ele sempre contava uma fábula:

Quando Deus criou a Terra, tudo estremeceu porque nada estava fixado, e assim Deus colocou as montanhas onde agora estão para manter a Terra parada. E os anjos então lhe perguntaram:

– Alá, na criação nada é mais poderoso que as montanhas?

– O ferro pode quebrar montanhas.

– Há algo na criação mais forte que o ferro?

– O fogo derrete o ferro.

– Há algo mais poderoso que o fogo?

– A água apaga o fogo.

– Há algo mais forte que a água?

– O vento domina a água.

– Há algo mais poderoso na Terra que o misericordioso Deus?

E Alá então respondeu:

– O piedoso que dá esmola é o que há de mais belo na Criação. Se a esmola é dada com a mão direita, sem que a mão esquerda saiba, essa pessoa é mais forte e mais poderosa que todas as coisas.

Aos 52 anos, Maomé se deu conta de que o mundo precisava ouvir uma mensagem. Acontece que as pessoas eram corruptas, idólatras e viviam na miséria. Se Salomão falara com muita sabedoria e Jesus fora gentil e realizara milagres, Maomé percebia que não obtinha êxito na tentativa de transformar todos os povos do mundo em seguidores do Deus único.

Assim, proclamou que aquele que quisesse servir a Deus e ao Seu mensageiro deveria se reunir no poço próximo a Medina. Chegaram trezentos homens, carregando consigo apenas dois cavalos e setenta camelos.

Já os inimigos de Maomé reuniram um exército de dois mil homens. As duas tropas se enfrentaram. Maomé ergueu a bandeira negra de guerra e jogou um punhado de areia em direção aos inimigos, dizendo:

– Que teus rostos sejam cobertos pela confusão. – O vento carregou a areia e trouxe os anjos ao horizonte, lançando terror no coração dos incrédulos.

Foi encontrada uma estranha espada com duas lâminas de seis metros de comprimento na areia, e Maomé a empunhou. O inimigo prostrou-se perante ele e seus homens.

– Hoje, os anjos de Deus nos trouxeram a vitória – ele disse mais tarde.[3]

Quando Maomé entrou triunfante em Meca, atravessou as ruas desertas direto à Caaba e circulou-a sete vezes. Depois pegou seu cajado e despedaçou os ídolos na poeira, sem poupar sequer a estátua de Abraão.

Logo o povo percebeu que Maomé não queria fazer mal a ninguém e começou a sair dos esconderijos. Enquanto observavam os entulhos dos ídolos quebrados, ecoou um som que fez com que todos olhassem para o alto.

– Levantem-se em oração, pois a oração é melhor que o sono.

Era um homem negro, um ex-escravo a quem Maomé concedera a honra de fazer o primeiro *muezzin*.

Maomé morreu em 632. Houve relatos de um insólito ancião de barba branca que apareceu após o funeral. Foi visto pela primeira vez por trás da multidão, mas logo se moveu rapidamente por entre as pessoas, até se colocar ao lado do corpo, onde prestou condolências aos companheiros mais próximos de Maomé.

Depois que o ancião desapareceu, os pares de Maomé disseram que tinham conversado com Khdir.

Já encontramos esse ancião anteriormente. Ele é o fio verde que perpassa este livro.

26

Carlos Magno e os paladinos da dor

O Islã se disseminou até o Norte da Europa, onde a maré se viu detida e trazida de volta por Carlos Magno, imperador do Sacro Império Romano. Na condição de maior herói militar da história cristã, ele lutou para defender o que Constantino estabelecera.

Com olhos azuis penetrantes, Carlos Magno tinha mais de dois metros de altura e era seguido por 12 paladinos (senhores nobres), sendo que um deles era traidor.

Após sete anos de combates, Carlos Magno dominou os muçulmanos da Espanha e se fez senhor de todos, exceto de um pequeno enclave próximo a Saragoça.

Forçado a pedir a paz, o rei muçulmano enviou emissários até Carlos Magno. Encontraram-no sentado sobre um trono de ouro em um pomar. Já estava de barba branca, mas ainda era bonito e mantinha um porte viril e orgulhoso. Os emissários entregaram-lhe a seguinte mensagem: "Se você deixar de lado essa guerra infeliz e retornar para a França, ganhará de nosso rei 400 mulas carregadas de ouro e 50 carradas de prata, e ainda ursos, leões, 700 camelos e 1.000 falcões. E o rei também irá a Aix para ser batizado."

Carlos Magno consultou os paladinos e aceitou a oferta.

Acontece que o rei sarraceno também negociou secretamente com Ganelon, o Judas entre os paladinos.

– O que acha de Carlos Magno? – o rei sarraceno perguntou ao paladino. – Por quantas terras ele carregou aquela velha carcaça? É estranho como parece nunca se cansar do combate.

Ganelon respondeu que Carlos Magno nunca desistiria de uma guerra enquanto estivesse acompanhado pelo seu cavaleiro favorito – seu sobrinho e braço direito.

– Rolando é quem dá ao velho o gosto pela guerra – acrescentou o paladino.

Eles então elaboraram um plano. Ganelon aconselhou Carlos Magno a colocar Rolando no comando de uma retaguarda que se postaria nas proximidades da entrada para os Pireneus, um lugar chamado vale dos Espinhos. Rolando se incumbiria de proteger a retaguarda enquanto o exército francês seguiria um caminho ao longo do estreito da montanha, de volta à França.

Ocorre que Rolando colocou-se de pé sobre uma rocha alta e acenou enquanto observava o recuo do exército francês. A tropa estava a ponto de sumir de vista quando Carlos Magno acenou de volta, olhando para a frente em seguida e fazendo o exército retomar a marcha. O solo tremeu sob o tropel pesado dos cavalos e o imperador chorou silenciosamente. Na noite anterior, ele sonhara que caçava nas florestas das Ardennas e era atacado por um javali e um leopardo, e agora se preocupava com a segurança do sobrinho.

Cinquenta quilômetros depois, os soldados franceses chegaram ao trecho de entrada do outro lado dos Pireneus e soltaram um grito de alegria quando avistaram à frente os campos ensolarados da França.

A essa altura Rolando já tinha descido do alto da rocha e se juntado à sua tropa. Os vales estavam sombrios, mas os escudos dos soldados de Rolando brilhavam ao sol de um céu azul.

De repente, soaram centenas de trombetas. Oliver, cavaleiro e irmão de Rolando, escalou um pinheiro e observou o vale atrás da tropa. Milhares e milhares de soldados sarracenos se aproximavam. Eles tinham caminhado para uma armadilha.

– Rolando, meu irmão, sopre o chifre, por favor. Carlos Magno ouvirá e virá em nosso socorro.

– Não preciso de ajuda alguma, a não ser de minha espada durindana – disse Rolando.

Durindana era uma espada maravilhosa que pertencera a Heitor.

— Observe-a. Ela estará flamejando na parte mais pesada do combate, e depois estará tingida de sangue sarraceno – acrescentou Rolando.

— Mas o exército deles é grande demais – retrucou Oliver. – Nunca poderemos combater sob tamanha adversidade. Irmão, por favor, sopre o chifre de marfim.

— Não diga mais nada – disse Rolando. – O próprio imperador nos confiou essa missão.

— Rolando, pelo amor de Deus, sopre o chifre!

Mas Rolando apontou a durindana para o céu aos gritos:

— O dia será nosso!

Em seguida, desembainharam-se milhares de espadas, enquanto os sarracenos enxameavam por sobre as rochas para travar a batalha. Cercaram os franceses por todos os lados e logo restavam apenas sessenta franceses.

Finalmente, Rolando levou o chifre aos lábios e o sopro de um poderoso som ecoou pelas gargantas estreitas até ser ouvido a cinquenta quilômetros de distância.

— O chifre de Rolando! – exclamou Carlos Magno. – Ele está em apuros!

— Você está ficando velho e de coração mole – disse Ganelon, cavalgando próximo ao imperador. – Não seja indulgente demais. Rolando gosta de soprar o chifre. Faz isso o tempo todo.

O chifre soou novamente.

— Não se preocupe – continuou Ganelon. – Ele só está caçando.

Rolando soprou o chifre uma terceira vez. Fez isso com tanta força que os vasos sanguíneos de suas têmporas estouraram e o sangue verteu de sua boca e suas orelhas.

Carlos Magno notou que Ganelon vacilava e se deu conta de que tinha sido enganado. Ordenou que o encarcerassem – lidaria com ele mais tarde – e que o grande exército desse meia-volta e seguisse em socorro de Rolando.

Algum tempo depois, ele observou a distância que restavam apenas dois franceses de pé, cercados por todos os lados. Ordenou que os trombeteiros soprassem as trombetas e, quando os sarracenos perceberam o que estava por vir, fizeram um último e frenético esforço para matar Rolando, pois se ele sobrevivesse, a guerra entre muçulmanos e cristãos duraria para sempre.

Embora à beira da morte, Rolando sentiu-se orgulhoso porque Carlos Magno encontraria quarenta sarracenos mortos para cada francês morto. Foi quando o herói estendeu a mão direita enluvada para o céu e mãos invisíveis desceram e o resgataram.

Carlos Magno chegou ao vale e encontrou apenas pilhas de cadáveres. Avistou uma nuvem de poeira ao longe e ordenou que seus homens partissem em perseguição.

A perseguição terminou quando os sarracenos receberam o reforço de uma frota e a liderança do emir. E dois grandes exércitos se defrontaram numa planície próxima ao mar.

Logo surgiram gigantes entre os sarracenos, com grandes cerdas ao longo da espinha, como os javalis, e homens com peles cuja espessura dispensava o uso de armadura.

Rolando no vale dos Espinhos
(desenho de um vitral da catedral de Chartres).

A batalha se prolongou ao longo daquele dia e pela noite adentro, em meio ao rangido de escudos e cotas de malha entrelaçadas, até que Carlos Magno bradou "*Mountjoie!*", e o emir bradou de volta *"Precieuse!"*, o grito de guerra muçulmano. Ambos reconheceram a voz alta e clara do outro acima do tumulto, e saíram correndo na direção um do outro.

Suas lanças quebraram-se contra seus escudos e ambos se projetaram dos cavalos. Colocaram-se rapidamente de pé e desembainharam as espadas. O emir golpeou o capacete do oponente com a espada e o dividiu ao meio, cortando o cabelo e retraindo a pele do couro cabeludo do imperador na largura de uma mão. Carlos Magno recuou cambaleando e estava prestes a cair quando ouviu a voz de Gabriel.

A visão de Carlos Magno (de uma miniatura em *Chroniques de Saint-Denis*, século XIII).

— Grande rei, o que fazes?

E vendo-se posto em causa, o imperador também encontrou forças para erguer uma última vez a espada *joyeuse* e golpear o capacete incrustado de pedras preciosas do emir, cortando-lhe a cabeça em duas, até a barba, e perfurando-lhe o cérebro com a espada.

A batalha estava ganha.

Já de volta a casa e deitado na cama, Carlos Magno recebeu uma outra visita do arcanjo.

— Carlos Magno, convoque o exército novamente para resgatar um outro rei cristão...

— Ó Deus, que vida de trabalho é a minha! — disse Carlos Magno aos prantos, até ensopar a barba de lágrimas.[1]

Observamos anteriormente que as proporções do Templo de Salomão eram bem mais modestas do que imaginamos. E sem dúvida alguma as batalhas durante o cerco de Troia ocorreram em uma escala bem menor que a imaginada por Hollywood, assim como a história nos diz que na realidade a batalha no vale dos Espinhos não passou de uma simples escaramuça. As magníficas visões que chegam até nossos dias são bem maiores e mais significativas do que talvez tenham sido se estivéssemos observando os acontecimentos com nossos próprios olhos. Isso porque descrevem a irrupção do mundo espiritual no mundo material, com a dissolução do limite entre os dois mundos e a intervenção de deuses e anjos nos assuntos humanos.

Já vimos que uma crescente ponta de lança na evolução espiritual da humanidade passa de uma civilização para outra, do Tibete e a Índia até a Pérsia, a Suméria e o Egito, e dos judeus aos gregos e de Roma a Jerusalém e à Arábia. Assim, se o cerco a Troia marca o início da ascensão da civilização grega, a batalha no vale dos Espinhos marca o início da ascensão da civilização europeia à medida que o avanço do Islã é finalmente demarcado.

Contudo, paradoxalmente, o grande florescimento da cultura europeia se dá a partir de sementes islâmicas. Sabe-se que Carlos Magno trocou presentes com Haroun al Raschid, o califa dos *Contos das mil e uma noites* que lhe enviou alguns brinquedos mecânicos, que além de notáveis eram bem diferentes de tudo já visto na Europa. Muito se escreveu sobre a preservação e o desenvolvimento de ideias e técnicas científicas por parte dos intelectuais árabes que mais tarde se tornaram fundamentais para a revolução científica na Europa.[2] Embora a influência árabe no crescimento espiritual europeu – tanto na arte, na literatura e na filosofia, como na evolução da natureza humana em geral – tenha sido mais evanescente, como veremos, nem por isso tornou-se menos esclarecedora e transformadora.

⸺

Maomé listou os sete sinais que podem ser chamados de "amigos de Deus". Semelhantes aos dons do Espírito Santo, os "amigos de Deus" possuem o poder da verdade, de tal modo que ninguém se opõe a eles. Possuem ainda os dons da clarividência e da inspiração. E quem os fere recebe rápida retribuição. Todos os elogiam – exceto os invejosos. Suas orações são sempre respondidas e o maravilhoso os rodeia. Às vezes são vistos desaparecendo repentinamente sob os olhos e outras vezes andando sobre as águas – ou conversando com Khdir.

Khdir é um maravilhoso maestro de tudo que é grandioso, como também de tudo que é íntimo, sendo uma inspiração para os poetas, que por sua vez ajudam todos a enfrentar os grandes medos. Já tivemos a oportunidade de conhecê-lo na confluência de duas águas, quando Moisés encontrou aquele irascível e misterioso ancião.

O místico sufi Ibrahim ibn Adham registrou o seu tempo de vida no deserto.[3] Com fome e com sede, a princípio se alegrou quando se deparou com outro ser humano. Mas rapidamente se deu conta de que aquele velho e pobre eremita não tinha nada a lhe oferecer.

Apesar disso, os dois passaram o dia juntos e à noite o eremita ministrou uma oração na qual relatou o que Ibrahim não devia seguir. Em seguida, Ibrahim baixou os olhos e a tigela estava com alimento e a garrafa com água.

Continuaram juntos por alguns dias, até que o eremita revelou o nome supremo de Deus para Ibrahim e partiu em seguida.

Algum tempo depois, de novo com fome e com sede, e irritado com o lugar que ocupava no mundo, Ibrahim clamou por ajuda, evocando o nome supremo. Na mesma hora alguém o pegou pela cintura e sussurrou:

– Peça e lhe será dado!

Ibrahim tremeu de medo. Mas reconheceu a voz.

– Não tenha medo – disse o velho eremita. – Não lhe farei mal algum. Eu sou o seu irmão Khdir. Mas nunca mais use o nome supremo com raiva, porque isso pode gerar grande destruição neste mundo e no outro...

Dito isso, o ancião desapareceu novamente.

Às vezes identifica-se Khdir com Elias, um mestre invisível do sufismo que preenche uma dimensão mística do Islã, apesar de ter raízes mais antigas que foram absorvidas pelo Islã de tradições espirituais anteriores. Os sufis das montanhas do Cáucaso, na Turquia, registram as suas tradições ali pela época do encontro de Melquisedeque com Abraão.

Geralmente as histórias sobre Khdir envolvem o sobrenatural. Ele se transforma em lenha e flutua rio abaixo. Faz um estudante se lembrar instantaneamente de todo o Corão. Solicita a um homem que mastigue uma maçã e, ao olhá-la, o homem contempla um oceano que se estende do trono de Deus até a Terra e brilha como o sol. Um rei malvado sempre tenta executá-lo, mas ele sempre aparece – e também neste livro esse mágico e extraordinário personagem estará sempre aparecendo.[4]

Dean Stanley, célebre teólogo vitoriano de sua época, encontrou uma capela muçulmana dedicada a Khdir nas cercanias de Sarafand, à beira-mar e ao norte de Tiro. Fascinado, aventurou-se no interior da capela e encontrou uma tumba vazia. Perguntou para alguns camponeses locais por que estava vazia, e eles responderam que Khdir ainda não estava morto e que voava à volta da palavra e que aparecia sempre que era necessário.

Verde é a cor da regeneração. O cavaleiro verde que chegou à corte do rei Arthur foi decapitado, mas "renasceu e espantou todos". Na alquimia, verde é a cor das forças vitais que operam na sutil fronteira entre a mente e a matéria. É a cor da imaginação, que observa a vida interna das coisas e, ao fazê-lo, as transforma.

"A sabedoria desperta a umidade da vegetação e as águas correntes. A sabedoria diz que sou a chuva que nasce do orvalho que faz as gramíneas se deleitarem com a alegria da vida." Nesse escrito de Hildegarde de Bingen, uma freira cristã do século XII, chegamos muito perto do espírito de Khdir.[5]

É um sinal do que está por vir.

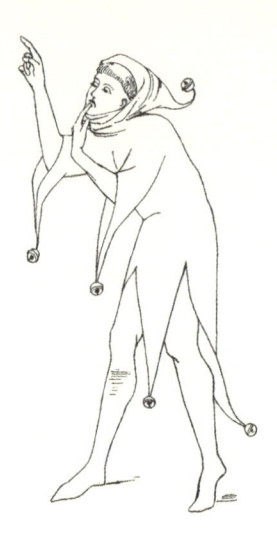

27

Percival se faz de tolo

*"Somente através do coração se vê com clareza;
o essencial é invisível para os olhos."*

Antoine de Saint-Exupéry

Sob a ameaça muçulmana que irrompeu no século VII iniciaram-se as Cruzadas e cristianizou-se a profissão de cavaleiro na condição de cavalheirismo. A princípio o clímax da cerimônia de sagração dos cavaleiros era um toque na cabeça de um escudeiro com uma espada – um eco das cerimônias de iniciação do mundo antigo.

A mãe de Percival determinou-se a nunca revelar que ele era filho de um paladino de Carlos Magno.[1] O marido lutara e morrera com Rolando, de modo que ela queria proteger o filho do encanto da cavalaria e das obrigações da vida na corte.

Mãe e filho habitavam um mundo só deles, vivendo nos bosques, onde ninguém poderia encontrá-los. A mãe vestia o seu pequeno menino com um casaco de pele de coelho cujo capuz pontiagudo lembrava o capuz de um bobo. Eles se banhavam no rio e se alimentavam de frutas, bagas, raízes e leite das cabras, até que o menino atingiu uma idade apropriada para fabricar um arco e caçar ovos de aves e pequenos cervos. A mãe notou que o filho crescia forte e bonito e que era um veloz corredor.

Certo dia de primavera, Percival estava sozinho na clareira de uma floresta quando ouviu um estranho tilintar. Três cavaleiros de armadura entravam na clareira. Para ele, aqueles cavaleiros em armaduras de ouro e prata que resplandeciam sob os raios de sol e atravessavam por entre as árvores eram os anjos mencionados pela mãe. Isso porque até então ele nunca tinha visto um homem.

Mesmo sendo debochado amavelmente pelos cavaleiros, Percival se determinou a ser como eles.

Isso deixou a mãe inconsolável. Pois ele finalmente partiria para encontrar um lugar no mundo. Mas ela sabia que o deixaria partir e o aconselhou a honrar e servir a todas as mulheres e a ser cortês com todos os homens, e a evitar caminhos inexplorados e entrar em cada igreja que visse.

Quando Percival deixou a casa na floresta, só restou à mãe despedir-se com um beijo amoroso e um sorriso.

Nas suas andanças, Percival chegou à caverna de um eremita, que o aconselhou a não fazer menções enfáticas sobre a mãe e o equipou com um cavalo e uma lança.

– A vida é um tempo de provas – disse.

Percival queria ser um homem, um cavaleiro, mas não passava de um pobre coitado. Era ridicularizado, especialmente pelas mulheres. Um cavaleiro de armadura vermelha riu às costas dele, chamando-o de jovem caipira com capuz de bobo. Ele tentou se entrosar com um cavaleiro anão que parecia um macaco sobre um galgo, mas o anão destronou o candidato a herói. Certa noite uma linda jovem deitou-se com ele, mas ele não soube o que fazer.

Com muita inquietude, ele decidiu retornar brevemente a casa na floresta, sem saber que a mãe tinha morrido de desgosto. Mas acabou se perdendo e não conseguiu encontrar o caminho de volta para a floresta dos seus tempos de menino.

O rei pescador.

Certa noite Percival cavalgava à margem de um lago cinzento e enevoado e encontrou um velho pescador cuja palidez e tristeza eram tão cinzentas quanto a névoa. Perguntou se havia algum lugar nas proximidades onde poderia encontrar comida e abrigo para uma noite, e o pescador disse que se ele seguisse a margem do lago, encontraria um castelo, onde seria tratado com gentileza.

Percival seguiu na direção indicada pelo pescador. Era um castelo distante e estava escuro quando ele chegou, mas aparentemente os servos o esperavam. Levaram o cavalo para ser alimentado e regado, e conduziram Percival até um grande salão iluminado.

Quatrocentos cavaleiros estavam à mesa. Todos com barba e com cotas de malha brancas que ostentavam o emblema da cruz vermelha. Observaram com ar solene e silencioso enquanto Percival era conduzido pelos servos até o extremo da mesa ao lado da lareira, onde um senhor envolto em pele negra estava sentado sobre um trono de madeira.

Percival aproximou-se e surpreendeu-se ao descobrir que aquele senhor do castelo era o pescador com quem conversara anteriormente. Mesmo sentado ao lado da lareira, tremia de frio como se estivesse sofrendo de alguma doença.

– Há muito o esperávamos – o velho acenou para o jovem sentado ao lado.

Só então Percival sentiu um odor de doença no salão.

Nesse momento entrou um criado com uma lança na mão. Todos observaram em silêncio enquanto ele caminhava e só quando chegou à cabeceira da mesa é que Percival notou uma gota de sangue na ponta da lança.

Pensou em interrogar o anfitrião sobre o significado da cerimônia, mas o servo retirou-se com a lança ao mesmo tempo que uma procissão entrava no salão. Isso o deixou impressionado e silencioso. Duas mulheres nobremente vestidas seguravam candelabros dourados, cada qual com sete velas.

Em seguida uma terceira mulher, também nobremente vestida, percorreu o salão com uma tigela de ouro na mão.

Embora impressionado com a solenidade, Percival estava preocupado. Todos pareciam compreender o significado da cerimônia e ele se perguntava se também não deveria compreendê-lo. Todos pareciam observá-lo com expectativa e ele não fazia ideia de como se comportar. Queria fazer perguntas, mas se intimidava porque talvez fosse melhor continuar em silêncio como os 400 cavaleiros.

Retiraram a tigela do salão e serviram o jantar, degustado por todos em silêncio.

E depois um exército de olhares ansiosos voltou-se para Percival, que por sua vez continuou em silêncio e sem saber o que dizer. Decepcionado, o anfitrião levantou-se e saiu arrastando os pés apoiado por dois criados.

Surgiram dois outros criados, que escoltaram Percival até um quarto. Antes de deixarem o salão, abriram uma porta e apontaram para uma sala ao lado. Lá dentro, à frente de uma enorme tapeçaria que estampava a cena de uma batalha, um homem antiquíssimo com um rosto ainda bonito envolto em cachos brancos estava deitado sobre um sofá. Parecia semiconsciente e seus lábios tremiam e murmuravam palavras indistinguíveis para Percival.

Naquela noite ele teve sonhos perturbadores, e até mesmo demoníacos, onde era atacado por bicos e garras que o faziam acordar com os olhos turvos.

De manhã, surpreendentemente nenhum criado apareceu para ajudá-lo a se preparar. E quando ele saiu do quarto não havia sinal algum de vida. Chamou por alguém e não obteve resposta. O lugar parecia completamente deserto.

Percival tentou abrir várias portas e todas estavam trancadas.

Até que encontrou uma porta destrancada, que dava para uma outra câmara, onde de novo todas as portas estavam trancadas, exceto uma. Por fim, depois de ter entrado em diversos aposentos e de ter passado pelas portas destrancadas, ele chegou ao pátio principal, onde um cavalo selado estava à sua espera.

Ele atravessou uma ponte levadiça, que se fechou atrás e ouviu uma voz:

– Maldito seja esse escolhido que não faz o grande trabalho que deve ser feito. Vá e não volte mais!

Percival olhou para o alto e entreviu um clarão de olhos verdes por entre as ameias.

Quando ele partiu, começou a nevar. Ele cavalgou com uma sensação de esmagamento, fracasso e decepção.

Cinco anos depois de uma série de aventuras desconexas, Percival finalmente encontrou um cavaleiro, que o convidou a participar de um grupo de cavaleiros. Era o que ele vinha desejando desde o dia em que, vestido com peles de coelho, encontrara aqueles três cavaleiros que cavalgavam na floresta.

Contudo, quando as trombetas dos arautos anunciaram a sagração de Percival como cavaleiro, um vulto com o rosto coberto por um véu irrompeu à corte montado sobre um burro.

O vulto jogou o véu para trás e deixou à vista um nariz aquilino como um bico e uma pele acastanhada como uma folha de inverno. Seus olhos refletiram um verde diabólico quando disse:

– Percival é indigno da honra que pretendem conceder a ele. Foi escolhido para a maior jornada de todo cavaleiro e fracassou. – O estranho acrescentou para os cavaleiros que, quando imberbe, Percival insensivelmente deixara a mãe morrer e que ela morrera amaldiçoando-o.

Percival abaixou a cabeça com o escárnio das damas da corte por mais aquela humilhação.

Apesar de tudo, o jovem tolo partiu novamente para outras viagens solitárias. Acima de tudo, queria retornar ao castelo do Graal, mas não conseguia refazer os passos. Era como se estivesse participando de um jogo de xadrez com uma inteligência infinitamente maior que a dele.

Naqueles dias os invernos estavam mais duros e mais longos e pareciam ocupar a maior parte do ano. E com as lavouras danificadas o povo estava desesperadamente faminto.

Percival perambulava ao entardecer por um deserto cinzento e frio quando conheceu um grupo de peregrinos descalços que rezavam pelo perdão e pelo fim dos tempos ruins. Repreendido porque portava armas naquele dia santo, ele disse que tinha perdido a noção do tempo e que não tinha percebido que era um dia santo, mas que se arrependia muito por isso. Frente a tal veemência, os peregrinos o perdoaram com um sorriso gentil.

Ele então se lembrou da recomendação da mãe para que entrasse em cada igreja que encontrasse, e pediu que lhe indicassem uma ermida porque queria rezar.

Percival chegou a uma pequena edificação branca com telhado de palha dentro de um bosque de árvores de piricanto. Os frutos brilhavam como luzes fantasmagóricas ao pôr do sol.

Exausto e congelado até os ossos, ele se arrastou e bateu à porta, que se abriu prontamente. Inclinou-se para entrar e surpreendeu-se ao encontrar um eremita de estatura alta e aparência nobre. O eremita apontou para um leito de musgo e ele agradeceu e adormeceu tão logo se deitou de tão cansado que estava.

Merlin – o encantador encantado
(fragmento de um manuscrito medieval de Limoges).

De manhã, Percival observou uma espada com um elaborado punho dourado pendurada à parede e perguntou a quem pertencia. O eremita disse que tinha pertencido a um cavaleiro que levava uma vida louca de prazeres e que combatia pela fama, a riqueza e o amor das mulheres. O tal cavaleiro era irmão de um homem chamado Amfortas e ambos tinham sido parceiros de crime, até o dia em que uma lança envenenada feriu Amfortas nos órgãos genitais. Segundo o eremita, Amfortas ainda padecia de muita dor e seu único desejo era morrer. Enquanto isso ele continuava muito doente para viver, mas não doente o suficiente para morrer.

Depois de explicar que os dois eram netos de um rei chamado Titurel, o eremita continuou contando a história...

Certa manhã de primavera, Titurel caminhava pela mata, a caminho de casa, depois de uma batalha contra os sarracenos quando de repente se sentiu conversando com Deus através do canto dos pássaros, do farfalhar da folhagem e do murmúrio do rio. A certa altura surpreendentemente uma nuvem irrompeu do céu azul com uma velocidade espantosa em direção a ele.

Logo a voz de um anjo ecoou da nuvem, dizendo-lhe que ele tinha sido eleito para construir um castelo em Montsalvaat para guardar o Santo Graal...

E assim Titurel e sua família tornaram-se guardiões do Graal. Mas a família acabou seguindo por maus caminhos e, por consequência, Amfortas – o neto de Titurel – e a própria terra agora definhavam com a doença.

Titurel rezava continuamente. Pois uma profecia lhe informara que um escolhido, um autêntico tolo estava prestes a chegar com mente compassiva e curiosa – e que se o escolhido fizesse a pergunta certa antes do anoitecer, o feitiço do mal que afligia a família e a terra seria quebrado. O ferimento de Amfortas seria curado e o sangue selvagem, purificado, trazendo de novo a primavera para o deserto.

O eremita então explicou para Percival que ninguém poderia encontrar o castelo do Graal com a *intenção* de encontrá-lo. O castelo é que o encontraria.

Com o intelecto que tinha, Percival talvez não tenha entendido tudo, mas entendeu no fundo do coração.

– O Todo-Misericordioso só fala aos que O acolheram no coração – acrescentou o eremita, dizendo em seguida que a mãe de Percival o abençoara quando morrera pouco depois que ele saíra de casa na floresta. Isso o fez cair em prantos.[2]

Num piscar de olhos, Percival se viu às portas do castelo, onde de novo o aguardavam. Amfortas e os 400 cavaleiros ocupavam os mesmos lugares de antes. E de novo o escudeiro entrou com a lança, e depois as donzelas, com os candelabros, e por fim a rainha, com o Graal.[3]

Percival se pôs a rezar.

– Pai misericordioso, e nosso doce Senhor e Salvador, ensine-me o que devo fazer!

Soou o que pareceu ser a voz de um anjo, que disse uma única palavra no ouvido dele: "Pergunte!" Percival então se voltou para Amfortas e perguntou:

– O que o aflige, grande rei?

O Graal resplandeceu de imediato, eclipsando tudo o mais no salão, e só então Percival se deu conta de que Titurel estava ao lado, amparando uma coroa sobre a cabeça. Um raio de sol penetrou por um buraco do telhado e atingiu a coroa, iluminando-a e fazendo-a parecer uma flor a se abrir.

O nome "Percival" significa "aquele que atravessa o vale". Depois de fazer uma jornada para além da dor e da humilhação, Percival finalmente encontrou-se consigo mesmo.

Na história de Percival observamos o despertar de uma sabedoria islâmica genuína na alma europeia. As ideias sufis da vida interior se disseminavam, transformando a cultura e a consciência europeias. De acordo com Ibn Arabi, o grande mestre do sufismo, nós podemos entender a constante mutação do absoluto e do mundo através dos nossos próprios corações. Pois da mesma forma que com a visão interior podemos entender as transformações e evoluções do coração a cada momento fugaz e nos seus inumeráveis estados e dimensões, também podemos entender as operações da divindade.

A grande busca de Percival também é uma viagem interior. Pois aquele que encontra o Graal compreende a evolução de sua própria consciência, assumindo assim uma nova espiritualidade questionadora e compassiva e, consequentemente, descobrindo uma nova direção para o coração e para a humanidade.

28

Contos das mil e uma noites

*Montes de areia, medidas do mar,
Vossos grandes números são bem conhecidos por mim.
Conheço os pensamentos do silêncio,
E as palavras que ouvi pela linguagem não revelada.*

Oráculo de Apolo, profecia dada a Creso

Os *Contos das mil e uma noites* combinam brilhantes descrições do mundo material com pensamento mágico. A história da Cidade de Bronze é uma imagem-espelho da busca de Percival pelo Graal.

Três exploradores – um emir, um vizir e um xeque – e seus servos partiram para um território desconhecido, a fim de encontrar a Cidade de Bronze da fábula.

Após quase dois anos chegaram a uma alta colina, onde encontraram uma estátua de bronze de um cavaleiro com uma lança brilhante, onde se lia a inscrição: "Ó vós que vindes a mim, se não sabeis o caminho que leva à Cidade de Bronze, esfregai a mão do cavaleiro, que se moverá e se deterá, apontando a direção a ser seguida."

Emir Musa esfregou a mão da estátua, cuja lança se moveu e se deteve, apontando para um caminho.

Os exploradores continuaram a jornada por uma vasta e desolada planície, até se depararem com uma coluna de pedra da qual se projetavam duas asas e quatro patas de leão também de pedra. No alto do pilar, dois olhos queimavam como brasa e, no meio, um terceiro olho, verde como de lince. Pareceu que uma voz falava com eles, indicando a presença de um *jinn* aprisionado no pilar por Salomão. Eles pediram informações sobre a Cidade de Bronze e retomaram a caminhada.

Uma noite avistaram um objeto negro ladeado por chamas entre duas colinas no horizonte. Uma das colinas lembrava o que *O livro dos tesouros escondidos* descrevia sobre a Cidade de Bronze, ela tinha muros negros com dois grandes pilares de bronze. Os pilares que estavam observando eram como fogo à luz do sol. Eles haviam encontrado a Cidade de Bronze!

À medida que se aproximavam, a cidade se elevava. Os muros mediam cerca de oitenta côvados de altura e eram bem construídos. Segundo *O livro dos tesouros escondidos* havia 25 portões, mas os exploradores não os encontraram e gritaram a plenos pulmões, sem obter resposta.

Resolveram escalar a colina mais próxima para observar a cidade. Avistaram cúpulas brilhantes, pavilhões, palácios e copas de árvores. Aguçaram os ouvidos, mas não ouviram nada, senão o fluxo das águas de um rio e a agitação de tendas ao vento.

O vizir então propôs que construíssem uma escada. Os servos construíram uma sólida escada de madeira e ferro e a colocaram contra a parede.

Um dos servos se ofereceu como voluntário. Subiu até o topo e de cima do muro espreitou a cidade lá embaixo. De repente, começou a bater palmas e disse aos gritos:

– Como você é linda! – Em seguida atirou-se em direção à cidade e à morte.

Um segundo criado também subiu e aconteceu o mesmo.

O xeque insistiu que ele mesmo subiria a escada "em nome de Deus, o Compassivo, o Misericordioso". E ao atingir o topo também começou a bater palmas.

– Não faça isso, não faça isso! – gritou o emir.

O xeque retrucou aos risos:

– Deus me salvou do artifício do Diabo porque recitei "em nome de Deus, o Compassivo, o Misericordioso".

– Xeque, o que está vendo?

– Ao chegar aqui no topo avistei dez donzelas belas como a lua que me chamaram, como se dissessem: "Venha até nós." Foi quando pensei ter visto um rio onde poderia mergulhar para me juntar a elas, mas continuei recitando e o rio desapareceu e apareceram os corpos esmagados dos nossos criados.

O xeque caminhou ao longo do topo do muro e chegou a uma das torres de bronze, onde se viu diante de dois portões de ouro, aparentemente sem maçaneta e sem cadeado. Olhou mais de perto e, moldado no portão, uma das mãos na imagem de um pequeno cavaleiro apontava para fora da superfície. E nessa mão se lia uma inscrição: "Gire 12 vezes o pino no meio do corpo do cavaleiro e os portões se abrirão."

A princípio, ele não encontrou o pino, mas olhou melhor e o encontrou firme e fixo. Girou 12 vezes, e os portões se abriram como um trovão.

O xeque caminhou por uma longa passagem adentro até chegar a uma escada.

Ele desceu a escada e chegou a uma sala, onde alguns homens com vestes de guardas estavam estendidos em bancos, com escudos sobre a cabeça e armados de espadas, arcos e flechas. Todos estavam petrificados – mortos.

O xeque pensou que talvez pudesse encontrar as chaves da cidade com eles. E ao revirar as vestes do homem mais velho, encontrou um molho de chaves pendurado no cinto.

O xeque saiu caminhando com cuidado em direção a um portão no pé da torre de bronze. Introduziu a chave de bronze maior no delicado e complexo mecanismo da fechadura, e os grandes portões de bronze se abriram após um zumbido e um clique sem fazer barulho.

Tanto o emir como o vizir e os outros que aguardavam do lado de fora saudaram o xeque com alegria. Eles entraram na cidade, cruzando com camareiros e tenentes mortos em cima de camas de seda, e depois entraram no mercado, cujas lojas ocupavam todos os lados e em muitos níveis, sendo que algumas avançavam pelas calçadas. Todas as lojas estavam abertas, com fileiras de utensílios de bronze alinhados em ordem de tamanho. Os comerciantes também estavam estendidos no interior das lojas, como se estivessem dormindo, se bem que todos estavam mortos.

Os exploradores encontraram um magnífico palácio ultramarino do outro lado do mercado. Aventuraram-se pelo interior do palácio e chega-

Ilustração para uma edição de *Contos das mil e uma noites*, de 1870.

ram a um grande salão decorado em ouro e prata. No centro do salão, rodeada por fontes menores, havia uma grande fonte de alabastro sobre a qual pendia um dossel de brocado. Canais de água fluíam ao longo do piso – quatro córregos que evocavam os quatro rios do paraíso desaguavam em um grande tanque de mármore.

Notaram uma porta de marfim e ébano com um delicado cadeado de prata branca adornada com placas de ouro e sobre ela pendia uma cortina de seda. O xeque rapidamente abriu a porta e à frente surgiu uma passagem pavimentada de mármore, com cortinas de correr ao longo de ambos os lados, estampando aves e animais selvagens bordados em fios de ouro e prata.

Eles seguiram até o final da passagem e chegaram a um aposento de mármore tão polido que o piso parecia feito de água corrente. No meio do teto havia uma gigantesca cúpula dourada. Ao entrar no aposento descobriram um caramanchão erguido em colunas de ouro vermelho. Lá dentro, pássaros confeccionados de ouro e esmeraldas dispostos em torno de uma fonte. Próximo à fonte, havia um sofá em que se sentava uma garota cuja beleza irradiava como o sol, com cabelos pretos, bochechas rosadas e olhos que dançavam com a luz. Seu vestido era de pérolas brilhantes e sua testa apoiava uma coroa de ouro vermelho, com duas gemas amarelas brilhantes.

O emir e seus amigos nunca tinham visto uma garota tão bonita. E entreolharam-se com a mesma pergunta queimando no coração: ela seria a única sobrevivente na Cidade de Bronze?

Ou havia outros sobreviventes? Ela estava ladeada por dois escravos, pelo que parecia, um branco com uma lança de aço e o outro negro, com uma espada ricamente ornada. Embora com as armas erguidas, estavam imóveis como estátuas...

– A paz esteja convosco, ó donzela! – disse o emir.

– Você deve saber que essa moça está morta! Não há vida nela – retrucou o vizir.

– Ela me olhou com amor! Seus olhos brilharam de alegria! Nunca vi ninguém com tanta vida!

– Foi muito bem embalsamada – disse o vizir. – Retiraram seus olhos e introduziram mercúrio para que brilhassem e depois o recolocaram.

O xeque deu um passo à frente para ler uma inscrição na barra de ouro sob os pés da garota:

Todas as coisas do mundo são emprestadas, e o mundo sempre pega de volta o que empresta. O mundo é como uma visão confusa no sonho de um sonhador. Onde está Adão, pai da humanidade? Onde estão Noé e seus descendentes? Onde estão os reis da Índia e do Iraque? Onde estão os césares?

Eu sou Tedmur, filha do rei dos amalequitas. Fui justa e imparcial com todos os súditos, e eles desfrutaram uma vida feliz e cômoda. Construí uma cidade de bronze inexpugnável para que todos estivessem a salvo, e abri lojas com estoques abundantes para que nunca houvesse desabastecimento.

Mas um dia o exterminador das delícias irrompeu entre nós, separando amigos, desolando moradas e destruindo todas as criaturas grandes e pequenas.

Não esperes que não se faça troça de ti, filho de Adão.

O emir tentou impedir a passagem do vizir, que se apressou em subir os degraus e estendeu a mão para tirar uma das joias da testa da princesa. Foi quando descobriram que os escravos não eram estátuas e sim autômatos. Pois um deles cravou a lança nas costas do vizir e o outro o decapitou com um movimento rápido da espada.

O que a história de Percival expressa é que se pode encontrar o verdadeiro eu no coração do cosmos, o princípio criador do cosmos. E o que a história da Cidade de Bronze indica é que no centro de tudo está a morte.[1]

A semente da mostarda e a semente da morte.

⌒

Omar era um rico comerciante no Cairo. Depois de sua morte descobriu-se que ele dividira a fortuna em quatro partes – entre os três filhos e a esposa. Mas os dois filhos mais velhos se apressaram em se apossar das partes que lhes cabiam, e depois tentaram se apropriar da parte do irmão, Judar, colocando o caso em diversos tribunais e levando todos ao desamparo. Então, Judar passou a viver com a mãe e todo dia pescava nas margens do Nilo para ganhar alguns trocados. Os irmãos se tornaram pedintes miseráveis e Judar também os amparou em sua casa. Os dois irmãos mais velhos não faziam nada para ajudar e ainda assim se ressentiam por viverem da caridade do irmão mais novo.

Até que aconteceu de Judar passar por uma fase ruim. Durante vários dias não pescou um único peixe, nem mesmo um simples bagre. Isso o levou a pescar no distante lago Karun, onde um rico comerciante chamado Abdul o procurou.

Abdul explicou que seu pai fora um estudante de magia que deixara como bem mais valioso o livro *As fábulas dos antigos*, com detalhes de todos os grandes tesouros escondidos do mundo – e de como encontrá-los. O maior tesouro de todos pertencera ao mago Al-Shamardal e abrangia um planisfério celeste, um anel com um selo e um frasco de unguento. Quem passasse o unguento sobre os olhos poderia ver onde todos os outros tesouros da Terra estavam enterrados! O pai de Abdul tentara encontrá-lo, mas os *jinn* vermelhos que o guardavam souberam disso e o ocultaram no fundo do lago Karun. Antes de morrer, o pai consultara um astrólogo, que lhe dissera que o tesouro de Al-Shamardal só poderia ser resgatado com a ajuda do filho de Omar, um jovem pescador do Cairo chamado Judar.

Judar explicou que não poderia deixar a mãe entregue à própria sorte, e Abdul lhe deu uma grande soma de dinheiro para deixar com ela.

Judar fez isso e, ao retornar, Abdul lhe disse:

– Monte na garupa do meu cavalo.

Eles cavalgaram juntos até a hora da oração no meio da tarde, quando pararam para se alimentar.

Cavalgaram assim por quatro dias, até que Judar reparou que sempre havia muita comida e bebida nos alforjes, embora nunca tivesse visto Abdul reabastecê-los.

– Judar, hoje é o dia que o astrólogo apontou como propício para a recuperação do tesouro – disse Abdul certa manhã.

Continuaram cavalgando e chegaram a um rio ao meio-dia. Abdul tirou três cornalinas do alforje e introduziu-as em uma varinha oca. Em seguida tirou um prato e porções de carvão e de incenso.

– Daqui a pouco farei as conjurações e fumigações necessárias, mas uma vez que tenha começado, não poderei falar, senão o encanto será quebrado – disse Abdul. – Então, ouça com muita atenção o que vou dizer.

– Estou ouvindo – disse Judar.

Abdul passou-lhe as instruções do livro *As fábulas dos antigos*.

– Depois que eu tiver recitado o encantamento e jogado o incenso sobre o fogo, a água do leito do rio secará e surgirá à vista uma porta de ouro, com duas argolas de metal. Dê três batidas rápidas e uma voz perguntará: "Quem bate à porta do tesouro sem saber como resolver os segredos?" E você responderá: "Eu sou Judar, filho de Omar." A porta se abrirá e um vulto com uma espada flamejante na mão virá em sua direção, dizendo: "Se você é mesmo esse homem, estenda o pescoço para que eu possa cortar sua cabeça." Estenda o pescoço sem medo algum, pois ele se tornará uma alma sem corpo quando erguer a mão para feri-lo com a espada. Mas o matará se você contrariá-lo.

"Depois que fizer isso, atravesse o túnel e uma outra porta se abrirá mais à frente, de onde dois dragões irão abrir a boca e voar em sua direção. Estenda as mãos e eles morrerão depois que as morderem. Mas se você resistir, eles acabarão com você.

"Continue em frente e bata à última porta, de onde sua mãe lhe dirá: 'Bem-vindo, filho! Aproxime-se para que possa cumprimentá-lo!' Apenas lhe diga: 'Afaste-se de mim e tire as roupas.' Ela responderá: 'Oh, filho, sou sua mãe... por que me quer despida?' Você deverá brandir a espada e repetir: 'Tire as roupas!' Ela vai adulá-lo e se humilhar, mas não se deixe seduzir e ameace-a com a morte até que ela se dispa e tombe ao solo. Só então o feitiço estará quebrado e os encantamentos, desfeitos. E sua vida estará salva.

"Depois, entre na sala do tesouro, onde encontrará pilhas de ouro. Deixe isso de lado e procure uma cortina no final do corredor. Abra a cortina e estará diante do feiticeiro Al-Shamardal."

– Será que suportarei tantos terrores? – perguntou Judar.

– Não tema, porque não passam de aparências sem vida.

Judar fez tudo que lhe foi dito e tudo correu como tinha dito Abdul, até que ele chegou à última porta.

– Fico feliz por vê-lo, filho.

– Quem é você?

– Oh, filho, sou sua mãe. Carreguei você no ventre durante nove meses e depois o amamentei e o criei.

– Tire as roupas.

– Você é meu filho. Por que me quer despida?

– Tire as roupas ou lhe cortarei a cabeça com esta espada.

Ele redobrou as ameaças e ela tirou algumas peças da roupa.

– Tire o resto!

Ela começou a tirar as outras peças lentamente, suplicando o tempo todo, até só restar uma última peça de baixo.

– Você quer mesmo me envergonhar e me desonrar? Isso é ilegal, filho.

Judar já não aguentava mais e se deteve.

– Você está certa. Não precisa despir essa última peça.

– Ele falhou! – ela disse aos gritos. – Ele não é um homem de verdade. Acabem com ele!

Os demônios então o cobriram com golpes e o arrastaram pelos corredores e pelas portas e, quando o ejetaram para a luz do dia, as águas do rio fecharam-se junto com uma última porta.

– Não o avisei para não se desviar de minhas instruções? E agora terá que ficar comigo até este mesmo dia do ano que vem – disse Abdul, acrescentando que se daquela vez Judar escapara com vida, se vacilasse pela segunda vez certamente seria morto.

Um ano depois, Judar submeteu-se à mesma prova, até que a mãe lhe surgiu à frente e disse:

– Bem-vindo, meu filho!

Mas dessa vez foi diferente.

– Como ousa me chamar de filho, espírito maldito? – disse Judar, fazendo-a tirar todas as roupas até morrer.

E depois Judar entrou no salão dos tesouros e lá estava o feiticeiro Al-Shamardal num sofá de ouro, com o anel no dedo, o planisfério celeste pairando sobre a cabeça e o frasco contra o peito. Tão logo os tirou do adormecimento, Judar se viu varrido de volta ao solo.

– Peça o que quiser, e não se acanhe, porque você fez por merecer – disse Abdul, abraçando-o.

– Primeiro peço a Alá e depois a você que me deem aqueles alforjes.

Abdul entregou os alforjes e mais dois outros repletos de ouro e joias, e depois se despediu de Judar, que se foi sobre uma mula, tendo um escravo como guia.

Depois de viajar dia e noite, Abdul entrou no Cairo pelo Portão da Vitória e encontrou a mãe mendigando. Ele se desesperou e quase perdeu a cabeça quando soube que os irmãos tinham roubado tudo o que ela possuía e a colocado na rua para mendigar.

Judar levou a mãe para casa e, com os alimentos que carregava nos alforjes, preparou-lhe uma refeição que vale a pena descrever: frango assado e arroz apimentado; salsichas e pepinos recheados; cordeiro e costelas recheados de carne de carneiro; aletria com amêndoas e nozes picadas e mel e açúcar e frituras e bolos de amêndoas.

Mais tarde, ele construiu um belo palácio e perguntou para a mãe:

– Que tal morar comigo neste palácio?

Só depois de algum tempo é que ele finalmente relaxou satisfeito. Conheceu a filha do rei, com quem se casou por amor, desejo e paixão.

E assim Judar passou a viver no palácio junto à esposa e a mãe. Um eunuco sentado sobre um trono de ouro à frente do palácio repelia os intrusos que queriam causar problemas a Judar.

Em sua obra *The Arabian Nights: A Companion*, o erudito e romancista Robert Irwin faz um paralelo entre as fabulações de Judar e seus irmãos e as aventuras da vida real. Assim como hoje, no Egito da Idade Média a caça ao tesouro também era uma forma popular de ganhar a vida. Os manuais detalhavam as elaboradas armadilhas estabelecidas para ocultar os tesouros nas pirâmides. Um tratado do século XIII descrevia passagens estreitas com enfileiramentos de estátuas empunhando espadas. Os caçadores de tesouros eram aconselhados a tatear o caminho com uma vara longa para se prevenir das armadilhas e das espadas aparentemente inofensivas à frente. O tratado, além de mencionar alçapões, portas giratórias, escadas quebradas e tempestades repentinas, também alertava que eram necessários feitiços para repelir os ataques dos demônios.

No século XV, um sultão recebeu uma visita do xeque al-Dashuti, um santo sufi. O sultão mostrou-se um tanto cético quando discutiram se Maomé realmente teria feito uma jornada pelo céu.

O xeque então argumentou que o sultão dissiparia a dúvida se mergulhasse a cabeça numa bacia de água por um instante. O sultão fez isso e depois disse que experimentara muitas vidas naquele único instante.

O ensaísta do século XIX Thomas de Quincey revelou que desde a infância tinha constantes experiências de onisciência e que mais tarde reforçou as experiências com o uso de drogas. Seriam delírios?

Além de descrever inúmeras visões sobre a interconexão de todas as coisas, Quincey registra que quando perambulava pelas ruas de Londres tinha a sensação de que tudo era preparado para ele como se fosse um jogo. Era como se houvesse uma aranha em algum lugar de Londres que tecia fios invisíveis por todo o globo.

Um outro segmento dos escritos de Quincey sobre um tema semelhante intrigou Borges. No seu livro *Autobiographical Sketches*, Quincey escreve que durante toda a vida esteve fascinado por uma sublime, misteriosa e insondável passagem dos *Contos das mil e uma noites*, cuja grandeza sempre o inquietou:[2]

> Na abertura do conto, um mago que vive nas profundezas da África é apresentado como aquele que encontrou uma lâmpada encantada cujos poderes sobrenaturais estariam acessíveis a qualquer um que a tivesse às mãos. Acontece que a lâmpada está presa em uma câmara subterrânea e só poderá ser libertada pelas mãos de uma criança inocente. Mas isso não é suficiente: a criança deverá ter um mapa astrológico especial escri-

to nas estrelas ou um destino peculiar escrito na sua estrutura interna que a habilite a se apossar da lâmpada. Onde encontrar tal criança? Aonde procurá-la?

O mago sabe: ele encosta o ouvido na terra e ouve os inumeráveis passos que fustigam a superfície do planeta naquele mesmo instante, e em meio a todos os passos distingue a quase 10 mil quilômetros de distância os passos peculiares de uma criança chamada Aladim, que está brincando nas ruas de Bagdá. Através de um poderoso labirinto de passos, os solitários passos do menino são distintamente reconhecidos nas margens do rio Tigre, a dias de distância na marcha de um exército ou de uma caravana. Os passos ouvidos pelo mago o desafiam no fundo do coração, uma vez que são dos pés de um menino inocente cujas mãos só teriam uma chance de alcançar a lâmpada.

Depois de ter considerado os bilhões de passos inúteis pela terra afora e de ter fixado a atenção assassina em alguns passos isolados, o mago malvado recorre a um poder ainda mais insondável de ler naqueles passos apressados um alfabeto de novos e infinitos símbolos. Isso porque o rumor dos pés do menino só é significativo e inteligível à medida que os pulsos do coração, os movimentos voluntários e os fantasmas da mente repercutem nos hieróglifos secretos expressados por aqueles passos apressados. Até mesmo os sons inarticulados e selvagens do mundo guardam em algum lugar idiomas e cifras com chaves, gramáticas e sintaxes correspondentes, de modo que o mínimo de todas as coisas no universo é um espelho secreto do máximo.

Um dos aspectos que intrigam Borges é que esse episódio não faz parte das versões conhecidas dos *Contos das mil e uma noites*, mas fazia parte da apurada narrativa de crenças místicas da época da qual se originam as narrativas.

O entrelaçamento de todas as coisas, mesmo distantes no espaço e no tempo, é parte integrante da fabulação idealista do cosmos segundo a qual "a mente precede a matéria". De acordo com esse ponto de vista místico, a força unificadora da Grande Mente Cósmica mantém unido todo o universo material. Na tradição judaica, Deus chama o cosmos à existência pelo Verbo e, consequentemente, interliga o cosmos por inteiro, da mesma forma que a língua está interligada – tanto no significado como na intenção. A sequência de letras hebraicas da Torá é a mesma pela qual Deus chama o cosmos à existência.

As ideias místicas que abordam a sintonia com os poderes criativos do cosmos foram preservadas por sociedades secretas cujos membros sempre fizeram alusões a essas ideias nas suas publicações. Honoré de Balzac – romancista francês do século XIX e uma das mais vibrantes imaginações criativas na história da humanidade – apresenta na titânica série de romances *A comédia humana* um amplo e variado cosmos que rivaliza com o cosmos material. O autor refere-se a uma qualidade à qual chama de "especialismo" como "uma fórmula de Deus" e um caminho para o infinito conhecido pelos homens de gênio. Claro que ele pensava em primeira instância em si mesmo:

> O especialismo consiste em vislumbrar a multiplicidade de universos materiais e espirituais em todas as suas ramificações originais e causais. Jesus possuía o dom do especialismo porque vislumbrava em cada fato as origens e os resultados tanto no passado, onde florescia, como no futuro, onde cresceria e se desenvolveria. Era com a visão do especialismo que Jesus compreendia intimamente os seus semelhantes. E o que impulsiona o dom do especialismo é a perfeição do olho interior.

Geralmente por desconhecermos o idealismo temos a impressão de que as reivindicações de sua visão de mundo são caricaturais – sobretudo no que diz respeito ao status ontológico do mundo material. Segundo o idealismo, seria o mundo *de fato* irreal? Será que uma maçã ou uma mesa *deixam de existir* tão logo *deixam de ser* observadas? Tal proposição extrema e improvável aparenta ser uma das implicações que constituem a bagagem do idealismo.

Não se pode negar que durante a história da religião eclodiram impulsos de rejeição e ódio pelo mundo, mas o idealismo abrange um pensamento extremamente sofisticado sobre as diferentes ordens da realidade e da posição ontológica dos objetos e também sobre o conteúdo dos diferentes tipos de experiência – nem mais nem menos do que ocorre no misticismo islâmico.

De acordo com o poeta e filósofo medieval Al-Kashani, tudo que é inteligível, tudo que se estende do mundo invisível ao mundo da experiência sensorial é uma comunicação de Deus. Todo o mundo exterior é uma criação da mente de Deus, de Sua imaginação. Em outras palavras, o mundo físico não é uma ilusão subjetiva – não é uma alucinação subjetiva de ninguém. Pois é acima de tudo uma ilusão objetiva.

O mundo material não é então *pura* ilusão. Não é uma inexistência em lugar nenhum sem condição ontológica. O mundo material possui níveis de realidade porque tudo que existe nos planos inferiores possui correspondentes nos planos superiores e espiritualizados. Nesse sentido o mundo inteiro é uma floresta de símbolos, embora com significados ocultos à inteligência humana cotidiana.

Mas os místicos e os visionários os *apreendem* com os poderes da imaginação para além da normalidade que os sufis chamam de "sonhos verídicos", ou seja, visões de uma realidade mais ampla e mais real. Tais sonhos podem ser interpretados por um trabalho conjunto e harmônico entre a razão e a imaginação.

Aqueles que conhecem os significados ocultos também têm sonhos verídicos durante a vigília, nos quais a estrutura simbólica e significativa do mundo material – a comunicação de Deus – torna-se transparente para eles.

Ninguém desconhece a diferença entre os sonhos banais e os sonhos significativos que nos dizem alguma coisa importante. Da mesma forma que no estado de vigília todos – ou a maioria – já tiveram experiências durante as quais a vida parece tentar nos dizer alguma coisa. Os místicos sufis dedicam grande dose de atenção e pensamento às distinções suscitadas por tais experiências.

Talvez os conceitos e os ideais árabes a respeito da interconexão do cosmos tenham trazido a sombra à luz. E o materialismo científico acabaria por conceber a interligação de todo o cosmos com todas as partes interligadas a despeito da distância entre elas – não por intenções da Mente Cósmica e sim por forças impessoais, como a gravidade.

Mais à frente, veremos que a ciência já tem provas experimentais de que podemos afetar o comportamento das partículas subatômicas apenas com o pensamento, e que isso assinala que um movimento de elétrons em particular pode afetar um outro movimento de elétrons no outro lado do cosmos.

Será que os *Contos das mil e uma noites* são mais que apenas entretenimento e que a sabedoria iniciática subjacente a esses contos é uma descrição precisa do cosmos?

O jardim árabe como paraíso (extraída de *The Pictorial Gallery of Fine Arts*, 1847).

29

São Francisco assume seriamente os evangelhos

Segundo o idealismo, boa parte da história do mundo diz respeito a um grande plano cósmico que ajuda a humanidade a desenvolver a consciência primária no sentido de um pensamento intelectual abstrato negado às outras criaturas.

Nos últimos capítulos encontramos indícios de um novo desenvolvimento, as sementes do coração de uma nova consciência.

Francisco nasceu em Assis, no ano de 1182. Seu pai era um rico comerciante de tecidos e sua mãe, oriunda da Provença, contava histórias do rei Arthur e Lancelot e de Carlos Magno e Rolando. Isso iluminava a imaginação do menino. A essa altura os trovadores da terra natal da mãe de Francisco cantavam novas canções de amor em peregrinações também pela Itália.

Francisco era um menino alegre e feliz que estava sempre brincando. Quando jovem se vestia de maneira extravagante, tal como o bonito e galante cavaleiro Rolando. Muitos riam de Francisco, mas ele era terno e todos o desculpavam pela excentricidade, se bem que alguns riam mais dele do que com ele.

– Vocês verão – ele dizia. – Ainda serei amado pelo mundo inteiro.

Um dia Francisco cavalgava por uma estrada de saída de Assis quando teve uma súbita visão. Não se sabe que visão foi essa, mas se sabe que o transformou. Ele retornou para Assis e nos dias seguintes fez longas caminhadas pelo campo. Por fim, entrou numa caverna escondida por entre oliveiras e de lá saiu pálido e aparentemente perturbado.

No final de um caminho de pedras nos arredores de Assis, em meio a pés de lavanda e arbustos de alecrim, havia a pequena capela em ruínas de São Damiano. Um dia Francisco rezava nessa capela e uma hora depois olhou para o singelo crucifixo de madeira sobre o altar, cuja imagem apresentava Jesus Cristo rodeado pelos anjos e as duas Marias. Foi quando ouviu claramente palavras saídas do crucifixo:

– Francisco, conserte minha capela, que, como você pode ver, está em ruínas.

A pequena capela onde Francisco estava ajoelhado realmente precisava de reparos, e ele então se pôs a trabalhar. Mas depois começou a refletir sobre o contexto da igreja posterior ao ano 1000 que precisava assumir compromissos com o mundo. O cenário do campo italiano era encantador, mas o povo era constituído, em sua maioria, de servos que batalhavam para sobreviver à mercê da escassez, das intempéries e dos proprietários de terras. Os bispos eram administradores regionais que cobravam dízimos dos pobres. Idosos, deficientes, loucos, leprosos e incapazes padeciam de negligência e crueldade.

Um *trouveur*, ou trovador, cantor de canções de amor cortês. (Escultura no pórtico da abadia de São Dênis, século XII.)

O papado era dogmático e intolerante e perseguia aqueles cujas ideias abalavam a autoridade da Igreja. Os movimentos dos valdenses, na Alemanha, dos cátaros, na França, e dos bogomils, na Bósnia, abriam mão da propriedade e do casamento em troca de uma vida mais pura. Mas nem por isso deixavam de acusá-los de indecência e promiscuidade.

Circulavam rumores de grandes mudanças a caminho e as profecias eram radicais. Joachim de Fiore, um eremita calabrês, retirou-se para o alto das montanhas, onde desenvolveu uma teoria mística da história do mundo segundo a qual estava por vir uma era de amor para a humanidade. Na Alemanha, Elizabeth de Schönau era alertada pelo seu anjo da guarda: "Grite a plenos pulmões, pastores de minha Igreja! Embora estejam dormindo, serão despertados por mim!" Enquanto isso, Hildegarde de Bingen vaticinava: "Surgirá do alto uma nação de profetas iluminados que viverão na pobreza e na solidão... e os anjos retornarão confiantes para viver entre os homens."

Francisco fazia uma outra peregrinação fora dos limites de Assis quando encontrou um leproso. Sem conseguir reprimir uma reação de nojo, saltou do cavalo aborrecido consigo mesmo. E beijou a mão do leproso que mais parecia um cadáver, dando-lhe todo o dinheiro que tinha. Só depois é que se deu conta de que conhecera Cristo na pessoa do leproso.

Francisco começou a perambular pelas ruas em farrapos, com ar distraído e sempre pálido. As crianças o remedavam, aglomerando-se à volta do *pazzo* – o louco. Mas Francisco não se esquivava das multidões; pelo contrário, procurava-as. Foi acusado de cantar o amor e de propagar o riso porque sempre tinha uma ideia divertida na cabeça. *Por que não assumir literalmente a mensagem dos evangelhos?* Por que não considerar os lírios? Por que não doar todos os bens materiais e dedicar-se a amar o próximo?

Um tipo de pensamento extremamente ameaçador, porque escarnecia da autoridade da Igreja.

O pai de Francisco também se enfureceu e o deserdou. O processo legal se deu na praça da cidade, em audiência formal perante o bispo, e durante a solenidade Francisco desapareceu no interior do palácio do bispo e reapareceu completamente nu. Fez uma trouxa com a roupa e o dinheiro que lhe restava e colocou-a em frente ao bispo.

– Agora, Deus é meu pai – disse.

E depois saiu da cidade e perambulou pelo campo com um manto em farrapos presenteado pelo velho jardineiro do bispo. Ficou num leprosário, onde limpava e lavava as feridas dos leprosos por amor.

E depois reapareceu na cidade, cantando hinos nas praças e pedindo comida de porta em porta, até que se deu conta de que por levar os evangelhos a sério, parecia tolo aos olhos do mundo. Seus seguidores passaram a ser conhecidos como *jongleurs* – ou bobos de Deus.

São Francisco pregando para os pássaros
(miniatura de um saltério do século XIII).

Francisco se comparava à cotovia – só era feliz quando livre sob um céu aberto. Alguns companheiros abandonaram as próprias casas e construíram abrigos de galhos abertos aos ventos. Eles passaram a viver na mesma pobreza e a evangelizar na mesma língua do povo do campo. Francisco pregava a semeadura do amor onde houvesse ódio e da união onde houvesse discórdia, mas quanto mais pregava, mais os outros se enraiveciam.

Francisco também tinha um lado engraçado e quase surreal. Uma vez saiu do abrigo depois de uma forte nevasca e fez uma fileira de bonecos de neve.

– Esta aqui é minha esposa e ali estão meus dois filhos e duas filhas, e mais atrás o servo e a empregada com toda a bagagem.

Seria um arrependimento por não ter escolhido esse estilo de vida? Lideradas pela irmã Clara, a alma gêmea de Francisco, as mulheres juntaram-se a ele. Muitas vezes a irmã Clara o apoiava e o aconselhava.

Francisco dizia: "Que você não possua nada para que tenha tudo." Pois se você nada possui e nada deseja, você é realmente livre. Ou seja, a *experiência da vida em si* era o mais importante de tudo. Como veremos adiante, isso marcou uma grande mudança. Ao afrontar a autoridade e o dogmatismo, Francisco representa o advento do individualismo e da inspiração.

Ele tinha uma qualidade incomum descrita por um dos seus biógrafos como o "tato do coração que adivinha os segredos e antecipa os desejos dos outros". Isso fazia com que os pobres se sentissem amparados por ele.

Tal empatia se estendia para além da humanidade, abraçando todos os seres vivos. Segundo um outro biógrafo de Francisco, "ele discernia os aspectos ocultos da natureza com um coração sensível".

Um dia Francisco saiu da estrada em direção a um bando de pássaros, que em vez de alçarem voo, reuniram-se à sua volta.

– Irmãos pássaros, louvem e adorem o Criador – disse Francisco. – Pois Ele lhes deu penas como roupas, asas para voar e tudo de que necessitam, tornando-os as mais nobres de Suas criaturas. Ele os fez viver no ar puro e assim os eximiu de semear e ceifar. Ele zela e olha por vocês, e também os orienta. – Em seguida ele acariciou os pássaros.

Certa vez Francisco tentou falar para algumas pessoas e as andorinhas cantaram tão alto que ele não se fez ouvir.

– Agora é a minha vez de falar, irmãs andorinhas – ele disse.

Francisco proporcionava alegria e fecundidade para a natureza, fazendo ninhos para as pombas e estimulando-as a se reproduzir e se multiplicar. Ele tinha um corvo de estimação que se alimentava junto com os frades e o acompanhava quando ele visitava os doentes.

O lobo de Gubbio.

Um grande lobo estava aterrorizando os arredores da cidade vizinha de Gubbio. Um dia Francisco caminhava pela estrada quando de repente o lobo surgiu babando à sua frente. Ele fez o sinal da cruz, dizendo:

– Irmão lobo: ordeno-lhe em nome de Cristo que não faça mal nem a mim nem a ninguém.

O lobo deitou-se aos pés de Francisco, e depois o acompanhou como um cachorrinho manso.[1]

No conhecido cântico "Irmão Sol, Irmã Lua", Francisco apresenta a mesma visão ardente do cosmos concebida pelo idealismo. Os corpos celestes e o mundo natural expressam o zelo da Mente Cósmica por toda a humanidade:

Oh, Altíssimo, Poderoso, Bom Senhor Deus, a Ti pertence o louvor, a glória, a honra e a bênção.

Senhor Deus, louvado sejas por todas as Tuas criaturas e, especialmente, por nosso irmão Sol, que nos traz o dia e nos traz a luz, e brilha com formosura e grande esplendor...

Senhor Deus, louvado sejas pela irmã Lua e as estrelas, e por clareá-las e torná-las encantadoras no céu.[2]

Francisco imprimiu ao cristianismo a mesma compaixão por todos os seres vivos encontrada nos ensinamentos do Buda, e os "milagres brotavam sob os passos de Francisco" como também brotavam sob os do Buda. Francisco praticava um "idealismo transcendental". Ao unir o espírito com o divino em oração, transformava a si mesmo a ponto de poder realizar milagres. As histórias que giram em torno de Francisco exprimem claramente que *aquele que é bom e se dedica ao espiritual acaba por dobrar as leis da natureza*.

Francisco também realizou exorcismos. De acordo com uma testemunha ocular, certo frade possuído "rolava no chão e se chocava contra tudo em seu caminho, contorcendo-se, enrijecendo-se e saltando no ar. Francisco o acudiu e o curou".

Francisco confidenciou que muitas vezes lutava com o diabo. Ouvia vozes estranhas e perturbadoras no meio da noite. Ele relatou que certa vez tremeu dos pés à cabeça ao ser espancado com extrema violência pelos demônios.

Ele chegou a predizer um doloroso processo de transmutação em meio à humanidade.

Guiado pelos sonhos, um dia Francisco saiu em direção ao vale superior do Arno. Junto a alguns seguidores, peregrinou por sobre campos de trigo, atravessando castanheiros, carvalhos, pinheiros e abetos, até chegar a um pico de rochas desnudas.

Francisco já estava velho e caminhava com dificuldade, de modo que a certa altura os frades saíram à procura de um jumento. Ele estava descansando sobre uma rocha lisa quando um velho e rude camponês aproximou-se e perguntou se ele era mesmo Francisco de Assis. Quando Francisco disse que sim, o camponês franziu a testa e disse em tom firme:

– Bem, então o aconselho a realmente ser tão bom quanto os outros dizem que é para que não fiquem desapontados quando o conhecerem.

Francisco sorriu e agradeceu calorosamente.

E depois continuou caminhando com os frades. Só pararam nas proximidades do pico do monte Verna para descansar debaixo de um carvalho.

Algumas aves reuniram-se cantando em torno do grupo, e se empoleiraram nos braços e nos ombros de Francisco.

– Pelo visto nossa vinda a esta montanha agradou ao nosso Senhor Jesus – ele disse. – Como nossos irmãos e irmãs pássaros estão felizes por nos ver!

Naquela mesma noite construíram um abrigo rústico de ramos e folhas. Foi quando ele disse para os que o acompanhavam que já não tinha muito tempo de vida.

Passaram-se alguns dias e em 13 de setembro Francisco entregou-se às orações noite adentro. Os primeiros raios de sol aqueciam-lhe o corpo quando um anjo serafim com seis asas flamejantes pregado a uma cruz voou do horizonte em direção a ele. Francisco entrou em intenso êxtase.

Tão logo a visão se dissipou ele começou a sentir dores agudas. Sem saber o que estava acontecendo, baixou os olhos e em suas mãos e seus pés estavam marcas com a cor e o contorno dos pregos que mantiveram Jesus na cruz – e também um ferimento em uma das coxas. Depois disso, de vez em quando escoava sangue das chagas até a túnica.

Tal como o evento de Cristo, o de Francisco também era importante e talvez ainda não ainda o tenhamos compreendido inteiramente... Quando o pequeno grupo de frades partiu do monte Verna, Francisco girou o corpo e disse:

– Adeus, monte Verna... é a última vez que nos vemos.

No dia seguinte eles chegaram ao monte Casale, onde Francisco curou um frei que estava possuído.

Alguns aldeões se apossaram de uma rédea tocada por Francisco e a levaram para uma mulher que estava em parto difícil. Ela deu à luz prontamente e sem dor alguma.

E depois o povo passou a disputar pedaços de roupas, fios de cabelos e até mesmo aparas de unhas de Francisco.

Ao chegar à sua amada capela de São Damiano, em Assis, Francisco disse aos que o seguiam:

– Nunca a abandonem, pois além de sagrada esta capela é a casa de Deus.

Francisco perdeu a visão por duas semanas. Foram noites dolorosas, só amenizadas por um dos anjos da noite. Quando um médico assegurou que se tratava de uma doença incurável, Francisco gritou de alegria:

– Bem-vinda, irmã morte! – E depois começou a cantar.

Francisco morreu ao anoitecer do dia 3 de outubro de 1226, enquanto as cotovias se empoleiravam na palha da cela onde ele estava.

Após a sua morte, Francisco apareceu para os seus seguidores e explicou que recebera os estigmas de Jesus Cristo para que pudesse cumprir a missão divina de levar os que partiam até Deus. Os mortos passaram a ter o socorro de Francisco.[3]

30

O novo jeito árabe de amar

*"Eu sou o ouvido pelo qual ele ouve e a visão pela qual ele vê
e a mão pela qual ele toca e os pés pelos quais ele anda."*

Uma descrição de Deus sobre o ser amado
por Ele, segundo um *hadith*.[1]

*"O olho pelo qual vejo Deus e o olho pelo qual
Deus me vê é o mesmo."*

Meister Eckhart

Cedo ou tarde os seres humanos teriam que conhecer o amor sexual mais a fundo.

O árabe espanhol Ibn Arabi acabaria por se tornar o maior xeque – ou professor – do sufismo, o principal impulso místico no seio do Islã.

Ele tinha 7 anos quando sua família mudou-se de Múrcia para Sevilha. Educado para se tornar um administrador capaz e bem-sucedido, acabou se casando e se estabelecendo. Mas depois adoeceu e começou a ter visões, e assim abandonou o trabalho, doou os bens e passou a viver em oração e meditação solitária. E esse recolhimento o levou às peregrinações.

Ibn Arabi encontrou-se diversas vezes com Khdir. Um dos encontros o pegou de surpresa porque ocorreu certa noite em que ele estava dentro de um barco no porto de Túnis. De repente, uma silhueta aproximou-se com passos extravagantes sobre a superfície da água, erguendo um dos pés a cada passada, como se para demonstrar que as solas não estavam molhadas. Khdir acercou-se de Ibin Arabi, como se disposto a conversar, mas depois virou-se e seguiu na direção de um farol, parecendo cobrir uma distância de uns dois quilômetros em apenas três passos.

Em outra ocasião, Khdir se deixou ver por Ibn Arabi enquanto fazia orações sobre um tapete mágico.

À diferença de Elias, que passou o próprio manto para Eliseu, Ibn Arabi escolheu um discípulo e passou-lhe o manto (*khirqa*) que ganhara de Khdir – símbolo da "cadeia transmissora" na qual o mestre transmite o dom da mais elevada experiência espiritual. Tal método de transmissão torna-se mágico quando, por exemplo, o mestre toca a testa do aluno com o dedo para despertar o olho espiritual interior ou quando envolve exercícios e *trabalhos* espirituais que incluem recriações imaginativas, como as experiências de Enoque e Elias vistas anteriormente neste livro.[2]

O sufismo enfatiza a experiência pessoal acima da doutrina. Segundo os sufis aqueles que tentam compreender o sentido das coisas apenas pelo pensamento racional não acessam as realidades mais transcendentes. Pois tais "revelações" geralmente resultam de uma visão mística.

Em 1202, já com 30 anos, Ibn Arabi se dirige a Meca, onde é calorosamente acolhido por um eminente xeque, por sua irmã e pela bela sobrinha Nizam. Depois de muitas noites felizes na companhia deles, em seletas discussões sobre as grandes questões da vida e da morte, certa noite Ibn Arabi começa a recitar alguns versos em voz alta durante uma caminhada ritualística em torno da Caaba. A certa altura sente um toque mais suave que a seda no ombro. Ele se vira e se vê perplexo frente à beleza estonteante e diante dos olhos cintilantes de Nizam. Ela sorri e de repente parece que o sol está nascendo. Mais tarde, ele descreve os negros cabelos cacheados e a língua de mel de Nizam: "Ela é uma linda menina terna e virgem de seios intumescidos. Luas cheias sobre galhos sem mais temor de minguar... Uma pomba empoleirada sobre um galho no jardim das terras do meu corpo, morrendo de desejo, derretendo de paixão."

Ibn Arabi encanta-se com a presença intensamente erótica e a *alteridade* secreta e misteriosa de Nizam. Lembra aquele encantamento que sentimos *perante* as belezas excepcionais? Mal conseguimos acreditar que estamos ao lado daquele ser maravilhoso e daquela alteridade. A partir de então o semblante de Nizam ilumina as noites de Ibn Arabi: "Meu dia no negror dos seus cabelos"... Ele se apaixona e o desejo por Nizam chega a doer. "Meu coração está doente de amor", ele escreve. "Teus jardins molham de orvalho e tuas rosas florescem, tuas flores sorriem e teus ramos enternecem."

Mas havia um elemento desafiador naquele encanto: "Teu olhar é espada empunhada." Ibn Arabi sente-se desafiado a "atravessar o deserto", tal como os cavaleiros cristãos desafiados a realizar atos de nobreza em nome de um amor romântico pelas damas da corte.[3] De qualquer forma, o amor de Ibn Arabi por Nizam o inunda de uma poderosa e generosa energia que o faz enfrentar o mesmo desafio.

Além de ser um enigma e um paradoxo, a vida também é misteriosa – e ainda mais quando estamos apaixonados. Pois a paixão eleva o estado de consciência. Quando estamos apaixonados assumimos um acentuado senso das forças motrizes que nos trouxeram a este mundo. E nos abrimos para os grandes segredos e mistérios das outras dimensões do universo – mistérios que transcendem a vida comum e cotidiana.

Além do mais, a experiência da paixão também desafia o intelecto. Até porque, qual é a fonte do amor? Segundo Ibn Arabi, o amor que move o universo também nos move e se move por meio de nós, de modo que quando amamos acabamos experimentando, *provando*, diretamente o amor universal.

Desde os tempos de Abraão o gênero humano desenvolve as faculdades do pensamento conceitual e do raciocínio lógico. Faculdades que atingiram um grau excepcional nos tempos das primeiras universidades europeias medievais. Isso porque a escolástica esforçou-se em refinar e defender o dogma monacal numa escala semelhante à linha de montagem industrial. Contudo, por volta do século XIII, novas ideias oriundas do islamismo se disseminaram pela Europa, trazendo um novo estilo de vida ao mundo.

Como vimos antes, Maomé recusou-se a fazer milagres porque o mundo material, o mundo revelado pelos sentidos, já era milagroso o bastante. Segundo um *hadith*, um provérbio tradicionalmente atribuído a Maomé, Deus assim descreve o ser amado por Ele: "Eu sou o ouvido pelo qual ele ouve e a visão pela qual ele vê e a mão pela qual ele toca e os pés pelos quais ele anda." Surge assim a consciência do corpo humano como órgão de percepção, com as diferentes formas de percepção centradas nos diferentes órgãos do corpo. Tais ideias foram desenvolvidas pelos escritores, filósofos e poetas do sufismo.

Contemporâneo de Ibn Arabi, o poeta Rumi registra a experiência sensual em termos ardentes, produzindo poemas sobre a alegria do sexo e da embriaguez. Embora aparentemente absurda, a sensualidade sedutora, o júbilo da bebida e do amor livre propagado por Rumi, Omar Khayyam e por outros acaba por encantar o mundo secular, inspirando os trovadores e plantando as sementes que floresceram com luz e cor na magnificência do Renascimento. À semelhança do que ocorre no limiar do século XIII, a abertura para as novas formas de consciência repercute em invenções como na harmonia, na música, na perspectiva, na pintura e na iluminação interior tanto de São Francisco e do seu amigo Giotto como do profeta Joachim, Tomás de Aquino, Bernardo de Claraval e Dante.[4]

Para os idealistas sufis da estirpe de um Ibn Arabi, o cosmos resulta naturalmente de um ato mental. A novidade era o rápido e crescente apreço pela variedade, a riqueza e a beleza dos tipos e dimensões que distinguiam os atos mentais. E à medida que tal apreço crescia, também crescia a compreensão de Deus.

Segundo um outro provérbio de tradição islâmica colocado na boca de Deus: "Eu era um tesouro desconhecido e *amo* ser conhecido." Para os místicos sufis, o amor é o grande ato mental que move a grande mente cósmica no ato da Criação. O amor é a cena primordial à procura de amantes que também o procuram e correspondem ao mesmo amor. Uma espiritualidade a princípio fria e intelectual, depois se aquece e se torna mais sincera.

Sob a ótica do sufismo, o coração é o órgão da percepção dos valores da vida. E como órgão de percepção nos mostra algumas coisas que o cérebro não nos mostra: amor, felicidade e beleza. Acima de tudo, dizem os sufis, o amor nos desperta para a realidade de Deus e para outras realidades mais amplas que nós. Segundo o poeta Rumi, amamos o reflexo de nossa natureza profunda no ser amado. Só quando estamos apaixonados é que enxergamos a bondade tanto no ser amado como em nós mesmos. Isso nos inspira e nos dá vontade de fazer o bem. O amor é uma experiência que transforma em todos os sentidos e que além de nos capturar também transforma todos os outros sentimentos. Somente o amor nos impregna de doçura.

Para os sufis a intensidade da experiência amorosa idealiza uma forma cuja influência é quase universal. Todos já passamos pela experiência de fazer amor com tanta intensidade que depois é como se o próprio tecido do universo tivesse sido alterado, como se nossos átomos internos tivessem bailado para se acomodar em algum lugar melhor. Somos refeitos. "Divide tua pedra nos quatro elementos", diz Hermes Trismegisto; "em seguida, reúne-as em uma única e terás todo o *magisterium*."

Os célebres e influentes sermões de São Bernardo de Claraval, com base no Cântico dos Cânticos, adotam a mesma linguagem do amor erótico, do desejo da noiva pelo noivo. Ele discorre sobre os beijos contemplativos e místicos, e sobre os doces abraços e as alegrias extasiadas. Isto poderia ter sido escrito por Rumi ou Ibn Arabi: "Quando ele entrou em mim, ele trouxe vida à minha alma... E além de incendiar o meu coração também o suavizou. Ele é vivo e poderoso."

Brutalidade, crueldade, pobreza, peste, servidão, ignorância, medo... Já estamos familiarizados com os sombrios aspectos externos da Idade

Túmulos no jardim de uma igreja em Londres. São Bernardo escreveu as regras dos cavaleiros templários, os quais também foram influenciados pelo misticismo islâmico. Seus graus de iniciação foram influenciados por sociedades secretas iniciáticas islâmicas.
(Para saber mais sobre isso, consulte *A história secreta do mundo*.)

Um bispo está presente no forjamento de um sino, dando-lhe a bênção (extraída de um manuscrito francês do século XIV). Sinos de bronze eram usados desde os tempos antigos nos ritos sagrados, em eclipses lunares e após as mortes. O som estridente e penetrante do bronze o habilitava para a expiação das más ações – e para impedir que encantamentos alcançassem a Lua, onde os demônios estavam à espera de convocações.

Média, mas os sábios do naipe de Hildegarde de Bingen, Ibn Arabi, São Francisco e São Bernardo não se inclinavam para as coisas exteriores. Pois eram iluminados internamente por um novo amor.[5]

Já vimos que antes mesmo de morrer São Francisco teve cabelos e unhas disputados por todos. Na Idade Média europeia, não eram apenas os seres excepcionais que vivenciavam cotidianamente um intenso sentido das manifestações espirituais – a maioria das pessoas também o vivenciava.

A Igreja exercia o poder por intermédio do sino, do livro e da vela. Os sinos eram badalados para afastar os demônios ou quando se fundava uma igreja ou quando se aspergia água benta ou quando se proferiam orações em busca de proteção de santos e anjos.

Aleijados à espera de serem curados pela influência benéfica das relíquias.
(Desenho atribuído a Mateus Paris, início do século XIII.)

A Igreja publicou livros com rituais para abençoar gados, barcos e armaduras, e ainda para curar a infertilidade e doenças de seres humanos e animais, para garantir o sucesso no campo de batalha e para a proteção de viagens e recuperação de bens perdidos. Dessa maneira, escrevia um paciente: "Jesus Cristo, por sua misericórdia, acabe com esta dor de dente." E depois recitava a frase e queimava o papel onde estava escrita.[6] Os amuletos conhecidos como *agnus dei* eram feitos com cera de velas de igrejas. Eram popularmente usados para repelir os demônios, o fogo, as tempestades e as doenças. Orava-se na igreja durante a noite para a cura, da mesma forma que na Grécia antiga o doente se mantinha no templo de Asclépio para ser curado pelo "sono do templo". E hoje continuamos com demonstrações similares, como as grandes procissões organizadas pela Igreja nos tempos medievais. As procissões ajudavam a afastar a peste e a fome, e o cajado do peregrino tinha o mesmo poder da varinha para se defender dos demônios.⁷

Mas o que mais gerava o poder sobrenatural era a missa. O pão consagrado era um remédio universal, pois protegia contra pragas e curava cegueiras e outras aflições. O pão era espalhado nas hortas para erradicar as pragas ou nos campos para fertilizá-los ou para estimular a produção de mel das abelhas. O pão estava no coração da vida cristã.

Anjos arando e semeando (de Cotton MS, Nero, século IV).

Contemporâneo de Ibn Arabi, Tomás de Aquino, padre dominicano conhecido como "Doutor Angélico", tornou-se o grande teólogo dos anjos do cristianismo. Na sua obra *Summa Theologica*, uma realização monumental da escolástica, Aquino inspirou-se no relato de Dionísio sobre as hierarquias celestiais para descrever detalhadamente como os anjos operavam na fisiologia humana, estimulando os nervos para que tivessem visões e o intelecto para que as compreendessem. Em 1215, trabalhando a união entre o espiritual e o intelectual, Aquino formulou a doutrina da Igreja sobre a missa, descrevendo o que realmente ocorria durante o ritual por meio de sua doutrina da transubstanciação.

Na Idade Média, a maioria dos praticantes da alquimia compunha-se de clérigos. O próprio Tomás de Aquino tinha um grande interesse pelo assunto e a ele são atribuídos diversos textos alquímicos. Em sua doutrina sobre a missa, o pão e o vinho – as substâncias que centralizam o trabalho – se transformam em sua própria essência. E aqueles que *realizam o trabalho* – celebrando a missa – também se transformam. "A eucaristia é o sacramento do amor", escreve Aquino. "A eucaristia significa amor e gera amor." Nesse texto o amor é pensado à semelhança das descrições sufistas, um amor que transforma a mente e o corpo com autênticas alterações fisiológicas.

Um monge fazendo cálculos astrológicos (de Jacquemin Grigonneur).

Enquanto Tomás de Aquino formulava a doutrina da transubstanciação, o culto do Santo Graal se espalhava pela Europa. Ambos nascem de uma tradição alquímica de pensamento, e ambos propõem a espiritualização da matéria pela mente.

Estamos construindo um modelo da forma como, sob a égide do idealismo iniciático e místico, a mente humana desempenha um papel crucial na transformação e espiritualização do universo material, e inicia essa atividade a partir do elemento que lhe é mais próximo – o próprio corpo humano.

As grandes forças criativas do universo evocadas pela missa, além de apoiarem também energizam e direcionam a transformação. De acordo com o idealismo medieval, as forças cósmicas geradas pela missa são tão poderosas e perigosas quanto os segredos da fissão nuclear de nossa modernidade. Em parte é por essa razão que a Igreja insistia que esse tipo de experiência espiritual ficasse sob a sua égide.

Contudo, propagava-se uma nova sabedoria do amor à parte da Igreja e a partir de uma experiência pessoal e direta com o divino e com a transformação do corpo, infiltrando-se pela Europa através da Espanha e estendendo-se até o Sul da França.

O *jinn* estava fora da garrafa.

A Segunda Cruzada da Igreja não era contrária aos muçulmanos e sim aos cristãos.

Tal como São Francisco, os cátaros levavam a sério os ensinamentos de Jesus sobre um novo estilo de vida. As comunidades de cátaros ao Sul da França abdicavam dos bens e viviam na simplicidade, optando por experiências espirituais à margem do controle da Igreja. O acesso estritamente regulamentado aos reinos espirituais, e de certa forma minimizado pela Igreja, era insignificante quando comparado com a consciência cósmica dos cátaros, que propiciava visões elevadas de um mundo entrelaçado por grandes anjos.

A Inquisição tornou-se o instrumento da Igreja para eliminar tais perspectivas. Depois de abater centenas de milhares de hereges em Béziers, Bram, Lavaur e Minerve, no Sul da França, os soldados da Inquisição cercaram e sitiaram os cátaros sobreviventes no castelo de Montségur, no topo da montanha. Onze meses depois, em 1244, duzentos cátaros desceram cantando pela montanha rumo à fogueira preparada pelos cruzados para executá-los.

Os cátaros cantaram montanha abaixo, porque, apesar das aparências, acreditavam que tinham realizado uma missão. Pouco antes da rendição da cidade, quatro iniciados carregaram um segredo por aquelas encostas quase verticais – algo que aos olhos da comunidade era crucial para o futuro da humanidade.

Há muito se especula sobre o que os cátaros teriam contrabandeado. Seriam pergaminhos secretos? O cálice da Última Ceia? O tesouro que enriqueceu subitamente um sacerdote de Rennes-le-Château, conforme dito no livro *O sangue sagrado e o Santo Graal*?

Na verdade, os iniciados contrabandearam algo muito mais valioso... Um bebê.

Depois de levar a valiosa carga para um mosteiro cisterciense, os quatro cátaros deixaram-na sob os cuidados de 12 sábios. Juntos, esses homens aperfeiçoaram a alma da criança para além dos limites do corpo, imprimindo-lhe a sabedoria primordial. Foi um trabalho similar ao dos hierofantes, que aprimoravam as almas dos candidatos à iniciação na câmara do rei da grande pirâmide.

Geralmente a encarnação dos grandes espíritos é problemática. Pois são indivíduos raros ligados tenuemente ao corpo e que podem flutuar livremente e se comunicar com os mundos espirituais. Uma configuração de corpo/alma/espírito sempre delicada que muitas vezes os leva a doenças e a uma vida perigosa à beira da morte.

A criança abrigada naquele mosteiro *era* tão doente que às vezes um profundo amor interior transluzia através de sua pele. Ela morreu jovem.[8]

Enquanto escrevia este livro, Lorna Byrne me confidenciou que estava tendo visões de "bebês brilhantes", como ela chamava. Embora só ela avistasse o brilho, as outras pessoas sentiam-se atraídas pelas notáveis emanações espirituais do fenômeno a ponto de muitas vezes pararem nas calçadas. Estou certo de que Lorna desconhecia a história do bebê brilhante nascido em Montségur, no século XIII, que só passou a ser conhecido depois das pesquisas de Rudolf Steiner.

Segundo Lorna, as forças do bem e do mal estão se agrupando para uma grande batalha, e os bebês brilhantes geralmente doentes e até fisicamente retardados estão do lado do bem. Embora com uma vida curta, eles são precursores de uma nova etapa na evolução humana.

Mais tarde voltaremos ao tema dos bebês brilhantes.

31

Dante, os Templários
e a estrada menos transitada

Em 1260, Brunetto Latini estava na meia-idade quando retornou a Florença, vindo da Espanha. Ao passar pelo vale dos Espinhos, encontrou um estudante italiano que cavalgava sobre uma mula na direção oposta e lhe perguntou se tinha alguma notícia de Florença. A resposta do estudante soou profundamente perturbadora: o grupo de Guelph, do qual Latini era adepto, tinha sido expulso da cidade.

Brunetto refletia consigo mesmo sobre a notícia quando involuntariamente saiu da estrada principal e tomou uma estrada menos transitada. Perdido no meio de uma floresta desconhecida, ele continuou caminhando, até que avistou uma montanha por cima das árvores.

Foi quando aconteceu algo estranho. Coelhos, ratos, lebres, veados, raposas, lobos, ursos, pássaros e outras criaturas insólitas surgiram-lhe à frente. Embora juntos, não se importavam uns com os outros. Ele então percebeu algo ainda mais estranho: todos os animais acompanhavam uma giganta em procissão.

Ela sorriu para Brunetto e disse:

– Eu sou a Natureza criada pelo soberano Criador. Faço tudo o que Ele quer.

Seria essa a orientação divina que ele procurava por tanto tempo? E se finalmente ele tivesse atravessado o véu da matéria rumo ao outro lado?

Brunetto ajoelhou-se e solicitou à grande e visionária criatura que lhe contasse a própria história. Depois de explicar a sutileza, a genialidade e o poder da mente humana, ela disse que no início Deus criara o mundo a partir de Sua própria natureza, mas que depois o mundo caiu "devido ao orgulho de um anjo enlouquecido".

Em seguida, ela narrou uma saga do mundo ao estilo miltoniano, e o fez ter uma visão da criação dos planetas e dos quatro rios de águas cristalinas que corriam por sobre pedras preciosas e brilhantes até o Éden. Brunetto presenciou a geração dos animais – tigres, leões, camelos, panteras, hienas, grifos e outras criaturas desconhecidas, incluindo insetos etíopes tão imensos quanto os cães que cavavam ouro com as patas. Enfim, essa história do mundo abrangia a tentação de Eva pela serpente, o assassinato de Abel, a Torre de Babel e o cerco de Troia.

Dama Filosofia (ilustração para o *Li Livres duo Trésor*, de Brunetto Latini, de um manuscrito do século XV).

A deusa então esclareceu que a humanidade estava acima de todas as coisas criadas e uniu as melhores vertentes da Criação para coroar a obra, e que na coroa da cabeça humana estava o discernimento entre o bem e o mal.

E depois a deusa sugeriu que ele mergulhasse fundo dentro de si mesmo.

Em termos do materialismo moderno, o acontecimento seria descrito como um mergulho no inconsciente, mas em termos do idealismo de outrora não seria um acontecimento mental seccionado da realidade concreta. De acordo com a filosofia mística apregoada por Brunetto Latini, a humanidade é o coroamento da Criação e por isso somos capazes de apreender a totalidade da Criação quando conhecemos a nós mesmos. Ou seja, se somos um livro e podemos ler esse livro, também podemos ler tudo.

Ao observar as funções vitais dos poderes divinos em atividade, Brunetto mergulhou nas forças de sua própria alma e assim compreendeu o funcionamento distinto dos quatro temperamentos – colérico, melancólico, fleumático e sanguíneo. Ele também pôde compreender como esses princípios atuam à parte do corpo humano pelo mundo afora enquanto fogo, água, ar e terra.

Para ele as quatro virtudes da prudência, temperança, bravura e justiça não eram ideias abstratas e sim princípios vivos e espirituais.

Ao atravessar os portais dos sentidos, Brunetto submergiu no próprio corpo e contemplou a influência do movimento dos planetas nos seres humanos – uma vez que Vênus nos move para o desejo, enquanto Marte nos move para a raiva e a Lua nos move para a reflexão.

Depois de sobrevoar as hierarquias celestiais, ele finalmente se viu nadando num grande oceano de sonolência.

Ele despertou ainda à frente da deusa e, quando lhe beijou os pés, ela desapareceu.

Brunetto retomou a caminhada pela estrada estreita, a fim de entrever, tocar e conhecer o próprio destino.

Brunetto Latini acabou aprendendo uma profunda lição segundo a qual o conhecimento do mundo físico pode ser realizado por intermédio de experiências espirituais. Foi uma lição que não seria deixada de lado por Isaac Newton e por outros líderes da revolução científica.

Brunetto também nutria o gosto pela experiência espiritual aguçada e direta. Mais tarde, teve a visão de uma criança desnuda com um arco e flecha na mão. Era um menino alado e cego cujo nome era Piacere – amor sensual – e que estava acompanhado por quatro ajudantes: o medo, a saudade, o amor e a esperança.

A Brunetto não passou despercebido o efeito dos quatro sentimentos na alma humana, pois os apaixonados, além de amar, também desejam e sentem medo e esperança, e embora os sentimentos atuem de formas distintas, também atuam para um objetivo comum.

Ovídio, grande poeta afro-romano e iniciado nas escolas de mistério, também apareceu para Brunetto, sugerindo-lhe que procurasse no próprio coração a bondade e a alegria geradas pelo amor, que também gera o mal e o erro.

De novo, as visões de Brunetto enfatizam a experiência pessoal e a importância de estar atento a isso.

O encontro com o estudante italiano que seguia na direção contrária fez Brunetto perceber que seria perigoso retornar para casa em Florença, de modo que ele deu meia-volta e passou a viver como exilado em Paris.

Talvez porque estivesse tentando encontrar sentido para as visões e encaixá-las num contexto intelectual mais amplo, ele acabou conhecendo Tomás de Aquino e sendo iniciado numa irmandade leiga filiada à Ordem dos Templários. Daí em diante passou a ser um *frater templarius*, membro de uma ordem secreta dedicada à busca da *Sapientia*, deusa ou anjo da sabedoria.

Não sabemos a que tipo de iniciação ou de cerimônia ele se submeteu, mas há pistas...

Brunetto Latini fez contato com os Templários em Paris, uma organização maciçamente poderosa, influente e rica, o centro das finanças europeias. O templo parisiense situava-se no seio de uma cidade autônoma, tal como o Vaticano na Roma atual.

A Ordem dos Templários fora fundada em 1118, em parte para proteger os cristãos em peregrinação a Jerusalém dos ataques dos muçulmanos. Em 1128, Bernardo de Clairvaux redigira uma regra na qual reconhecia essa elite de combate como uma ordem monástica. Já mencionamos a influência da filosofia sufi em Bernardo, e muito se escreveu sobre a influência do Islã e, particularmente, do sufismo nos Templários. Naqueles tempos a civilização islâmica era muito mais avançada que a civilização europeia, tanto na ciência e na tecnologia como na filosofia e na espiritua-

Retratos de Brunetto Latini, Corso Donati e Dante, por Giotto
(extraído da capela de Podesta, em Florença).

lidade. Se para os muçulmanos os europeus pareciam bárbaros, para os Templários os muçulmanos representavam tudo que era novo e ousado.

Os Templários atuavam como um serviço secreto e talvez por isso tenham se tornado uma ordem rica e poderosa. Enquanto estiveram a cargo do Domo da Rocha, templo em Jerusalém, eles estudaram as tradições islâmicas, chegando a firmar um tratado com a temida sociedade secreta da Ordem dos Assassinos, seguidores do Velho da Montanha, e respeitaram as tradições e práticas islâmicas durante o tempo que mantiveram Jerusalém sob controle, permitindo que os muçulmanos orassem na direção de Meca. Mais tarde, a arquitetura dos Templários adotaria o estilo islâmico. A vestimenta de lã branca dos Templários talvez tenha derivado das roupas de lã branca dos sufis – o termo "sufi", de origem árabe, significa lã por conta das vestes usadas na região como símbolo de pureza. Os Templários usavam um cordão semelhante ao que era usado pelos iniciados da Ordem dos Assassinos – e pelos seguidores dervixes de Rumi. Uma das acusações que seriam feitas aos Templários é que eles tinham sido consagrados em uma grande caverna subterrânea artificial em frente a um ídolo chamado Baphomet – nome interpretado como uma corruptela de Maomé.

Em 1266, ocorreu uma outra reviravolta política em Florença que permitiu a Brunetto Latini voltar para casa. A essa altura ele era um dos mais importantes intelectuais da Europa, uma autoridade de renome nas propriedades ocultas das pedras, entre outras coisas. Fez amizade com a família de Dante e botou o jovem debaixo de sua asa.

Tal como Francisco de Assis, Dante era de uma família de comerciantes, mas tinha aspirações intelectuais e espirituais que o levariam a uma estrada diferente. Foi Brunetto que o iniciou na fraternidade dos Templários e o ensinou a ter visões místicas semelhantes às que ele próprio experimentara no vale dos Espinhos.

Em 1301, ocorreu mais uma reviravolta política em Florença que confiscou a propriedade de Dante e o colocou sob ameaça de execução. Isso o levou a um exílio temporário na cidade de Paris. Em 1307, o rei francês

Felipe, o Belo, mandou prender os Templários. Talvez Dante tenha testemunhado a execução do grão-mestre dos Templários, Jacques du Molay, na fogueira. À época em que começou a escrever *A divina comédia,* Dante conhecia de perto os perigos da heresia e sabia que não podia deixar transparecer as ligações que tinha com os Templários. Seu poema narrativo perpassa a antiga sabedoria dos mistérios e também a astrologia, o misticismo do número cabalístico e a filosofia sufi do êxtase amoroso... se bem que codificados. Na *Comédia,* Felipe, o Belo, exibe uma beleza luciferiana, além de sofrer nas mais baixas esferas do inferno pelo crime contra os Templários.

O barqueiro Caronte
(de um vaso ático).

O guia de Dante no início do seu grande poema visionário até o mundo subterrâneo não é Brunetto Latini e sim Virgílio, um iniciado da Antiguidade. O poeta romano relata no poema épico *A Eneida* uma viagem do herói Eneias ao mundo subterrâneo, descrevendo-o como um enviado em busca de um ramo dourado que floresce e cresce em certa árvore parecida com o visco. Com essa "vara do destino" o herói passa por diversos testes e perigos no mundo subterrâneo.

Mais tarde, Eneias encontra o barqueiro Caronte, que o conduz ao longo do Styx, rio subterrâneo, e o apresenta a Cérbero, cão de três cabeças, antes de chegar à encruzilhada (um dos caminhos conduz aos Campos Elísios e o outro, aos tormentos do inferno).

No último caminho, que desce em nove espirais, Eneias testemunha terríveis punições contra malfeitores conhecidos e depois adentra por um lugar luminoso de espíritos brilhantes e repleto de alegria. Por fim, o herói avista a Mente Divina trabalhando para sustentar o universo e isso o faz compreender o destino humano no contexto do destino mais amplo do cosmos. Tudo isso é descrito com um realismo surpreendente, da mesma forma que a visão de Dante se esforça para descrever as pedras com realismo enquanto escorrega e tropeça à meia-luz. Ambos os poetas procuram passar verossimilhança, e não mera fantasia para o leitor, descrevendo uma viagem real vivida em estado de transe.

Virgílio era um iniciado das escolas antigas. Nas releituras de *A Eneida* e em outras referências literárias dispersas, assinala-se que o desorientado candidato à iniciação passava por um longo período de preparação que por vezes envolvia um longo período de jejum, de privação sensorial, de meditação, de solidão prolongada e de banhos em água perfumada talvez acrescidos de drogas (as "águas do esquecimento" e as "águas da memória"), e que pelo que se sabe depois ele era guiado por sacerdotes com máscaras até as próprias entranhas da Terra. Depois de ter testemunhado um sacrifício e de ter sido arrastado por pequenos buracos e empurrado por poços, o candidato finalmente era levado para um santuário, onde tinha uma experiência de um lugar parcialmente físico e visionário – uma experiência mais ou menos parecida com uma sessão espírita moderna, se bem que mais elaborada e concebida em escala mais ampla. O candidato podia passar alguns dias no subsolo, geralmente três dias, embora haja relatos de que Apolônio tenha passado sete dias antes de ser levado novamente para cima.

Segundo os grandes iniciados do mundo antigo, era uma experiência profunda e motivadora que alterava fundamentalmente a compreensão do mundo do candidato.

O local de iniciação de Virgílio foi redescoberto no final de 1950 por Robert Paget, um engenheiro inglês. Meus amigos Robert e Olivia Temple escavaram recentemente um sítio em Baia, no Sul da Itália, onde eles encontraram uma rede de passagens longas e estreitas com muita fumaça vulcânica, um rio subterrâneo, o lugar onde mantinham Cérbero amarrado e uma encruzilhada de caminhos. Também havia portas falsas e alçapões, por onde talvez lançassem o candidato em um ninho de cobras, e um santuário interno, onde provavelmente o candidato à iniciação entrava em contato com os espíritos dos antepassados e os deuses. Era tal qual a descrição de Virgílio.

Algumas pessoas nascem com uma consciência visionária, enquanto outras chegam a isso através de iniciações em cerimônias de sociedades secretas. As técnicas de indução para estados mais elevados de consciência e contatos com inteligências superiores estão entre os segredos mais bem guardados das sociedades secretas.

O grande mestre Brunetto Latini, além de ter ensinado ao seu discípulo Dante a tomar a estrada menos transitada, também o guiou para estados mais elevados de consciência nos corredores escuros e sombrios de um centro de iniciação ainda por ser descoberto, em algum lugar sob as ruas de Florença. Lá, Dante teria experimentado visões como as do pró-

Ilustração para a *Divina comédia* de Dante (pelo artista iniciado John Flaxman, descrito por William Blake como seu "melhor amigo").

prio Latini, no vale dos Espinhos, assim como também teria se encontrado com a mesma deusa. "Oh, feliz é aquele", escreveria o poeta mais tarde, "que se senta àquela mesa onde se degusta o pão dos anjos".

※

À destruição dos Templários seguiu-se a invasão do templo parisiense. Circularam alguns boatos escabrosos de que seriam encontrados nas câmaras do subsolo não apenas ídolos diabólicos, como também outros ins-

O *Inferno* de Dante é uma visão de todo o universo movido pelo amor, do amor trabalhando em cada pequena parte intrincada do universo. Sua visão dos anjos no céu formando uma rosa branca remete às técnicas de meditação ensinadas pelos rosa-cruzes.
(Ilustração de Gustave Doré.)

trumentos de blasfêmia e perversão sexual. Acabaram encontrando apenas um relicário na forma de uma cabeça de mulher.

Hugh Schonfield, o erudito judeu dos *Manuscritos do Mar Morto*, aplicou a cifra ATBASH, na qual a primeira letra do alfabeto é substituída pela última, para o nome "Baphomet", que os Templários confessaram sob tortura que era o ídolo adorado por eles, e descobriu que Baphomet era um código para "sabedoria".

Tanto os sufis, os cátaros e os cavaleiros Templários como Brunetto Latini e Dante cultuavam a deusa-anjo *Sapientia*, a sabedoria superior, a inteligência visionária. Eles chegaram a uma dimensão onde a visão possui uma outra visão, a audição, uma outra audição, e a voz, uma outra voz.

Em certo aspecto, a visão de Dante é mais ampla que a de Latini pela poderosa concepção do poeta sobre o amor...

Vivemos em dois universos – um deles une-se pela gravidade e o outro, descrito por Dante, pelo "amor que move o Sol e as outras estrelas". No final da Idade Média ecoavam novas canções sobre as alegrias do amor alardeadas por coros como a maior felicidade desejada ou esperada por qualquer mortal. Eram muitas vozes com uma única mensagem: o coração é a dobradiça que faz o mundo virar.

As figuras de Fra Angelico revelam uma luz interior. Ele acreditava que as suas pinceladas eram guiadas pela vontade de Deus. (Gravura de um detalhe de *O Juízo Final*.)

32

Christian Rosencreutz e o nascimento da ioga

Mais adiante veremos que um pequeno grupo de maçons britânicos fez uma viagem no final do século XIX para se reunir com seus irmãos alemães. Eles procuravam provas da verdadeira tradição rosa-cruz e acabaram descobrindo que ao contrário do que muitos pensavam Christian Rosencreutz não tinha sido o herói de uma ficção alegórica e sim um personagem histórico.

Nascido em 1378 de uma família pobre da Alemanha, Christian Rosencreutz tornou-se órfão aos 5 anos e em seguida foi colocado sob os cuidados de um convento, onde recebeu uma boa educação. Aos 16 anos, começou a viajar pelo mundo em busca de sabedoria.

A ânsia por descobrir a sabedoria já estava impressa em sua alma desde a encarnação anterior. Ele ainda era bebê quando o levaram para fora de Montségur, e depois 12 homens que representavam as grandes correntes espirituais que orientam a história do mundo o iniciaram.

Enfim, Christian Rosencreutz percorreu o mundo na tentativa de despertar a sabedoria que tinha dentro de si. Fez isso sabendo que a reconheceria com a própria alma, caso conseguisse rastrear as pistas reais.

Ele passou cinco anos na Arábia e, segundo os relatos, durante esse tempo foi iniciado em uma fraternidade secreta sufi e, no caminho para Damasco, foi levado aos céus, como Saulo.

A missão intelectual de Christian Rosencreutz professava os dons do Espírito Santo, tais como o da profecia e o da cura. Qualquer um que reza com sinceridade em qualquer religião o faz com a suposição de que, de um jeito ou de outro, a mente precede a matéria e pode movê-la. Os dons do Espírito Santo, enumerados no Novo Testamento, parecem garantir que sob certas circunstâncias a atividade da oração pode ser mais eficaz. Christian Rosencreutz colocou então a questão: "Sob quais circunstâncias?" Se a mente pode mover a matéria, como e em quais circunstâncias isso acontece? Foi o começo do que podemos chamar de uma ciência do espírito.

Christian Rosencreutz desenvolveu um tipo de meditação que envolvia a visualização de uma guirlanda de sete rosas brancas sobre uma cruz. No decurso da meditação as rosas se avermelhavam e isso sinalizava que não apenas o espírito de Cristo se transmutava, como também a alma e o corpo. A mente podia mover a matéria quando estimulava e ativava os sete chacras.

De acordo com a sabedoria e a prática espiritual de Christian Rosencreutz, a obra e a crucificação de Jesus Cristo são centrais e únicas, mas os ensinamentos de outras grandes religiões do mundo também são valorizados. Rosencreutz afirma que os ensinamentos sobre a reencarnação, a astrologia e os chacras faziam parte do judaísmo e do cristianismo e que poderiam ser encontrados, codificados ou não, nos seus textos sagrados.

Mas quando Rosencreutz retorna para a Europa e tenta apresentar tais ideias aos cristãos, confronta-se com a incompreensão e o descrédito. É aí que ele funda com sete amigos alemães um movimento subterrâneo chamado Irmandade Rosa-cruz, irmãos conhecidos posteriormente como rosa-cruzes.

A missão secreta da irmandade era reformar o mundo. Eles diziam que na mesma medida que semeavam as sementes dos ensinamentos secretos também curavam os doentes.

Os irmãos assumiam roupas e costumes dos países adotados para permanecer como organização secreta, mas a fama de curandeiros e operadores de maravilhas os colocava em constante perigo de serem descobertos. Em meio a um mundo obcecado com a erradicação da heresia, o ensinamento da reencarnação, por exemplo, era um convite ao conflito e à perseguição. Os irmãos então decidiram reunir-se secretamente uma vez por ano, e cada irmão podia nomear um sucessor pouco antes de sua morte.

⌒

Matysendranath era um dos grandes gurus da Índia medieval. Dizia-se que ele ouvia os segredos dos deuses. Como fundador da *hatha ioga*, ensinou novas formas de purificar o corpo para ampliar a espiritualidade.[1]

Às vezes, sentava-se solitário na floresta; outras vezes, mendigava de cidade em cidade e de casa em casa.

Um dia ele se pôs em frente à casa de um comerciante e começou a chamar. A esposa do comerciante chegou à porta.

– Se você tem alguma coisa para me dar, que me dê agora de uma vez – disse Matysendranath.

Ele se afigurou diante da mulher como um deus, aperfeiçoado pela ioga e com os brincos a brilhar como constelações. Usava cinzas sagradas por todo o corpo e um belo cordão à cintura, e tinha um brilho intenso nos olhos.

Reconhecendo que estava à frente de um ser humano incomum, ela revelou a tristeza que sentia. Apesar de desfrutar muitas riquezas com o marido, o casal não tinha filhos e a casa parecia vazia – como um jardim sem água, como uma sabedoria sem sorte.

Matysendranath abençoou algumas de suas cinzas sagradas e entregou-as para a mulher, dizendo que se ela as ingerisse certamente teria um filho. Mas com a única condição de que ela não contasse para ninguém.

Acontece que depois que o santo homem partiu, a esposa do comerciante convidou todas as amigas para uma reunião, e claro que contou tudo para elas.

Uma das amigas aconselhou-a a não confiar nos homens santos, argumentando que seduziam as mulheres com as cinzas mágicas e que se ela as ingerisse não conseguiria reprimir o desejo de sair atrás de Matysendranath no meio da noite. A esposa do comerciante jogou as cinzas no fogo.

Doze anos depois, Matysendranath chegou à casa novamente e perguntou à mulher do comerciante se poderia ver o filho dela.

Logo que o viu ela se lembrou do que tinha acontecido e hesitou em dizer alguma coisa. *Se lhe contar a verdade, serei amaldiçoada por ele,* pensou.

– Diga-me de uma vez se ingeriu as cinzas ou se as jogou fora – disse Matysendranath.

Ela confessou que duvidara e que jogara as cinzas no fogo.

– Diga logo onde você joga as cinzas do seu fogo.

Ela disse que as cinzas da casa eram jogadas no monturo.

E depois conduziu o iogue até lá. Ele soltou um grito e em resposta soou um grito abafado de dentro do monturo. Ele sugeriu que a mulher ordenasse aos servos que abrissem o monturo, e assim o fizeram – e lá de dentro surgiu um belo menino de 12 anos.

O menino, Goraksha, tornou-se o discípulo mais célebre de Matysendranath.

As tentações dos homens santos são muitas e imensas, de modo que alguns anos depois Matysendranath estava de visita ao Ceilão e caiu sob os encantos de uma rainha. Passou a viver no palácio, cercado por 1.600 mulheres bonitas, e se esqueceu de quem era e de tudo que vivera antes.

Goraksha achou que o mestre tinha sido condenado e partiu para resgatá-lo. Soube por uma das mulheres da ilha onde o mestre era mantido, e ela ainda o alertou de que os iogues não eram autorizados a entrar no palácio, a não ser sob ameaça de morte. Enfim, apenas as dançarinas tinham autorização para se aproximar de Matysendranath.

Assim, Goraksha se disfarçou de dançarina e conseguiu autorização para entrar no palácio e se dirigir à ala onde estava Matysendranath. Primeiro Goraksha tocou suavemente um tambor enquanto dançava e cantava belas canções frente ao mestre, tanto sobre a vida que ambos tinham vivido como sobre tudo que tinham visto e feito juntos. Aos poucos algo começou a se mexer profundamente dentro de Matysendranath.

Até que ele olhou nos olhos do discípulo e se lembrou de quem tinha sido.

E quando a rainha e suas ajudantes tentaram enfrentá-los e impedi-los de escapar, Matysendranath transformou em morcegos as sereias que o haviam enfeitiçado.[2]

Aos 80 anos, Christian Rosencreutz teve uma visão. Era um sábado de Páscoa de 1458. Christian estava sentado à mesa de sua casa de campo no alto de uma colina quando desabou uma tremenda tempestade que o fez temer que os ventos pudessem levar a casa pelos ares. De repente, uma linda mulher com asas cobertas de olhos o puxou pelo casaco. Ela vestia uma túnica azul ornada de estrelas e segurava uma trombeta de ouro.

Entregou-lhe um convite para um casamento real, onde se lia um verso que dizia que aqueles que não eram puros não seriam capazes de sobreviver à cerimônia!

Christian suou frio e ficou de cabelo arrepiado. E antes de se deitar pediu ajuda ao seu anjo da guarda – ele deveria aceitar o convite?

Naquela noite ele sonhou que escapava de uma masmorra. Isso o encorajou a partir de manhãzinha, com um casaco de linho branco ostentando uma cruz vermelha bordada em forma de fita e um chapéu com quatro rosas vermelhas.[3]

Ele caminhava cantando por uma floresta quando se deparou com uma encruzilhada. Ainda se perguntava que caminho escolher quando avistou ao longe a porta de entrada de um castelo no cume de uma colina. Apressou-se ao longo do caminho, na esperança de chegar antes do anoitecer.

Já no castelo, um homem que se apresentou como guardião do portal o saudou e o fez entrar quando notou que ele tinha um convite, assinalando que Christian precisava atravessar o portão interno do castelo.

Mas logo as coisas tornaram-se estranhas, porque no meio do caminho Christian se deparou com um leão acorrentado, que rugiu aos pulos quando o viu.

E depois ele teve que se apressar para chegar ao portão interno do castelo antes que se fechasse e, do outro lado do portão, teve que calçar sapatos novos para poder caminhar sobre o piso de mármore brilhante e escorregadio.

Por fim, dois pajens chegaram e o conduziram por sinuosas escadas acima, até um grande salão iluminado, onde fileiras de homens sentados a longas mesas aguardavam uma grande festa que estava por vir.

De repente, aquela mesma mulher alada que aparecera na casa de campo de Christian deslizou pela câmara sobre um trono dourado. Saudou a todos em nome da noiva e do noivo e explicou que no dia seguinte todos seriam testados para ver se eram dignos de assistir ao casamento.

De manhã, a dama alada, agora conhecida por Christian como a Virgem, apareceu com um par de balanças douradas nas mãos, iguais às usadas por São Miguel para pesar as almas dos mortos, e pesou cada um dos convidados. Aos que estavam em falta eram dados goles de esquecimento, de modo que retornassem ao mundo cotidiano sem a memória do que tinham visto.

A Virgem assumiu um ar de júbilo ao ver as quatro rosas no chapéu de Christian e o escolheu como um dos poucos dignos de participar do casamento. E para isso o elegeram Cavaleiro do Velocino de Ouro.

Tanto para os rosa-cruzes como para outras vertentes ocultistas o velocino de ouro é um símbolo do aspecto vegetativo ou "etéreo" da natureza humana que pode se transformar pela prática espiritual. Pois só depois que educamos e domamos nosso aspecto anímico é que podemos educar nosso aspecto vegetal, carregando-o com o espírito de ouro do deus Sol. Um trabalho que gera grandes dons espirituais, incluindo um tipo de sonho claro e distinto dos sonhos comuns que traz mensagens do mundo espiritual – como as mensagens que Christian Rosencreutz aqui entrega.

Foram reveladas algumas coisas extraordinárias para os que tinham sido escolhidos para o casamento, os recentes Cavaleiros do Velocino de Ouro. A Virgem convocou um leão que portava uma espada e um unicórnio branco como a neve que portava uma coleira de ouro.[4] As possíveis expectativas de um combate se viram frustradas. A Virgem quebrou sua varinha, e o leão, a espada, em gesto de paz. Foram também mostrados para os cavaleiros uma fênix e um astrolábio gigante, por onde eles puderam entrar para contemplar os movimentos dos planetas.

O alquimista (inspirada em uma gravura de Vriese). Na prática alquímica o atanor é delimitado pelos dois tubos sutis chamados *nadis* na *hatha ioga*, um dos quais carrega a energia espiritual do Sol e o outro, a energia espiritual da Lua. Quando trabalhados por meio de exercícios respiratórios, o fogo do atanor é aceso e o terceiro olho se abre.

No dia seguinte os cavaleiros foram orientados a se banhar em uma fonte de cura pertencente a Mercúrio.[5] Depois, subiram 365 degraus até um grande salão onde talvez ocorresse o casamento. E lá encontraram sobre um altar um globo giratório, uma serpente branca enrolada para dentro e para fora de um crânio e uma fonte que jorrava água cristalina avermelhada. Um cupido risonho e tagarela que fazia palhaçadas atormentava os pássaros no céu. A atmosfera da visão de Christian é de comemoração – se bem que com um tom sinistro de ressaca.

Em seguida, os cavaleiros avistaram seis tronos, onde tomaram os seus lugares três reis e três rainhas, seguidos pela Virgem, que cobriu os olhos de todos com seis lenços e dispôs caixões diante deles. Surgiu um mouro negro como carvão, que depois de decapitá-los de uma só vez também teve a cabeça decapitada e colocada dentro de um pequeno baú.

Que casamento mais sangrento esse, pensou Christian.

Naquela noite ele não conseguiu dormir. Levantou-se da cama e observou pela janela sete navios que navegavam pelo mar, cada qual com uma chama pairando por cima. Então concluiu que eram os espíritos dos sete decapitados.

De manhã, a Virgem navegou com os cavaleiros até uma ilha onde eles deveriam ajudar a preparar pomadas que trariam os decapitados de volta à vida.

Durante a viagem uma sereia nadou até a embarcação e entregou aos cavaleiros a bordo uma magnífica pérola tida como perdida.[6] Isso os fez entender que era o presente de casamento das deusas do mar.

Já na ilha, os cavaleiros chegaram a uma torre que era metade laboratório e metade santuário e participaram de um elaborado procedimento que dividiu um globo de ouro suspenso no teto em duas metades. Isso trouxe à vista um ovo branco que depois de levemente aquecido em um recipiente de cobre abriu-se e libertou uma ave negra. Logo as penas negras da ave tornaram-se brancas e depois assumiram as cores do arco-íris. Após ser banhada em leite, a ave pareceu recém-nascida. Foi quando soaram as badaladas de um relógio e um dos cavaleiros cortou-lhe a cabeça. E depois coletaram o sangue em uma tigela de ouro e queimaram o corpo da ave.

Em seguida, conduziram os cavaleiros por uma escada até as câmaras superiores da torre. Eles estavam no sétimo pavimento quando apareceram alguns músicos, que alegremente lhes disseram para subir até o telhado, onde um dos reis que tinham sido decapitados os recebeu. O rei quase explodiu de rir frente ao pavor dos convidados do casamento por vê-lo ressuscitado dos mortos.

– Lembrem-se a partir de agora, meus filhos, que os seres humanos não fazem a menor ideia da imensa bondade de Deus – disse o rei.

Por fim, a Virgem trouxe as cinzas da ave, das quais fizeram uma pasta e a prensaram em dois moldes, de onde emergiram dois contornos bri-

O rei prestes a engolir o filho. "Retrato de Merz" (de Tabitha Booth), combinando elementos do *De Lapide Philosophico*, de John Tenniel e de Lambspinck, mostra uma continuidade interessante de sensibilidade.

lhantes e quase transparentes de bebês com cerca de quatro centímetros de comprimento. Depois de colocados sobre almofadas de cetim e alimentados gota a gota pelas pequenas boquinhas com o sangue da tigela de ouro, os bebês começaram a se desenvolver de tal modo que Christian imaginou que já estavam respirando. E quando os colocaram na cama já estavam com cachos dourados e encaracolados.

Uma grande trombeta foi posicionada de um modo que a extremidade superior abria-se para um buraco no teto e a outra, para aquelas duas boquinhas moldadas. Christian entrou em êxtase quando as duas almas irromperam como um raio pela trombeta afora e se afiguraram como duas silhuetas, com os olhos brilhando e aparentemente despertas e aquecidas. Christian percebeu que era o casal real, e de repente os dois já estavam ali na cama para o dia do casamento. Uma cortina foi discretamente colocada à frente do leito nupcial.

Na manhã seguinte, Christian Rosencreutz navegou de volta ao castelo. O rei que ele encontrara no topo da torre o abraçou e lhe informou que seria a última vez que se apresentaria daquela forma.

Christian retornou ao mundo real, trazendo em primeira mão o conhecimento dos processos de geração intrínsecos ao corpo físico, os quais geralmente encontram-se abaixo do limiar da consciência. Ele também testemunhara a maneira pela qual o processo de encarnação e reencarnação aparece para os seres dos mundos espirituais, com as almas se deslocando para o corpo físico por entre trombetas, e aprendera algo mais sobre os chacras e os segredos da alquimia.

O Ocidente deixara de lado o conhecimento da reencarnação e dos chacras desde Mani. Mas à medida que a autoridade da Igreja era cada vez mais questionada porque já não conseguia satisfazer às necessidades hu-

Uma descrição alquímica de putrefação e renascimento
(extraída de *Practica*, de Basilius Valentinus, pseudônimo de um alquimista do século XV).

manas, eclodia uma nova corrente de espiritualidade que sem negar as grandes verdades do cristianismo também abraçava as verdades de outras religiões do mundo.

Se as visões de Latini e Dante apresentam uma aridez de cunho medieval, a visão de Christian Rosencreutz faz emergir a riqueza, a cor e o deslumbramento próprios da Alta Renascença. Abre-se uma dimensão que, por sua vez, se abre para outras mais em contínua mutação. A narrativa se desdobra então em diferentes níveis e diferentes dimensões – os sete dias da semana, por exemplo, também são os sete dias da Criação. Enfim, há uma dimensão material, uma dimensão onírica e uma dimensão espiritual entre as diferentes dimensões. *O casamento alquímico* faz alusão às mudanças fisiológicas que acompanham as mudanças espirituais, o lugar das mudanças e do desenvolvimento fisiológico na história do mundo e na história dos seres humanos ao longo das diversas encarnações.[7]

Christian Rosencreutz morreu aos 107 anos e foi enterrado em um mausoléu que seria descoberto em 1604, pouco mais de cem anos depois. Seu corpo jazia intacto dentro do mausoléu.[8]

Tal como Enoque, Elias e Hidden Imam, Christian Rosencreutz também estaria apto a encarnar à vontade.

33

Joana e a chave da portinhola

"Aquele que está perto de mim está perto do fogo."

Evangelho de Tomé, versículo 82

*"Eu nasci sob uma estrela. Ninguém jamais fez
nem será capaz de fazer o que fiz."*

Gilles de Rais

Joana vivia com os pais e os irmãos no pequeno vilarejo de Domrémy.

As moças da aldeia gostavam de frequentar a Árvore da Senhora. Havia histórias sobre aparições de fadas nas cercanias daquele grande e antigo pé de faia, e a madrinha de Joana dizia que tinha visto uma mulher feérica naquele lugar. A cada mês de maio, Joana e outras meninas penduravam ervas e guirlandas de flores naquela árvore e dançavam ao redor. Ao lado da árvore havia uma fonte que, segundo os aldeões, tinha poderes de cura.

À medida que crescia, Joana já não brincava tanto com as outras meninas. "Aos 13 anos ouvi a voz de Deus. A princípio, fiquei petrificada. Era quase meio-dia quando a voz chegou a mim. Era verão e eu estava na horta de papai ao lado do cemitério."

Depois disso, Joana passou a ouvir vozes duas ou três vezes por semana. Às vezes as ouvia junto com o badalar dos sinos da igreja. Outras vezes uma voz em particular ecoava de uma nuvem brilhante em meio à névoa. E passado algum tempo ela reconheceu o arcanjo Miguel, que lhe disse em meio à névoa que ela teria que sair de casa para cumprir uma missão.

O arcanjo acrescentou que ela seria guiada por Santa Catarina e Santa Margarete, e logo as santas também lhe apareceram na Árvore da Senhora. Mais tarde, Joana declarou que conseguia vê-las claramente, como se fossem de carne e osso.

Joana então prometeu manter a virgindade – pelo menos até que tivesse completado a missão. Mas de repente o pai lhe pede que se case com um homem da região.

Era uma vez uma garota cujo pai queria que ela se casasse com um bonito cavalheiro do lugar. Ele era rico e usava roupas deslumbrantes bordadas a ouro, mas tinha uma barba negra bestial e eriçada – tão negra que parecia azul. A garota passou a temer esse homem, chamado Barba Azul, e, quando o via na floresta, o medo era tanto que ela se escondia.

Quando o arcanjo Miguel e as santas Catarina e Margarete recomendaram a Joana que partisse para lutar pelo Delfim, ajudando-o a recuperar o seu reino das mãos inglesas, ela resistiu. Pois não sabia cavalgar e muito menos guerrear. Mas os guias celestiais insistiram e passaram-lhe instruções precisas: ela deveria se dirigir à cidade vizinha de Vaucouleurs para se encontrar com certo capitão Baudricourt, que lhe daria ajuda e orientação necessárias para chegar ao Delfim. E assim, aos 16 anos, Joana deixou para trás a família e o jovem pretendente que o pai havia arranjado para se casar com ela.

Mas quando um dos soldados apresentou-a ao capitão Baudricourt, ele disse:

– Leve-a de volta para que o pai lhe dê uma boa surra!

Todos os soldados riram, mas Joana se manteve firme e lembrou ao capitão uma profecia de Merlin: surgiria uma donzela da região para "derrubar fortalezas" e confundir os britânicos.

Baudricourt pensou duas vezes e algum tempo depois Joana chegou ao castelo de Chinon, onde o indeciso e inepto Delfim se escondia.

Enquanto Joana era conduzida pelo pátio, um cavaleiro se pôs ao lado dela e disse:

Joana d'Arc perante o Delfim em Chinon
(do manuscrito flamengo MS.Roy.20D.viii, do século XV).

— Então, esta é a donzela! Se me deixarem passar uma noite com ela, em pouco tempo ela deixará de ser donzela!

Lá no salão, o Delfim tentou pregar uma peça em Joana, vestindo um dos cortesãos como rei na tentativa de enganá-la. Mas a luz dos guias de Joana guiou-a em direção ao Delfim, e ela então se prostrou aos pés do soberano.

Atrás do Delfim estava Gilles de Rais, que além de ser o braço direito do soberano era o homem mais rico do reino e marechal no comando do poderio militar da França. Oito anos mais velho que Joana, ele era moreno, surpreendentemente bonito e tinha olhos negros brilhantes e uma barba negra cerrada. Insaciável na busca do conhecimento, ele procurava o segredo da vida e faria qualquer coisa para encontrá-lo.

Joana disse para o Delfim que Deus é que a tinha ordenado a sitiar a fortaleza inglesa em Orléans e depois acompanhar o Delfim até Reims, onde ele seria coroado rei. Ela o convenceu de que era divinamente inspirada e o surpreendeu ao lhe dizer o que só ele tinha dito em oração silenciosa, mas o tranquilizou sobre o tal segredo profundo e sombrio que apenas ele sabia: ele era ilegítimo.

E assim o Delfim arrumou uma armadura e um estandarte para Joana e presenteou-a com um cavalo branco.

Contudo, as vozes de Joana mencionaram a existência de uma antiga espada do grande herói francês Carlos Martel, que defendera a França contra a invasão muçulmana. E ainda lhe disseram que era uma espada marcada com cinco cruzes e que estava escondida debaixo do altar de uma igreja de Santa Catarina nas proximidades. O Delfim ordenou que os armeiros se dirigissem à igreja, onde eles removeram as lajes de pedra e encontraram a espada com cinco cruzes no lugar apontado por Joana. À medida que a espada era retirada daquele esconderijo escuro, a ferrugem derretia como neve ao sol.

O Delfim não era um homem de combate e por isso confiou a proteção de Gilles de Rais a Joana. Ambos passaram a cavalgar lado a lado.

Acontece que Barba Azul era muito mais rico do que se imaginava. Ele mostrou-se generoso e encantador, e logo persuadiu a garota a se casar com ele.

Joana e Gilles lideraram um pequeno exército francês e, guiados pelas vozes de Joana, expulsaram os ingleses de Orléans e Les Tourelles. Em Jargeau, morreram quase 1.200 ingleses, enquanto os franceses perdiam apenas vinte homens. Ao contrário das expectativas provavelmente esmagadoras, o estandarte e a espada de Joana cintilaram à frente da tropa.

Para os ingleses a invencibilidade de Joana se devia à arte da bruxaria. Mas a posição privilegiada de Gilles de Rais lhe permitiu observar em primeira mão a forma milagrosa pela qual o poder espiritual transforma o curso da história.

Por duas vezes Joana saiu ferida do campo de batalha e por duas vezes Gilles agiu heroicamente para protegê-la.

Uma descrição de ajuda celestial na batalha (do século XVI, provavelmente coletada por Conrad Lycosthenes em *The Book of Prodigies*, 1557).

Gilles estava presente quando um oficial de Richemont conheceu Joana pela primeira vez e disse:

– Não sei se você vem de Deus ou do Diabo – falou o oficial, fazendo o sinal da cruz.

– Cada vez que estou triste e penso que não vão acreditar que Deus me diz essas coisas que falo para os outros, rezo sozinha para Deus – retrucou Joana. – E Ele sempre me diz: "Filha de Deus, continue, continue, continue! Estarei presente para ajudá-la!" E fico feliz quando ouço o meu Senhor.

Joana continuou exortando o hesitante Delfim a levar adiante a coroação em Reims.

No cumprimento da missão que São Miguel passara a Joana 18 meses antes, Gilles de Rais vestiu uma magnífica libré de ouro e liderou uma procissão que carregou um relicário em forma de pomba de ouro até a catedral. O relicário guardava o óleo santo que ungira os reis da França desde os tempos antigos.

Joana esperava no altar e disse com seu estandarte na mão:
– Finalmente, cumpre-se a vontade do meu Senhor.

Ela também disse que um anjo coroara o novo rei.

Embora com a missão cumprida, ela se determinou a continuar combatendo até a expulsão definitiva dos ingleses do solo francês.

Mas a certa altura Joana se deu conta de que as vozes já não lhe davam instruções precisas sobre como conduzir as tropas.

> *A garota se casou com Barba Azul e teve uma vida mais ou menos feliz. Já não nutria tanto horror pela barba eriçada do marido. Mas ele não era uma presença constante, e as muitas ausências eram inexplicáveis.*
>
> *Um dia Barba Azul disse que ficaria fora por muitos dias e entregou-lhe um grande molho de chaves daquela casa que de tão ampla mais parecia um castelo. Na verdade, ela ainda não tinha percorrido algumas áreas do lugar. Depois de mostrar as chaves que abriam os aposentos, os armários e os móveis com roupas e joias, e de dizer que ela era livre para explorar tudo isso, ele disse com ar severo que uma pequena chave abria uma porta no fundo de um lance de escadas que levava ao subsolo, acrescentando que ela estava absolutamente proibida de abri-la e que se o fizesse ele saberia.*
>
> *Ele partiu em seguida, deixando-a sozinha.*

Combatendo agora sem a orientação das vozes e sem a proteção de Gilles de Rais, Joana se viu cercada pelos aliados franceses dos ingleses. Depois de puxada do cavalo por um brutamontes de Picardy, foi entregue aos ingleses e depois aprisionada a ferros em Rouen, onde sofreu abuso sexual e uma vez foi salva de estupro pela intervenção do conde de Warwick.

Barba Azul (ilustração para *Contos de fada*, de Perrault, feita por Gustave Doré).

A fim de obter informações sobre a origem da magia de Joana, os inquisidores perguntaram se as vozes lhe tinham revelado se ela perderia os poderes de combate caso perdesse a virgindade. Ela respondeu que as vozes não tinham revelado nada a respeito.

Mas as vozes retornaram e lhe disseram que ela seria libertada. Mas a coragem de Joana começou a esmorecer quando os inquisidores lhe mostraram os instrumentos de tortura – cremalheira, pinças e agulhas.

Já no julgamento, Joana se viu incitada pelo juiz:

– Abjure... ou você será queimada.

– Abjure! Abjure! Abjure! – ressoou em coro a multidão, até que Joana assentiu.

Mas a colocaram na fogueira enquanto o juiz descansava. Frei Martin ouviu a última confissão de Joana depois que lhe rasparam a cabeça. Ela disse que tinha sido espancada e molestada sexualmente, e que depois um lorde inglês a havia estuprado.

Na manhã da execução, o padre Pierre disse para Joana ainda na cela que as vozes que ela ouvia eram de maus espíritos, pois os bons espíritos não teriam mentido dizendo-lhe que ela seria libertada.

Joana vestia uma túnica e uma mitra, na qual pintaram as palavras "herege, apóstata, idólatra".

Uma centena de soldados com espadas e machados de guerra escoltou a carroça que a conduziu até a praça do mercado. Os cortesãos e dignitários da Igreja estavam em dois palanques que ladeavam a fogueira, posicionada no alto de uma plataforma, e o carrasco com um uniforme vermelho estava ao lado da fogueira.

Ela clamou por Catarina, Margarete e Miguel quando as chamas se elevaram da pira. E depois soltou um grito longo e agoniado. Logo a túnica ardeu em chamas, deixando em meio à fumaça a nudez de Joana à vista dos espectadores. Os carrascos alimentaram o fogo, até que a reduziram a cinzas.

– Nós assassinamos uma santa! – gritou um soldado inglês.

Gilles de Rais não estava presente naquele dia, se bem que ouviu relatos detalhados do ocorrido. Ele deixou de servir ao rei e retirou-se para as terras dos seus ancestrais, de onde saiu em busca de relíquias sagradas e alquimistas e de livros raros e eruditos.

Seria uma tentativa de entender o que testemunhara? Sem dúvida Joana tinha exercido poderes milagrosos – mas no fim teria sido traída por tais poderes?

Gilles carregava uma lasca da Vera Cruz fixada à manga que acabou por doar para um colégio e uma igreja dedicados aos Santos Inocentes. Ele tornou-se conhecido por doar tesouros a servos e estranhos. Acontece que diversas crianças da região começaram a desaparecer – e algumas foram vistas pela última vez na companhia dos servos de Gilles de Rais.

Certa vez ele viajou e hospedou-se em um hotel na pequena cidade de Rochebernat. Na casa em frente residia uma família com um filho de 10 anos. Poitu, um dos servos de Gilles de Rais, perguntou à mãe do menino se ela o deixaria contratar o filho como pajem, argumentando que o salário era bom e que o menino seria bem cuidado e educado para uma vida melhor. A mãe aceitou a oferta. Parece que depois Gilles de Rais declarou que aquele menino era lindo como um anjo. A última vez que a mãe o viu ele cavalgava um pônei comprado por Poitu ao lado do senhor. Duas ou três semanas depois, ela estava em Nantes e viu um outro menino cavalgando o mesmo pônei.

Claro que para um plebeu era quase impossível fazer reclamações ou solicitar investigações sobre os negócios de um grande senhor como Gilles de Rais. E quando os pais, preocupados, perguntavam, apenas lhe informavam que o filho "passava bem".

Enquanto vagueava pelo castelo, abrindo aposento após aposento, a jovem esposa de Barba Azul se maravilhava com as magníficas e cintilantes riquezas que encontrava. Experimentava algumas roupas, brincava consigo mesma e sonhava com outras pessoas com quem brincar. Mas aquela pequena chave do aposento proibido faiscava em sua mente.

De repente, ela seguiu em direção ao aposento proibido. Chegou tão apressada à escada que levava ao subsolo que quase tropeçou. Puxou a chave do molho e abriu a pequena porta. O aposento estava escuro como breu.

Ela entrou e o piso de pedra frio do aposento aderiu aos seus chinelos de seda. Só depois que seus olhos se adaptaram à réstia de luz que entrava pela porta é que ela percebeu com pavor os corpos mutilados de adolescentes que estavam apoiados contra as paredes de ambos os lados. Assustou-se tanto que deixou a chave cair, mas pegou-a de volta e saiu correndo lá de dentro. Só quando trancou a porta é que notou que a chave estava pegajosa de sangue.

Embora tenha tentado lavar o sangue da chave no andar superior, isso foi impossível. Claro que se tratava de uma chave mágica e que por isso Barba Azul tinha dito que se ela o desobedecesse, ele saberia.

Nesse momento soaram os passos de Barba Azul atravessando a porta de entrada.

E a ela só restou imaginar seus irmãos cavalgando contra o horizonte para resgatá-la.

Gilles de Rais, que fora o homem mais rico da França, estava agora à beira da falência por conta de sua extravagância, e a queda foi resultado de uma disputa por dinheiro. Com uma tropa armada, Gilles cercou uma igreja onde o homem que supostamente o enganara estava asilado, e exigiu que ele saísse porque senão seria morto.

Quando o homem saiu, o espancaram violentamente e depois o jogaram na prisão. Dessa maneira, Gilles de Rais tornou-se um inimigo da Igreja. Depois de preso, revistaram suas casas e encontraram a primeira camisa manchada de sangue de uma criança, seguida pelos restos carbonizados do que pareciam ser ossos humanos.

No final, descobriram os restos de cerca de 140 crianças. Julgado pela Inquisição, tal como Joana, Gilles foi acusado de feitiçaria e de invocar os espíritos malignos, e ainda de sodomia e de assassinato de crianças. Tanto os alquimistas como os servos convocados para ajudá-lo testemunharam contra ele. Pelo que se sabe ele pendurava crianças em ganchos de ferro e as mantinha ali em sobrevida enquanto abusava sexualmente delas. Segundo o testemunho de Poitu, muitas vezes Gilles de Rais colocava a cabeça cortada de uma criança no colo pelo prazer de assistir àqueles últimos sinais de vida. Ele também usava outras partes do corpo das crianças em cerimônias macabras.

Seria tudo isso uma tentativa de copiar o poder de dobrar o mundo à própria vontade que Gilles presumia como um atributo de Joana? Ou simplesmente um momento de raiva contra o cosmos ou contra Deus, que a tinham traído?

Era outubro de 1440. Com a corda da forca no pescoço, Gilles de Rais implorou para a multidão ao redor que rezasse a Deus para perdoá-lo, da mesma forma que todos ali gostariam de ser perdoados. E como um estranho eco do poder de Joana de mobilizar as pessoas para o bem, o fato é que todos rezaram. Quando chutaram o banco debaixo dos seus pés, Gilles gritou por São Miguel...

O foco desta gravura do século XIX é um símbolo atual de algumas fraternidades maçônicas altamente secretas que preservam tradições rosa-cruzes. Uma variação do símbolo do compasso é o símbolo de Luca, a luz divina, denotando um alto nível de iniciação envolvendo qualidades parecidas com a de Cristo. No século XIX, a pintura de onde a gravura saiu era atribuída a Leonardo da Vinci e passou a ocupar orgulhosamente um espaço na National Gallery, em Londres. Agora, é atribuída a Luini e não está disponível para o público. Diz-se ser uma representação de Jesus discutindo com os doutores do Templo, mas claro que fez isso ainda criança.

AO LADO: *Laocoonte* (gravura por Marco Dente). Os artistas do Renascimento italiano acreditavam que se eles trabalhassem com grandes espíritos, anjos e deuses das estrelas e dos planetas poderiam se tornar cocriadores divinos. Uma crença inspirada em textos herméticos recém-traduzidos: "Quando um *daimon* flui pela alma humana, nela espalha sementes de sua própria noção, de onde tal alma, impregnada com sementes, levantada em fúria, extrai coisas maravilhosas." Como ilustra a gravura, não era um processo sem riscos. (Aqui, há contraste e comparação a serem feitos com a sagrada arte hindu. O artista hindu eleva-se a um nível superior de consciência e contempla os arquétipos divinos, para depois reproduzi-los tanto quanto puder. A originalidade não é valorizada.)

34

As fadas querem o nosso sumo

"Há sempre um contrato silencioso entre o livro e o leitor... um contrato subliminar para o que não é ficção e um outro para o que é ficção."

David Foster Wallace

O extremo oeste da Cornualha é um recanto enevoado quase em estado selvagem e ainda resistente às tentativas de cultivo. São ilhas de bancos rochosos cobertos de silvas e tojo, entulhadas de víboras e cercadas por quilômetros de pântanos com nascentes, córregos e lagos profundos e perigosos. Antes da chegada do asfalto era um lugar em grande parte intransponível, exceto pelos calçamentos irregulares.

Era de tardinha e o fazendeiro William Noy estava hospedado na fazenda de um vizinho e o ajudava na colheita. Seriam necessárias outras mãos para a colheita no dia seguinte, ocasião da ceia comemorativa, de modo que ele cavalgou até a igreja da vila para recrutá-las e também para convidar o pároco e o sacristão. O sacristão seria particularmente bem-vindo porque era um bom violinista.

Após a "visita", o sr. Noy deixou a taberna da vila de volta à fazenda vizinha seguido pelos seus cães. Mas ele não apareceu naquela noite. Alguns acharam que teria se divertido demais na taberna e voltado para a sua própria casa. Mas no dia seguinte perguntaram por ele e, como ninguém o tinha visto ou sabia de alguma coisa, começaram a se preocupar.

Já com todo o milho acondicionado em local seguro antes da hora do jantar, os trabalhadores rurais esqueceram do sr. Noy por um tempo. Passaram a desfrutar de tortas e de carne assada e cozida, tanto de carneiro como de coelho e lebre, acompanhadas de pudim e seguidas de bebidas, cantorias e danças noite adentro. Mas quando raiou o dia muitos se ofereceram para procurar o sr. Noy em diferentes direções, alguns a cavalo e outros a pé – mas não havia sinal dele em nenhum lugar.

Os grupos de busca retornaram à noite, e na manhã seguinte cavaleiros saíram em direção às paróquias vizinhas, onde todos se juntaram à busca.

Numa manhã cinzenta do terceiro dia, ouviram-se o relincho de um cavalo e os latidos de cães por entre os arvoredos de uma ilha de terra seca à beira de Selena Moor. Alguns homens encontraram uma trilha de madeira que levava à ilha e lá encontraram o cavalo e os cães do sr. Noy. Os cães os guiaram por um caminho espinhento em meio a tojos e silvas, e eles chegaram às ruínas de um velho chalé sem telhado que podia ser algum tipo de armazém. Lá dentro encontraram o sr. Noy dormindo no chão. Parecia grogue e desorientado quando o acordaram e mostrou-se feliz com a chegada dos outros porque não queria perder a ceia da colheita. E quando lhe disseram que o milho tinha sido recolhido nos três dias anteriores, ele disse que só podiam estar brincando. Na verdade, recusou-se a acreditar, até ver com os próprios olhos naquele mesmo dia todo o feno ceifado em palha e amarrado.

Só então, sentado num banquinho próximo à lareira, ele contou o ocorrido para os vizinhos.

A noite estava clara e ele decidiu cortar caminho, atravessando o pântano, em vez de dar a volta pela estrada pedregosa. Mas depois de um tempo se perdeu numa parte do pântano que lhe era desconhecida, mesmo achando que conhecia cada centímetro da área.

Depois de andar alguns quilômetros ao acaso, ele ouviu um som animado e avistou as luzes de um casarão por entre as árvores, onde pessoas em movimento o fizeram pensar que tinha encontrado uma fazenda.

Seus cães se esgueiraram para trás e o cavalo refugou. Ele então o amarrou a uma árvore e pegou um caminho ao longo de um pomar em direção às luzes. Chegou a um prado e lá estavam dezenas de pessoas. Algumas estavam sentadas à mesa e comiam e bebiam com enorme prazer. Outras dançavam animadas, embaladas pelas batidas de um pandeiro tocado por uma garota vestida de branco a alguns passos dele.

Os foliões estavam bem-vestidos, mas a maioria era do tamanho de lactentes ou ainda menores. As mesas e os copos eram proporcionais ao tamanho daquela gente. Os que dançavam o faziam com tanta rapidez que era impossível estimar quantos eram. Ele ficou tonto só de olhar os giros intrincados da dança.

Só então reparou que a garota que tocava o pandeiro tinha uma estatura comum. Ela o olhou de lado e a música encantadora o animou a puxá-la pela mão para juntar-se à dança.

Mas ela franziu a testa quando ele se aproximou e fez um movimento assustado com a cabeça em direção a um canto da casa, fora de vista. E depois seguiu até o pomar que ele acabara de atravessar, sinalizando para que ele a seguisse.

Ela o esperou junto a uma poça sob o luar. Ele chegou mais perto e ficou surpreso quando notou que ela não era outra senão Grace Hutchens, sua ex-namorada e filha de um fazendeiro. Ela morrera três ou quatro anos antes e tinha sido enterrada no cemitério de Buryan.

– Graças aos céus, querido William, eu estava no mirante para detê-lo, senão você já estaria transformado como eu – ela sussurrou.

Ele fez menção de beijá-la.

– Não, cuidado! – ela exclamou. – Não me toque e não toque em flor ou fruta alguma deste pomar. Foi quando comi uma ameixa daqui que me arruinei. Aquele corpo enterrado no adro da igreja era apenas uma farsa. Com meu corpo verdadeiro ainda me sinto como nos tempos em que seu amor era tudo que me importava.

Seguiram-se os gritos de pequeninas vozes pela noite:

– Grace, Grace, traga mais cerveja e cidra! Seja rápida!

Ela parecia assustada.

– Fique atrás da casa. Mantenha-se fora de vista, caso valorize sua vida, e não toque nas frutas e nas flores.

De novo, ele fez menção de beijá-la.

– Não, meu amor, não na frente de todos – ela sussurrou. – Já volto, espere por mim aqui. Minha triste sina é ter sido roubada da vida para ser escrava.

Ela o deixou no pomar e voltou alguns minutos depois. O casal fez uma caminhada na mata, afastando-se da casa e da dança, onde a música e a zoeira da alegria se dissiparam.

– Se quer saber, querido Willy, você jamais saberá o quanto o amei. – ela disse, apontando para uma pedra. – Sente-se ali.

O sr. Noy sentou-se e Grace começou a contar que um dia estava anoitecendo e ela teve que sair em busca de uma ovelha perdida nas proximidades de Selena Moor. Acabou se perdendo por entre as samambaias mais altas e perambulou por horas a fio sem saber onde estava. Alguns quilômetros depois, atravessou um riacho e entrou num pomar, onde havia música. Caminhou em direção à música e a certa altura se viu no meio de um belo jardim, com alamedas ladeadas de roseiras. Logo maçãs e outras frutas penderam maduras ao seu redor e por cima da cabeça de Grace.

Exausta e sedenta, ela arrancou uma ameixa, que sob a claridade das estrelas parecia de ouro. Mas a fruta se liquidificou assim que seus lábios se fecharam, assumindo um amargor que a deixou enfraquecida e a levou ao solo com convulsões. Grace não se lembrava do tempo que tinha estado naquele lugar, mas lembrava que depois que acordou se viu cercada por dezenas de seres pequeninos que pareciam alegres por vê-la. Eles lhe disseram que precisavam de uma garota prendada que soubesse cozinhar e preparar beberagens, e que mantivesse a casa asseada e cuidasse das crianças que eles roubavam.

Esse tipo de vida deixou Grace confusa, mas aos poucos ela se acostumou. Aqueles seres pequeninos não tinham coração nem sentimento, como ela própria disse, e deviam existir desde tempos remotos. Ela também explicou que o que pareciam ser ameixas e maçãs daqueles jardins não passavam de frutos silvestres que brotavam naturalmente na terra, e que tinha adoecido com a alimentação à base de bagas e melaço dos seres pequeninos. Embora também tivesse se acostumado com isso, ansiava por um pouco de peixe salgado.

Grace também disse que um dos idosos era especialmente gentil com ela, mas a cara carrancuda do amado a fez acrescentar: – Oh, querido Willy, não seja tolo a ponto de sentir ciúmes! Ele não passa de um vapor e o que ele chama de amor não é mais substancial que a fantasia.

O sr. Noy perguntou se havia alguma criança naquele lugar além das que eles roubavam.

– Pouquíssimas – ela respondeu. – Mas eles gostam de crianças e se regozijam quando nasce um bebê aqui. Não praticam nossa religião e são adoradores dos astros. Não vivem juntos como cristãos e rolinhas. Eles vivem tanto tempo que talvez isso se torne cansativo. E os velhos murcham... bem, são como baforadas de fumaça, quase se pode ver através deles. Geralmente anseiam pelo momento em que terão essa cansativa existência dissolvida no ar.

Grace jurou amor eterno ao sr. Noy, mas com a ressalva de que o queria em carne e osso, e não transformado como ela. Se ele quisesse se juntar a ela depois que morresse, acrescentou, os dois poderiam viver juntinhos no reino das fadas, nos terrenos baldios.

O sr. Noy ainda tinha muitas perguntas sobre aqueles seres estranhos e estava prestes a fazê-las quando eles o interromperam:

– Grace, Grace, onde você se meteu? Traga-nos bebida agora mesmo!

A música silenciou e soaram pezinhos em direção ao casal. O sr. Noy lembrou que em sua infância se dizia que peças de vestuário viradas ao avesso e arremessadas contra os *piskies* – o povo dos seres pequenos era assim chamado na Cornualha – os afugentavam. Ele rapidamente enfiou a mão no bolso do paletó e virou ao avesso uma das luvas que usava para colher feno. E depois colocou uma pequena pedra dentro e arremessou-a contra os *piskies* que surgiram à sua frente.

Eles desapareceram junto com a casa, o pomar e Grace. O sr. Noy olhou em volta, onde agora só havia mato e uma casa velha sem telhado, e depois recebeu um golpe na testa que o nocauteou.

Dali em diante o sr. Noy passou a ser outro homem. Só falava do que tinha visto e ouvido naquela noite. Ao entardecer e nas noites de luar, geralmente perambulava pela mata na esperança de encontrar Grace. Ficou melancólico, negligenciou a fazenda, deixou de caçar e partiu desta vida antes da colheita seguinte. Se ele realmente morreu ou passou para a terra das fadas, isso ninguém sabe.[1]

Piskies (extraída da vida por Tabby Booth).

Uma mulher vivia numa casa com um jardim na frente que tinha duas roseiras, uma de rosas brancas e outra de rosas vermelhas. Ela teve duas filhas, às quais chamou de Branca de Neve e Rosa Vermelha. Eram meninas boas e felizes, e também levadas e alegres, mas Branca de Neve era mais tranquila e mais delicada que a irmã. Enquanto Rosa Vermelha corria pelos prados e os campos, beliscando flores e caçando borboletas, Branca de Neve ficava em casa e ajudava a mãe nos afazeres domésticos.

Era inverno e Branca de Neve acendeu a lareira e pendurou a chaleira de bronze numa placa de metal que de tão polida brilhava como ouro. Nas noites daquele inverno um cordeiro deitava-se ao lado das meninas no chão e uma pomba branca aninhava-se em cima de um poleiro mais atrás, com a cabeça escondida sob a asa.

Mãe e filhas desfrutavam confortavelmente o calor da lareira quando alguém bateu à porta.

– Abra logo a porta, Rosa Vermelha. Talvez seja um viajante em busca de abrigo – disse a mãe.

Quando Rosa Vermelha puxou a tranca, a cabeça preta de um urso introduziu-se pela porta.

Ela soltou um grito e pulou para trás. O cordeiro baliu, a pomba tremeu e Branca de Neve escondeu-se atrás da cadeira da mãe.

Mas o urso começou a falar, com uma voz profunda e suave:

– Não tenham medo; não farei mal a vocês! Estou congelado e só quero me aquecer um pouco.

– Pobre urso, deite-se ali perto da lareira... Mas tome cuidado para não queimar o pelo – disse a mãe, acrescentando para as filhas: – Branca de Neve, Rosa Vermelha, saiam de onde estão. Esse urso é bonzinho.

Ambas saíram dos esconderijos enquanto o cordeiro e a pomba se aproximavam lentamente, sem mais temerem o urso.

– Por favor, crianças, batam a neve aqui do meu pelo – disse o urso.

As meninas pegaram uma vassoura e bateram a pele do urso até deixá-la limpinha. Ele se estendeu perto do fogo e rosnou satisfeito e reconfortado.

As meninas relaxaram e passaram a pregar peças no desajeitado hóspede. Puxaram o pelo, pisaram nas costas e rolaram por cima do urso. E depois o fustigaram suavemente com uma varinha de avelã. Ele soltou um rosnado e elas deram uma risada. Só depois que elas se excederam nos golpes é que ele protestou:

– Deixem-me vivo!

Já era hora de dormir e a mãe então levou as meninas para a cama e depois disse para o urso:

– Fique aí perto da lareira e estará a salvo da friagem e do mau tempo.

Ao amanhecer as duas meninas se despediram do urso e ele saiu trotando pela neve da floresta adentro.

A cada noite dos quatro meses seguintes o urso chegava, deitava-se perto da lareira e as meninas se esbaldavam com ele. Ficaram tão acostumadas com isso que à noite a porta nunca era trancada até que o amigo negro tivesse aparecido.

Mas depois chegou a primavera e tudo lá fora esverdeou, e certa manhã o urso disse para Branca de Neve:

– Já está na hora de ir e não poderei voltar durante todo o verão.

– Para onde você vai, querido urso? – disse Branca de Neve.

– Preciso proteger os meus tesouros dos anões malvados da floresta. Quando a terra está congelada no inverno, eles permanecem no subsolo, sem poderem trabalhar à superfície. Mas quando o sol descongela a terra, eles saem para bisbilhotar e roubar. E o que cai nas mãos ou nas cavernas desses anões raramente volta a ver a luz do dia.

Branca de Neve destrancou a porta com ar melancólico.

O urso saiu às pressas e, ao se enganchar na maçaneta, rasgou um pedaço da pele peluda. Branca de Neve teve a impressão de ter visto ouro brilhando em meio ao rasgão, mas ficou sem saber ao certo.

Em seguida o urso saiu em disparada e sumiu de vista por entre as árvores.

Algum tempo depois a mãe mandou que as filhas catassem lenha na floresta. Lá, as meninas encontraram uma grande árvore tombada ao solo e algo saltava para a frente e para trás nas proximidades do tronco. Elas chegaram mais perto e avistaram um anão com um rosto vincado de rugas e uma barba branca de um metro de comprimento. A ponta da barba estava presa a uma fenda da árvore e, sem saber como se libertar, ele se debatia como um cão amarrado à corda.

– Por que vocês estão plantadas aí? – disse o anão, com os olhos vermelhos de irritação. – Venham logo aqui para me ajudar!

– O que estava fazendo, homenzinho? – perguntou Rosa Vermelha.

– Você parece uma gansa bisbilhoteira! – respondeu o anão. – Eu estava separando alguns galhos a fim de conseguir um pouco de lenha para cozinhar. Fazia isso manuseando a cunha com segurança e tudo estava bem, até que de repente a cunha pulou e a árvore se fechou com tanta rapidez que não tive tempo de puxar essa minha linda barba branca. E agora estou com a barba presa e tudo que vocês conseguem fazer, suas branquelas bobocas, é rir!

Era verdade – as meninas estavam tendo um ataque de risos. Mas logo se juntaram e tentaram puxar a ponta da barba para fora. A barba ficou ainda mais presa e o anão soltou um grito de dor e raiva.

– Vou buscar ajuda de alguém – disse Rosa Vermelha.

– Não faça isso, menina estúpida! – vociferou o anão.

– Tudo bem, não se preocupe – disse Branca de Neve. – Eu vou ajudá-lo. – Ela tirou uma tesoura do bolso e rapidamente cortou a ponta da barba.

– Você é uma menina má! Por que fez isso? Arruinou a minha linda barba branca! – exclamou o anão.

Ele pegou um saco visivelmente repleto de ouro em meio às raízes da árvore, e ainda xingando as meninas o jogou em cima das costas e se foi sem olhar para trás.

As meninas o salvaram mais duas vezes e ele se mostrou ingrato e raivoso mais duas vezes.

Até que uma tarde elas estavam atravessando a floresta a caminho de casa após um dia de compras e de novo encontraram o anão. Ele tinha esvaziado o saco e, no cantinho de terra ao lado, pedras preciosas cintilavam sob o sol do fim de tarde. O brilho era tão intenso que as meninas pararam e olharam hipnotizadas para as pedras preciosas.

O anão amarrou a cara quando as viu.

– Por que estão bisbilhotando aqui?! – ele gritou, com a cara acobreada de raiva.

E ainda estava vociferando quando se ouviu o rosnado alto de um urso-negro que trotava em direção ao grupo.

O anão saiu correndo apavorado, mas não alcançou um buraco a tempo e gritou de pavor:

– Poupe-me, caro senhor urso, e lhe darei todos os meus tesouros. Olhe aquelas belas pedras preciosas que estão ali! Conceda-me a vida. O que o senhor poderia querer com um sujeitinho magro como eu? Nem me sentiria entre os dentes quando me engolisse. Em vez de me comer, fique com essas duas meninas malvadas. Além de tenras, têm uma gordura tão jovem quanto a das codornizes!

Sem tomar conhecimento das palavras do anão, o urso deu uma única patada nele.

As meninas estavam prestes a fugir quando o urso disse aos gritos:

– Branca de Neve, Rosa Vermelha, não tenham medo!

Elas olharam para trás e o anão ainda estava deitado na terra.

– Esperem, irei com vocês – disse o urso.

Só então elas reconheceram o tom bondoso do urso e, quando ele se aproximou, a pele caiu e surgiu um jovem bonito e todo vestido de ouro.

– Eu sou filho de um rei e estava enfeitiçado por aquele anão perverso que roubou os meus tesouros – ele disse. – Fui obrigado a viver na floresta como urso até que a morte daquele anão me libertasse.

Branca de Neve casou-se com o príncipe e Rosa Vermelha com o irmão dele. Os dois casais dividiram entre eles o grande tesouro que o anão reunira na caverna subterrânea.

As duas roseiras continuaram frente à janela da mãe das duas meninas e a cada ano floresciam as mais lindas rosas brancas e vermelhas.

A história de Rosa Vermelha e Branca de Neve é pura fantasia? Aqui estão subentendidos os ensinamentos sufis em relação ao nível de realidade – e a condição ontológica – das fantasias, como também está subentendido o significado místico das rosas no estilo de vida visionário de Christian Rosencreutz.

A fábula de Rosa Vermelha e Branca de Neve simboliza o mistério do sangue purificado. Rosa Vermelha é a vida do sentimento animal, do sangue cujo fluxo pela natureza se mostra alegre, ativo e impaciente. Branca de Neve é a vida do pensamento. Ela é mais sossegada e mais reflexiva. Ao atuarem unidas, as inspirações do coração são levadas à mente, trazendo à vida as realidades espirituais superiores que inicialmente ali se refletem de maneira tímida e tênue.

O conto de fada de Rosa Vermelha e Branca de Neve também é histórico no sentido de que relata um modo alquímico de meditação desen-

Senhor urso.

volvido por Christian Rosencreutz, um personagem histórico que adapta as meditações praticadas no Oriente para o estilo de vida do Ocidente.

A transformação física se dá por meio de exercícios espirituais – disciplinas sagradas de pensamento – simbolizados nos textos alquímicos como Mercúrio. Tais exercícios destinam-se a gerar encontros com seres espirituais vivos, e obviamente o urso da fábula representa Cristo. Na alquimia, o enxofre simboliza o sangue, portador do espírito e da consciência anímica humanos. O sangue humano pode então se purificar pelo casamento sagrado com Cristo, preparando-se assim para se elevar ao espírito de Cristo.

E quanto às experiências do sr. Noy? Pode-se conceber isso à luz científica?

35

Paracelso e os mistérios da cura espiritual

Alguns anos atrás, tive o prazer de produzir um livro com o renomado botânico David Bellamy. Segundo ele, uma das razões para a prosperidade dos grandes laboratórios farmacêuticos se deve aos tradicionais remédios populares, que além de funcionar possuem um bom mercado nas lojas de produtos naturais. Assim, depois de pesquisar e aperfeiçoar as dosagens, esses laboratórios registraram as próprias patentes, tornando-as indisponíveis gratuitamente. Bellami previu que em poucos anos ocorreria o mesmo com o tradicional remédio popular erva-de-são-joão, ou hipérico.

A questão é saber como esses remédios populares acabaram sendo descobertos no passado. Será plausível pensar que foi por tentativa e erro? Ou existem outros meios de conhecimento?

Um guerreiro iroquês chamado Nekumonta casou-se com a bela Shanewis. Além de guerreiro ele era caçador e o casal se amava demais. Mas depois do casamento caiu uma nevasca sem trégua alguma. E com o inverno excepcionalmente severo, o alimento escasseou e os membros da tribo adoeceram. Um por um, tanto o pai, a mãe e os irmãos como os parentes, os amigos e quase toda a tribo de Nekumonta adoeceram e morreram. Estaria a tribo inteira para ser dizimada?

Shanewis então começou a passar mal. Nekumonta clamou aos céus com muita dor. Rezou para o Grande Espírito, a fim de obter ajuda. Onde ele encontraria as ervas que salvariam a bela esposa a quem tanto amava?

Cobriu a esposa com as camadas de peles que encontrou e, depois de lhe deixar um acesso fácil de água, partiu pela neve afora. Atravessou ventanias fortes em busca de lugares onde pudesse cavar a neve menos profunda para encontrar ervas. Mas nada encontrou.

Certa noite ele adormeceu de exaustão e acordou com um coelho que o olhava de frente.

– Onde encontrarei as ervas plantadas pelo Grande Espírito que poderão curar minha esposa? – ele perguntou.

Mas o coelho se limitou a mexer o nariz, e depois se virou e saiu saltitando por entre as árvores.

Nekumonta continuou rezando para o Grande Espírito enquanto se embrenhava nas profundezas da floresta.

E no segundo dia encontrou a caverna de um urso. Fez a mesma pergunta para o animal, que se virou de costas e retornou à hibernação.

No terceiro dia, sem nenhum animal à vista, Nekumonta pensou: *Será que não sei rezar?* Continuou caminhando e cavando, até que desmaiou no sopé de uma grande rocha.

Foi quando sonhou que animais, pássaros, árvores e plantas o cercavam e lhe lembravam que ele sempre os tinha tratado com respeito. Ele só caçava animais para se alimentar e se vestir e sempre pedia a permissão do Grande Espírito de cada animal para isso, e também respeitava e amava a vida sagrada que fluía pelas árvores e as plantas. Logo todos os animais rezaram com ele e por ele, ajudando-o a levar as orações até o Grande Espírito.

De repente, o sonho mudou. A esposa ainda estava deitada e doente, mas começou a murmurar e depois cantou uma bela canção que se espraiou por todos os cantos. Era o som da primavera, pensou Nekumonta, agora ouvindo a letra com mais atenção: "Encontre-me e a linda Shanewis viverá", dizia o espírito da água.

Nekumonta acordou, levantou-se e olhou ao redor. Nenhuma nascente.

Ele então se abaixou e começou a cavar. Foi difícil porque o solo estava congelado e era preciso arrancar rochas e raízes envelhecidas. Já estava prestes a desistir quando avistou um brilho lá no fundo. Logo um pequeno veio de água começou a verter e inundou o buraco. Vibrando de alegria, Nekumonta bebeu um pouco d'água da nascente e sua força retornou a pleno vapor. Ele correu de volta à tribo, carregando cuidadosamente um pouco daquela água.

Shanewis ainda estava deitada imóvel e de olhos fechados. Nekumonta derramou algumas gotas nos lábios da esposa, e ela abriu os olhos tão bonitos quanto ele se lembrava.

⌒

"Sou um homem rude e nasci num país rude", disse Paracelso. "Não tenho desejo algum nem de viver com conforto nem de ser rico. Feliz é quem perambula livremente e nada possui que precise de atenção, pois assim pode estudar o livro da natureza com os pés sobre as folhas."

Paracelso nasceu em 1493, na zona rural próxima a Zurique, e na adolescência saiu em viagem para estudar com o conhecido místico e erudito Trithemius, um abade de Sponheim. Mas Paracelso não permaneceu muito tempo na biblioteca da abadia, uma vez que queria aprender diretamente com a vida. Tal como São Francisco, se interessava mais pela experiência pessoal que pelo dogma.[1]

Entre 1517 e 1523, Paracelso viajou por Irlanda, Portugal, Espanha, Egito, Lituânia, Polônia, Hungria e Croácia. Dizem que durante a viagem passou por uma iniciação xamânica entre os tártaros e pesquisou o folclore e as curas populares. Enquanto curava, também ouvia e aprendia com as pessoas comuns.

Não houve mundo mais milagroso que o mundo de Paracelso. Ele concebia este mundo como um produto de uma grande mente universal, e via as estrelas como grandes pensamentos de Deus em câmera lenta. E abaixo dos grandes pensamentos divinos concebia uma hierarquia de pensamentos menores, mais rápidos em movimento e mais intimamente associados aos detalhes da vida cotidiana, aos quais chamava de anjos e espíritos.

Já vimos concepções semelhantes nos antigos ensinamentos – e nos ensinamentos dos místicos de todas as épocas. O que causa estranheza e surpresa é que Paracelso faz um relato vibrante de tais concepções não apenas como doutrina, mas também como *experiência vivida*. Foi um visionário que além de nos ter legado visões dos céus também o fez das criaturas celestiais e espirituais que atuam nas diferentes regiões da experiência humana e do mundo natural.

Paracelso apreendeu diretamente como os astros agem a distância no corpo humano exercendo sua influência através das "constelações". Em outras palavras, as diferentes partes do corpo humano têm especial associação com as diferentes estrelas e planetas, de modo que são diretamente afetadas pelas estrelas e planetas que lhes correspondem no céu. Marte, por exemplo, associa-se ao sangue, e o Sol, ao coração.

Como Brunetto Latini, Paracelso percebeu que os princípios e as essências inteligentes que compõem o ser humano também compõem o universo. Ou seja, a humanidade é a quintessência do cosmos. Isso significa tanto para Paracelso como para o sufismo que podemos conhecer tudo sobre o universo nos conhecendo a nós mesmos. Aos olhos de Paracelso isso era inteiramente natural. Eis o que ele escreveu: "Se no estado de vigília o homem não sabe nada a respeito, tal ignorância se deve ao fato de que não sabe procurar em si mesmo os poderes que lhe são dados por Deus."

O mundo de Paracelso abriga regiões realmente muito estranhas. Ele torna-se o grande biólogo do mundo espiritual ao descrever, nomear e classificar a fauna e a flora: "Um grande número de elementais torna-se visível e tangível para os seres humanos que ocasionalmente também passam a viver nessas mesmas dimensões." Ao perscrutar essas dimensões, Paracelso encontra e descreve os diferentes tipos de elementais, e afirma que o comportamento de tais seres não difere do comportamento do ser humano, já que gostam de nos imitar e até mesmo de se vestir como nós, mas possuem apenas a inteligência anímica e como os animais são incapazes de um desenvolvimento espiritual.

Os diferentes grupos de elementais são responsáveis pelas diferentes dimensões do mundo natural. Segundo Paracelso, os athnici são os espíritos elementais do fogo, que por vezes aparecem como globos brilhantes ou línguas de fogo. Os cobalos são homúnculos de cerca de sessenta centímetros de altura, que trabalham no subsolo e gostam de risadas e bagunças.[2] São descritos por Paracelso com os aventais de couro dos mineiros da época. Os gigantes de forma humana são elementais que vivem na terra. Os pygmaei são pequenos seres elementais que pertencem à terra e que estão em guerra perpétua com os anões. Ainda segundo Paracelso, os durdales são seres invisíveis que vivem nas árvores – os gregos os chamam de dríades. Lêmures são os elementais do ar; melinosinae, da água; ninfas, das plantas aquáticas, e salamandras, do fogo.[3] Sílfides são os elementais que vivem nas regiões montanhosas.

Paracelso também menciona uma outra ordem de seres que podem ser criados pelos seres humanos. Os aquastors ganham vida e forma pelo poder da imaginação humana, e às vezes tornam-se visíveis e até mesmo tangíveis. Súcubos, íncubos e vampiros fazem parte dessa ordem.

Os homunculi são feitos artificialmente pelos seres humanos, e os escritos de Paracelso incluem instruções de como fazê-los!

Tais descrições de elementais tanto nos evocam Puck, Ariel e Titânia como a variedade de formas de vida espirituais dos bosques de Shakespeare:

> ... Sirvo a rainha das fadas...
> Saio em busca de algumas gotas de orvalho ali
> E penduro uma pérola no ouvido de cada prímula...
> Onde a abelha suga, também sugo...
> Nas costas do morcego voo.

Talvez você pense que a concepção dos elementais de Paracelso seja imaginária, e talvez ele concordasse com isso – com a ressalva de que tinha exaltada visão da imaginação. Para ele, ela era o poder criativo do homem: "A imaginação é um sol na alma do homem, pois age na sua própria esfera como o sol age no homem aqui na Terra." Ele conclui nesse mesmo sentido: "Onde quer que o sol brilhe, a vegetação e os germes plantados no solo se desenvolvem, e o sol da alma age de modo semelhante e traz as formas da alma à existência..."[4] Enquanto o grande mundo é um produto da imaginação da mente universal, o ser humano é um pequeno mundo próprio que também produz um poder semelhante à imaginação. Se a imaginação é capaz de penetrar em cada canto da interioridade humana, também é capaz de criar em cada canto dessa interioridade.[5]

A imaginação é uma força mental com poder de criar matéria e de movê-la como um ímã. Deus imaginou o mundo à existência, e por intermédio da imaginação nos tornamos parceiros da Criação. Se por um lado a imaginação humana não se compara à imaginação de Deus, por outro lado desempenha um papel crucial na moldagem do mundo circundante. A imaginação exerce uma pressão sobre o tecido do espaço-tempo, empurrando-o ou puxando-o de maneira a gerar ondulações, a princípio particulares, que se propagam por todo o universo.

Com doutrinas assim, Paracelso torna-se o pioneiro de um conceito denominado mais tarde como subconsciente e seu poder de produzir e também de curar doenças. Ele descreve doenças contraídas por crianças cujas fantasias possuíam ouvido – chamadas atualmente de doenças psicossomáticas.

O sêmen nasce da imaginação humana e é um outro exemplo óbvio do poder que tem o imaginário de afetar e gerar matéria. De um modo menos óbvio, Paracelso argumenta que se durante o coito o desejo ou a paixão do sexo feminino se sobrepõe ao do masculino, a criança gerada será do sexo masculino – e vice-versa. O poder da imaginação que ondula para fora de um corpo em particular se espraia para a mente e depois para o corpo da pessoa mais próxima.

"Toda a imaginação do homem se origina no coração e pela imaginação podemos aperfeiçoar a vontade", escreve Paracelso. Os quadros imaginativos despertam os impulsos da força de vontade, que por sua vez acabam por dirigi-los. O poder criativo de aperfeiçoar a imaginação é o âmago da prática alquímica de Paracelso.[6]

Paracelso também destaca o poder do olhar na transformação do que é olhado. A partir da revolução quântica, cientistas da estirpe de John

A HISTÓRIA SAGRADA | 353

Existe uma dimensão hermética no pensamento de Paracelso que diz respeito à sabedoria derivada intimamente do Egito antigo. A capacidade do terceiro olho de alcançar, de mudar e de investir contra o que vê é descrita nesta cabeça esculpida (mural de Amenerdas, esposa de Shabaka, um núbio segundo governante do Egito, 721-707 a.C.).

Retrato de Paracelso esfregando o sono do seu terceiro olho (de *Astronomica et astrologica opuscula*, 1576).

Xilogravura de 1530, ilustrando o mundo de Paracelso, mostrando como um iniciado de baixo grau de iniciação se mostra com "olhos de fogo".

Wheeler e Roger Penrose têm especulado que o efeito quântico – segundo o qual a forma de olhar transforma o que é olhado –, característico do mundo microscópico, também pode caracterizar o mundo humano mensurado pelos sentidos. Segundo Paracelso todos nós temos o poder de afetar as coisas dessa mesma maneira. E na verdade todos nós o fazemos através da imaginação, embora a maioria o faça de um modo involuntário. Aperfeiçoando a imaginação, poderemos fazê-lo de um modo mais concentrado e mais eficaz.[7] Da mesma forma que o treinamento de atletas envolve efeitos visuais que estimulam a vontade de vencer, as imagens alquímicas das obras de Paracelso desenvolvem a imaginação no sentido de poderem transformar os objetos do mundo material de um modo mais eficaz.

Em 1527, Paracelso se estabelece como médico em Basileia. Mas suas curas bem-sucedidas enfurecem os outros médicos e ele se vê forçado a sair em viagem novamente. É levado de um lado para outro ao longo da vida, e cada vez que ganhava prestígio e se tornava bem-sucedido, se via forçado a fugir. Orgulhava-se de suas descobertas, e o termo "bombástico" deriva do seu nome completo, Theophrastus Bombastus. Ele morreu sozinho numa casa alugada e sem o reconhecimento alheio, embora tivesse realizado um dos seus desejos: o de não ser rico.

Após a morte de Paracelso, sua obra influenciou imensamente os mais diversos campos da cultura, e ainda a medicina tradicional, a medicina

Uma árvore do Sol e uma árvore da Lua (extraído de *Livres des Merveilles*, manuscrito do século XIV). Paracelso convocava a "água de crescimento" para as plantas e descrevia como as plantas e os seres humanos – colunas de água – são influenciados pelos movimentos das estrelas e dos planetas. A água responde às plantas e aos organismos por meio de pequenos traços de sais que mantêm afinidades com determinados corpos celestes. O ferro em nosso sangue, por exemplo, responde a Marte, e os traços de cobre e de mercúrio respondem a Vênus e a Mercúrio. Segundo Paracelso, a doença advém da falta de harmonia entre o cosmos e o microcosmo do corpo humano.

alternativa e o desenvolvimento do método científico. A ele se creditam a elaboração dos princípios que estão por trás da homeopatia e a enfática introdução da higiene na medicina. Foi chamado pai da toxicologia e da medicina experimental. Seu foco sobre os constituintes químicos dos medicamentos gerou a identificação do zinco – nome também cunhado por ele. Seus livros foram estudados por Francis Bacon e Isaac Newton.

De que forma Paracelso descobriu e recolheu os muitos remédios populares que serviram de base para a medicina industrializada de hoje? Foi realmente um processo de tentativa e erro ou puro acidente? Ou isso teria ocorrido porque os curandeiros são guiados pelos espíritos e pelos anjos, conforme Paracelso e os iroqueses acreditavam?[8]

De acordo com o idealismo, cada ser humano interliga-se mentalmente à Grande Mente Cósmica. Ao contrário dos materialistas, que concebem a mente individual como fechada, os idealistas acentuam o papel da imaginação com a ideia de que existe algo "mágico" nas coisas. Como veremos adiante, inúmeras descobertas científicas foram feitas por pessoas que cultivavam estados de consciência receptivos aos pensamentos da Grande Mente Cósmica.

36

O sapateiro tem outro modo de saber

Poderíamos fazer uma série de exercícios espirituais para alcançar um estado alterado de consciência ou talvez até um estado visionário de consciência no qual o mundo se afigura como um lugar misterioso e controlado por inteligências invisíveis, onde as dimensões se desdobram e tudo o que acontece é para acontecer.

Muitas pessoas *experimentam* o mundo em tais estados alternativos, e, se você quiser, também poderá experimentá-lo da mesma maneira. Mas a questão importante é a seguinte: quando você está em estado alterado de consciência, percebendo o que normalmente não percebe e apreendendo o que normalmente não apreende no mundo, o que percebe e apreende é real? São percepções verdadeiras que o ajudam a levar uma vida melhor ou simplesmente ilusões? Você realmente percebe e apreende realidades que antes não conseguia perceber e apreender, como se de repente tivesse adquirido uma visão de raio X, ou apenas se entrega a um exercício de ingenuidade intencional, como se estivesse assistindo a um bom mágico no palco?

Segundo os zulus, após a morte a alma assume uma forma metade animal, metade humana, que em certo sentido é a verdadeira forma humana porque neste mundo assumimos uma natureza anímica. Mas logo após a morte a natureza anímica é deixada de lado e a metade humana se desloca pelos céus rumo ao seu lugar de origem.

Na vida tribal, os meninos são iniciados para a idade adulta, mas para uns poucos escolhidos ocorre, depois, uma outra iniciação. No interior da

Austrália, essa outra iniciação transforma o jovem em *karadji*, ou xamã, escolhido pelo Pai de Todos e pelos ancestrais tribais para transitar entre este mundo e o mundo dos sonhos.

Anciãos com máscaras de animais acordam o jovem escolhido no meio da noite. Ele não pode emitir um único som nem levantar os olhos do chão, e tem o corpo pintado e enterrado em cova rasa. Isso simboliza a morte do jovem para o mundo, mas ele sempre teme pela possibilidade de realmente morrer.

A primeira noite da jornada do iniciado torna-se ainda mais aterrorizante e quase insuportavelmente dolorosa. Às vezes o levam até um ninho de serpentes, onde ele conversa com uma delas, enorme. Outras vezes o atacam com corpos de animais e cabeças humanas, que representam os maus espíritos. E por vezes os mortos caminham na sua direção e ele pode ouvir os ossos estalando. Tal como Enoque ou Daniel, o jovem iniciado também pode presenciar terríveis e estrondosas tempestades que racham o mundo ao meio.

Em seguida, os anciãos o levam para um lugar escuro, onde fazem incisões na sua pele e enterram cristais de rocha no corpo dele. Eles os enterram aos poucos, em cacos pelas pernas, abdome e peito. Fazem um orifício no primeiro dedo de sua mão direita e ali inserem um cristal. Esfregam cristais no seu couro cabeludo e o fazem ingerir alimentos com cristais. Isso se repete durante três dias, e depois abrem um grande orifício na língua do iniciado, que passa a ter o poder dos cristais dentro de si.

Os cristais são os olhos da Terra para as doutrinas esotéricas, que a consideram como ser vivo. Com o poder dos cristais dentro de si, o *karadji* vê o que acontece nos mundos espirituais e transmite ao povo o que é visto.

Segue-se um longo período de solidão que o iniciado geralmente passa no deserto. De vez em quando os anciãos aparecem para ensinar técnicas de respiração e posturas que o ajudam a ver os mundos espirituais por conta própria, tanto na vigília como no sono. Além de receber aulas de telepatia, ele aprimora a visão dos espíritos e do interior do corpo humano para diagnosticar e curar doenças. E também aprende a exorcizar, a identificar assassinos e a viajar no astral para perceber os acontecimentos de longas distâncias. Às vezes aparecem caroços nos ombros do jovem iniciado, que são tidos como um brotar de penas.

E por vezes ele até inventa novas histórias, novas músicas e novas danças.

A seca devastou a terra e o povo solicitou ao *karadji* que intercedesse pela tribo.

Depois de subir os degraus escavados na rocha da montanha Ooobi-Oobi por quatro dias seguidos, o *karadji* finalmente encontrou uma fonte, de onde bebeu e sentiu-se renovado.

Em seguida, ele avistou um círculo de colunas de pedras de dentro do qual soou um rugido terrível e ele soube que o grande deus estava próximo. Ele rezou pelo fim da seca e de repente se viu na presença do Pai de Todos, que estava sentado em um trono de cristal de quartzo. Ele deveria colher flores e levá-las para a tribo situada na encosta da montanha Ooobi-Oobi.

No final do século XVII, alguns viajantes encontraram tribos na Lapônia que ainda adoravam Thor. O rei da Suécia delegou a Olaus Rudbeck o trabalho de fazer uma viagem para escrever a história natural daqueles povos. Segundo Rudbeck, o centro da "arte mágica" dos lapões era um tambor confeccionado com um pedaço oco de madeira e extraído de árvores voltadas "diretamente para o curso do sol", como o pinho, o abeto e a bétula, de modo que o fio da madeira estivesse de baixo para o topo da árvore – que passava da mão direita para a esquerda. Os lapões costuravam pele de rena sobre a parte oca e depois pintavam imagens avermelhadas por cima com casca de amieiro. Eles também acoplavam anéis de bronze ao tambor. A baqueta utilizada para tamborilar era feita com chifre de rena e denominada martelo de Thor.

A batida do martelo de Thor no tambor deslocava os anéis de bronze entre as imagens e isso dizia aos lapões o que eles precisavam saber, de modo que, por exemplo, se um anel se deslocasse para a imagem de um lobo, isso sinalizava que era um dia propício para caçar lobos. O instrumentista se ajoelhava e tamborilava suavemente, e depois com mais rapidez e mais alto. Em seguida fazia um círculo dançando em giros, até que finalmente caía desmaiado. Ficava inconsciente por algumas horas, às vezes até por 24 horas, enquanto os outros participantes da cerimônia cantavam e se esforçavam para manter as moscas afastadas dele.

Ora o espírito do tamborileiro inconsciente perambulava livremente para o reino dos mortos, onde consultava os antepassados, ora para os confins da Terra, ora para o passado ou o futuro, ora para a presença dos deuses. Em busca do aconselhamento dos deuses, às vezes o tamborileiro levava uma maçã de ouro em uma das mãos e o martelo de Thor na outra – e outras vezes também uma serpente de cobre. De vez em quando os xamãs carregavam bolsas com moscas azuis às quais se incumbiam de realizações de tarefas.

Rudbeck observou que por ocasião de sua viagem, em 1695, os usos mágicos do tambor já estavam sendo esquecidos pelos lapões.

A busca xamânica dos lapões por curas evoca a busca de Paracelso por remédios populares na Suíça e na Alemanha e também a iniciação xamânica que ele fez entre os tártaros. Isso levanta outra vez a questão de como essas curas foram descobertas.

Sem dúvida alguma, aqueles que entram em estados alterados de consciência em diferentes momentos e lugares o fazem na esperança de apreender o que é interdito à consciência cotidiana.

Existem outras maneiras de saber?

Jacob Boehme nasceu numa pequena aldeia, em 1575, de pais camponeses que eram luteranos devotos e analfabetos. Jacob era uma criança dócil e sonhadora que nunca questionava os milagres ouvidos na igreja ou nos contos de fada contados pelos pais. Eles o colocaram para trabalhar como pastor, mas Jacob era delicado e sensível para o trabalho agrícola e por isso depois o mandaram trabalhar como aprendiz de sapateiro na cidade vizinha de Görlitz.

Um dia, quando o patrão o deixou temporariamente a cargo da loja, entrou um desconhecido aparentemente pobre, cujos olhos ardiam com uma luz sobrenatural. Ele queria comprar um par de sapatos e Jacob, sem saber se tinha autoridade para vender alguma coisa, pediu um preço excessivamente alto. Mesmo assim, o homem comprou os sapatos e saiu da loja. E depois chamou Jacob para conversar lá fora.

– Jacob, você ainda é menino, mas um dia será um adulto incomum que deixará o mundo maravilhado. Seja obediente a Deus e O reverencie. – O desconhecido sugeriu que Jacob lesse as escrituras. – Pois nessas páginas você encontrará consolo para a pobreza e as provações que passará e para as perseguições que sofrerá. Seja corajoso, seja perseverante. Que Deus o proteja e tenha misericórdia de você.

Em seguida, o desconhecido pegou a mão de Jacob, olhando-o com olhos penetrantes, e se foi.

A partir daí, Jacob começou a ter visões. No início isso se tornou um problema porque ele não tinha se adaptado à loja e seu comportamento cada vez mais distraído o levou à demissão. Ele então passou a ser um sapateiro itinerante, mas sempre atormentado e deprimido.

Em 1599, Jacob retornou a Görlitz, onde se estabeleceu como sapateiro e dono do estabelecimento, casando-se depois com a filha de um açougueiro da região. O casal teve seis filhos.

Além de pequeno, Jacob era magro e claro, ele era tímido e tinha nariz ligeiramente aquilino, olhos cinzentos, têmporas altas e uma barba rala. Falava baixinho e era amável, modesto e manso na conversa – mas, apesar de tudo, estava destinado a atrair um inimigo mortal.

Em 1600, de repente ele se viu atraído pelo reflexo do sol sobre um prato de estanho. E ao observá-lo sentiu-se "admitido em um mundo transformado". Era a visão de uma outra esfera que pulsou radiante na mente de Jacob a ponto de lhe parecer divina.

Surpreendido, tentou acabar com o transe e saiu em busca de ar fresco, mas logo ficou assombrado com o que parecia ver no cerne e na essência da natureza, pois agora percebia diretamente as forças harmoniosas que atuavam sobre as ervas e as gramíneas. Era como se estivesse observando e sentindo a obra da Criação.

E assim ele começou a escrever um diário de suas experiências místicas: "Às vezes, o portão do mistério do Criador abria-se para mim. E em um quarto de hora eu passava a compreender mais do que se tivesse frequentado uma universidade por muitos anos."

Uma vez Jacob Boehme teve uma visão na qual se sentiu presente no início da Criação:

> Que nenhum homem se pergunte como escrevo sobre a Criação do mundo, como estive lá presente e testemunhei... Da mesma forma que a mente humana compreende e mobiliza o mais alto e o mais baixo dos pensamentos e sentidos, a mente eterna se manifesta a partir da mais alta majestade, estendendo-se até a mais ampla escuridão. O universo que abrange o sol, as estrelas e todos os elementos e criaturas não é outra coisa senão a manifestação da vontade e da mente eternas. E tal como ocorreu no início, o eterno ainda fervilha na vegetação... Contemplei e compreendi o Ser de todos os seres, do mais ínfimo ao mais gigantesco... Contemplei a existência primordial de todas as criaturas deste mundo e do outro mundo. E compreendi internamente toda a Criação na sua ordem e no seu movimento: observei inicialmente o mundo divino dos anjos e do paraíso, e depois observei o mundo sombrio, o mundo de fogo e o mundo visível e tangível à nossa volta, mundos ocultos que são tema e expressão do eterno.[1]

No conjunto do idealismo há poucas descrições tão claras de como a Mente Cósmica cria o pensamento.

Jacob Boehme também faz um comentário sobre o Gênesis, cujo título *Mysterium Magnum* acena para Paracelso:

> Os anjos são instrumentos de Deus no governo do mundo, e como tal glorificam a natureza celestial liderada por eles além de governar o mundo terrestre e todas as suas esferas.
>
> Cada país tem um espírito guardião principesco.
>
> Cada vez que soa a melodia celestial dos anjos, irrompem manifestações, imagens e cores magníficas... Com sua interação, os poderes celestiais geram as árvores e os arbustos dos quais brota o belo e encantador

fruto da vida. E desses mesmos poderes eclodem belíssimas flores de requintadas cores e aromas celestiais.[2]

Boehme descreve com detalhes a atuação dos poderes espirituais na natureza:

> Eis uma árvore. Externamente, apresenta uma casca dura e áspera e aparenta uma sólida imobilidade, mas a árvore possui um poder vivo que rompe a casca dura e seca e gera mudas, galhos e folhas que estão enraizados na mesma árvore. Da mesma forma, em todos os lares deste mundo, onde a luz santa de Deus parece estar ausente ou imóvel, o amor persiste e gera nesses mesmos lares da morte os sagrados ramos celestiais enraizados na luz da grande árvore.[3]

Em *On the Signature of All Things,* escrito em 1622, Boehme faz um único relato de como os anjos – em outro lugar os chamou de "espíritos dos corpos celestiais" – deram forma, cor e sabor aos diferentes tipos de plantas. "O sol extrai a força da raiz na terra e o alegre Mercúrio ascende junto com essa força..."

Segundo ele, a informação que permite o desenvolvimento apropriado da planta não se encontra apenas na própria planta, mas também no universo como um todo – e particularmente na interação da planta com o Sol e os planetas com os quais ela interagiu no processo de crescimento:

> O sol atinge o óleo no centro da fruta, uma vez que a anseia com fervor, e se dá livremente para a fruta, e o sol interior da fruta suga a virtude em si mesma e jubilosamente a devolve para a propriedade austera da fruta, amansando e adoçando tudo com amor.

Ele também fez um relato detalhado de como a Lua e os planetas exercem suas influências:

> Júpiter tende para o azul e para um sabor agradável... Marte oferece dureza e gosto amargo em razão da inquietude de sua própria natureza... Vênus

tende para o verde e para um sabor adocicado... O Sol tende para o amarelo e oferece uma dose de doçura ao salgado... Saturno se inclina para o preto e para um sabor adstringente e azedo... A Lua tem afinidade com os tubérculos que incham e desincham de acordo com as fases lunares.

Boehme utiliza as "assinaturas" planetárias como guia para as propriedades medicinais das plantas: "Quanto mais ásperas e de alguma forma grosseiras ao toque, mais as ervas rasteiras sofrem a influência de Marte. Elas são mais indicadas para uso externo, como cicatrizantes de ferimentos e chagas, e menos indicadas para uso interno."

Embora oculta e inacessível, a inteligência oriunda do grande sol espiritual encontra-se em todas as coisas: "Nós reconhecemos que o mundo é de todo Sol e que o poder do Sol está em toda parte – embora de um modo oculto."

Boehme acentua de tal maneira o sentido do mundo interno ensolarado que descreve o mundo material como mundo externo.

Depois de uma leitura fascinada de *Aurora*, uma coletânea dos primeiros escritos de Boehme, um nobre da região copiou-a e distribuiu entre os amigos mais influentes.

O clérigo local, pastor Richter, mostrou-se alarmado e amargurado com o aparecimento de um místico visionário no seu próprio rebanho e depois passou a nutrir um ódio invejoso porque Jacob era sempre convidado pelas cortes e universidades. Do púlpito, o clérigo denunciou os "falsos profetas" e, quando uma cópia de *Aurora* lhe chegou às mãos, estigmatizou-a como "um instrumento de Satanás" e exigiu que banissem Jacob e o deixassem perambular solitário pelos campos fora dos limites da cidade.

Depois que Jacob retornou, quebraram as janelas de sua casa e ameaçaram violentamente a ele e a família. Isso o levou a prometer que deixaria de escrever livros.

Mas ele voltou a escrever e seus manuscritos passaram a ser contrabandeados para fora da cidade em sacos de grãos. E assim as sementes dos seus pensamentos se espalharam para o resto do mundo.

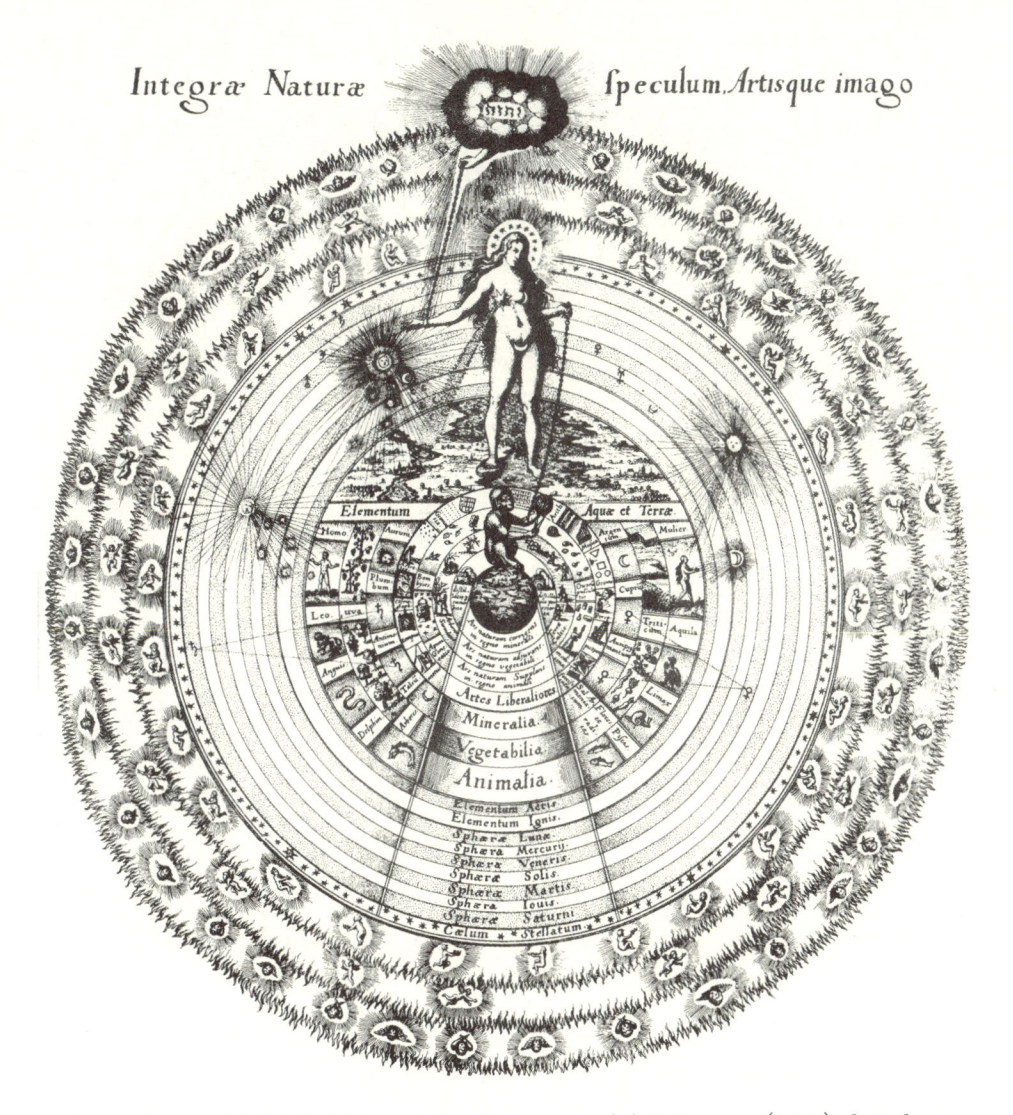

Ilustração extraída de *The History of the Macrocosm and the Microcosm* (1617), de Robert Fludd, defensor dos rosa-cruzes e intimamente associado a eles. Esta ilustração mostra a integração dos corpos celestes com os processos naturais. A doutrina das assinaturas foi descrita pela primeira vez por Bolus de Mendes, cerca de 200 a.C. Ele deu muitos exemplos disso. Mas a exposição de Boehme é o primeiro relato prático e filosófico. As suas ideias e as de Paracelso fundamentariam o célebre *Herbal*, de Culpeper. Talvez haja um eco dessas ideias na teoria da ressonância mórfica de Rupert Sheldrake em pelo menos um aspecto. Sheldrake afirma que o código genético dos seres vivos não acabou por fornecer todas as informações necessárias para que se possam gerar totalmente, como seus descobridores inicialmente supuseram, mas apenas uma pequena porcentagem disso. O resto deve estar "lá fora", no cosmos, e talvez as plantas e os animais sejam concebidos pela interação entre as informações descritas pelo código e as forças externas – talvez como na influência das estrelas e dos planetas descrita por Boehme.

Numa noite de domingo, Jacob Boehme estava com 50 anos quando ouviu de sua cama uma música suave. Depois de perguntar ao seu filho Tobias se também a ouvia e de receber uma resposta negativa, ele pediu que deixassem uma porta aberta para que a música pudesse soar mais claramente.

Às seis da manhã, pediu que o virassem na cama de costas para a família, porque o amor dos entes queridos o prendia à Terra.

– É hora de ir para o paraíso – disse.

Tanto o manuscrito *Aurora* como os manuscritos contrabandeados posteriormente para fora de Görlitz foram copiados e compartilhados com entusiasmo. As ideias de Jacob Boehme revolucionaram a história do pensamento humano, uma vez que são as raízes do renascimento do idealismo na filosofia alemã, da revolta romântica contra o materialismo e da ascensão do inconformismo. Tanto Milton como Swedenborg e Blake inspiraram-se nas visões cósmicas de Boehme. Novalis e Coleridge se declararam como seus discípulos. Rubens o chamou de "abençoado instrumento nas mãos do Espírito de Deus". E Hegel, além de ter sido influenciado por ele para constituir sua própria visão de mundo, o proclamou como "pai da filosofia alemã".

Ao contrário de São Francisco e Paracelso, Boehme não fez milagres nem descobertas científicas. Mas apresentou uma concepção imaginativa, detalhada e abrangente do cosmos que se assemelha à do idealismo. Ao mesmo tempo que mostra o idealismo em termos práticos, ele também mostra como os pensamentos de Deus se desdobram para criar as diferentes espécies de plantas e árvores e o eu humano – e o faz com detalhes extraordinários e convincentes. Grandes seres humanos reconhecem a visão harmoniosa de Boehme como um relato verdadeiro da origem e do funcionamento do mundo similar ao do que eles próprios experimentam.

Argumentei no início deste livro que era de esperar que uma experiência que concebe o universo criado pela Mente Cósmica seria diferente da experiência que concebe o universo criado por acaso. Obviamente, quando lemos relatos de experiências alheias, acabamos por nos concentrar nos elementos de nossa própria experiência por vezes ainda inconscientes. E quando reconhecemos na obra dos escritores algo que nos é desconhecido, geralmente dizemos: "Sim, minha experiência de vida também é assim!"

Talvez as diferenças entre os temperamentos das pessoas sejam bem maiores do que geralmente presumimos.[4] Para ser mais enfático, talvez a ideia de que todos compartilham uma única forma de consciência seja uma educada ficção, e que na verdade haja um amplo espectro de consciência que se estende, por exemplo, de um Jacob Boehme ou um Rudolf Steiner a um Richard Dawkins. Enquanto alguns experimentam o mundo sob o ponto de vista do idealismo, outros o experimentam de acordo com o materialismo. Assim, os mais introspectivos, intuitivos e imaginativos são mais abertos às coincidências significativas e a outros padrões místi-

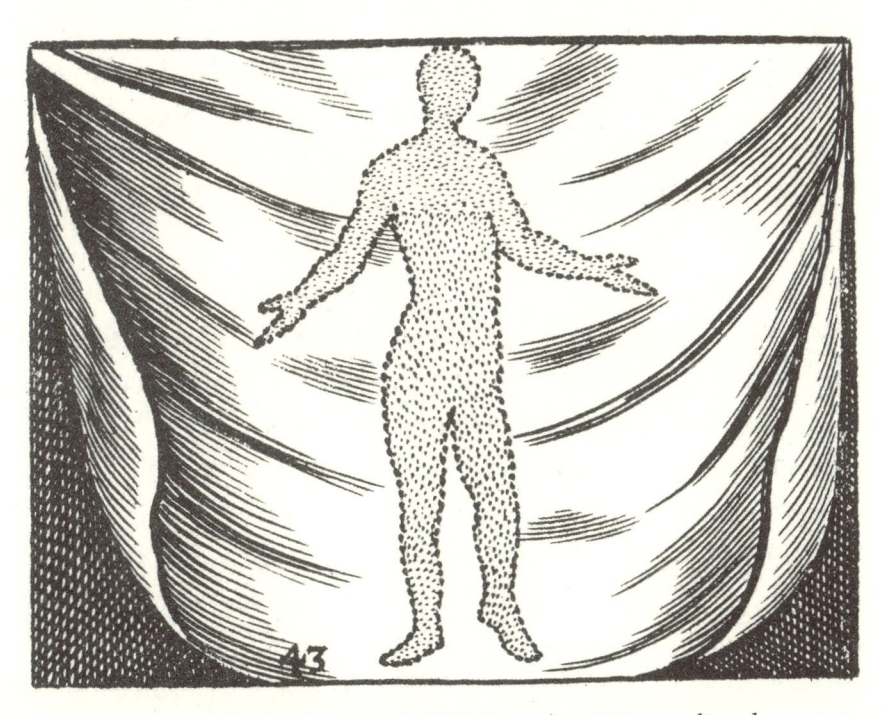

Ilustração da alma humana em *Orbis Sensualium Pictus*, um livro do rosa-cruz checo, pioneiro na educação, John Amos Comenius.

cos. São, portanto, mais receptivos aos sussurros do além e aos acontecimentos circundantes que estavam destinados a acontecer e talvez até a propiciar visões.[5]

Aqueles que vivenciam a vida do mesmo modo que Hegel, ou seja, mais próximos da última extremidade do espectro, são os que geralmente leem Jacob Boehme e pensam: "Sim, esse é um relato preciso e perspicaz de como o mundo funciona em todos os seus aspectos misteriosos."

Só quando me graduei em filosofia é que percebi que a posição idealista não era levada a sério pela maioria dos acadêmicos. Como a história é sempre escrita pelos vencedores, o idealismo serve apenas como mero objeto de interesse histórico a ser abatido.[6]

Mas o trabalho de idealistas da estirpe de Paracelso e Boehme não é um conto de fada. Até porque tem aplicações práticas detalhadas e demonstráveis. Já mencionamos as inovações de Paracelso na ciência e na medicina e a revolução de Boehme no pensamento humano. No século XX, Rudolph Steiner retoma e elabora o trabalho de ambos em relação à influência das estrelas e dos planetas. No seu livro *Harmony: A New Way of Looking at our World*, o príncipe Charles recomenda um sistema agrícola orientado para "a milagrosa inocência da Natureza", e assim mais próximo dos ciclos de vida do nosso planeta. Na agricultura biodinâmica praticada nas fazendas do príncipe na Cornualha, os referidos ciclos não acompanham apenas os ciclos do Sol e as estações do ano, mas também os ciclos da Lua, dos planetas e das estrelas. Utiliza-se a influência dos astros sobre o crescimento das plantas, conforme descrita por Boehme, para obter colheitas melhores e mais saudáveis.

O príncipe Charles escreve também sobre "as profundezas da consciência humana, onde a natureza humana se enraíza na natureza propriamente dita". O idealismo segue no sentido de que existe uma inteligência por trás de todos os seres e de que podemos envolver essa inteligência com um diálogo inteligente.

37

Shakespeare e os rosa-cruzes

Em 1614, publicou-se em Kassel, na Alemanha, um panfleto anônimo intitulado *Fama Fraternitatis* (*Notícias da irmandade*), que anunciava a existência da fraternidade subterrânea Rosa-cruz. Segundo o panfleto, com a recente descoberta do sepulcro de sete faces de Christian Rosencreutz, encontraram o corpo do fundador da fraternidade perfeitamente preservado e com uma cópia da Bíblia e as obras de Paracelso ao lado. Um ano depois, misteriosamente, também apareceu um outro panfleto, intitulado *Confessio*. Um ano depois apareceu o livro *Casamento alquímico*, de Christian Rosencreutz, e em 1623 apareceram cartazes nas ruas de Paris que provocaram uma febre de excitação e especulação.

Na definição da ciência, a matéria é apenas o que é. Nas definições da internet, as listas do que constitui a matéria são iguais às definições nas quais se diz que uma casa é feita de tijolos, cimento, vidraças etc.

Na definição idealista, por outro lado, a matéria é "aquilo que constitui uma barreira para o espírito" e que inclui o espírito humano de modo a interpô-lo a Deus, aos anjos e aos outros espíritos. A matéria *serve* então para isso.

Quando os seres humanos viviam sem interrupções no fluxo do amor a Deus e "caminhavam com Ele", sem barreiras entre os dois lados, eles eram sobrecarregados. Impregnados dos sublimes pensamentos do Todo-Poderoso, eram incapazes de pensar por si mesmos. Só quando a matéria se torna mais densa é que os seres humanos passam a desenvolver o seu próprio pensamento concentrado nas coisas materiais.

A consciência humana se transforma em sua trajetória à medida que a humanidade passa das ideias-forma para um tipo de pensamento baseado nos objetos-forma. No século XVII, isso se torna um projeto consciente, culminando no método científico de Francis Bacon e no racionalismo de Descartes. Só então a humanidade se familiariza com os objetos, compreendendo-os de dentro para fora e aprendendo a manipulá-los.

Subjacente a essas escolas de pensamento desenvolve-se o que podemos chamar de pensamento binário – a suposição de que o objeto é verdadeiro ou falso. O objeto é ou não é (ou A é x ou A é não x). De vez em quando os lógicos chamam isso de "lei do terceiro excluído". Obviamente, é crucial esclarecer se os objetos são verdadeiros ou não quando se pretende descobrir verdades sobre o mundo – e determinar se um objeto é verdadeiro ou não é da maior importância?

Talvez você pense que a hipótese de um objeto ser verdadeiro ou falso seja inegavelmente verdadeira. E *é* verdadeira à medida que nos serve de meio para seguirmos nosso caminho pela vida... até certo ponto. Pois enquanto Francis Bacon forjava o método científico, um outro homem com quem ele compartilhava inspirações impulsionava o mundo para uma direção contrária.[1]

Com sangue de fada, Shakespeare imprime um tom sobrenatural à dramaturgia que continua estimulando o sangue humano. Sua vívida e convincente narrativa da experiência sobrenatural que ainda molda nossas vidas iluminou o mundo durante os dias mais sombrios do materialismo. Tanto as visões subterrâneas de Paracelso, Christian Rosencreutz e Jacob Boehme como as pessoas do campo que narravam os contos de fada entre si nas longas noites de

Francis Bacon, visconde de St. Alban
(William Marshall, depois Simon de Passe, 1640).

inverno propagaram-se pelo mundo afora em *Sonho de uma noite de verão*, *Conto de inverno* e *A tempestade*. As vozes das sílfides de Paracelso estão na voz do personagem Ariel. E o poder oculto em *Macbeth* ainda assusta os atores de hoje em dia.

Em *Sonho de uma noite de verão*, diz Titânia para Bottom:

"*Dorme, e te envolverei nos meus braços...*
  Assim o fazem as doces madressilvas delicadamente enroscadas, e assim a hera fêmea enlaça os dedos da casca do olmo."

Encontramos aqui algumas pistas para uma filosofia secreta e sagrada. Nos tempos antigos, o olmo era sagrado para a Lua, e no relato de Virgílio sobre a iniciação, o olmo estava no limiar do reino sobrenatural. A hera, associada a Baco, também simbolizava a paixão incontrolada: "A paixão que predomina na mente se propaga e envolve as ações humanas como uma hera, entrelaçando, aderindo e misturando perpetuamente as nossas resoluções. Isso quando não as deixa para trás."[2]

Bottom é iniciado de acordo com os ritos descritos por Apuleio, no século II. O sono de Bottom – "mais mortificado que o sono comum" – é o transe do candidato à iniciação, induzido enquanto ele tem o corpo refinado e purificado dos apetites bestiais. Isso o leva a superar a estupidez dos não iniciados. Titânia diz em seguida para ele: "Limparei tuas impurezas mortais para que teu espírito alce os ares." O espírito do iniciado é então liberado para voar pelas esferas.

E depois, quando Titânia coloca rosas na cabeça de Bottom, ele renasce e retorna para o despertar da consciência. Guirlandas de rosas estão presentes nas orgias dedicadas a Baco, e no *Asno de Ouro*, de Apuleio, são as rosas que revertem o asno à forma humana. Na prática espiritual rosa-cruz, a imagem de uma coroa de sete rosas vermelhas sobre uma cruz simboliza o desenvolvimento dos chacras. Claro que sete rosas também aparecem sobre o túmulo de William Shakespeare.

Embora Shakespeare narre acontecimentos invisíveis e improváveis da história humana, ele afirma categoricamente que o faz com relatos exatos de uma outra realidade. Nesse aspecto, o pensamento místico do dramaturgo tem um toque sufista.

Em suas comédias, os personagens que perambulam pelas florestas passam por experiências estranhas que lhes transformam a vida. Segundo o sufismo, a floresta é o *mundus imaginalis*.

Henry Corbin, escritor e filósofo francês do século XX, explica a sabedoria sufi para o público ocidental, descrevendo o *mundus imaginalis* como situado em "lugar nenhum", um mundo entre os mundos. Segundo o autor, não se deve tentar descobrir onde esse mundo está, uma vez que *"esse mundo está dentro de si mesmo"*. E se geralmente não o percebemos é porque quando abordamos o mundo físico com os sentidos afastamos esse outro mundo com um impulso que está abaixo do limiar da consciência – o que Corbin chama de "reflexo agnóstico". Só conseguimos entrar no *mundus imaginalis* quando desenvolvemos a "imaginação ativa", uma faculdade utilizada pelos adeptos para perceber e entrar nesse reino, cuja consistente topografia inclui cidades que podem ser visitadas.

Justamente pelo fato de que esse reino se encontra entre o mundo físico e o mundo dos seres espirituais mais elevados, se você aí entrar e imaginar alguma coisa com intensidade acabará por trazê-la para o mundo material.

Ibn Arabi nos adverte sobre o desenvolvimento e a prática daquilo que hoje se chama "sonho lúcido". Se você se disciplina no sentido de controlar os pensamentos durante o sonho, diz ele, isso gera um estado de alerta que o torna consciente da dimensão intermediária, "o que traz grandes benefícios para todos".

A megera domada faz alusão a uma parábola sufista sobre o despertar dos estados mais elevados da consciência. Catarina – a megera – representa a inquietude da psique humana que deve ser apaziguada para alcançar uma consciência mais ampla.[3] O acesso aos estados mais elevados da consciência se deve então ao desenvolvimento dos poderes imaginativos descritos pelos sufis. Uma imaginação fértil efetua mudanças no mundo material. Em *Sonho de uma noite de verão*, Teseu se refere à "pena do poeta que transmuta a forma das coisas desconhecidas e dá endereço e nome ao ar. Fortes truques da imaginação". Próspero evoca os espíritos para representar "fantasias presentes".

A sabedoria sufi oferece métodos práticos para dirigir o poder da mente sobre a matéria. *Himmah* é uma energia espiritual concentrada que carrega um poder extraordinário. Quem a domina pode afetar objetos com a simples concentração da energia espiritual e imaginativa em uma direção definida. E quem mais a domina pode até trazer objetos físicos à existência.

Os símbolos desempenham um papel importante tanto na concentração da energia espiritual gerada pelas narrativas didáticas sufistas como na poesia de Shakespeare e nas histórias deste livro concebidas por mentes bem mais amplas que a minha. A função do simbolismo no idealismo se distingue da concepção materialista, onde os símbolos apenas mobilizam a mente. Na concepção idealista do mundo, a contemplação dos símbolos que vibram nas cordas no fundo da psique humana propaga vibrações que afetam a própria estrutura do mundo material.

Duas imagens de rosas (extraídas de *The Lost Language of Symbolism*, de Harold Bayley, 1912). Bayley diz que o jardim de rosas tanto pode representar o jardim fechado no *Cântico dos Cânticos*, de Salomão, como *The Romance of the Rose*. Ele associa as rosas com o despertar da testa. A rosa é flor do amor em *Romeu e Julieta* e nos sonetos de Shakespeare. A rosa chegou a ser um símbolo universal de amor, além de também ser muito inglesa, mas na verdade as gloriosas rosas vermelhas referidas são provavelmente rosas de Damasco. Como símbolos da paixão amorosa, as rosas são importadas recentemente da Arábia. Sou grato ao meu amigo Roderick Brown por sua pesquisa original sobre a importação de diferentes tipos de rosas. (Veja também o livro *The Plant-Lore and Garden-Craft of Shakespeare*, de Henry Nicholson Ellacombe, 1878, p. 252.)

Já se especulou amplamente que Próspero, personagem de *A tempestade*, é em parte inspirado no conhecido mago elizabetano dr. Dee. Assim como diversos comentaristas observaram que na cena da estátua que parece voltar à vida, no final do *Conto de inverno*, Shakespeare é claramente influenciado pelo *Casamento alquímico*, de Christian Rosencreutz. Embora o *Casamento alquímico* tenha sido publicado em 1616 e o *Conto de inverno* produzido em 1609-1610, o texto de Rosencreutz foi escrito e circulou privadamente antes da peça teatral, sendo por isso difícil deixar de observar a influência imagética das estátuas de Rosencreutz que voltam à vida nas descrições shakespearianas de Hermione, que também volta à vida, e nos temas de magia, renascimento e transformação:

> Senhor, não vede que não considerais a respiração? E que na verdade essas veias vertem sangue?... A vida desse lábio parece ardente... Os olhos fixos agora se movimentam... E dela emana um ar: o cinzel ainda pode cortar a respiração?... O rubor do lábio umedeceu... Fecho a cortina?

Hamlet é do alvorecer da era moderna e testemunha um tempo que se desequilibra e se deturpa e depois se torna escuro. Hamlet aprende a viver tanto no mundo histórico recentemente sombrio como na vertiginosa abertura do mundo para a interioridade temporal. As gerações anteriores quase não tinham meios para pensar a vida interior, a não ser pela linguagem estreita do sermão. E agora a cultura humana desenvolve o sentido de um espaço mental interior tão imenso quanto o do cosmos. Shakespeare povoa esse cosmos com uma nova estirpe de personagens – Lear, Falstaff, Romeu e Julieta, Puck, Próspero e Oberon.[4]

Ariel (por Robert Anning Bell).

"Há mais no céu e na Terra do que sonha a tua filosofia", diz Horácio. A vida humana no

A hospedaria White Hart Inn, em Scole, Norfolk, construída em 1655
(extraída de *Studies from Old English Mansions*, de C. J. Richardson, 1851).
É possível captar nesse velho portão do pub o selvagem motim das fadas
da Inglaterra de Shakespeare, trazido tão belamente de volta à vida
na pungente peça *Jerusalém*, de Jez Butterworth (2009).

mundo histórico é relativamente irreal e sem substância. Somos feitos da mesma matéria dos sonhos, e temos uma vidinha delimitada pelo sono. O grande impulso filosófico promovido por Shakespeare e pelos rosa-cruzes amplia o invisível e o espiritual em relação ao visível. Em termos rosa-cruzes, Shakespeare dá forma e cor ao infinito mundo de pensamentos tecidos por Deus, de modo que a imaginação humana os compreenda.[5]

Hamlet levanta questões a respeito dos diferentes estados de consciência. Finge-se de louco, mas Ofélia de fato enlouquece e com isso ele também pode enlouquecer. Hamlet sofre da versão seiscentista da divina loucura de Platão, descrita na obra *Melancolia I* (1514), de Dürer, e conhecida como "melancolia divina" ou "gênio melancólico".

Um tipo de melancolia que aflige os filósofos e escritores de gênio. Da mesma forma, Hamlet ocupa um estranho crepúsculo, um estado alternativo de consciência no qual ele apreende as verdades que os outros personagens da trama não conseguem apreender.⁶

Ted Hughes, o mais proeminente poeta britânico de sua geração, tinha um grande interesse pelo pensamento ocultista e místico. Segundo o poeta, tanto em *Vênus e Adônis* como em *Medida por medida*, Shakespeare descreve uma transformação na sociedade, uma crise provocada pela ascensão do puritanismo. O Adônis shakespeariano se encolhe frente aos

Para a filosofia esotérica somos capazes de pensar porque direcionamos forças vitais para fortalecer os pensamentos. E pensando nos tornamos menos vivos porque somos drenados na força vital – "o tom pálido, nublado do pensamento" – e é nesse sentido um processo saturnino.
(Albrecht Dürer, *Melancolia I*, 1514.)

desejos da deusa. Em *Medida por medida*, o puritano Angelo se toma de luxúria e abusa de sua posição para forçar Isabella a fazer sexo com ele, trazendo novas e terríveis consequências. O puritano comete então um crime contra a humanidade. Um crime não apenas no sentido de suprimir um impulso sexual realizado, mas também no sentido de suprimir um impulso sexual que faz parte de um conjunto que fecha a consciência e a reduz ao ponto mais estreito do pensamento literal, ou seja, o materialismo. O que Shakespeare encena não são apenas atitudes restritas ao sexo, mas também atitudes restritas à consciência.

Vênus e Adônis e *Medida por medida* não são então uma simples expressão de como a atitude sexual puritana gera problemas na sociedade porque operam em muitos níveis diferentes. Embora alguns críticos tentem identificar contemporâneos de Shakespeare que seriam modelos para Angelo, o fato é que as tentações de Angelo são universais. Cada um de nós pode reconhecer os impulsos tanto de *Vênus e Adônis* como de Angelo e Isabella atuando em nossa própria psique.

A trama de *Vênus e Adônis* é histórica no sentido de que era representada como um drama sagrado nos centros de mistério do mundo antigo. Tais dramas receberam releituras no século XIX e início do XX de eruditos como Sabine Baring-Gould e sir James George Frazer. A trama de Vênus e Adônis retrata uma cerimônia religiosa cujo objetivo era alcançar os estados mais elevados da consciência, de modo que o interesse de Vênus por Adônis não é estritamente sexual. O *furor* mental induzido pela trama é uma forma de loucura divina.

A obra shakespeariana acompanha o pensamento multidimensional característico do idealismo. O sentido do fraseado de Shakespeare não pode ser determinado pela lei do terceiro excluído, baseado no simples teste de verdadeiro ou falso das demandas do pensamento binário. Nesse caso, o verdadeiro ou falso opera em níveis diferentes porque emana de uma consciência que também opera em níveis diferentes.

Nunca se deve então dizer "descobri o verdadeiro significado de tal história" porque isso torna falsas as narrativas anteriores. De acordo com as sofisticadas ontologias do sufismo, não é sensato aplicar a lei do terceiro excluído às histórias sagradas. E de acordo com o idealismo, o que se apreende com os sentidos não é a realidade e sim a *virtualidade*. Tudo que é importante, valioso, significativo e real encontra-se em outro lugar.

Segundo os ensinamentos místicos, todos nós temos potencial para uma consciência multidimensional capaz de tais percepções. Se de um lado desenvolvemos um tipo de consciência concentrada no mundo material, do outro lado continuamos interligados ao conhecimento sem limites do passado e do futuro da Grande Mente Cósmica e às mentes de

A Alma de Shakespeare (por George Romney).
Pensa-se que o livre acesso ao *mundus imaginalis* confere imenso poder – para o bem ou para o mal. Quando David Bowie escreveu "The Man Who Sold the World", ele estava com a mente tomada pelo ocultista Aleister Crowley. Crowley foi considerado "o pior homem do mundo" e certamente também foi muito influente na ascensão da contracultura dos anos 1960, sem mencionar a utilização do conhecimento oculto para ganho pessoal. David Bowie também pode ser acusado de ter usado a imaginação para mudar o mundo. Na monótona recessão de sucessos de 1970, o seu cenário musical e as suas letras abriram outros universos e possíveis modos de ser.

outras pessoas. Segundo Lorna Byrne, todos nós somos capazes de entrar em sintonia com outras dimensões, mas quase sempre estamos com a mente fechada para tal experiência.

Segundo Ibn Arabi, o coração humano está em constante mutação pelas muitas e diferentes influências divinas que recebe. Se nos voltarmos para dentro de nós mesmos, deixando o mundo concreto de lado por um tempo, acabaremos nos conscientizando das metamorfoses das formas, e esse é o início de uma visão mística da vida.

Talvez mais do que qualquer outro autor conhecido, Shakespeare trouxe à luz as constantes e variadas transformações da interioridade humana. Seu contemporâneo John Baptista von Helmont, que também sofreu influência do sufismo e intrigou-se com os rosa-cruzes, escreveu sobre o poder mágico que se oculta na vida interior do ser humano. Segundo ele, esse tipo de poder se mantém adormecido, mas pode ser despertado tanto pela iluminação divina como pelos exercícios espirituais que são conscientemente dominados pelos adeptos.

"Esses são os chamados fabricantes de ouro..."

O telhado da catedral de Milão (gravura publicada em 1900). As igrejas têm sido tradicionalmente orientadas para os corpos planetários. Robert Temple descobriu recentemente que existe um ímã embutido no teto da catedral de Milão, sem possível função prática. Os metais dos planetas também estão envolvidos em atrair ou afastar as influências planetárias.

Altar da capela de Santo Inácio de Loyola, de Andrea Pozzo, na igreja de Gesu, em Roma, a igreja mãe da Sociedade de Jesus, ou jesuítas. A estátua original de Pozzo retratando o santo na visão beatífica era feita de prata sólida, mas acabou derretida para pagar Napoleão. A obra *The Spiritual Exercices of Ignatius Loyola* (1548) era de certa forma uma resposta da Igreja Católica aos exercícios espirituais ensinados pelos rosa-cruzes. Discípulos de Inácio de Loyola, como Francisco Xavier, eram capacitados a experimentar encontros com anjos e outros seres espirituais através desses exercícios.

A *Sagrada Família* (de Esteban Murillo, 1665-1670). As tradições místicas ao redor do mundo mencionam um bebê que escolhe de que pais ele nascerá, e o corpo e a situação em particular. "O homem nasce no mundo que ele fez", *Satapatha Brahmana* vi.2.2.2.27. "Ao entrar no estado de existência, o ser vivo constrói o seu órgão apropriado", *Panchastikaya-sara* 136, *Treatise on Five Universal Components*, nas Escrituras Jainas. Na arte ocidental, o símbolo esotérico de tal crença é o querubim.

38

Histórias sobrenaturais na era da ciência

"Milhões de seres espirituais caminham pela terra, ora quando estamos acordados, ora quando estamos dormindo."

John Milton

"O ilustre sir Isaac arou com a novilha de Jacob Behmen."

William Law

A partir do início de 1660, os integrantes da Royal Society que participaram da revolução científica, que desencadeou a industrialização no mundo, passaram a tomar conhecimento das experiências de Paracelso. Ao mesmo tempo que aplicaram o novo método científico para o mundo material, também aplicaram a experiência espiritual e religiosa.

Os experimentos alquímicos de Isaac Newton tornaram-se bastante conhecidos e quando alguém zombava do interesse dele pela astrologia, ele respondia: "Senhor, eu estudo isso... e o senhor, não!"

Newton dizia que Deus testava a humanidade com mensagens codificadas deixadas nos antigos monumentos, como a Grande Pirâmide, nos textos antigos, como o Gênesis, e no próprio tecido da natureza. O plano de Deus seria então despertar a curiosidade humana por esses mistérios, de modo que a inteligência pudesse se desenvolver a ponto de poder descodificar tais mensagens. Gottfried Wilhelm Leibniz, rival de Newton na elaboração do cálculo, também propiciou avanços ao estudar o misticismo judaico numérico da Cabala.

Isaac Newton envolveu-se profundamente com o idealismo filosófico de Jacob Boehme, e isso o levou à procura do princípio que mantém o

Frontispício de *Novum Organum Scientiarum*,
ou *Novo instrumento da ciência* (1620), de Francis Bacon,
místico e incentivador do método científico.

universo unificado e coloca tudo no lugar. Para Boehme esse princípio era a lei do amor e do desejo, que ele chamava de *lubet* ou presente ativo. E para Newton, cuja busca por um princípio universal permeava o idealismo e o materialismo, era a gravidade.

Entre os colegas de Newton na Royal Society havia pensadores notáveis com interesses tanto científicos como ocultistas e espirituais. A publicação da primeira revista científica se deve a sir Robert Moray, que era um fervoroso pesquisador da narrativa rosa-cruz. Elias Ashmole, um dos membros fundadores, era um alquimista. A lei da termodinâmica, que abriu caminho para o motor de combustão interna, se deve a Robert Boyle, que também era um alquimista praticante. Assim como o era William Harvey, que trouxe à luz a circulação do sangue. Robert Hooke acreditava que os novos instrumentos desenvolvidos por ele, como o microscópio, recuperariam a capacidade humana de observar o mundo dos espíritos e dos anjos, que era visível antes da Queda.

Robert Kirk, que estudava com Boyle, decidiu fazer um levantamento científico de determinadas experiências paroquianas que ambos chamavam de "segunda visão" – a capacidade de observar o mundo dos seres espirituais – no tempo em que ele esteve nas Terras Altas da Escócia. Partindo da hipótese de que se poderia discernir nos testemunhos os contornos da visão de um mundo convincente e coerente, Kirk recolheu, classificou e categorizou os dados com o objetivo de determinar as regras que regiam o outro mundo.[1]

Em 1691, ele começou a escrever um livro no qual observa que os espíritos classificados como "subterrâneos" tinham corpos de "ar congelado" que mudavam de forma e podiam ser vistos no crepúsculo. Os rotineiramente dotados de uma segunda visão os viam nos funerais. Segundo Kirk, às vezes os subterrâneos eram vistos se alimentando em banquetes fúnebres, e nessas ocasiões os dotados de segunda visão geralmente perdiam o apetite.

Os subterrâneos apareciam com mais frequência nos quatro grandes pontos de virada astronômicos e espirituais do ano: os equinócios e os solstícios. Nessas ocasiões as tribos de subterrâneos caminhavam pela superfície da Terra e os dotados de segunda visão mantinham-se em casa, a não ser quando saíam para rezar na igreja por proteção pessoal e pelo gado e as plantações.

Era voz corrente que as casas dos subterrâneos eram amplas, bonitas e iluminadas por lamparinas e tochas. Além de gostarem de comer e beber, os subterrâneos faziam música, dançavam e mantinham "convocações" regulares. E quando algum estranho se arriscava a bisbilhotar "a privacidade dos mistérios", eles o "varriam com um sopro de vento e o tiravam da vista e da memória com um piscar de olho". Quem visitava a casa de um subterrâneo e ingeria algum alimento era aprisionado lá para sempre.

Kirk lembra que nas histórias dos bebês sequestrados é sempre deixado um substituto murcho no berço. (Em *Sonho de uma noite de verão*, sequestram um bebê de Titânia.) Os habitantes das Terras Altas costumavam deixar uma peça de ferro ao lado das crianças durante a noite para repelir os subterrâneos. Isso porque se dizia que eles temiam esse metal.

Acreditava-se que a vida dos subterrâneos era mais longa que a dos seres humanos, mas que eventualmente eles desvaneciam e ocorria um funeral. Segundo a visão de mundo dos subterrâneos, nada de grande ou pequeno morre ou desaparece por inteiro, uma vez que tudo se transmuta para outro estado em movimento circular. E que por isso mesmo todos os seres vivos abrigam um ser menor dentro de si.[2]

Kirk registra que os dotados de segunda visão faziam determinadas posturas de cabeça e mão para capacitar outras pessoas a ver por um tempo o que eles viam o tempo todo.

Essa primeira tentativa de coletar e categorizar dados espirituais por via de métodos científicos é notavelmente consistente e apresentada com detalhes nos relatos de Paracelso e em inúmeros contos populares, como aquele da Cornualha que William Noy reconta no Capítulo 34. Como sugerimos anteriormente, em diferentes partes do mundo e diferentes épocas, muitos já visitaram essa mesma região do *mundus imaginalis* em diferentes partes do planeta e diferentes épocas, e lá encontraram esses mesmos seres desencarnados.

Da mesma forma, embora se pense que os *poltergeists* sejam um fenômeno moderno, existem muitos casos registrados, de séculos anteriores, inclusive um caso que antecede o livro de Kirk e um outro posterior à publicação do livro.

Em 1661, registra-se um caso conhecido como O Baterista de Tedworth, que começa quando o senhor Momposson apreende o instrumento de percussão de um músico errante que o tinha aborrecido. Algum tempo depois, cadeiras arrastaram-se sozinhas num quarto da casa de Momposson e um objeto projetou-se no ministro da igreja local que estava presente. Nos meses seguintes, as crianças frequentemente ouviam um tilintar de dinheiro e viam errantes luzes "azuis e cintilantes" dentro da casa. Às vezes soavam batidas na madeira das camas das crianças, e outras vezes, batidas em resposta às batidas dos visitantes à porta.

De dezembro de 1715 até janeiro do ano seguinte, ocorreram distúrbios na casa de Samuel Wesley, em Epworth, que era pai de John e Charles Wesley, fundadores da Igreja Metodista. O caso está registrado com detalhes no diário de Samuel Wesley e corroborado por cartas contemporâneas de membros da família e por reminiscências subsequentes. Os distúrbios iniciaram com gemidos e depois com batidas que reverberavam pela casa. Às vezes, as batidas seguiam e ecoavam debaixo dos pés de Hetty, uma das filhas, e outras vezes respondiam às batidas feitas pela própria família. Tanto a sra. Wesley como a outra filha, Emily, avistavam algo "parecido com um texugo", que saía correndo de debaixo da cama e desaparecia. O criado Robin via um moedor de grãos de cozinha trabalhar com violência e chamava esse ser invisível de "velho Jeffries", inspirado em um cavalheiro recentemente falecido. Já a família o chamava de "Jeffrey". O próprio Samuel Wesley não ouviu nada até 21 de dezembro, mas a partir daí "três vezes uma força invisível me empurrou" e uma vez um prato "dançou por um bom tempo sobre a mesa, à minha frente, sem que ninguém estivesse mexendo a mesa".

Em 1705, John Beaumont publicou um estudo semelhante ao de Kirk, compreensivelmente intitulado *Um tratado histórico, fisiológico e teológico dos espíritos: aparições, feitiçarias e outras práticas mágicas. Com um relato dos gênios... E uma refutação ao mundo enfeitiçado do dr. Bekker e outros autores...* Beaumont inclui no manuscrito depoimentos de diversas testemunhas convocadas em 1645, em Manningtree, Essex, para observar e testar as alegações de Elizabeth Clarke de que era regularmente tentada por diabinhos. Sob juramento, as testemunhas declararam que a tinham visto brincar com um diabrete branco no colo, e que um quarto de hora

Elementais. Em 1670, publicaram um livro chamado *Conde de Gabalis*. Escrito por um padre chamado Abbé de Montfaucon de Villars, que alegava ter tido encontros com um conde misterioso. O livro era uma série de diálogos ou discursos sobre a vida interior, onde o mestre, o conde, era apresentado como um adepto rosa-cruz. Foi originalmente publicado com ilustrações assinadas por Rembrandt, e vários candidatos foram sugeridos ao autor, incluindo o Conde de Saint Germain. A certa altura o adepto promete o seguinte para o candidato à iniciação: "Quando o inscreverem entre os filhos dos filósofos, e quando os seus olhos estiverem reforçados pelo uso do verdadeiro remédio sagrado, você descobrirá que os elementos são habitados pela maioria dos seres perfeitos. O imenso espaço entre a Terra e o Céu tem habitantes bem mais nobres que os pássaros e os insetos... eles só morrem depois de muitos séculos, mas o que é o tempo em comparação com a eternidade? Eles devem voltar para sempre, para o nada." Alexander Pope se baseou nas ideias contidas no livro *The Rape of the Lock*.

depois surgiu um outro diabrete gordo e de pernas curtas cuja brancura exibia manchas cor de areia. Logo esse diabrete sumiu de vista e apareceu um outro, chamado Vinegar Tom, que parecia um galgo e tinha pernas longas como as de um veado. Seguiram-se, em outras ocasiões, um diabrete que parecia uma doninha, embora com uma cabeça descomunal, um diabrete branco com manchas vermelhas e ainda oito diabinhos, entre os quais um parecia um furão, outro, um coelho, e outro, um sapo preto.³

Em 1655, John Pordage registra as suas experiências com a segunda visão:

> Só de olhos abertos é que se pode ver neste mundo o reino do Dragão, cuja multidão de anjos maus está sempre onde se tentam e se enganam os homens, surpreendendo-os de maneira a que não ousem estar sozinhos sem uma boa consciência e uma garantia do amor e da graça de Deus em protegê-los por intermédio de santos anjos.

Pordage descreve o que ele mesmo presenciou: "Todos na forma humana, mas com aparência monstruosamente disforme: orelhas de gato e pés de cabra em horrorosos corpos com olhos de fogo afiados e penetrantes."

Uma descrição sombria que lembra as advertências de pregadores do inferno, como Jonathan Edwards:

> A experiência múltipla e contínua de todos os tempos evidencia que o ser humano está à beira da eternidade e que o passo seguinte é para um outro mundo. São inumeráveis e impensáveis os meios pelos quais se pode sair abruptamente deste mundo rumo ao invisível. Lugares não vistos sobre uma cobertura apodrecida na boca do inferno para os não convertidos, onde inúmeros recônditos em frangalhos não suportam peso algum. Flechas da morte que sobrevoam invisíveis ao meio-dia e que não são discernidas nem mesmo pela visão mais nítida...

No alvorecer da era materialista a experiência a respeito dos mundos espirituais era geralmente sombria.

༄

A ciência faz exatamente o que diz. E em grande parte tem sido bem-sucedida porque cientistas e filósofos desenvolvem um conjunto eficiente de critérios que modelam a maneira pela qual o mundo funciona. Assim, uma boa teoria científica deve responder a um conjunto definido de fenômenos, de modo a ser:

> Materialmente adequada (na medida em que se responsabiliza por tudo).
> Consistente.
> Simples e elegante (sem exceções à regra desajeitadas e deselegantes).
> Repetível e testável, de modo a poder ser empregada nos exemplos posteriores de um mesmo conjunto de fenômenos.

Tal maneira de descrever o mundo se inicia nos meados do século XVIII com o filósofo escocês David Hume e continua a evoluir.[4]

O objetivo de Hume era encontrar um processo razoável de descrever os acontecimentos do mundo – ele o chamou de "questões de fato" distintas das "relações de ideias". Hoje, chamamos esse processo de "raciocínio indutivo", distinto do "raciocínio dedutivo". Hume observou que embora fosse possível *provar* ou não que uma adição matemática ou uma fórmula lógica – tipos de raciocínio de "circuito fechado" – eram certas e verdadeiras, o mesmo não se podia fazer com as afirmativas sobre os acontecimentos do mundo. Pois essas afirmativas não poderiam ser certas e verdadeiras da mesma maneira. Hume então se deu conta de que havia um emocionante trabalho filosófico por fazer, observando que era uma "parte da filosofia pouco assistida tanto pelos antigos como pelos modernos". Ele estava certo e também estava prestes a realizar algo grandioso, e as seguintes tentativas de escorar as afirmativas sobre o mundo deram origem à filosofia da ciência.⁵

Entre os livros revolucionários de Hume estão *Investigação sobre o entendimento humano* (1748) e *Investigação sobre os princípios da moral* (1751), este último com uma seção dedicada aos *milagres* que se tornou o grande texto do ateísmo. Hume argumenta que enquanto as proposições sobre causa e efeito não poderiam ser tidas como certas, como os raciocínios de circuito fechado, seria possível afirmar com razoabilidade que uma causa em particular originasse um efeito em particular, caso fossem vistos como "contíguos", porque a proximidade um do outro implica sempre seguirem um ao outro. Se o movimento de uma maçã é sempre seguido por sua queda, se dois eventos como esse se conjugam em todos os países e todas as épocas com constância, e se essa é uma evidência universal dos sentidos, é então dessa maneira que se estabelece uma lei da natureza.

Hume segue argumentando que se um milagre é definido como uma violação de uma lei da natureza, mesmo que haja uma testemunha do milagre deve-se colocar a questão se é mais provável que o peso da evidência dos sentidos em todas as épocas e todos os países é enganoso ou se a testemunha está mentindo ou está iludida.

⁓

O trabalho da ciência com objetivos estritos concentra-se na evidência dos sentidos. Hume deixa de lado as sutilezas e apreciações de textura da vida interior em prol da objetividade e da medição dos dados dos sentidos.

O problema é que as experiências espirituais de sentido, de sussurros e de visões divinas tendem a ser subjetivas e resistem à medição.

E se o que é passível de medição sintetiza o real, o problema é que as experiências espirituais, como as religiosas, passam a ser irreais. Alguns cientistas assumem a posição extrema de que só é real o que pode ser explicado por uma teoria científica. E assim descartam-se os fenômenos espirituais e religiosos, com a alegação de que só podem ser reais quando repetidos. Se, por exemplo, alguém não faz curas milagrosas que se repetem, pode-se concluir que os milagres não ocorreram, mesmo que tenham sido perfeitamente atestados.

Mas, quando se muda o foco da evidência dos sentidos para o das sutilezas da vida interior, surge uma imagem diferente, que sugere um modelo bem diferente da realidade. Pode-se concluir, por exemplo, que provas em diferentes épocas e lugares implicam orações atendidas. A humanidade sempre teve uma intuição natural de que algo no universo responde às suas necessidades mais profundas – e de que a relação entre mente e matéria não se dá em via única.

A insistência na repetição, além de restringir os dados, não leva em conta o tipo de fenômenos que tratamos aqui e que fazem parte da experiência humana universal.

Uma medalha astrológica feita para
Albrecht von Wallenstein, por Johannes Kepler.

O observatório de Nova Déli, construído por Maharaja Jai Singh II em 1710 em uma gravura do século XIX. Jai Singh construiu cinco observatórios gigantes, o que lhe permitiu medir os movimentos dos corpos celestes com mais precisão que Copérnico, Galileu ou Kepler e fazer os seus cálculos astrológicos.

"A religião cristã não só tornou-se a primeira a ser atendida com milagres, como até hoje sem milagres nenhuma pessoa de bom senso jamais acreditou nessa religião." O tom irônico de Hume inicia a intolerância em relação à religião e à espiritualidade que culmina no ateísmo militante do filósofo Daniel Dennett e dos biólogos Richard Dawkins e Lewis Wolpert.[6] O que Hume deixa a entender é que se os padrões do sobrenatural apresentados neste livro não acontecem hoje é porque nunca aconteceram.

A partir daqui perguntaremos se os padrões de tais experiências também acontecem na era da ciência.

Ainda há semideuses nos tempos modernos, como Teseu?

Ainda somos guiados pelos *daimons*, como Sócrates?

As forças sobrenaturais ainda nos guiam em direção ao nosso destino, como guiaram Maomé?

Ainda há visionários com visões verdadeiras e úteis, como as de Paracelso?

Ainda há professores humanos e inspirados que são enviados pelo céu para guiar a humanidade?

Ainda há visitantes ao reino dos mortos, como Dante, que depois retornam e relatam tudo?

Os anjos ainda nos visitam como visitavam Abraão?

Ainda há milagres em grande escala testemunhados por milhares, como aconteceu com Moisés?

39

Napoleão – o grande ímã da época

*"Sei disso pela luz nos olhos dele...
e o considero o centro magnético da época."*

Chief Sardar

"Mostrei-me inteiro para você, e você não me viu."

Ibn Arabi, O livro das teofanias

Em 13 de outubro de 1806, o filósofo alemão Georg Wilhelm Friedrich Hegel presenciou uma cavalgada de Napoleão rumo a uma grande vitória. Em carta para um amigo, ele escreve: "Eu vi quando o imperador – esta alma do mundo – saiu da cidade para inspecionar o seu reinado. Que maravilhosa sensação poder presenciar um indivíduo que, concentrado e montado em seu cavalo, se estende pelo mundo para dominá-lo."

Hegel acreditava que presenciava a realização, o desdobramento da Grande Mente Cósmica – "o Absoluto" em ação, e por isso escreveria que alguns indivíduos colocam-se na vanguarda dos grandes movimentos históricos para "pôr o ideal frente ao real". Aos olhos do filósofo, Napoleão era um homem de ação que revelava suas possibilidades criativas à humanidade. Napoleão sabia o que teria que fazer e, pelo fato de estar desenrolando a história do mundo, o plano divino, ele podia quebrar os códigos morais, violar os direitos e pisotear sobre os outros e destruir. E os outros se deixavam pisotear porque de alguma forma reconheciam que ele era um agente do divino. Segundo Hegel, Napoleão tinha o direito de instituir as leis e fundar os Estados porque era "o novo Teseu".

O homenzinho vermelho (ilustração para *Chansons de P-J de Béranger*, 1869). Dizem que um gnomo que parecia um homem e se vestia com roupas vermelhas apareceu para Catarina de Médici e outros, geralmente pressagiando um massacre, um assassinato ou uma derrota na batalha. Dizem que ele apareceu diversas vezes para Napoleão, a primeira durante a campanha do Egito e a última vez – bem mais atestada – em 1º de janeiro de 1814. Napoleão tinha deixado instruções para não ser incomodado, mas ao ser informado por Mole, conselheiro de Estado, que um homenzinho vestido de vermelho insistia em vê-lo, ele deu instruções para que o deixassem entrar imediatamente. Sua abdicação seguiu-se pouco depois.

Napoleão representado na morte enquanto se via como um deus – baixo-relevo em Les Invalides. (Gravura publicada em 1854.)

Contudo, por ter lido e relido Shakespeare durante toda a vida, Hegel também considerava Napoleão uma figura trágica. Negado aos tranquilos prazeres de uma vida ordinária, Napoleão nunca se livrava da tristeza e dos conflitos que eventualmente o levaram ao desastre e à ruína. Ele disse: "Sinto-me impulsionado para um fim que desconheço. E assim que o atingir me tornarei desnecessário, de modo que um átomo será o bastante para me destruir."

Grandes líderes, artistas e cientistas de gênio tendem a desenvolver uma consciência visionária. Os que fazem história são inspirados, se os observamos do ponto de vista do idealismo, ou loucos, se os observamos do ponto de vista do materialismo.

Já vimos que o contraponto do método científico de Francis Bacon eram os pensamentos selvagens de Shakespeare. Da mesma forma, à filosofia da ciência de David Hume se opôs um renascimento do idealismo. Enquanto o empirismo, a ênfase materialista na objetividade iniciada por Hume, criava raízes e se disseminava, eclodia um impulso oposto na Alemanha – um idealismo aberto às variedades, sutilezas e anomalias da condição humana.

A grande tradição filosófica do idealismo alemão inclui Johann Georg Hamann, conhecido como "o mago do Norte", Fichte, Schelling e, posteriormente, Rudolf Steiner. Mas a figura dominante é Hegel. Seu ponto de partida é uma apreensão exata e detalhada de Jacob Boehme com sua própria experiência espiritual. Ele traduz a visão imaginativa de Boehme em termos de filosofia acadêmica.[1]

Tanto para Hegel como para Boehme, o cosmos expressa uma grande mente cômica que, segundo Hegel, é "um amigo para os sentimentos de toda a vida". E também um suporte para grandes empreitadas, para um Napoleão, impulsionando, incentivando, engendrando e alimentando todos nas atividades aparentemente sem importância da vida cotidiana.

Para os românticos, Napoleão era naturalmente um herói. Goethe o descreve como "sempre iluminado e sempre claro e decidido, e a cada instante dotado de energia suficiente para realizar tudo que era necessário. Sua vida de batalha em batalha e de vitória em vitória era tão intensa quanto a de um semideus. Pode-se dizer que era uma vida em estado de iluminação contínua". Goethe também reflete sobre os *daimons* no sentido socrático: "Quanto maior é um homem, mais ele sofre influência dos *daimons* e mais cuidado ele deve ter." Nas *Conversações com Goethe*, Johann Pete Eckermann relata como o filósofo considerava Napoleão: "Um tipo demoníaco, no mais alto grau possível. Ele era um tipo demoníaco da espécie dos semideuses gregos."

Para os materialistas militantes e os de temperamento terra a terra, uma conversação como essa talvez pareça bobagem. Hegel escreve sobre o temperamento humano que não apresenta "sentimento algum pelas ternas representações do amor... os órgãos com que essas pessoas sentem são um pouco mais contundentes... as cordas dos seus corações não ressoam ao suave toque do amor". Elas reagem ao medo e à violência, ele explica. São ávidas por comida, sexo e fama. Seus sentimentos não são

Ilustrações de William Blake para *Night Thoughts*, de Edward Young (1797). A oposição das duas filosofias está representada na arte e poesia do poeta romântico William Blake: "... o peito do pardal vermelho na gaiola / coloca todo o céu em fúria... – a gaiola é a ciência e o pardal é nossa experiência pessoal.

finamente tecidos, e seus corações podem ser empaticamente frios em relação aos sentimentos mais profundos. Quando essas pessoas assumem posições de poder e influência e suas ideias se tornam influentes, elas "geralmente substituem a plenitude e o calor da fé por cognições frias e fazem isso com hábil destreza verbal". E quando possuem uma natureza espiritual superior, acabam não tendo acesso a isso.[2]

Já sugeri que talvez haja uma gama bem mais ampla de formas de consciência do que geralmente se imagina. Eis como Goethe relata a sua própria experiência do mundo: "Nós caminhamos em meio aos mistérios... São tantas verdades que às vezes estendemos as antenas da alma para além dos limites corporais, de modo que pressentimentos e visões do futuro imediato atribuem-se a isso." Goethe também escreve sobre a influência decisiva que as almas podem ter entre si. E como exemplo diz que uma vez manteve uma imagem na mente e um interlocutor começou a discorrer sobre a mesma imagem. Tal magnetismo é especialmente intenso entre os amantes, ele diz ao lembrar que quando jovem era capaz de atrair a amante de longas distâncias.

Feliz por caminhar em meio aos mistérios, Goethe era exímio naquilo que John Keats chamava de "capacidade negativa". Isso ocorre "quando se é capaz de estar em meio às incertezas, aos mistérios e as dúvidas sem se preocupar com fatos e razões". Poetas como Goethe, Coleridge e Keats não se apressam em impor padrões nas experiências. Eles preferem deixar a consciência se expandir e seguir adiante a examinar a própria experiência, pois só assim a experiência pode render algo mais que esteja fora dos limites do que é correntemente entendido.

Segundo Schopenhauer, filósofo alemão do século XIX, "tão logo colocamos um pensamento em palavras, ele deixa de ser verdadeiro". O filó-

A Educação de Aquiles (desenho de Eugene Delacroix, aproximadamente de 1862). A poesia e a música românticas destinam-se a induzir *furore*, uma forma de consciência que se amolda ao idealismo. A convicção idealista traz muitos benefícios, pelo menos um importante sentimento de estar no mundo e um sentido de vida no contexto de um universo significativo – muito da arte, da música e da literatura é consciente ou inconscientemente o desejo de um retorno a isso.

sofo reconhece que, por ser variada, sutil e indescritível, a experiência não deve ser constrangida pela linguagem – e muito menos pelo materialismo científico.

Foi através da poesia romântica que o idealismo alemão difundiu-se pelo mundo afora. O que esses filósofos e poetas querem dizer é que se o que você julga como experiência humana é "materialmente adequado", como os filósofos da ciência esperam de uma boa teoria, então o que expressam captura toda a riqueza e sutileza da experiência humana. Pois tudo que se expressa tem aspectos que não podem ser explicados pelo materialismo científico.[3]

No ponto de vista do materialismo científico não se pode ter experiências "anômalas", como as descritas por Goethe, porque são experiências para além da existência humana. Mas as evidências reunidas ao longo destas páginas colocam um problema nessa questão. Muitas pessoas declaram que têm experiências espirituais continuamente. Você pode rezar e as orações serem atendidas. Você pode ter premonições ou sonhos significativos ou outras vivências supranaturais. Você pode encontrar coincidências extremamente reveladoras. Você pode se apaixonar e sentir que se destina a esse amor. E você passa por essas experiências com a vivacidade e o imediatismo que a vida humana proporciona, devotando a isso sutileza, delicadeza, sinceridade e o mais profundo discernimento de que é capaz – mas o materialismo científico lhe diz que *na realidade você não tem essas experiências*. E que se você acha que tem, está enganando a si mesmo.

40

Abraão e Bernadette

"O Todo-Poderoso tem Seus propósitos."

Abraham Lincoln

Lourdes era uma pequena cidade escondida à sombra dos Pireneus, com casas agrupadas à volta de uma rocha isolada, onde, segundo a lenda, lutara Carlos Magno.

Era 11 de fevereiro de 1858, dia da Festa de Santa Genoveva. Em uma casa da rua Petits-Fosses vivia François Soubirous, sua esposa, Louise, e seus quatro filhos, dois meninos e duas meninas, sendo Bernadette a mais velha. O pai tinha sido proprietário de um moinho, mas agora tinha que pegar empregos temporários para poder sustentar a família.

A mãe de Bernadette tinha persuadido uma vizinha camponesa a ser ama de leite da menina, que permaneceu no campo após o desmame. E quando Bernadette já estava na idade de ajudar nas tarefas, os camponeses, que a adoravam, a mantiveram no campo, e ela então passou a cuidar das ovelhas nas encostas.

Em fevereiro de 1858, Bernadette já estava com 14 anos, mas parecia uma menina de 11 anos. Sofria de asma crônica. Quinze dias antes de completar 11 anos, ela voltou para a casa dos pais para os preparativos de sua primeira comunhão. A mãe se mostrou estranhamente ansiosa. A filha era frágil e em alguns momentos tinha dores alarmantes no peito.

"Era uma quinta-feira", lembrou Bernadette mais tarde:

> ... e um dia frio e escuro. Depois que terminamos o jantar, mamãe nos disse que não havia mais lenha. Eu e minha irmã, Toinette, nos oferecemos para sair e recolher alguma lenha. Mamãe disse que o tempo estava

muito ruim, mas logo Jeanne Abadie, que morava ao lado, entrou na casa e disse que iria com a gente. Imploramos para mamãe, argumentando que agora éramos um trio, e ela nos deixou sair.

Chegamos ao final do prado, quase em frente à gruta de Massabielle, e paramos no riacho. Embora houvesse pouca água, fiquei com medo de atravessá-lo porque estava muito frio. Jeanne Abadie e minha irmã tiraram os tamancos e atravessaram o riacho. Sabendo que teria uma crise de asma se pisasse na água, pedi a Jeanne, que era maior e mais forte, para que voltasse e me levasse no colo. Ela disse que não, porque se eu não podia atravessar sozinha, que ficasse onde estava.

Dito isso, Jeanne e Toinette cataram alguns gravetos abaixo da gruta, e depois desapareceram ao longo das margens do riacho.

Depois que elas se foram, joguei algumas pedras grandes no riacho para ver se poderia atravessá-lo, mas foi inútil. Então, decidi tirar os tamancos e as meias e atravessá-lo. Eu tinha acabado de tirar uma das meias quando de repente ouvi um barulho, como se uma tempestade se aproximasse. Olhei à direita e à esquerda e depois para as árvores ao lado do riacho, mas nada se movia. Pensei que devia ter me enganado e continuei tirando as meias, mas logo ouvi outro barulho igual ao primeiro. Levantei-me assustada e pensando em gritar, mas achei melhor não fazer isso. Já não sabia o que pensar. Olhei pela água até uma das aberturas da gruta, onde um arbusto de sarça selvagem balançava, como se sacudido por um vento forte.

Quase ao mesmo tempo uma bruma de ouro saiu da gruta, seguida por uma dama jovem mais bonita que qualquer outra que eu já tinha visto. Ela se manteve na abertura, acima do arbusto. Olhou sorrindo para mim e acenou para que me aproximasse, como se fosse minha mãe. Eu já não estava mais assustada. Fechei e abri os olhos, esfregando-os repetidas vezes, mas a dama continuava no mesmo lugar...

Eis como Bernadette descreveu a aparência da dama:

> A senhora parecia uma menina de uns 16 ou 17 anos. Usava um vestido branco com uma fita azul à cintura que quase chegava ao chão. Seus cabelos estavam cobertos por um véu branco que descia pelos ombros e as costas até abaixo da cintura. Nos pés descalços meio escondidos pelas dobras do vestido havia rosetas douradas. Sua mão direita segurava um rosário de contas brancas e uma corrente de ouro que brilhava como as rosetas nos pés.

Naquela primeira aparição, a senhora "sorriu para me fazer entender que eu não estava sonhando. Sem saber ao certo o que fazer, tirei o rosário do bolso e me ajoelhei. Pensei em levar a mão à testa para fazer o sinal da cruz, mas o meu braço paralisou, como se eu não pudesse fazer isso, até que a senhora tivesse se benzido".[1]

Depois que o rosário acabou de ser rezado, a senhora recuou para dentro da gruta e desapareceu junto com a bruma de ouro.

> Depois que a senhora saiu, Jeanne e minha irmã chegaram e me encontraram ajoelhada na gruta. Riram e me perguntaram se eu não voltaria para casa com elas. Atravessei o riacho sem nenhum problema porque a essa altura a água parecia morna, como a água de lavar louça.
>
> Levamos três feixes de galhos e troncos para casa. No caminho perguntei se Jeanne e Toinette tinham notado alguma coisa na gruta.
>
> – Não... por que a pergunta?
>
> – Ora, não importa. Não importa.
>
> Mas depois narrei o estranho acontecimento para minha irmã e lhe pedi para não contar para ninguém. Mas durante todo aquele dia não consegui deixar de pensar na dama, e à noite chorei enquanto estávamos fazendo as orações. Mamãe perguntou qual era o problema e tive que me explicar quando Toinette fez menção de contar.
>
> – Isso tudo não passa de imaginação – disse mamãe. – Tire essas fantasias da cabeça. E não vá mais para Massabielle!

Fomos para a cama, mas não consegui dormir. A despeito do que mamãe tinha dito, eu não achava que tinha me equivocado.

No dia seguinte a mãe notou um ar diferente em Bernadette. A filha estava melancólica e visivelmente a fim de ver a senhora novamente.

Passaram-se a sexta-feira e o sábado, mas no domingo à tarde a mãe permitiu que a filha retornasse à gruta na companhia das duas meninas que já conheciam o segredo.

– Pode ir, pode ir – disse a mãe. – Mas não me aborreça mais com isso! E esteja de volta a tempo para as Vésperas, senão você sabe o que está reservado para você!

As outras meninas levaram uma garrafa de água benta para se protegerem do mal. Bernadette ajoelhou-se e rezou com os olhos fixos no nicho onde ocorrera a primeira visão. As outras se mantiveram por perto, observando ansiosas.

De repente, Bernadette exclamou:

– Lá está ela, lá está ela!

As duas meninas entregaram-lhe a garrafa de água benta e ela arremessou algumas gotas em direção à visão.

– A senhora não está zangada. Ela está acenando e sorrindo para nós – disse Bernadette depois de uma pausa.

Em seguida, ela entrou em êxtase, permanecendo imóvel, pálida, indiferente ao que estava ao redor e com o rosto radiante e transfigurado.

A certa altura as outras meninas também se ajoelharam e uma delas disse aos gritos.

– Oh, e se Bernadette morrer?

Ambas se aproximaram para conversar com Bernadette, que, sem ouvi-las, continuou de olhos fixos no nicho atrás do arbusto, como se perdida na contemplação de um espetáculo celeste visível apenas para ela.

Logo depois, a mãe e a irmã de um moleiro do lugar chegaram à gruta. Falaram suave e insistentemente com ela, que por sua vez parecia ainda não ouvir. A mãe do moleiro saiu correndo para encontrar o filho e passado algum tempo os adultos retiraram Bernadette da gruta e a levaram de volta ao moinho.

Logo a notícia se espalhou e de repente madame Soubirous apareceu no moinho e disse com ar raivoso e uma vara na mão:

– Que atrevimento o seu de querer nos fazer motivo de chacota! Vou lhe dar o que você merece com essas histórias de senhoras.

Ela estava a ponto de golpear a filha quando a mulher do moleiro intercedeu:

– O que está fazendo? O que sua filha fez para querer puni-la?

Os rumores alastraram-se por Lourdes e, na quarta-feira à noite, duas devotas ansiosas por informações chegaram à casa da família Soubirous e combinaram uma visita à gruta com Bernadette para o início da manhã seguinte.

As três acenderam uma vela antes de amanhecer, ajoelharam-se frente à gruta e oraram. Logo Bernadette soltou um grito de alegria:

– Ela está chegando! Lá está ela!

As duas mulheres haviam trazido papel e caneta e pediram a Bernadette que rogasse à senhora para que escrevesse uma mensagem. A senhora recusou o pedido, dizendo para Bernadette:

– O que tenho a dizer não precisa ser escrito. Chegue aqui todo dia durante duas semanas. Não prometo lhe fazer feliz neste mundo e sim no outro mundo.

E assim começaram os catorze dias de 18 de fevereiro a 4 de março, durante os quais Bernadette visitava a gruta a cada manhã.

Já no quinto dia, centenas de pessoas da cidade a acompanharam. Algumas pediram para que Bernadette perguntasse o nome da senhora, mas ela não obteve resposta.

A cidade inteira comentou os estranhos acontecimentos. Alguns disseram que eram milagrosos, e outros mais instruídos sorriram com ar de entendidos e disseram que era apenas um fenômeno nervoso conhecido pela ciência.

Na manhã do dia 21 de fevereiro, houve uma reunião na Câmara Municipal entre o prefeito da cidade, o procurador e o superintendente da polícia, onde estabeleceram um plano na tentativa de evitar novas manifestações. Eles preservariam a ordem pública, reprimindo a superstição e encostando os fanáticos na parede para investigar as mórbidas fantasias que alardeavam. E a melhor forma de fazer isso seria persuadir Bernadette a não voltar para a gruta. Eles estavam certos de que a jovem não oporia resistência à autoridade.

O procurador chamou Bernadette ao seu gabinete.

– Você me promete que não vai voltar a Massabielle?

– Não posso prometer isso, senhor.

– Isso é tudo que tem a me dizer?

– Sim, senhor.

– Bem, então vá... e veremos como isso vai ficar.

À noite o superintendente da polícia tentou arranjar as coisas. Ordenou a Bernadette que comparecesse ao seu escritório, e também lhe pediu para que não voltasse à gruta.

– Senhor, eu prometi à senhora que voltaria – ela respondeu laconicamente.

– Se você não prometer agora que não vai voltar a Massabielle, serei obrigado a prendê-la.

Mas ela se manteve firme, mesmo quando ele ameaçou que também prenderia o pai dela.

No dia seguinte, Bernadette retornou ao ponto de encontro celestial, seguida por dois policiais e uma considerável multidão de curiosos. Foi para o seu lugar de sempre, mas logo se levantou sem nenhum sinal de êxtase no rosto e disse que a senhora não tinha aparecido.

Os céticos se sentiram triunfantes.

– A senhora teme a polícia – disse alguém, puxando os risos da multidão.

Antes do amanhecer do dia seguinte, cerca de 200 pessoas já tinham chegado quando Bernadette ajoelhou-se e, enquanto começava a rezar o terço, olhou para a rocha com saudade e indagação. De repente, como se atingida por um raio, ela teve um sobressalto. Seus olhos brilharam e cintilaram. Sorrisos celestiais pairavam em seus lábios e, como uma testemunha ocular descreveu: "Uma graça indefinível preenchia toda a sua pessoa. Bernadette já não era Bernadette."

Todos os homens presentes descobriram a cabeça espontaneamente e se curvaram.

Ora Bernadette balançava a cabeça afirmativamente, ora parecia balbuciar alguma coisa.

No dia seguinte ocorreram momentos dramáticos. Bernadette aproximou-se da gruta, colocou-se de lado, afastou alguns ramos da sarça, abaixou-se e beijou a terra. Passado algum tempo entrou em êxtase novamente e, ao fim de algumas contas do rosário, levantou-se envergonhada e hesitante. Em seguida deu dois ou três passos e olhou para trás, como se alguém a estivesse chamando lá da rocha. Ela acenou afirmativamente e seguiu em direção ao canto esquerdo da gruta. Alguns metros antes da encosta ela abaixou-se e cavou a terra com as mãos, até que verteu água do pequeno buraco. Depois de uma pausa, ela bebeu um pouco d'água, lavou o rosto, pegou uma folha de gramínea ao lado e mastigou-a.

A pobre menina levantou-se com o rosto sujo de água barrenta. Será que estava enlouquecendo?

Bernadette não pareceu ouvir as exclamações que soaram de todos os lados. Limpou o rosto e, radiante de felicidade, concentrou-se de novo na visão celestial. Mais tarde, ela explicou o ocorrido:

Enquanto eu estava rezando, a senhora me disse: "Vá, beba e lave-se na gruta." Obedeci prontamente, mas não encontrei água. Sem saber o que fazer, cavei a terra e a água verteu. Esperei a terra assentar e depois bebi um pouco e me lavei.

Em relação à grama mastigada: "Senti dentro de mim que a senhora queria que eu fizesse isso."

A princípio a água não chegou a fazer uma poça de lama. Mas o médico Duzous decidiu que só sairia de perto da gruta depois que investigasse cuidadosamente o solo ao redor. Mais tarde, ele declarou: "O solo estava seco em todos os lugares, menos onde Bernadette tinha cavado um buraco com as mãos. Foi daí que a nascente fluiu na mesma hora."

A água aumentou em volume pelo resto do dia, e continuou depois que todos saíram do lugar.

No dia seguinte, o jato de água já estava com a espessura de um dedo.

A senhora havia pedido que Bernadette fosse à gruta durante catorze dias. No décimo quarto dia a expectativa geral era de que poderia acontecer algum milagre. Formou-se uma multidão de pelo menos 15 mil pessoas.

A senhora apareceu e o êxtase prolongou-se por mais de uma hora, sem nenhum sinal milagroso para a multidão. Depois que todos se retiraram decepcionados, alguém perguntou a Bernadette se ela voltaria à gruta.

– Claro que voltarei, mas não sei se a senhora voltará – ela respondeu. – Pois ela sorriu para mim quando se foi, mas não me deu adeus.

Bernadette retornou nos dias seguintes, mas a misteriosa senhora não apareceu.

Até que vinte dias depois, no dia 25 de março, durante a Festa da Anunciação, a senhora reapareceu. Mais tarde, Bernadette lembraria:

Só depois que me ajoelhei diante da senhora e disse que estava imensamente feliz por poder vê-la novamente é que peguei o rosário. Enquanto estava rezando me passou pela cabeça perguntar qual era o nome dela, e depois disso não consegui pensar em mais nada. Estava temerosa de que ela pudesse se irritar se eu fizesse de novo uma pergunta que se recusara a responder. Até que não pude mais conter as palavras e pedi à senhora que fizesse a gentileza de me dizer o nome dela.

Como tinha feito antes, a senhora inclinou a cabeça sorrindo, mas não respondeu. Eu não sei como foi, mas fiquei brava e voltei a lhe pedir que me confiasse o nome dela. E de novo ela sorriu, inclinou a cabeça e não disse nada. Cruzei as mãos e, mesmo admitindo para ela que eu era indigna para tão grande favor, repeti o pedido pela terceira vez.

A senhora estava acima da roseira quando pedi pela terceira vez. Ela assumiu um ar sério e depois levou as mãos ao peito e olhou para o céu. Em seguida, abaixou as mãos lentamente, inclinou-se em minha direção e disse com um tremor na voz: "Eu sou a Imaculada Conceição."

Algum tempo depois, alguém perguntou para Bernadette:
– *Mademoiselle*, qual é o significado da frase "*Que soy er Immaculada Counception?*" (O dialeto da senhora estava mais próximo do espanhol que do francês.)

Apenas três anos antes a doutrina da Imaculada Conceição tinha sido estabelecida pelo Vaticano para os fiéis, de modo que, quando a multidão soube o nome da senhora, um entusiasmo religioso envolveu a todos. Alguns operários construíram um canal de madeira para escoar a água da nascente até uma bacia, e logo os doentes e enfermos começaram a beber aquela água.

Mais tarde, em 1858, Louis Bourriette, um lapidador de pedras de Lourdes que ficara cego de um olho vinte anos antes por conta de uma lasca de pedra, de repente estava em risco de perder a visão do outro olho. Ele pediu à filha para pegar a água enlameada da misteriosa fonte e começou a fazer aplicações nos olhos. A visão melhorou a cada aplicação e no dia seguinte ele procurou o dr. Duzous. Sua cura registrou-se como permanente no dia 17 de novembro de 1858, e o dr. Duzous escreveu a pedido do bispo de Tarbes:

> Examinei os dois olhos de Bourriette e ambos estavam quase nas mesmas condições, tanto na forma como na organização de cada área. Ambas as pupilas reagiram normalmente quando submetidas aos raios luminosos. E se uma cicatriz ainda era visível no olho direito, não restava mais vestígio da lesão que um dia o danificara.

Bernadette viveu por mais vinte anos, mas as visões nunca mais se repetiram.

Algum tempo depois as freiras que dirigiam a escola do lugar levaram-na já inválida para morar com elas. Foi lá que entre os 18 e os 19 anos ela terminou de aprender a ler e escrever. Ela acabou assumindo a vida religiosa e aos 22 anos deixou a escola para viver num convento em Nevers, de onde nunca retornou a Lourdes.

Com o passar do tempo, a asma desenvolveu uma tuberculose e no dia 16 de abril de 1879 Bernadette faleceu com o crucifixo nas mãos, dizendo: "Eu a estou vendo. Sim, eu a estou vendo."[2]

Abraham Lincoln nasceu numa cabana de madeira e foi criado na selvagem fronteira de Kentucky e Indiana. Sem escolaridade formal, trabalhou como lojista e carteiro. E depois se tornou agrimensor e, depois, advogado. Foi quando cultivou o sentimento de justiça que o levou a afirmar que o país não poderia ser "metade escravo, metade livre".

Lincoln era comprometido com a liberdade religiosa tanto quanto com a liberdade política. Sua esposa era episcopal e frequentava uma igreja presbiteriana, de modo que vez por outra Lincoln a acompanhava. Ele se explicaria que nunca se juntara ou frequentara regularmente qualquer igreja porque lhe era difícil comprometer-se com os dogmas. Mas como explicou Isaac Britton, um amigo dele, havia outra razão e "muito poucos sabiam".

Britton era um proeminente devoto do grande cientista e filósofo sueco do século XVIII, Emanuel Swedenborg, assim como o eram diversos amigos de Abraham Lincoln. "Swedenborg nos faz entender por que fomos criados e estamos vivos, e o que acontece conosco depois que nossos corpos morrem. Swedenborg nos leva à melhor compreensão possível da mensagem de Deus, a mesma que está nos livros da Bíblia, que constituem a Palavra de Deus", disse um dia Martin Luther King.

Às vezes Abraham Lincoln também fazia eco aos ensinamentos de Swedenborg, sustentando que a convicção religiosa era uma questão de consciência individual e citando "a consciência é a presença de Deus no homem".[3]

Era o ano de 1860. Abraham Lincoln recebeu a notícia de sua vitória nas eleições pelo telégrafo e comemorou com os amigos. E depois voltou para casa e caiu exausto no sofá. De manhã, ao acordar, se viu olhando para o próprio reflexo no espelho da escrivaninha.

> Meu reflexo naquele espelho não estava de todo integrado. Notei que meu rosto tinha duas imagens separadas e distintas, a ponta de um nariz estava cerca de três centímetros da ponta do outro nariz. Fiquei um pou-

co incomodado, talvez até assustado, e quando fixei os olhos no espelho, a ilusão se desfez. De novo deitado, olhei-me uma segunda vez – e de um modo mais claro que antes notei que uma das faces estava um pouco mais pálida, digamos uns cinco tons mais que a outra. Levantei-me e a ilusão se desfez. Saí e na excitação do momento esqueci de quase tudo – quase tudo, mas não tudo, porque de repente senti uma pontada, como se alguma coisa desconfortável tivesse acontecido.

Lincoln tentou refutar a visão, atribuindo-a a mera ilusão de ótica, mas não teve êxito e a estranheza da experiência ficou com ele.

Sua esposa, Mary, mostrou-se bastante intrigada com o ocorrido.[6] "Ela achou que era um sinal de que eu estava prestes a ser eleito para um segundo mandato, e que a palidez de uma das faces pressagiava que eu não observaria a vida no último mandato."

Em julho de 1865, saiu um artigo sobre a visão de Lincoln na revista *Harper's Monthly*. Como é que os leitores reagiram quando o presidente discorreu sobre uma experiência pessoal assustadora? Com estranhamento?

Talvez seja útil analisar o ocorrido no contexto da propagação do espiritismo.

Talvez a esposa de Lincoln tenha se interessado pelo espiritismo. Isso porque ao longo do ano de 1840, até o momento da chegada de Lincoln a Washington, em 1860, as sessões espíritas estavam na moda entre a elite dominante. Mary participava com frequência, e pelo menos uma vez foi acompanhada de Lincoln. Em 1862, ela chegou a convidar alguns médiuns para realizar sessões na sala vermelha da Casa Branca.

No dia 11 abril de 1865, Abraham Lincoln contou um sonho que tinha tido uns dez dias antes para a esposa e um pequeno grupo de amigos. Ward Hill Lamon, um dos amigos, registrou o sonho posteriormente em uma biografia:

Era muito tarde quando me retirei para o meu quarto. Estava à espera de despachos importantes da frente de batalha. Não levei muito tempo para pegar no sono porque estava extenuado. Logo comecei a sonhar. Era como se um silêncio de morte estivesse ao redor. Ouvi débeis soluços, como um choro humano. Pensei que tinha saído da cama e que perambulava pelo térreo, onde os mesmos lamentos chorosos quebravam o silêncio, mas as carpideiras eram invisíveis. Percorri todos os cômodos, sem encontrar qualquer pessoa viva pela frente, mas ouvindo os mesmos murmúrios tristes e angustiados enquanto passava. Os cômodos estavam iluminados e os objetos me eram familiares. Mas onde é que estavam os enlutados de coração partido? Fiquei intrigado e alarmado. O que significaria tudo aquilo? Determinado a encontrar a razão daquele misterioso e chocante estado de coisas, segui adiante e acabei entrando no salão leste, onde uma repugnante surpresa esperava por mim. No cadafalso à frente jazia um cadáver envolto em vestes fúnebres. Soldados faziam a ronda e uma multidão consternada observava o cadáver de rosto coberto enquanto outros o pranteavam com lágrimas. "Quem é o morto na Casa Branca?", perguntei para um soldado. "O presidente, um assassino o matou", ele respondeu. Logo uma intensa rajada de dor irrompeu da multidão e me acordou do sonho. Não consegui mais dormir naquela noite, e apesar de ter sido apenas um sonho, passei a me sentir estranhamente irritado com aquilo.

No início daquele mês, o general-comandante do exército confederado Robert E. Lee se rendera para o general Ulysses Grant. Robert Wilkes Booth, um ator simpatizante dos confederados, pensava em se reunir às tropas confederadas para inspirá-las a continuar a luta. Em 14 de abril de 1865, enquanto Lincoln e a esposa assistiam à peça *Nosso primo americano*, no teatro Ford, em Washington, D.C., Booth atirou na cabeça do presidente.

41

O mandachuva de Odd[1]

"Louvai o Senhor, todos os cedros" (de *The Child's Bible*, do século XIX).

O fenômeno conhecido como espiritismo eclodiu em 1848, em Hydesville, Nova York, quando as irmãs Margaret e Kate Fox começaram a ouvir móveis sendo arrastados pela casa e estranhas batidas. Elas estalaram os dedos, como um desafio aos espíritos, e como resposta soou uma batucada de dedos sobre uma mesa. As irmãs divulgaram o caso, que repercutiu instantaneamente. Mais tarde, confessaram que era uma fraude, mas era o tempo certo para ideias como aquela e logo outros seguidores exibiram poderes ainda mais impressionantes.

Zephaniah Eddy estava trabalhando na fazenda quando de repente avistou os dois filhos brincando com crianças selvagens nunca vistas antes. Ele seguiu aquelas crianças estranhas, que pareceram desaparecer em pleno ar.[2] E depois arrastou os filhos até o celeiro e lhes deu uma surra com um chicote de couro cru. Fazia tempo que se preocupava com histórias de bruxaria na família da esposa e agora queria acabar com isso de uma vez.

Mas à medida que os meninos cresciam, os acontecimentos estranhos persistiam – ardósias, mesas e tinteiros voavam ao redor da casa, e também se ouviam ruídos insólitos e vozes sem corpo pelo ar. E aparição de espíritos, inclusive uma criatura de pelo branco que primeiro cheirava o rosto dos meninos enquanto estavam na cama e depois se avolumava até se transformar em nuvem luminosa com forma humana.

Cada vez mais alarmado, ora Zephaniah espancava os meninos quando entravam em transe, ora os mergulhava em água quente ou os queimava com brasas; enfim, fazia de tudo para tirá-los dos transes. Os irmãos Eddy saíram de casa assim que puderam, mas depois de terem sido apedrejados, esfaqueados, algemados, torturados e até mesmo baleados por turbas enfurecidas, retornaram para a pequena fazenda em Vermont após a morte do pai. Eles se tornaram ressentidos, mal-humorados e desconfiados do mundo, e a notícia de que a fazenda era infestada de espíritos se espalhou de vez pela região.

Henry Steel Olcott era um advogado bem-sucedido. Antigo coronel do exército da União, onde investigava fraude e corrupção nos arsenais e estaleiros militares, ele também tinha sido um maçom proeminente e um dos três homens encarregados da investigação do assassinato de Lincoln. Mais tarde, se tornaria editor do jornal *New York Tribune*. Em 1874, o encarregaram de investigar os eventos na fazenda dos irmãos Eddy, e para lá viajou acompanhado de um artista chamado Kappas, cujas ilustrações seriam usadas no extraordinário livro *People from the Other World*.[3]

No seu primeiro dia, Olcott participou de uma sessão liderada pelos irmãos Eddy na caverna de Honto. Mas antes investigou o local para se certificar de possíveis entradas ou passagens secretas. E logo no início da sessão um gigantesco indígena norte-americano que emergiu da caverna o pegou de surpresa. Seguiu-se uma silhueta indígena no topo da caverna e depois uma mulher indígena. Na sua investigação, Olcott não encontrou vestígio algum de pegadas.

Isso o fisgou. Ele permaneceu na fazenda por dois meses e meio, registrando cerca de 400 manifestações espirituais. Durante a estada vasculhou tábua por tábua da casa daquela fazenda distante, a fim de provar para si mesmo que não estava sendo enganado por alçapões e outros artifícios.

Os fenômenos da fazenda incluíam profecia, diálogo em diferentes línguas, cura, levitação, aparição de mãos flutuantes, mensagens em papéis que voavam no ar, psicometria, materialização de *apports* (aparição de objetos por meios paranormais, geralmente em sessões) e produção de seres fantasmagóricos visíveis, tangíveis e, por vezes, audíveis para todos os presentes. Um dos irmãos era talentoso na produção de tais manifestações materiais, e Olcott estava autorizado a medir e pesar algumas delas. Ele relata em livro que ao contrário dos seres vivos o corpo dos seres materializados era frio e a pulsação rítmica, mais fraca.

Gruta de Honto (de *People from the Other World*, de Henry S. Olcott, 1875).

De quando em quando, ocorria frente ao grande público uma aparição simultânea de espíritos de centenas de homens, mulheres e crianças, difíceis de serem numerados com precisão. Eram espíritos banhados por um brilho semelhante ao do luar, e alguns pairavam com faíscas brilhantes sobre o médium. Alguns espíritos eram azulados, outros, cinzentos, e outros, tão brancos que o rosto brilhava "como o de Moisés na descida do monte Sinai". Enquanto alguns espíritos colocavam coroas de flores na cabeça dos espectadores, outros pareciam se ajoelhar e olhar para eles como se fossem velhos amigos. E quando uma vela era subitamente acesa, todos os espíritos desapareciam na mesma hora.

Olcott também recolheu declarações juramentadas de muitos dignitários.

Certa noite em que centenas de espíritos apareceram de uma vez para um grande público (de *People from the Other World*, de Henry S. Olcott).

Algumas semanas depois da chegada de Olcott, outro visitante chegou à casa da fazenda. Era madame Blavatsky, uma viajante russa excêntrica com uma personalidade magnética e um grande conhecimento do ocultismo. Quando ela participou das sessões, alguns seres manifestados pelos irmãos Eddy passaram a falar e escrever no idioma russo. Novos espíritos se manifestaram perante Olcott e a audiência presente, alguns conhecidos por madame Blavatsky em suas viagens, inclusive um guerreiro curdo e o líder de um grupo de malabaristas do Norte da África.

Olcott tentou encontrar sentido nos exercícios de poder testemunhados por ele, discernindo os princípios universais subjacentes:

Que inconsciência é essa que nos envolve como uma atmosfera interior e satura tudo o que conhecemos? Que poder sutil é esse que cura doenças com o simples toque do manto de um apóstolo, como se de mãos humanas? Que raio humano emanava dos olhos de Napoleão e convertia cada soldado em herói tão logo o atingia? Que potente feitiço espreitava os passos de Florence Nightingale quando, em Scutari, restabelecia a saúde de feridos que sequer conseguiam olhar para a sombra daquela mulher que cruzava os leitos? [4]

Existem outros paralelos históricos na Antiguidade. É improvável que os irmãos Eddy ou mesmo um cavalheiro educado como Olcott conhecessem os escritos dos neoplatônicos, uma vez que à época só eram traduzidos para o inglês em fragmentos e conhecidos por alguns poucos intelectuais. Mas já mencionamos que Plotino participou de sessões espíritas no templo de Ísis. Tanto ele como alguns dos seus discípulos presenciaram em diversas ocasiões empurrões de médiuns em transe para efeito de entrega de mensagens. Apuleio descreve médiuns que eram induzidos a dormir. Segundo Proclus e Psellus, em alguns casos a própria personalidade do médium era eclipsada pelo espírito, mas em outros o médium comunicava-se conscientemente com o espírito. Segundo Iamblichus, alguns médiuns entravam em convulsão, enquanto outros enrijeciam. O próprio Iamblichus de vez em quando levitava e isso era testemunhado pelos seus discípulos. Às vezes falsos espíritos ou espíritos indesejáveis se intrometiam. Outras vezes o corpo do médium se alongava. Geralmente apenas o médium ouvia as vozes desencarnadas que em certas ocasiões também eram ouvidas pelos outros assistentes. Vez por outra os espíritos deixavam vestígios materiais – *apports*. Era quando se viam formas luminosas a escoar do corpo do médium – o que se chama atualmente de ectoplasma. Obviamente, o mesmo conjunto de fenômenos testemunhados pelos filósofos gregos aparece quase dois milênios depois para agricultores americanos analfabetos.

Em meados do século XIX, os textos sagrados das religiões orientais receberam traduções em línguas europeias. Em meio a uma crescente insatisfação em relação à Igreja, que perdia a capacidade de proporcionar experiências espirituais, muitos líderes e intelectuais europeus, incluindo Nietzsche, Schopenhauer e Wagner, mostraram-se curiosos em relação à espiritualidade oriental. As novas traduções também levavam naturalmente a novas tentativas de delinear verdades universais – uma filosofia perene. Então, as mesmas aspirações de uma filosofia universal e perene que constituíam uma parte dos grupos hereges ocultos desde os tempos de Mani acabaram por ser assumidas pelas sociedades secretas que estendiam suas raízes até os rosa-cruzes, fazendo eclodir um debate sobre a possibilidade de tornar pública a sabedoria cósmica.[5]

Em 1875, Blavatsky e Olcott fundam a Sociedade Teosófica para promover a fraternidade universal, sem discriminações de raça ou credo e apoiada nos estudos do livre-pensamento sobre as religiões do mundo. Em 1887, madame Blavatsky publica *Ísis sem véu*, um vasto compêndio com toques da tradição rosa-cruz. Ela esboça uma teologia para produzir sentido na explosão de atividades espirituais que ocorre na segunda metade do século XIX, em grande parte sob a égide do espiritismo.

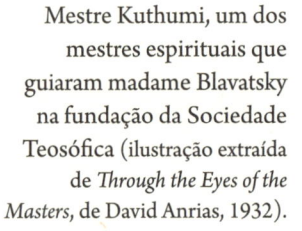

Mestre Kuthumi, um dos mestres espirituais que guiaram madame Blavatsky na fundação da Sociedade Teosófica (ilustração extraída de *Through the Eyes of the Masters*, de David Anrias, 1932).

Olcott era maçom e madame Blavatsky também era uma simpatizante, embora não tivesse se submetido aos graus regulares da maçonaria.[6]

A maçonaria sempre exerceu uma influência significativa em tipos de conhecimento habitualmente ignorados. Os rituais maçônicos estimulavam os iniciados à "investigação dos mistérios ocultos da ciência e da natureza". As raízes maçônicas da Royal Society cultivavam os ideais de fraternidade, igualdade e liberdade – e acima de tudo a liberdade contra o fanatismo e o preconceito. Tanto a maçonaria como a Royal Society abriam espaço para a tolerância, de modo que os mistérios podiam ser investigados em lugares de reflexão solidária e igualitária.

Tal tolerância torna-se igualmente importante na investigação dos mistérios espirituais e das grandes questões da vida e da morte, do início e do fim do universo. A condição humana se constrói de maneira estranha. Quando consideramos as questões ordinárias e práticas, as trivialidades da vida cotidiana, como quantos doces nós deixamos na mesa e quanta gasolina colocamos no tanque, geralmente temos muita clareza a respeito do que é verdadeiro. As evidências estão diante de nós. Por outro lado, quando consideramos as grandes questões da vida e da morte, as evidências não são claras e geralmente são remotas.

Conforme destaquei na introdução, quando nos interrogamos se o universo iniciou com um Big Bang, como diz a ciência, ou de alguma forma que era para ser, ou por intermédio da Mente Cósmica por trás de tudo, as evidências são escassas. Na verdade, quase não há evidências. O que se obtém é uma parcela infinitesimal e ambígua de evidências, onde se equilibra uma grande pirâmide invertida de especulações.

Curiosamente, sob a base de crenças que povoam esse terreno, em que não podemos afirmar nada com certeza, em que as evidências são tênues e abertas à interpretação, em que as hipóteses se dissolvem no ar, as opiniões tendem a ser mais ferozes, mais fanáticas e mais intolerantes, sem a serenidade e a generosidade que caracterizam uma busca feliz e madura da verdade.[7]

Existe algum modo de organizar esse tipo de debate? Critérios de lados opostos se complementam? No século XIX, os maçons questionavam se seria possível aplicar os refinamentos do pensamento de Hume que tornavam a ciência bem-sucedida aos assuntos espirituais. Haveria uma ciência do espírito? Primeiro seria necessário reunir o máximo de dados possíveis...

Sob os auspícios da maçonaria, o espiritismo rapidamente tornou-se um fenômeno internacional no final do século XIX, à medida que os dotados de capacidades extraordinárias se faziam conhecer. Grandes cientistas da época se fascinavam e se perguntavam se tais fenômenos eram passíveis de investigação científica. Entre eles o célebre astrônomo francês Flammarion e o descobridor do tálio e do hélio, William Crookes, também pioneiro na pesquisa dos tubos de vácuo para a compreensão das propriedades da eletricidade. Crookes escreve *Researches into the Phenomena of Spiritualism* (1874), no qual se queixa da hostilidade dos cientistas que refutavam os fenômenos espíritas, colocando-os em condições inadequadas para a investigação. Como vimos anteriormente, Alfred Russel Wallace, que descobriu a seleção natural simultaneamente a Darwin, acreditava que esse processo era guiado por inteligências criativas que ele identificava com os anjos. Marie Curie frequentava sessões espíritas. Tanto Thomas Edison, padrinho da gravação do som, como Alexander Graham Bell, inventor do telefone, fizeram suas descobertas enquanto pesquisavam os mundos espirituais. Edison tentou inventar um tipo de rádio que entrasse em sintonia com os mundos espirituais. A invenção da televisão resultou da tentativa de captar influências psíquicas de gases flutuantes frente a um tubo de raios catódicos.

Hoje, o espiritismo é frequentemente tido como uma franja excêntrica, algo sem sentido, mas desde os meados do século XIX ao limiar do século XX ele é tido como um movimento progressivo, aliado à campanha contra a escravidão e ao movimento sufragista.[8] Tanto Charles Dickens como a rainha Vitória e o primeiro-ministro William Gladstone consultavam médiuns. Keir Hardie e Ramsay Macdonald, cofundadores do Partido Trabalhista, eram, o primeiro, espiritualista, e o outro, seguidor confesso do trabalho de Swedenborg. O primeiro-ministro Arthur Balfour e o marechal da Aeronáutica lorde Hugh Dowding, que comandou a batalha da Inglaterra, eram espíritas, e Winston Churchill consultou a médium Helen Duncan.

O escocês Daniel Dunglas Home, um dos médiuns mais célebres, demonstrou seus dotes para muitas cabeças coroadas da Europa, bem como para muitos intelectuais, inclusive os céticos. Enquanto a maioria dos médiuns trabalhava na penumbra, ele trabalhava em plena luz. Apesar de todos os esforços dos céticos, nunca o flagraram em qualquer fraude. Ele entrava em transe, ora com tremores e angustiado, ora sereno e com ar angelical. Teve sua capacidade de alongamento corporal em estado de transe muito bem atestada. "Aquele que o protege", disse para lorde Adare, "é alto assim".

> E ao dizer isso o sr. Home tornou-se ainda mais alto, a fim de demonstrar; coloquei-me ao lado dele (tenho um metro e oitenta e dois de altura) e quase não lhe alcancei o ombro, e no espelho à frente ele pareceu muito mais alto que eu. A flexibilidade parecia ocorrer a partir da cintura... Ele caminhou de um lado para outro e o fato de que seus pés estavam firmemente plantados no chão nos chamou uma atenção especial. E depois ele se tornou cada vez mais baixo, até atingir o meu ombro.

Esse relato foi atestado por H. D. Jencken, um advogado bem conhecido à época.[9]

"Um lado fará você crescer mais alto" (*Alice no país das maravilhas*, de Lewis Carroll, 1865).

A mais célebre façanha sobrenatural de Home ocorreu na frente de três testemunhas, sendo que duas deixaram relatos detalhados. Ele saiu levitando para fora da janela de um quarto três pisos acima do solo. E depois flutuou por alguns segundos seis centímetros acima do peitoril da janela vizinha, antes de erguer o vidro da janela e deslizar para dentro.

A fundação das civilizações sempre foi feita com violência? Costuma-se dizer com muitas justificativas que grande parte dos fundadores dos impérios de origem europeia, na África e na Ásia era de piratas e aventureiros. Mas é igualmente verdadeiro que eles deixaram um rastro de valores maçônicos – tolerância e igualdade perante a lei. O coração da maçonaria também aninhava um sincero ímpeto espiritual para a compreensão dos mistérios. Contudo, o enrijecimento que ocorre nas grandes instituições, como o cristianismo, também ocorreu na maçonaria em meados do século XIX.

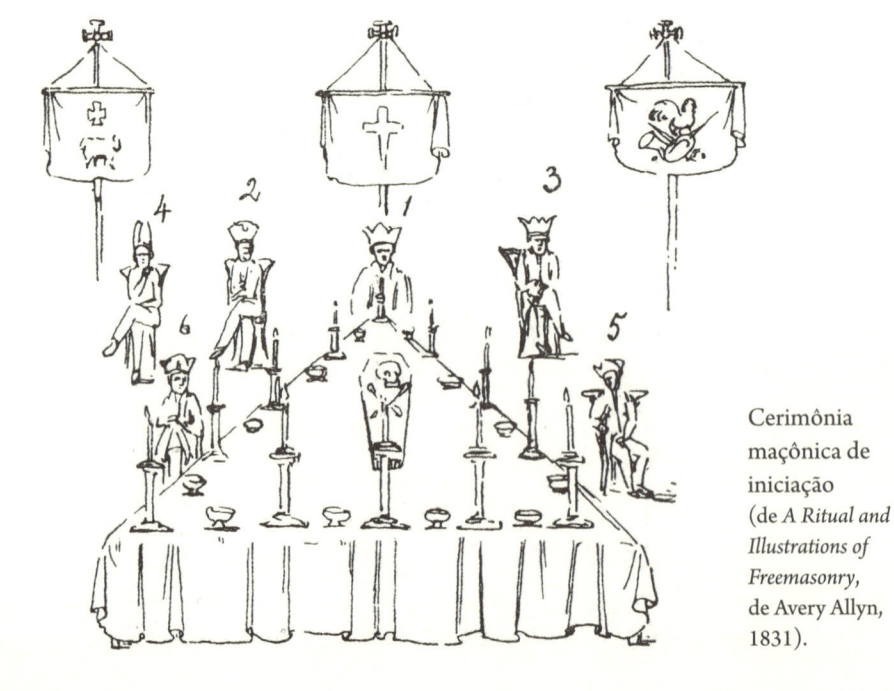

Cerimônia maçônica de iniciação (de *A Ritual and Illustrations of Freemasonry*, de Avery Allyn, 1831).

A maçonaria inglesa ainda se mostra cautelosa em relação aos seus interesses espirituais e esotéricos. Os maçons que se envolvem em buscas espirituais ocultam tais atividades até mesmo dos seus pares, deixando aos porta-vozes do alto escalão a liberdade para desmentir em público as possíveis reclamações de estranhos a respeito da maçonaria e do ocultismo.

Enquanto escrevia estas páginas encontrei um livro num sebo, em Tunbridge Wells, publicado em 1860 e intitulado *The Mysteries of Freemasonry*, de J. Fellows. Ele traça uma história mística do mundo semelhante à relatada por madame Blavatsky e os teósofos que a seguiram. Rudolf Steiner também relata em essência uma história igual: Osíris, iniciações no antigo Egito, Zoroastro, Orfeu, Cadmo, Enoque, Moisés, Salomão, o Buda, Sólon, Pitágoras, mistérios de Elêusis, Sócrates, Mani (nesse relato, chamado Scythianus), Templários, Dante e Christian Rosencreutz.

Isso não quer dizer que pretendo denegrir a teosofia ou Rudolf Steiner, pois aqui o mérito é a genuína tradição e não a originalidade. A questão é que existe uma antiga história secreta e mística do mundo em cuja preservação a maçonaria parece ter desempenhado um papel de extrema importância.

As ligações entre os maçons e os rosa-cruzes antecedem a 1638, e já em 1676 registra-se um jantar entre os membros da "Companhia de Adeptos Maçons" e da "Antiga Fraternidade Rosa-cruz". Nos diários de Elias Ashmole, fundador da maçonaria inglesa, registra-se de acordo com a Grande Loja Unida o êxito nas pesquisas do grande segredo da alquimia – uma alquimia em busca do acesso aos reinos espirituais superiores, conforme descritos na obra *O casamento alquímico*, de Christian Rosencreutz.[10]

Contudo, pelos meados do século XIX, a trilha espiritual parece esmorecer. Alguns maçons talvez estivessem conscientes de que a fraternidade enrijecia e afastava-se das genuínas correntes espirituais, isso porque em 1860 registra-se como fato de grande relevância que "os maçons alemães afirmam que Christian Rosencreutz realmente existiu":

... Na Alemanha, relata-se que Christian Rosy Cross nasceu em 1387. Fez uma viagem à Terra Santa e em Damasco aprendeu as ciências ocultas em diálogos com sábios caldeus. Aperfeiçoou-se nas lojas do Egito, Líbia e Constantinopla, e depois retornou à Alemanha, onde estabeleceu uma ordem cuja essência chegou por diferentes canais aos maçons da Grã-Bretanha e da Alemanha.

Em 1906, o maçom britânico dr. Robert Felkin pesquisa as origens do grau rosa-cruz na maçonaria britânica e, talvez na esperança de encontrar uma fonte espiritual genuína, segue em direção à Alemanha. Percorre Colônia, Ulm, Stuttgart, Munique, Viena, Passau, Regensburg, Nuremberg e Berlim, visitando pousadas e cinco templos "rosa-cruzes" e participando de cerimônias, algumas com cinco horas e meia de duração, nas quais se colocava o candidato dentro de um caixão com tampa aparafusada. Ele ouve música de órgão em volume alto e clamores aos gritos, e presencia um fogo que irrompe do escuro e um adepto que paira sobre uma névoa de incenso. Depois de referências a Ahriman e Lúcifer, os alemães demonstram para ele os poderes da clarividência.

Acima de tudo, Felkin faz questão de conhecer os "chefes secretos", que eram a fonte do poder oculto da fraternidade. Contudo, naquele momento os ocultistas mais proeminentes da maçonaria britânica e das organizações filiadas eram cavalheiros da classe alta, e quando Felkin finalmente conhece um dos chefes secretos relata-o como um homem rude. O nome desse homem era Rudolf Steiner.

Em 1913, Rudolf Steiner corta todos os laços com a teosofia, e em 1914, também com a maçonaria.

Tal como Jacob Boehme no passado e Lorna Byrne no presente, Steiner descreve com grande clareza as suas vívidas interações com o mundo dos seres espirituais e com o mundo material. Apesar do trabalho do espiritismo e dos pesquisadores mais recentes, quase nada – ou talvez nada – de tais interações é verificável pela ciência. Mas talvez a leitura de tais escritores – mais à frente veremos que são tipos distintos – possa ampliar a consciência espiritual e as experiências místicas com aquilo que geralmente passa despercebido ou não é inteiramente reconhecido.

42

O grande segredo deste mundo

Minha história se passa na cidade de Sevilha, na Espanha, à época da Inquisição, quando diariamente as fogueiras são acesas para a glória de Deus e para queimar os hereges ímpios no esplendor do *auto da fé*. Em Sua infinita misericórdia, Ele está outra vez entre os homens também como homem, tal como esteve entre os outros homens quinze séculos antes. Ele percorre as cálidas ruelas de uma cidade do Sul.

Chega suavemente, sem ser observado, e por mais estranho que pareça todos O reconhecem. O povo sente-se irresistivelmente atraído para Ele, e O cerca e se apinha ao redor Dele a fim de segui-Lo. Ele caminha silenciosamente em meio ao povo, com um doce sorriso de infinita compaixão. O sol do amor arde em Seu coração e a luz e o poder irradiam de Seus olhos, um brilho derramado que desperta o coração do povo.

Ele se detém nos degraus da catedral de Sevilha, enquanto enlutados pranteiam e carregam um pequeno caixão branco aberto, onde jaz em meio a flores o corpo da única filha de 7 anos de um cidadão proeminente.

– Ele vai ressuscitar sua filha! – grita a multidão em prantos para a mãe.

Com ar perplexo e preocupado, o sacerdote recebe o caixão, mas a mãe da menina morta se joga com um gemido aos pés Dele. A procissão se detém e coloca o caixão nos degraus aos pés Dele. Ele olha com compaixão e Seus lábios pronunciam com suavidade:

– Donzela, levanta-te!

Depois de levantar-se, a donzela senta-se no caixão e olha em volta, sorrindo de olhos arregalados e segurando um buquê de rosas brancas que lhe colocaram na mão.

Soam gritos e soluços em meio a muita agitação, mas de repente o Grande Inquisidor passa pela catedral. Aparentando uns 90 anos, é um tipo de corpo ereto e alto, rosto murcho e olhos encovados e esmaecidos. O Inquisidor para e observa a multidão. Franze as sobrancelhas grossas e cinzentas e seus olhos, antes esmaecidos, agora brilham com um fogo sinistro. Estende o dedo e ordena aos guardas que O prendam. O povo prontamente faz uma reverência para o Inquisidor, que por sua vez o abençoa em silêncio e segue adiante.

Os guardas levam o prisioneiro para a prisão abobadada e sombria do antigo palácio da Santa Inquisição e O trancafiam em uma cela. O dia passa e segue-se a noite quente e abafada de Sevilha, impregnando o ar com um perfume de louro e limão. De repente, em plena escuridão, abre-se a porta de ferro da prisão e aparece o Grande Inquisidor em pessoa com uma lamparina na mão. Fica sozinho na porta por um ou dois minutos enquanto O observa. Por fim, coloca a lamparina em cima da mesa e começa a falar:

– É você? – Sem resposta, acrescenta de chofre: – Não responda. Fique calado.

Faz-se silêncio.

– Por acaso tem o direito de nos revelar algum mistério do mundo do qual você vem? – O próprio velho responde a pergunta para Ele. – Não, você não tem esse direito porque não pode acrescentar nada ao que disse no passado e não pode tirar dos homens a liberdade que tanto exaltou quando estava neste mundo. Enfim, tudo de novo que revelar será uma invasão à liberdade de crença dos homens.

"Você prometeu o pão celestial a todos, mas isso se compara com o pão terreno aos olhos da raça fraca e ignóbil dos homens? E se pelo pão celestial milhares O seguem, o que dizer dos milhões e milhões de criaturas que não encontram forças para renunciar ao pão terreno em nome do pão celestial? Ou você só se preocupa com os milhares por achar que são maiores e mais fortes, enquanto os milhões e milhões de fracos tão numerosos quanto as areias do mar só devem existir por causa dos maiores e mais fortes? Nessa questão reside o grande segredo do mundo.

"Nós, por outro lado, também nos preocupamos com os fracos. São pecadores e rebeldes, mas no fim também se tornam obedientes... Nós corrigimos o seu trabalho quando fundamos o *milagre*, o *mistério* e a *autoridade*. E os homens se rejubilam por serem conduzidos novamente como ovelhas.

"Oh, ainda estão por vir tempos confusos de pensamento livre, ciência e canibalismo. Pelo fato de terem começado a construção da torre de Babel sem nós, eles obviamente acabarão no canibalismo. Liberdade, livre-pensamento e ciência os deixarão em apertos intermináveis, colocando-os frente a frente a inúmeras maravilhas e mistérios insolúveis. Os ferozes e rebeldes se destruirão uns aos outros, e os rebeldes e fracos também se destruirão uns aos outros. Mas todos os outros fracos e infelizes rastejarão aos nossos pés com bajulações e lamúrias: 'Sim, vocês estavam certos, só vocês possuem o mistério Dele, retornamos para vocês; por favor, nos salvem de nós mesmos!'

"Mostraremos a eles que a felicidade infantil é a mais afetuosa de todas. Eles se intimidarão e sairão à nossa procura, e o medo os fará se amontoar debaixo de nós como pintos debaixo da galinha. Sim, nós os colocaremos para trabalhar, mas nas horas de lazer eles terão uma vida de brincadeiras com canções infantis e danças inocentes. E de nós eles não terão segredos. Permitiremos ou não que vivam com esposas e amantes, e permitiremos ou não que tenham filhos que se submeterão às nossas regras de bom grado e alegremente. Eles trarão todos os segredos dolorosos da consciência para nós, e nós teremos respostas para todos. E todos os milhões de seres serão felizes, menos os cem mil que os dominam. Pois somente nós que guardamos os mistérios seremos infelizes...

"O que lhe digo passará, mas a construção de nosso domínio será ainda mais sólida. Amanhã você verá um rebanho obediente ao meu sinal que se apressará em amontoar as brasas. Pois se alguém merece a nossa fogueira, esse alguém é você. Amanhã o queimarei."

O Inquisidor silenciou e esperou pela réplica do prisioneiro. O velho queria que Ele dissesse alguma coisa, mesmo amarga e terrível. Mas com um impulso Ele se aproximou do velho sem dizer nada e o beijou suavemente nos lábios sem sangue.

⁓

"O Grande Inquisidor", uma passagem extraída de *Os irmãos Karamazov*, de Dostoievski, faz uma alusão à Igreja Católica.[1] Embora o cristianismo primitivo tenha sido uma armadura de proteção à crescente evolução da consciência humana, com o passar do tempo endureceu e tornou-se restrito. Se antes a Igreja disseminava a experiência espiritual, depois apenas a controlava e a restringia. Então, quando o inquisidor afirma com eloquência que a humanidade não quer liberdade, isso também quer dizer que a maioria de nós faz o que bem entende. Embora o Inquisidor utilize um tom moral e espiritual naquilo que diz, ele o faz de modo ambíguo e escorregadio e assim escoa o mal.

De um jeito ou de outro, o inquisidor faz uma crítica devastadora do caráter e da condição humana, mesmo que parcialmente verdadeira, sugerindo que existe uma incompatibilidade fundamental entre os dois aspectos e que os termos e as circunstâncias da frágil existência humana são duros demais. Pois em algum momento todos nos perguntamos *se a vida não poderia ser mais fácil*. Claro que de vez em quando a vida precisa ser difícil para nos fazer evoluir e exercer o livre-arbítrio – mesmo assim, às vezes a vida não poderia ser *um pouco* mais fácil? Alguém contestaria isso? O próprio Dostoievski coloca pensamentos perturbadores como esses, como naquilo que um dos irmãos Karamazov diz para Ivan, o que conta a história do Grande Inquisidor: "Como é que você consegue viver com esse inferno no coração e na cabeça?"

Segundo o inquisidor, quando a Igreja não oferece milagres, a ciência coloca o rebelde de cara com maravilhas e mistérios que acabam por destruí-lo. O Grande Inquisidor associa profeticamente ciência e canibalismo em consonância com as profecias relativas ao Anticristo, de Soloviev, um amigo de Dostoievski.[2]

Na verdade, a obra de Dostoievski é profética em muitos níveis. Ele antecipa Nietzsche e Freud ao expor as forças frenéticas, sombrias e irracionais que irrompem das profundezas da psique humana na segunda metade do século XIX e explodem em estragos e destruições no século XX. Mas Dostoievski mostra-se profundamente ambíguo ao *amar* o irracional e acreditar que as teorias utópicas dos racionalistas que poderiam ser adotadas pelo seu próprio país seriam adversas – e até fatais. "A vida não se reduz a dois vezes dois, cavalheiro, a vida é o início da morte." A ideia de que as forças sombrias e misteriosas da psique humana não devem ser negadas e descartadas pela razão está subjacente à ficção de Dostoievski. Pois são forças que devem ser assumidas e de alguma forma transmutadas.

Herman Melville também se dedica a combater as grandes questões da vida e da morte. Morre sem terminar *Billy Budd*, um romance curto que se passa dentro de um navio nos tempos de Napoleão.

Billy Budd é um órfão talvez não muito brilhante e certamente não muito articulado, em parte porque tem um problema de fala. Mas é generoso, inocente e bonito – e popular entre a tripulação, o que desperta o ódio de John Claggart, contramestre do navio.

> O navio seguia o curso ao meio-dia, cruzando ao largo pelo vento, e Billy, abaixo, no jantar, está envolvido na conversa agradável com os membros da tripulação até que o acaso de uma súbita guinada do navio o fez derramar todo o conteúdo da sopa sobre o convés recém-limpado. Claggart, o contramestre, aconteceu de passar nesse instante, e o líquido gorduroso espalhou-se em seu caminho. Depois de passar por cima da poça, ele continuou andando sem comentários, uma vez que as circunstâncias não eram dignas de qualquer assunto, o que mudou quando percebeu quem tinha derramado a sopa. Com o semblante transfigurado, ele fez uma pausa, prestes a arremeter alguma coisa no marinheiro, mas depois de se observar apontou para a poça de sopa com ar engraçado e bateu nas costas do rapaz com uma varinha de junco,[3] dizendo no tom baixo e musical que por vezes lhe era peculiar: "Bonito trabalho, rapaz!

Muito bonito mesmo!" E depois segue adiante. O que passou despercebido, o que estava fora da vista de Billy era o sorriso involuntário, ou melhor, a careta que acompanhou as palavras equivocadas de Claggart. Uma curva áspera nos cantos finos da boca do contramestre. Mas todos tomaram o comentário como bem-humorado e, já que era feito por um superior, reagiram conforme a dança, obrigando-se a rir "com falsa alegria"; e Billy, talvez incentivado pela alusão ao seu porte bonitão, juntou-se divertidamente...

Movido pela perversidade, Claggart injustamente acusa Billy de planejar um motim. E quando repete a acusação na frente do capitão, Billy é desarticulado para se defender e investe contra Claggart, matando-o acidentalmente.

– Fulminado por um anjo de Deus! Mesmo assim, o anjo deve ser enforcado! – grita o capitão.

Qualquer marinheiro alistado que assassina um oficial está sujeito à pena de morte. O capitão se obriga a isso e na manhã seguinte Billy é enforcado na ponta da verga.

Nada poderia ser mais breve ou menos significativo que o incidente da sopa derramada que se estende por todo o romance e leva à "crucificação" de Billy. Nenhum outro incidente seria mais trivial e aparentemente tão *desnecessário*. Mas *se torna* necessário na trama para moldar e dar significado à vida de Billy. O ponto principal em Melville é que muitas vezes os grandes acontecimentos da vida irrompem de permeio com os mais triviais – em coisas *destinadas a ser* e cuja excitação supranatural parece insignificante.

Já vimos nas histórias de Carlos Magno e Rolando que as batalhas no céu repercutem como batalhas épicas na Terra. No caso, eram histórias de exércitos comandados pelo mais poderoso e, obviamente, um dos mais extraordinários personagens do planeta. Já nos tempos modernos, as batalhas entre as forças do mal e as forças angelicais repercutem como acontecimentos mundanos na vida de pessoas comuns.

Às vezes, não basta pensar em linha reta, em categorias, em termos abstratos. Pois os aspectos da experiência que iludem o pensamento conceitual e racional não cabem em quaisquer categorias. Só quando a linguagem discursiva chega ao seu limite é que podemos expressar e lidar com essas experiências de maneira a entrar em acordo com elas e transmiti-las.

O que faz então uma história? As tentativas de definição do que é essencial para as histórias tendem a concentrar-se no conflito: um clímax de desejos em confronto com um clímax de obstáculos para o clímax dramático. Essa é a fórmula de Hollywood.

Mas, a meu ver, além de conflito existe um outro elemento essencial.

Um homem se aproxima de outro homem na rua e o esmurra.

Isso é uma história? Isso *funciona* como história e satisfaz como se espera de uma história? Acho que não.

Um homem se aproxima de outro homem na rua e o esmurra sem razão aparente.
– Por que diabo acabou de me esmurrar?
– Já se esqueceu? Você me infernizava nos tempos de escola.

Acho que isso *é* uma história e que o elemento adicional que a torna uma história é o mistério. As histórias revelam aos sentidos que há mais a entender do que os olhos podem ver. Nas histórias o cosmos se manifesta em situações misteriosas para responder às decisões tomadas pelos personagens – infernizar ou ser infernizado – de modo que possam apreender o sentido das decisões que tomaram e transformá-las.

No universo do materialismo científico seria extremamente improvável que pudéssemos encontrar situações sincronizadas com decisões que tomamos anteriormente. Em contrapartida, no universo descrito pelas fabulações somos constantemente apanhados por interações significativas que se adaptam às nossas circunstâncias. E mesmo quando tentamos ficar alheios a elas ou bloqueá-las, sempre acontece alguma coisa que nos coloca frente a frente com essas significâncias às quais chamamos em termos mais elevados de destino. Melville escreve no alvorecer do realismo psicológico da ficção. Em vez de colocar anjos ou demônios empurrando o cotovelo de Billy, coloca uma sucessão de acontecimentos que não aconteceriam se a ciência materialista representasse a totalidade da vida. As histórias enfatizam as realizações da imanência divina no mundo.

Então, para que uma história seja uma história, e não uma sequência aleatória de acontecimentos, a trama precisa obedecer a um conjunto de leis. Eis a grande questão: será que a vida também obedece a um conjunto de leis? As histórias são reflexos exatos de nossa experiência de vida? Ou apenas entretenimento? Suspeito que os materialistas militantes não sejam grandes leitores de ficção. No fundo, talvez não confiem nas histórias. Para eles são apenas sedutoras e contraditórias com a visão de mundo ateísta. E eles estão certos quanto a isso.

Nosso destino está ligado ao destino de outras pessoas sem que saibamos como ou por quê. Em alguma antessala de algum lugar desconhecido estão todas as pessoas que moldam e dão sentido às nossas vidas. Lá estão nossos pais, nossos filhos, nossos irmãos e nossos parceiros. Lá está aquele garoto que nos intimidou na escola e aquela garota que nos trombou com uma bicicleta. Mas nessa antessala também estão certa mulher de quem cuidamos e nos tornamos amigos e aquele homem a quem uma vez salvamos com uma palavra amável e atenciosa, sem que fizéssemos ideia de que o salvávamos. São pessoas que vivem em nossas vidas, mesmo quando não estão mais presentes fisicamente. Pois são elas que dão um sentido profundo às nossas vidas.

43

A história da vida após a morte

Os maçons trabalhavam nos bastidores e, como vimos anteriormente, muitos líderes teosóficos também eram maçons. Mas se madame Blavatsky e a teosofia originalmente inspiravam-se no impulso rosa-cruz em prol de uma unidade transcendental entre as religiões ocidentais e orientais, alguns dissidentes achavam que a balança se desequilibrava a favor do Oriente. Em 1914, Rudolf Steiner abandona a teosofia e funda o seu próprio movimento, a antroposofia, a fim de corrigir o descompasso.

O que isso tem a ver com a história da vida após a morte? As opiniões a respeito do que ocorre após a morte transformam-se ao longo da história. Como vimos no relato antediluviano de Enoque, os tempos de Homero e dos Salmos obscurecem a crença primordial nos céus. Eles descrevem o espírito de meia-vida que vagueia pelo "Fosso". Após a morte e a descida de Jesus Cristo ao inferno, eclodem novas visões de uma gloriosa vida após a morte. Steiner explica que as ideias sobre o que ocorria com os espíritos humanos após a morte se transformaram *porque o que de fato ocorria após a morte se transformara*. O que se segue é o relato da viagem pós-morte do autor.

Nos tempos modernos, alma e espírito se confundem e se fundem, mas no pensamento religioso tradicional existe uma distinção entre ambos. E se nós queremos entender a experiência pós-morte precisamos primeiro entender quatro diferentes aspectos do ser humano à luz do idealismo místico.

1. Obviamente, o corpo físico.
2. O princípio que anima e dá vida orgânica ao corpo físico, ou seja, a alma. Alguns místicos como Lorna Byrne o veem preenchendo o corpo físico. Na Cabala esse princípio é conhecido como *nephesch*, e na teosofia, como corpo etérico. Alguns místicos, como Jacob Boehme e William Blake, o chamam de corpo vegetativo, porque se trata do princípio vital que compartilhamos com as plantas.[1]
3. O corpo anímico está aninhado no corpo vegetativo – o espírito que molda uma forma animal de consciência não possuída pelas plantas. Na Cabala é conhecido como *tzelem*, e na teosofia, como corpo astral.[2]
4. O corpo anímico, por sua vez, abriga o eu interior, uma centelha da natureza divina. O eu interior abriga um tipo de consciência não possuída pelo animal e com o qual o ser humano desfruta o livre-arbítrio e o pensamento.[3]

O corpo vegetativo incluído no corpo físico é que permite a continuidade da vida humana. Se no sono estamos vivos, não estamos conscientes. Segundo os clarividentes que observam o sono de outras pessoas, o corpo vegetativo permanece no corpo físico, mas o corpo anímico eleva a centelha divina acima do corpo físico. Em circunstâncias normais, o corpo anímico não flutua para cima, como por vezes se imagina, embora se mantenha um pouco acima do corpo físico ou, como dizem alguns relatos, parcialmente emergido do corpo físico.[4]

Paracelso diz que durante o sono o espírito se liberta dos movimentos e que vez por outra paira acima do corpo para conversar com os antepassados e os anjos. O que ocorre é que na vigília geralmente estamos sob o efeito da "bebida do esquecimento" e nos esquecemos dos encontros que temos com os anjos, mas nas situações alarmantes os espíritos nos ministram informações tão intensas que acabamos nos lembrando do que nos disseram pela madrugada.[5]

Em outras palavras, pelo fato de que o corpo anímico e o eu interior são capazes de emergir do corpo físico, um filtro das influências espirituais, durante o sono podemos ter experiências nos mundos espirituais. Os sonhos são, então, experiências desordenadas dos reinos espirituais. Por outro lado, na morte os outros três corpos deixam o corpo físico. Pois ao deixar o corpo físico o corpo vegetativo leva consigo o corpo anímico e o eu interior. E à medida que se erguem do corpo físico, o corpo vegetativo começa a se dissipar. Em seguida acontece o mesmo com o corpo anímico.

Esse relato de Rudolf Steiner sobre a elevação e dissipação da experiência pós-morte é um dos primeiros nos tempos modernos.

Diz a crença popular que quando uma pessoa está em grande perigo de morte, como por afogamento, assiste a toda a sua vida passar diante de si. Segundo Steiner, existe uma importante realidade por trás disso. Essa breve memória "retroativa" é o efeito do corpo vegetativo desprendendo-se do corpo físico.

E quando a pessoa realmente morre, diz Steiner, ela vivencia a claridade e o brilho de um despertar.[6]

A retrospectiva de vida que irrompe quando se está prestes a morrer é breve e mecânica, um resumo rápido de imagens, como se assistidas sobre uma tela. Mas isso não é *envolvente*. Por outro lado, quando realmente se morre, o corpo anímico se liberta do corpo vegetativo a se dissolver, e ocorre então uma retrospectiva de vida muito mais longa e profunda. Durante a vida, o corpo anímico nos permite sentir emoções e desejar. Após a morte, enquanto o eu interior está aninhado no corpo anímico continuamos desejando, mas sem o corpo físico perdemos os meios de satisfazer os desejos.

Acredita-se que essa segunda retrospectiva de vida estende-se por um terço do tempo que passamos neste mundo – ou seja, de vinte a trinta anos. Isso é conhecido como *kamaloca* (literalmente, "o lugar do desejo") no hinduísmo, e purgatório, na tradição cristã. Uma purgação dos desejos que já não podem ser realizados antes da entrada nos céus superiores (o *devachan* hindu). Dito de outra maneira, um tempo durante o qual rompemos com os laços que nos ligam à existência terrena. Em nível mais baixo, laços que podem ser apetites bestiais ou depravados, ou ganância por bens materiais. Mas também podem ser laços mais elevados, como o apego à arte pela arte (e, portanto, uma arte sem conteúdo espiritual) ou o apego a uma filosofia materialista, por mais bem-intencionada que seja.

Ao mesmo tempo que vivenciamos a dor dos desejos que não são mais realizados e agora os sublimamos, também nos damos conta de que os desejos aos quais nos apegamos durante a vida acabaram se tornando seres. Seres que agora se afiguram para nós como híbridos malignos, metade humanos, metade animais.⁷

Embora a visão dos demônios seja terrível e dolorosa, se antes causamos dores aos outros, também as vivenciamos como se fossem nossas próprias emoções. Em *Um conto de Natal*, Charles Dickens captura uma nuance disso, mas após a morte o espírito não tem mais como fazer emendas. Já é tarde demais após a morte.

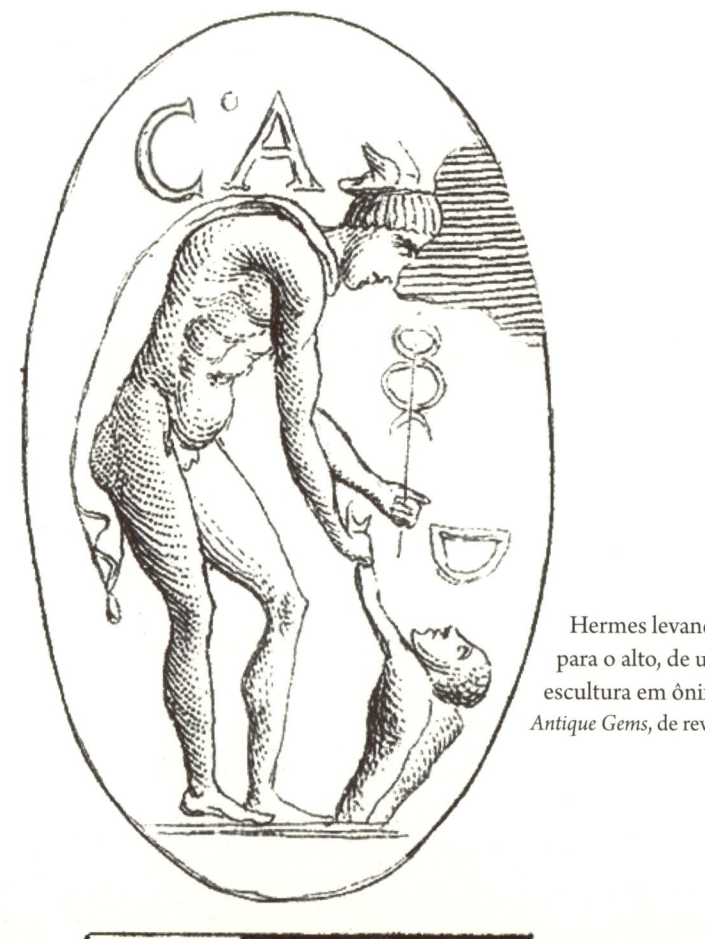

Hermes levando um espírito para o alto, de uma arcaica escultura em ônix (extraído de *Antique Gems*, de rev. C. W. King, 1866).

Só depois que atravessamos essa esfera e nos purgamos é que projetamos os elementos do corpo astral. (Segundo Steiner, geralmente os médiuns que entram em contato com os mortos na verdade entram em contato com corpos astrais que deixam vestígios de memória e linguagem, mas não de inteligência viva.) E à medida que nos afastamos da esfera lunar – esfera dos desejos ou purgatório nas tradições religiosas – em direção à próxima esfera, passamos a vivenciar uma explosão de luz, onde Mercúrio, o mensageiro dos deuses, nos guia e ilumina o caminho à frente.[8]

No século IV, o imperador Juliano escreveu que assumia um estado de consciência superior sob a irradiação da luz das estrelas.[9] O fascínio inspirado pelas estrelas quando caminhamos na superfície da Terra amplia incomensuravelmente à medida que assomamos os céus superiores. Só então vislumbramos os grandes seres angélicos subjacentes aos corpos físicos dos planetas e das estrelas. E tomamos consciência de que os objetos e acontecimentos observados na Terra se deviam a um trabalho conjunto dos seres espirituais.

Na esfera de Mercúrio nos reunimos com amigos, familiares e outros conhecidos na Terra. Um reencontro feliz se ainda em vida tivemos uma boa consciência e agimos bem em relação a eles. Caso contrário, prevalece o sentimento de isolamento e distância.

Na esfera de Mercúrio também compreendemos que os seres espirituais que trabalhavam as circunstâncias físicas pelas quais passamos durante o nosso tempo de vida neste mundo também trabalhavam dentro de nós, embalando-nos e ensinando-nos o que devíamos fazer. Como reagimos a esses seres na esfera de Mercúrio? Fazemos perguntas do tipo: Não amei o bastante? Falhei no amor? Fui ciumento? Fui duro de coração? Será que naquele dia chuvoso de abril joguei fora a oportunidade de levar uma vida feliz e realizada? Será que perdia a oportunidade de fazer o bem quando fingia para mim mesmo que não tinha a oportunidade de fazê-lo? Nessa esfera corremos o risco de tomar consciência de que grande parte de nossa vida pode ter sido uma sucessão de "podia ter sido".

Já dissemos anteriormente que a missão de Jesus Cristo era tanto para os mortos como para os vivos. Aqueles que assimilam a sabedoria amorosa de Cristo compreendem o sentido da peregrinação através das esferas entre as diferentes vidas e comunicam-se melhor com os seres espirituais superiores, e consequentemente retornam a este mundo com maiores bênçãos e maiores dons.

Depois da esfera de Mercúrio, atravessamos as esferas de Vênus, Marte, Sol e Saturno, até nos encontrarmos na presença de Deus. Talvez você tenha imaginado um pequeno eu interior desencarnado ascendendo vastas esferas cósmicas – como é convencionalmente representado. Mas segundo a imagem de Steiner, o eu interior se expande até alcançar a ampla esfera fechada da órbita da Lua, e depois, a esfera de Mercúrio, e assim por diante, até se expandir de modo a ocupar o cosmos inteiro, como descrito no conhecido desenho do homem cósmico, de Leonardo da Vinci. O eu interior se expande então por sobre o grande Eu. De certo modo, o cosmos inteiro é, portanto, o corpo do grande Eu. Os planetas são os órgãos desse corpo, sendo Saturno, por exemplo, o baço, o Sol, o cérebro, e a Lua, o coração. E nesse momento o eu interior encapsula o cosmos inteiro, e depois se contrai novamente, até assumir um novo corpo físico. Mas os corpos celestes que englobamos permanecem em essência dentro de nós quando retornamos para um novo corpo físico. Eis o que escreve Orígenes, um cristão primitivo: "Entenda que você é um pequeno cosmos dentro de si mesmo, e que o Sol, a Lua e as estrelas estão dentro de você."[10]

Para alguém como eu, educado na Igreja da Inglaterra, as descrições de Steiner da vida espiritual e dos mundos espirituais surpreendem pela ousadia e precisão. Steiner não se compromete nem de longe com o materialismo. Faz uma carpintaria com as implicações do idealismo em todas as esferas da vida – e aqui também da morte.

44

Jung e seu *daimon*

Durante toda a sua vida, Carl Gustav Jung se manteve sintonizado com o mistério. Ainda menino, costumava observar a si mesmo e frequentemente tinha sonhos mais vívidos que as experiências durante a vigília. Mais tarde, Jung deixou claro que a psiquiatria que ele ajudava a construir corria o risco de avaliar a doença mental apenas sob os parâmetros do mundo exterior e da categorização de dados comportamentais. Pois faltava um meio de descrever a experiência interior, tal como ele encontrava na leitura de Emmanuel Swedenborg, que o levou a produzir uma linguagem a partir de sua própria experiência subjetiva. Como Swedenborg, a concepção de Jung era de que uma parte da psique humana ultrapassava os limites do tempo e do espaço.[1]

Em 1914, com 30 anos e não mais à sombra de Freud, Jung fez uma série de experimentos consigo mesmo sob a influência de Ludwig Staudenmaier, um professor de química experimental que publicara *Magic as an Experimental Science*, baseado em diversos autoexperimentos, como a escrita automática.[2]

Jung descreveu o projeto que realizava como "um mergulho na escuridão do desconhecido", o que, em parte, era um trabalho com seus próprios sonhos. Em um dos sonhos, ele avista o poderoso herói germânico Siegfried aparecer, com os primeiros raios de sol da manhã, no topo de uma montanha. Siegfried avança montanha abaixo dentro de um carro feito de ossos humanos, e Jung saca um rifle e mata o herói.[3]

Na época, ocorria o pior massacre da história humana nos campos de batalha da Primeira Guerra Mundial, quase ao alcance dos ouvidos da aldeia de Jung no lago Lucerna. Se ele tinha a intenção de sublimar o ocorrido porque na ocasião fazia experiências com a mente, o fato é que não teve êxito. De repente, ele tinha uma casa assombrada, onde a filha mais nova avistava um fantasmagórico vulto branco que se movia através dos quartos no andar superior, enquanto a filha mais velha tinha o cobertor arrancado da cama no meio da noite. E em certa ocasião todos ouviram o toque da campainha quando não havia ninguém nas proximidades.

Em outro sonho, Jung estava em uma terra desolada, melancólica e sem sol, que parecia a terra dos mortos. Ele encontrou um ancião de barba branca e longa que se identificou como Elias. A bela Salomé acompanhava o velho profeta. Isso o surpreendeu, porque eram duas personalidades que não se encaixavam. *Que casal estranho*, pensou. Jung não teria se surpreendido se estivesse familiarizado com o trabalho do seu contemporâneo Rudolf Steiner, que escreveu extensivamente sobre o fato de que João Batista era uma reencarnação de Elias.

Tanto Jung como Steiner receberam influência do misticismo de Goethe. Para Jung, o *Fausto* de Goethe evocava a lenda de Siegfried e era profético em relação ao destino da Alemanha – país e povo com aspirações e esforços idealistas, mas ambos condenados a se tornarem assassinos. Segundo ele, em *Fausto,* o povo alemão já se preparava inconscientemente para uma futura catástrofe.

Na trama de Goethe, Fausto provoca os assassinatos de Filemon e Báucis, um casal de amantes idosos que na mitologia grega são gentis e hospitaleiros com os deuses que os visitam disfarçados. Embora com pouco alimento, sacrificam o único ganso que tinham. Quando os deuses se vão, a humilde casa do casal transforma-se em um templo de ouro, e quando eles morrem, transformam-se em duas árvores amorosamente entrelaçadas.

Após o encontro com Elias e Salomé, Jung também encontra Filemon, um ancião que depois de pular fora dos sonhos entra na vida consciente de Jung e torna-se o seu mentor, o seu *daimon*. Como receptáculo de sabedoria, Filemon supera até mesmo Elias.

No primeiro sonho, Jung observa Filemon navegando pelo céu com asas de um martim-pescador. Tal como Elias, Filemon aparece como um

Perfil de Filemon.

ancião barbudo, se bem que com chifres de touro, coxo de uma perna e segurando uma chave, de um molho de quatro, como se prestes a abrir alguma coisa.

Jung então iniciou uma pintura de Filemon e ainda não a tinha terminado quando um dia saiu para caminhar no jardim e encontrou um martim-pescador morto. São aves raras naquela parte do país – ele só veria uma outra cinquenta anos depois – e o ocorrido lhe serviu de exemplo para o que mais tarde chamou de "sincronicidade". Era uma coincidência por intermédio da qual o cosmos tentava lhe dizer algo importante.

Jung acabou percebendo que, embora originalmente Filemon fizesse parte de uma experiência interior, ele também era um sábio com uma existência independente, na qual ensinava muitas coisas desconhecidas. Jung e Filemon mantinham diálogos profundos em constantes passeios pelo jardim.

Algum tempo depois, Jung perguntou a um amigo de Gandhi quem era o guru dele, e o hindu respondeu que era Shankaracharya. Surpreendido, Jung quis saber se por acaso era o reformador do hinduísmo do século VIII, e o hindu disse que sim e explicou que alguns gurus viviam e ensinavam sob a forma de espírito. Isso ajudou Jung a entender Filemon.

Como podemos ver, o nome vem dos mitos gregos, e a aparência de Filemon também evoca tradições egípcias e gnósticas. Mais tarde, Jung o descreveria como oriundo de Alexandria, onde o Oriente encontra-se com o Ocidente, e ainda como mentor do Buda, de Mani, Jesus Cristo e Maomé – aqueles que tinham comungado genuinamente com Deus. As asas de Filemon também evocavam o Santo Graal, porque Percival era guiado ao castelo do Graal por um rei-pescador que se tornava seu guardião, e também porque em outro sonho Jung atravessava o mar para trazer de volta o Santo Graal.

As investigações de Jung a respeito do inconsciente o levam a concluir que embora o cristianismo tivesse sido fundamental para a história e a compreensão do cosmos, com o tempo a doutrina da Igreja tornara-se estreita para cobrir a variedade de experiências religiosas. Ele descreve "Paracelso como um fenômeno espiritual",[4] e o apresenta como um tempero da alquimia rosa-cruz. Estuda a vida de Jesus Cristo nos termos dos ensinamentos sobre a astrologia suprimidos pela Igreja, e esquadrinha os chacras da prática religiosa oriental. Talvez Jung tenha sido tão influente quanto Rudolf Steiner para o florescimento do movimento da Nova Era no século XX.

Em *O livro vermelho*, diário sobre suas experiências com os sonhos, Jung descreve sua visita à casa de Filemon, no momento em que o sábio regava as tulipas do jardim e Báucis o observava tranquilamente da janela da cozinha.[5]

O casal, já bastante idoso, se movia lentamente e com ar extenuado, de modo que o horizonte parecia não ultrapassar as tulipas do jardim. Jung então percebe uma varinha e alguns livros da Cabala e magia hermética nas prateleiras de um armário. Chama Filemon, que parece não ouvi-lo, mas que depois gira o corpo trêmulo e lhe pergunta o que ele está fazendo ali.

Jung responde que alguém lhe dissera que Filemon conhecia a fundo a magia e lhe pergunta o que tinha a dizer sobre isso.

O ancião diz que não tinha nada a dizer e, pressionado por Jung, responde que só ajudava os doentes e os pobres com algumas simpatias. E que isso era tudo.

Jung pressiona mais e Filemon o adverte para não ser impertinente. Mas Jung insiste em fazê-lo dizer alguma coisa e Filemon diz casualmente que "a magia é o negativo de tudo o que se sabe", ou seja, "exatamente tudo o que escapa à compreensão".

Jung insiste em obter mais detalhes, mas Filemon alega que realmente não está ouvindo. Jung tenta fazer uso da razão – e isso não é nada bom.

Sentindo-se tonto, Jung deixa a casa e o jardim para trás e segue pela rua abaixo, onde os vizinhos lhe dizem que ele tem conversado muito com Filemon e que por isso já deve conhecer os mistérios...

Mais tarde, Jung tem uma visão na qual o ancião sorri no seu jardim em pleno meio-dia enquanto vultos azuis de mortos suspiram à sombra da casa e das árvores. Até que Filemon se dirige a um vulto azul que estava distante dos outros, uma silhueta obscurecida pelo tormento e o sangue na testa. Jung se dá conta de que se trata de Jesus Cristo.

"Se você olhar para o abismo por muito tempo", disse Nietzsche, "o abismo olha de volta para você". Os diálogos de *O livro vermelho* são claramente influenciados por *Assim falou Zaratustra*, de Nietzsche. Jung, além de explorar as diferentes dimensões da religiosidade revelada na diferentes tradições, também enfrenta os seus aspectos sombrios e difíceis. Jung então se agrega à tradição de um tipo de pensamento sobre a vida e o mundo "impopular, ambíguo e perigoso", como ele próprio diz.

Eis o que ele escreve: "O sentido de minha existência é suscitar perguntas para mim mesmo."

Alguns passam pela vida dessa maneira. Outros optam por não fazer indagações sobre o mistério, aceitando a vida como ela é e seguindo adiante. Não acredito que uns e outros jamais aprenderão a ver olho no olho.

Jung acordou na cama de um quarto de hotel, onde repousava depois de uma palestra, com uma forte dor na testa que o fez intuir que um dos seus pacientes cometera suicídio.

Uma investigação posterior confirmou que o paciente de fato se suicidara com um tiro exatamente no instante em que ele acordara.

No dia 11 de fevereiro de 1944, aos 68 anos, Jung quebrou a perna ao cair. Seguiram-se algumas complicações que o levaram a um ataque cardíaco e à perda da consciência.

Isso o fez ter um sonho ou uma visão na qual ele saía do corpo e sobrevoava o deserto da Arábia e os picos nevados do Himalaia. Em seguida, se viu frente a um templo hindu e pensou que as respostas que procurava com o trabalho de toda uma vida seriam encontradas naquele templo. E depois surgiu o médico, que lhe disse que ainda não era hora de morrer. O médico era então enviado para trazê-lo de volta.

Em 4 de abril, Jung sentia-se bem-disposto para sentar-se na cama, mas ele sentia que tinha um outro fardo. Pois um sonho o alertara de que seu amigo médico seria sacrificado para que ele pudesse se recuperar e completar a obra que ainda tinha pela frente.

Naquele mesmo dia, o médico contraiu uma septicemia e morreu alguns dias depois.

Antes de iniciar as pesquisas para este livro, uma leitura casual de relatos sobre as visões de anjos durante a Primeira Guerra Mundial, como os anjos de Mons, persuadiu-me que eram inspirados em um conto do autor ocultista Arthur Machen, publicado no *Evening News* e erroneamente interpretado como reportagem. Contudo, uma leitura recente me convenceu de que isso não era verdadeiro.

Os alemães acuaram as tropas francesas, belgas e britânicas nas cercanias da cidade de Mons. Com a probabilidade de uma derrota, criou-se um dia nacional de oração, que recebeu a adesão de igrejas na Grã-Bretanha. No campo de batalha, os alemães pareciam ter os britânicos nas mãos. E quando os britânicos se retiraram, a cavalaria alemã se arremeteu contra eles. Mas de repente os cavalos alemães refugaram, recusando-se a seguir em frente – como o burro de Balaão. Interrompeu-se o confronto em ambos os lados e depois muitos soldados relataram que tinham visto uns três ou quatro ou cinco seres em vestes brilhantes que sobrevoavam o campo de batalha de costas para os britânicos e de frente para os alemães.[6]

Era uma noite quente e clara, ali pelas oito ou nove horas, quando estranhas luzes se delinearam claramente no ar, sem que pudessem ter sido reflexos do luar porque não havia nuvens. Tanto os oficiais como os soldados as observaram durante uns 45 minutos.

Anjos da Primeira Guerra Mundial.

As declarações das testemunhas oculares desses acontecimentos foram publicadas antes de 14 de setembro, data de publicação do conto de Machen. Além do mais, as aparições no conto de Machen são de arqueiros fantasmagóricos, recordando os soldados com arcos longos que derrotaram os cavaleiros franceses em Agincourt – bem diferentes dos seres angelicais relatados pelos que combatiam nas trincheiras em ambos os lados.

Em março de 1918, as tropas britânicas e portuguesas que combatiam em Bethune, Norte da França, estavam prestes a ser exterminadas pelos alemães. Paris corria um grande risco e isso lembrava o episódio em Mons, de modo que se fez um outro dia nacional de oração. Os norte-americanos, que em maio do ano anterior tinham decidido enviar tropas, também aderiram.

E mais uma vez a infantaria alemã deteve o ataque subitamente. Ouviu-se o canto de uma cotovia. O que afinal estava acontecendo?

Mais tarde, os soldados alemães aprisionados relataram que tinham avistado o contragolpe de uma brigada de cavalaria de uniformes brancos montada em cavalos igualmente brancos, e que aqueles estranhos uniformes os levaram a pensar que deviam ser forças coloniais até então desconhecidas. E a princípio também pensaram que era uma tolice dessa cavalaria investir contra os alemães em campo aberto. Os alemães dispararam bombas e direcionaram as metralhadoras para a cavalaria branca, que continuou em direção a eles, como uma imensa e esmagadora onda sem um único homem atingido.

45

Fátima e os segredos do anjo da guarda

A cidade de Fátima, no centro de Portugal, recebeu o nome inspirado na filha de Maomé.

Em 1915, Lúcia dos Santos, uma menina de 8 anos, cuidava do rebanho de ovelhas da família nos campos próximos à cidade junto com alguns amigos. Eles estavam rezando o rosário após o almoço quando Lúcia avistou uma silhueta pairando a alguma distância acima de uma árvore no vale. Ela depois descreveu a imagem como translúcida e mais branca que a neve. A silhueta apenas pairava sobre a árvore, sem fazer menção de se aproximar ou de se comunicar com a menina.

Nos dias seguintes, Lúcia avistou a silhueta mais duas vezes. Comentou em casa sobre o ocorrido, mas as irmãs brincaram dizendo que devia ter sido um homem embrulhado em lençol que se fingiu de fantasma.

No ano seguinte, os primos de Lúcia – Francisco, com 9 anos, e Jacinta, com 7 – foram ajudá-la a cuidar do rebanho. Era uma manhã de primavera e começava a chover quando as três crianças procuraram abrigo em uma gruta. Saíram depois que a chuva cessou, almoçaram e se distraíam com alguns jogos quando de repente soprou um vento forte. As três crianças olharam para o alto e avistaram uma silhueta que se aproximava por sobre as árvores, e de novo mais branca que a neve e, sob a luz do sol, transparente como um cristal. E à medida que a silhueta se aproximava, se davam conta de que parecia um menino de uns 14 ou 15 anos.

– Não tenham medo! – ele disse. – Eu sou o anjo da paz. Rezem comigo.

O anjo ajoelhou-se com a testa no solo.

As três crianças seguiram o exemplo e repetiram a oração que o anjo fazia:

– Oh, Deus, creio e O adoro e O espero e O amo! Peço o Vosso perdão para os que não creem e não O adoram e não O esperam e não O amam.

(Ao contrário das primas, Francisco não ouvia o que o anjo dizia, mas ainda assim se juntou à oração, repetindo o que as meninas diziam.)

Naquele mesmo ano, em um dia quente de verão, as crianças brincavam à sombra e próximas a um poço no fundo de um jardim quando de repente olharam para o alto e lá estava o anjo.

– O que estão fazendo? – ele disse, aconselhando-as a rezar com mais frequência porque os corações de Jesus e Maria tinham planos para elas, acrescentando que ele era o anjo da guarda de Portugal.

Era um dia de outono e de novo as crianças cuidavam das ovelhas após a colheita. Depois do almoço, estavam rezando de testa no solo, a exemplo do anjo, quando de repente uma luz grandiosa irradiou ao redor. Olharam para o alto e lá estava o anjo segurando um cálice no qual pingava o sangue de uma hóstia suspensa por cima. As crianças continuaram rezando depois que o anjo se retirou e só voltaram para casa depois que escureceu.

No ano seguinte, as três crianças cuidavam do rebanho após a missa de um domingo de 13 de maio e de repente avistaram o clarão de um relâmpago. Já estavam reunindo as ovelhas, a fim de voltar para casa, quando se deram conta de que não havia uma única nuvem no céu. Seguiu-se um segundo clarão e a aparição de uma senhora de branco sobre um pequeno pé de carvalho, cuja luz irradiante banhou-as a poucos metros de distância.

– Não tenham medo – disse ela. – Não farei mal algum a vocês.

– De onde a senhora vem? – perguntou Lúcia.

– Do Céu.

– E o que a senhora quer?

A senhora pediu às três crianças que retornassem àquele mesmo carvalho a cada décimo terceiro dia do mês por sete meses consecutivos.

– Eu também vou para o céu?

– Vai, sim.

– E Jacinta?

– Ela também vai.

– E Francisco?

– Ele também vai para o céu, mas ainda precisa rezar muito o terço.

Lúcia perguntou sobre uma amiga chamada Amélia.

– Ela vai ficar no purgatório até o fim do mundo.

(Isso talvez tenha sido no sentido de que Amélia só iria para o céu depois do fim do mundo.)

A senhora então perguntou se as crianças estariam dispostas a se oferecer para Deus e suportar todos os sofrimentos que isso implicava. Com a resposta afirmativa, a senhora acrescentou:

– Então, vocês sofrerão muito, mas serão reconfortados pela graça de Deus.

Após a última frase, a senhora abriu os braços e verteu uma luz que chegou fundo nas crianças e as fez se prostrar de joelhos para rezar.

E depois a senhora ascendeu na direção leste, deixando um rastro luminoso que parecia fazer o céu se abrir.

Embora as crianças tivessem decidido não contar nada para ninguém, Jacinta não se conteve e rapidamente a notícia se espalhou. A princípio, os pais de Lúcia ironizaram o fato, mas se preocuparam depois que ela deixou de sair para brincar e tentaram fazê-la reconhecer que estava mentindo.

No dia 13 de junho, as três crianças retornaram ao carvalho, como combinado com a senhora, acompanhadas de umas cinquenta pessoas. A senhora apareceu e disse que Lúcia precisava aprender a ler. Lúcia quis saber se um menino doente seria curado, e a senhora disse que isso aconteceria se ele se convertesse naquele mesmo ano e acrescentou que em breve levaria a irmã e o irmão de Lúcia.

– Ficarei aqui sozinha?

A senhora afirmou que nunca deixaria Lúcia sozinha, "pois o meu Imaculado Coração será o teu refúgio", e se deixou ver pela menina com o coração rodeado de espinhos.

No dia 13 de julho algumas testemunhas ouviram um pranto de Lúcia. Isso porque a senhora mostrava para as três crianças uma visão infernal de terríveis demônios na forma de animais desconhecidos. Segundo ela, se as pessoas não deixassem de ofender a Deus, depois que acabasse a guerra travada à época, eclodiria uma guerra pior no pontificado de Pio XI. Ela também pediu "a consagração da Rússia ao meu Imaculado Coração", advertindo que se isso não acontecesse os erros se disseminariam por todo o mundo. (Isso é amplamente interpretado como uma referência à expansão do comunismo e do ateísmo.)

A princípio, as autoridades da igreja local se mostraram hostis, sugerindo que eram fenômenos diabólicos. As autoridades da cidade ameaçaram as crianças de prisão. A população se mostrou cética, em seguida aduladora, e por fim ansiosa para conhecer os segredos que talvez fossem revelados.

No dia 13 de julho, a senhora transmitiu para Lúcia aquilo que mais tarde seria conhecido como o Terceiro Segredo de Fátima.

O Vaticano publicou um relatório a respeito do Terceiro Segredo de Fátima em 1984, com um comentário do cardeal Ratzinger, que mais tarde tornou-se papa. Segundo o relatório, o segredo parecia prever o assassinato de um papa. Acontece que, segundo os rumores, existem outros elementos não divulgados do Terceiro Segredo que incluem revelações sobre a iminente encarnação do Anticristo.[1]

Depois que tomou conhecimento dos segredos, Lúcia pediu um milagre que ajudasse as pessoas a ter fé.

As crianças não puderam manter o compromisso com a senhora no dia 13 de agosto, porque foram presas pelas autoridades, que chegaram a ameaçá-las de tortura e de morte em azeite fervente.

Estima-se que umas 70 mil ou 100 mil pessoas apareceram no dia 13 de outubro, na esperança de presenciar um milagre. A expectativa acabou por se tornar uma febre, a tal ponto que a mãe de Lúcia se preocupou com a possibilidade de que não ocorresse um milagre e as crianças pudessem ser atacadas.

Era um dia de chuva torrencial e nas fotos se vê um mar de guarda-chuvas. A senhora apareceu e disse para as crianças que a guerra acabaria e que logo os soldados retornariam para casa. No relato de Lúcia nem a lama impediu que as pessoas se ajoelhassem. Ela solicitou que todos fechassem os guarda-chuvas, e depois as crianças tiveram uma visão da senhora com São José e o Menino Jesus, traçando o sinal da cruz e abençoando o mundo.

De repente, a visão se dissipou e Lúcia soltou um grito:

– Olhem para o sol!

As pessoas olharam diretamente para o sol, que naquele momento estava por trás das nuvens. Mas o sol se tornou cada vez mais brilhante e as pessoas se deram conta de que ainda podiam observá-lo diretamente, e de repente ele girou como uma moeda em torno do próprio eixo. Um fenômeno presenciado por muitos a mais de cem quilômetros de distância, e descrito por alguns como semelhante à roda de Catarina. Nas fotos, a multidão observa o milagre no céu com o semblante e o corpo banhados por uma luz intensa. E depois as pessoas se entreolharam e se viram banhadas pelas cores do arco-íris que se metamorfoseavam. O ar se encheu de gritos de "Milagre!".

A certa altura teve-se a impressão de que o sol seria arremessado para a Terra. Os gritos se intensificaram. Seria o fim do mundo?

Mas de repente "a dança do sol" se deteve, recolocando-o no seu lugar habitual. E nesse momento as pessoas se deram conta de que, embora antes estivessem ensopadas, agora estavam totalmente secas, e o mesmo ocorreu com a vegetação e o solo.

O dr. José Maria de Almeida Garrett, professor da Faculdade de Ciências de Coimbra, em Portugal, testemunhou os fenômenos daquele dia e mais tarde escreveu um relato sobre o ocorrido. Segundo ele, por três vezes uma fina coluna de névoa azulada se ergueu dois metros acima da cabeça das três crianças e depois se dissolveu. Seguiu-se um tumulto e ele afastou-se das crianças para olhar o sol como todos os outros, e o descreveu como um disco claro e agudo, nem velado nem débil, como se observado em meio à névoa ou às nuvens. Logo o sol se pôs a girar em torno de si mesmo. Segundo Garrett, era notável poder olhar para o sol sem danificar as retinas.

Mas de repente o sol avermelhou, parecendo soltar-se do firmamento, e entrou em queda livre como se para "nos esmagar com um tremendo e ardente peso".

Temos, assim, um milagre presenciado por milhares de pessoas, na mesma escala dos milagres históricos de Moisés.

Para os não católicos, um acontecimento provavelmente incômodo. Pois aparentemente o objetivo da senhora era promover o dogma católico. Embora esse não tivesse sido o principal objetivo na aparição da senhora para Bernadette em Lourdes, em Fátima a senhora enfatiza a oração do rosário e a importância de se manter distante do inferno, bem como a doutrina do Imaculado Coração. Lembremo-nos de Catarina de Siena, uma grande santa rodeada de milagres, que também desempenhava um papel político. Catarina apregoava que um aspecto importante de sua missão divinamente inspirada era estimular uma outra cruzada – o que sob uma perspectiva moderna era uma empresa com muitas ambiguidades morais. Talvez seja útil lembrar que os mediadores de mensagens espirituais, além de extraordinários, também são humanos.

Aos olhos de alguns escritores, as aparições marianas do final do século XIX e início do século XX são mais simpáticas à sensibilidade moderna: inclusive como fonte espiritual do movimento feminista.

O menino que se tornaria conhecido como padre Pio nasceu em 1887, no seio de uma grande família de camponeses analfabetos do Sul da Itália.

Ele começou a ter visões muito cedo. E mais tarde iria se referir ao seu anjo da guarda como "o companheiro de minha infância", explicando que nos tempos de menino pensava que todos viam os anjos claramente como ele. Já aos 5 anos, ele prometeu dedicar-se de corpo e alma a São Francisco de Assis.

Em 1910, depois de ser ordenado sacerdote, padre Pio se viu às voltas com estigmas – ferimentos repentinos nas mãos e nos pés, como os de

Jesus Cristo na cruz e como os de São Francisco. Segundo algumas testemunhas, ferimentos da largura de uma moeda por toda a extensão das mãos e dos pés que vez por outra emanavam uma luz. Ele então rezou, não para que a dor passasse, e sim para que os ferimentos que o envergonhavam se tornassem invisíveis. E sem resposta às orações, adotou o uso de luvas e de meias.

Enquanto ocorriam as visões dos pastorezinhos de Fátima, padre Pio era convocado para o serviço militar. Em 1916, dispensaram o general Cadorna do comando após uma derrota catastrófica, e ele apontava uma arma para a própria cabeça em sua tenda quando teve a visão de um padre que o instigou a largar a arma. Após a guerra, em visita a um mosteiro o velho soldado reconheceu o padre Pio como aquele que tinha visto na tenda de campanha.

Em agosto de 1918, após a dispensa do exército, padre Pio estava ouvindo as confissões quando teve uma visão de Jesus Cristo com um ferimento em uma das coxas – e no mesmo instante recebeu o dom supranatural da transverberação. Mais tarde, ele registraria o terror e a dor de se ver atingido por uma longa e afiada lâmina de metal. Pensou que estava morrendo enquanto sentia as entranhas rasgadas durante dois dias.

Alguns auxiliares declararam que escoava aproximadamente um copo de sangue do ferimento no flanco do padre a cada dia. E mais tarde declararam que o sangue tinha um aroma de violetas e rosas.

A isso se somava o tormento de ser muitas vezes atacado por demônios durante a noite. De manhã, eram visíveis as marcas de um severo espancamento com sangramentos de boca, nariz ou testa. Às vezes, o diabo aparecia para o padre como um gato preto, e outras vezes, como uma jovem sensual que dançava à sua frente.

– Se o diabo está fazendo esse alvoroço, isso é um excelente sinal – disse padre Pio, acreditando que seu caminho para Deus era através do sofrimento.

O diabo também lhe apareceu como um homem esguio e elegante que parecia confuso, mas queria se confessar. Padre Pio o desafiou a dizer

"Viva Jesus, Viva Maria!" e o tipo desapareceu em meio a um clarão de fogo.

Em dado momento, padre Pio escreveu sobre o perigo alertado por São Paulo de que "o Artífice" por vezes aparece como um anjo de luz (Coríntios, 11:14).[2]

Ele rapidamente tornou-se conhecido como confessor, pois em muitas ocasiões demonstrou que podia ler a mente daqueles que o procuravam. E quando percebia que alguém estava sendo desonesto ou insincero, talvez ocultando pecados ou não querendo mudanças, o padre se irritava e os insultava ou então os atacava.

Segundo testemunhos, ele levitava e realizava milagres de cura, inclusive restituiu a visão de uma menina cega. E também exorcizava demônios. Ele dizia que a sua obra mais importante começaria após a sua morte, e que só entraria no paraíso depois que "o último dos meus filhos espirituais lá entrasse".

Padre Pio tinha muitos inimigos quando morreu em 1968, até mesmo dentro da Igreja, e por isso o acusaram de ser fraudulento e psicopata. Mas, em 2002, o papa João Paulo II, que o conhecera ainda jovem, o canonizou.

Padre Pio solicitava às pessoas que lhe passassem possíveis mensagens ou petições dos seus anjos da guarda. O advogado Antilio de Sanctis comentou a respeito de algo maravilhoso que lhe ocorrera. Ele tinha adormecido ao volante e mesmo assim dirigiu o carro sem acidentes por quase 45 quilômetros.

– Seu anjo da guarda conduziu seu carro – disse padre Pio.

Padre Pio também comentava a respeito do seu próprio anjo da guarda, dizendo que muitas vezes o ajudava a aliviar a dor. Já vimos que desde *O pastor de Hermas* os cristãos discorrem sobre os anjos da guarda, nos escritos do primeiro e segundo séculos. O apreço e a compreensão dos anjos da guarda recrudesceram no século XX, com descrições de suas qualidades e ações em novas roupagens.

Pio XI disse a um grupo de visitantes que quando tinha dificuldade no trabalho rezava para o seu anjo da guarda pela manhã e à noite, e muitas vezes também durante o dia. Ele revelou um "maravilhoso segredo" para um enviado diplomático ao Vaticano:

> Peça ao seu anjo da guarda que suavize o caminho, avalie as dificuldades e estabeleça um entendimento antes de se dirigir a qualquer lugar. Peça ao seu anjo para conversar com o anjo da guarda do seu interlocutor, de modo a colocá-lo disposto a se entender com você. Dessa maneira, podemos estabelecer comunicação com qualquer pessoa e a qualquer hora...
>
> E quando chegar a uma nova vizinhança, peça ao seu anjo da guarda para conversar com os anjos da guarda dos seus novos vizinhos...
>
> Nosso anjo da guarda também nos ajuda em nossa relação com Deus, ensinando-nos a estabelecer uma intimidade maior com Ele.

Segundo as informações mais detalhadas de Lorna Byrne sobre as qualidades e o papel do anjo da guarda, ele nunca sai de perto de você durante a sua vida na Terra. Ele é atraído e ligado a você pela centelha divina que você tem dentro de si. "Seu anjo é o guardião de sua alma", diz Lorna, e às vezes permite que outros anjos e entes queridos venham do céu em seu socorro.

46

Hitler e os anjos húngaros

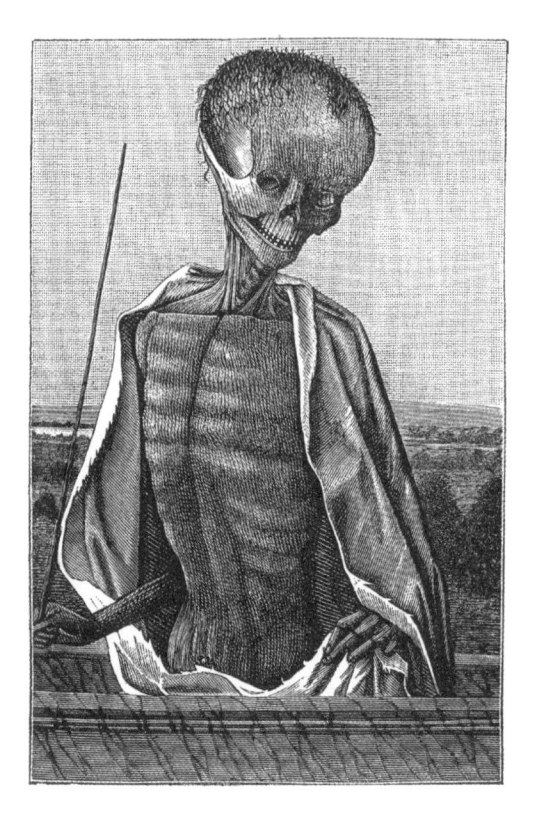

Doutor Morte
(miniatura de *Book of Hours*, do século XVI).

Quando Odin carregou a caça selvagem pelo céu adentro, ao clamor ensurdecedor da cavalgada dos mortos e relinchos dos cavalos negros e latidos dos cães também negros, isso soou como um mau presságio para as tribos do Norte da Europa. No final do século XIX, Richard Wagner reviveu o espírito da caça selvagem na "Cavalgada das Valquírias". "Estou convencido de que existem correntes universais de pensamento...", ele disse, convicto de que aqueles que entravam em sintonia com tais correntes recebiam inspiração cósmica.[1]

Conversas ouvidas à mesa revelam que Hitler também possuía o mesmo senso de destino. Ele acreditava que em muitas ocasiões durante a Primeira Guerra Mundial escapara milagrosamente da morte porque era protegido pelos poderes superiores. Ele relata que uma vez estava jantando com os companheiros e que de repente uma voz ordenou que se levantasse para caminhar vinte metros ao longo da trincheira. Ele afastou-se com a marmita de lata e mais adiante viu um clarão e um grande estrondo. Uma bomba atingira o lugar onde ele estava e matara todos os que o acompanhavam.

"Cumpri os comandos ordenados pela Providência". Com o depoimento ele se justificava no sentido de que não faria nada mais que não fosse mediado por aquela voz supostamente da Providência. Passou a fazer delongas enquanto caminhava sozinho por horas a fio à espera da voz interior, e nos dias de sua ascensão a duração e a eficácia de suas decisões soavam estranhas para os adversários.

"O super-homem está entre nós agora!", ele disse em particular. "O super-homem está aqui... intrépido e cruel", proclamou em público. "Recebi da Providência a missão de reunir os povos alemães... e de restaurar a pátria para o *Reich* germânico". Tanto o ocultismo como a filosofia de Nietzsche e a música de Wagner aprofundaram o senso de destino de Hitler. O escritor e ocultista inglês Houston Stewart Chamberlain, genro de Wagner, aclamou-o como o Messias alemão. O lado sombrio do idealismo levantava a expectativa de um herói hegeliano capaz de dobrar o mundo à sua vontade.[2]

Apesar dos muitos relatos a respeito do carisma de Hitler, pelo que parece, a atmosfera que o rondava era sub-reptícia e insincera. Herman Rauschning, um aliado que depois se voltou contra ele, descreveu-o como "um miasma fedorento de sexualidade furtiva e antinatural... e de falsos sentimentos e desejos dissimulados. Nada à volta desse homem é natural e genuíno". Mas nos relatos de outros testemunhos, quando Hitler falava em público acontecia algo extraordinário. "Ouça Hitler", disse Gregor Strasser, um outro aliado, "... um cavalheiro de bigode engraçado que se torna um arcanjo". Joseph Goebbels descreve com entusiasmo o seu primeiro encontro com Hitler, um orador cujos olhos eram "duas grandes estrelas azuis" e que o fazia se sentir um recém-nascido, que ele sabia que inevitavelmente seria levado até ele e que ele o embriagava.

Enquanto isso, Rudolf Steiner criticava a apropriação de um antigo símbolo, a suástica, para fins políticos: "Estejam certos de que essas pessoas que agora trazem esse símbolo para a Europa Central... *sabem exatamente o que estão fazendo. Pois esse símbolo funciona*". Se havia um homem vivo capaz de compreender as realidades espirituais – a identidade dos seres – por trás do carisma de Hitler, esse homem era Rudolf Steiner.

Steiner repeliu seguidamente a crescente onda de antissemitismo, classificando-a como "a expressão da inferioridade espiritual" que mostrava desprezo por toda a realização cultural do mundo, na qual os judeus tinham um papel importante, e "o oposto de um modo sólido de pensar".

Hitler contra-atacou Steiner na imprensa, chamando-o de amigo dos judeus, e os partidários nazistas iniciaram uma guerra contra Steiner. Em seguida, baderneiros interromperam uma palestra de Steiner e o obrigaram a cancelar o resto da turnê e depois a deixar de fazer palestras públicas. Circularam declarações difamatórias que o acusavam de magia negra e de abuso sexual entre os seus seguidores. Foi em meio a essa atmosfera que um ataque incendiário destruiu o reduto de Steiner, o Goethaneum, sua obra-prima arquitetônica.

Em 1938, com a Áustria anexada à Alemanha, Hitler foi aclamado em Viena por uma multidão em êxtase, na noite chamada "a noite do terror" enquanto se iniciava a caça aos judeus da cidade. Foram presos cerca de 70 mil judeus e às margens do Danúbio estabeleceu-se um novo campo de concentração, o Mauthausen.

Logo Hitler se apossaria da lança de Longinus, que se encontrava no cofre do Museu Hofburg, em Viena, e com esse troféu chegou à Alemanha em meio a celebrações entusiásticas pelo seu retorno à pátria. A lança esteve orgulhosamente exposta na igreja de Santa Catarina, em Nuremberg, até que os mesmos espíritos que haviam conduzido Hitler ao poder o abandonaram e o fizeram enfrentar a derrota.

⚬

Filha de mãe austríaca e de um oficial do exército húngaro, Gitta trabalhava com o casal Hanna e Joseph num estúdio de artes gráficas. Quando estourou a Segunda Guerra Mundial, tornando Budapeste um lugar perigoso para os judeus, os três se mudaram para uma casa de vila a pouca distância da cidade, junto com Lilli, que era judia como Hanna e Joseph.

No dia 25 de junho de 1943, Hanna começou a receber mensagens. Contou o que ouviu para Gitta, mas com a ressalva:

– Não serei eu que explicarei para você.

Ficou claro que Hanna recebera mensagens dos anjos. Algum tempo depois, Gitta sentiu a presença do seu próprio guia interior, que a fez entender as mensagens e fazer as perguntas certas.

Geralmente, os ensinamentos eram passados de um modo duro. O que reprovava as duas jovens mulheres era uma total ignorância em relação aos anjos. Segundo o anjo de Hanna, os seres humanos não *conheciam* uma única célula do próprio corpo. Mas aos poucos elas acabaram aprendendo como cada minúscula célula do corpo humano podia se juntar ao processo de oração.

E dessas mensagens angelicais acabou por emergir uma teologia que aparentemente remontava a Mani e Christian Rosencreutz. De acordo com as duas mulheres, o êxtase era antecedido por uma ausência de peso que ocorria enquanto o corpo físico se transformava. Tal como se deu na obra *O casamento alquímico*, elas receberam orientação para buscar o sagrado casamento entre o Céu e a Terra. Pois, se isso acontecesse, explicaram os anjos, a própria morte estaria morta.

Os anjos discorreram sobre a transformação em termos de sete esferas e sete portais interiores – mais uma vez conforme os antigos ensinamentos místicos. E acrescentaram que o advento de uma nova luz só seria possível quando se acendessem sete chamas, uma após a outra, dentro dos seres humanos.

Alguns dos ensinamentos são extraordinários:

"O pão só se torna pão quando dado a quem tem fome. A matéria só é significativa para o desejo humano."

"Quando ouvimos de maneira adequada, até as pedras conversam conosco."

Os anjos transmitiram para as duas amigas uma perspectiva meteórica da história cósmica, explicando que cada ser humano possui um eu interno que estava presente desde o início dos tempos no processo da Criação.

Os anjos também advertiram a respeito de uma tempestade que se aproximava, descrevendo a cidade como um lugar de poeira amaldiçoada. Isso era um grito de angústia que ecoava do cosmos.

Em março de 1944, as tropas alemãs invadiram a Hungria. Em abril, confiscaram os apartamentos dos judeus em Budapeste e os deslocaram para o gueto. E em maio, os obrigaram a usar uma estrela amarela.

– A cada uma de vocês só será dado o necessário – disse o anjo para Hanna.

Mas em junho empurraram Joseph para dentro de um caminhão de gado e o deportaram.

Com a ajuda de um padre católico, Gitta transformou um velho claustro numa fábrica de confecção de uniformes militares. Fingiu que era para ajudar o exército no qual o pai dela servira com grande distinção, mas na verdade o claustro servia de abrigo para umas cem mulheres judias e seus filhos. O que se esperava com essa aparência patriótica da empresa é que as cada vez mais poderosas facções antissemíticas não percebessem que as mulheres que confeccionavam os uniformes eram judias.

Gitta e Hanna mantiveram os diálogos com os anjos após o trabalho, mas a explosão dos disparos recrudescia à medida que os nazistas ganhavam mais confiança. As gangues que atacavam pelas ruas deixavam as mulheres vulneráveis. Já circulavam rumores de caça aos judeus e de câmaras de tortura.

Anjo salvador.

Em uma das últimas mensagens, os anjos mencionaram a colheita de antigas estrelas e a semeadura de novas.

Os nazistas já começavam a suspeitar de que acontecia uma subversão naquele claustro. Mas Gitta era fluente em alemão, graças à mãe austríaca, e usou isso para persuadir os soldados alemães a protegê-las de eventuais agressões. Ela alegou que tinha autorização de um comandante alemão, e sua maneira elegante de falar e de se portar tornou-a convincente por um tempo. Mas no dia 5 de novembro de 1944, o "padre" Kun, o infame ex-padre Kun, acusou-a de fraude. Chegou à frente de uma multidão em vestes negras de sacerdote, com armas e punhais no cinturão vermelho, e instigou-a a arrombar os portões da fábrica. Algumas mulheres se aproveitaram da confusão temporária e fugiram para uma floresta nas cercanias, mas 72 se viram enfileiradas e conduzidas em passo de marcha. Depois de derrubada, chutada e cuspida, Gitta ouviu do padre Kun que ela teria um "tratamento especial".

Hanna sempre dizia que Gitta precisava sobreviver para levar a mensagem dos anjos para o mundo. E agora Gitta se dava conta de que Hanna e Lilli, além de não estarem entre as que tinham fugido para a floresta, estavam sendo levadas para o campo de concentração de Ravensbrück.

Após a guerra, Gitta soube por uma testemunha que um dos guardas da SS que raspavam a cabeça das mulheres olhou para os cabelos loiros e arianos e os olhos azuis de Hanna e perguntou:

– O que *você* está fazendo aqui?

– Eu sou judia – ela respondeu.

Gitta manteve intactos os cadernos pretos com as descrições dos diálogos com os anjos. Em 1983, convidada pelo Instituto C. G. Jung, em Zurique, para uma palestra pública sobre suas experiências, ela disse que a leitura da relação de Jung com seu orientador Filemon a tinha emocionado e persuadido a falar.[3]

Embora pinçando os ecos de diferentes guardiões espirituais que trabalham com pessoas de diversos países e diferentes tradições culturais e religiões, isso é feito com um objetivo comum.

47

O que sem o qual

Existem algumas semelhanças entre as vidas dos presidentes Lincoln e Kennedy, e algumas coincidências estranhas nas circunstâncias dos seus assassinatos. Ambos eram atléticos e tinham mais de um metro e oitenta de altura. Ambos eram navegadores e, claro, se preocupavam com as relações raciais, como se diz atualmente. Elegeram Lincoln para o Congresso em 1846, e Kennedy, em 1946. Elegeram Lincoln para presidente em 1860, e Kennedy, em 1960 – e também contestaram a legalidade das duas eleições. Ambos eram amigos de um democrata em Illinois chamado Adlai E. Stevenson, ambos conheciam um dr. Charles Taft e ambos tinham um amigo e assessor chamado Billy Graham. Ambos comentaram diversas vezes que seria fácil alvejar um presidente. Ambos foram baleados na cabeça numa sexta-feira e acalentados pelas esposas. Os assassinos de ambos foram detidos por um oficial que se chamava Baker, e depois mortos por disparos de um revólver Colt antes de serem levados a julgamento. John Wilkes Booth nasceu em 1839, e Lee Harvey Oswald, em 1939. Ambos, Lincoln e Kennedy, foram sucedidos por democratas sulistas chamados Johnson.

Os dois grandes cientistas da alma no século XX foram Jung e Rudolf Steiner. O que teriam dito?

As coincidências não são propriedades de acontecimentos no mundo material e sim observações humanas desses mesmos acontecimentos. Se você observar as duas sequências de acontecimentos, despojado de descrições humanas, como o modo pelo qual medimos o tempo, não encontrará semelhanças significativas.

Enfim, as duas sequências de acontecimentos históricos só transparecem coincidências extraordinárias quando observadas *atentamente*. Pois somente as conexões da mente *trazem* as coincidências à luz. Em outras palavras, as coincidências ocorrem em texturas entrelaçadas de vida mental ao longo do tempo. Estreitando ainda mais o foco, as coincidências também dependem de conexões linguísticas, pois não ocorrem sem linguagem e só ganham sentido por ocuparem um lugar na rede de signos e palavras.

Tal como outros fenômenos descritos neste livro, é mais fácil explicar uma coincidência sob o ponto de vista do idealismo que do materialismo. Se os seres sem corpo e inteligentes, como os anjos dos planetas e das constelações, ajudam gradualmente a moldar a história, e se os pensamentos superiores tecem inúmeras mentes ao mesmo tempo, como propõe o idealismo, não surpreende que tais padrões possam ser rastreados ou que sejamos atraídos pelo sentido de interconexão cósmica.

Observamos padrões circulares tanto na história do mundo como na história de cada ser humano. A maioria de nós já se esquivou de um desafio da vida e o encontrou mais à frente de forma diferente. Observamos tais padrões tanto nos grandes acontecimentos da vida como nos pequenos detalhes do cotidiano. E aqui recomendo os belos filmes que bebem na fonte do idealismo como filosofia de vida do diretor tailandês Apichatpong Weerasethakul. Na película *Syndromes and a Century*, a câmera faz um traço circular em torno de uma estátua do Buda no pátio de um hospital, seguido de um corte que abre para um grupo de enfermeiras andando por um corredor, e depois de uma pausa, de uma das enfermeiras para amarrar um cadarço. Segue-se a isso um grupo de estagiários e depois uma pausa de um dos estagiários para amarrar um cadarço, e depois um outro traçado circular em torno do Buda. Nessa aparente e trivial coincidência revela-se a magia da vida: o mesmo pensamento movimentando-se em diferentes organismos.

Já vimos anteriormente que as tradições espirituais eclodem das montanhas do Tibete e fluem pelo mundo afora. Em termos históricos os líderes tibetanos eram líderes espirituais. É claro que entre os mais conhecidos, o Dalai Lama, mas existem outros, como o Panchen Lama e o Karmapa. O Karmapa é o líder da mais antiga das quatro principais escolas de budismo tibetano, enquanto o Dalai Lama e o Panchen Lama são líderes de escolas mais novas, mais proeminentes e mais reformadoras.

Todos esses líderes são *bodhisattvas*. Isso significa que atingiram a iluminação, mas optaram por retornar à Terra para ajudar a humanidade a também despertar. Eles são tão evoluídos espiritualmente que podem *escolher* a sua próxima encarnação. O Karmapa deixa instruções a respeito do tipo de criança que será na próxima encarnação e de como poderá ser encontrado e reconhecido. E depois que ele morre, os sábios que o rodeiam seguem as instruções para encontrar a nova criança divina. As crianças em questão são sempre precoces e quase sempre aprendem a ler e a escrever muito cedo, e também mostram uma notável compreensão da doutrina budista. Geralmente relembram a encarnação anterior e reconhecem pessoas e lugares que conheciam.

As habilidades supranaturais oriundas do desenvolvimento espiritual são chamadas de *siddhis* (semelhantes aos "dons do espírito", segundo o Novo Testamento, ou aos sinais do "amigo de Deus", conforme Maomé).

Aparentemente, o budismo enfatiza muito mais essas habilidades que a maioria das vertentes do cristianismo. Se o Dalai Lama é a figura política mais importante entre os líderes tibetanos, o Karmapa é tradicionalmente o líder mais associado aos poderes milagrosos. De acordo com a tradição, os Karmapas, além de curarem doentes, exorcizarem demônios, profetizarem, voarem e lerem mentes, também eram capazes de convocar grandes seres espirituais que apareciam perante grandes multidões e faziam chover pétalas do céu. Vez por outra deixavam pegadas e impressões de mãos nas rochas.[1]

No século XV, o imperador chinês presenteou o Karmapa com a coroa *Vajra* – um chapéu preto que simbolizava a autoridade imperial. Adornado com rubis e safiras, o referido chapéu preto tornou-se a representação física da coroa espiritual que os dotados da "segunda visão" enxergavam na cabeça do Karmapa.

Um dia ouviu-se o décimo sexto Karmapa recitar *om mani padme hung* no ventre da mãe. Nascido em 1923, ele deu sete passos e começou a falar logo após ter saído do útero, exatamente como o Buda. Ainda era jovem quando entrou em um ninho de serpentes venenosas e dançou com elas em volta do próprio corpo. Em outra ocasião, deu um nó na espada de um guarda como se fosse uma corda.

Em 1950, ocorreu a invasão do Tibete pela China, cujo objetivo, segundo suas autoridades, era varrer o velho regime feudal e teocrático que mantinha os camponeses ignorantes, supersticiosos e pobres desde a Idade Média. Acompanhado pelo Karmapa, o Dalai Lama encontrou-se com Mao Tsé-Tung.

– A religião é um veneno – disse Mao. Pelo menos os chineses sabiam onde estavam pisando...

Em 1959, o Dalai Lama fugiu do Tibete disfarçado de soldado, e o Karmapa fez o mesmo alguns meses depois. No início, o Karmapa estabeleceu-se na Índia. Seu anfitrião, o rei do Butão, era incapaz de ter filhos e queixou-se disso. O Karmapa disse casualmente que logo atenderia esse desejo, e para deleite do rei provou que estava certo.

Os peregrinos europeus e americanos que o visitaram relataram que o terceiro olho do Karmapa brilhava e que ele induzia experiências místicas em outras pessoas com um estalar de dedos, e que abria o terceiro olho de peregrinos escolhidos com um simples toque na testa.

O Karmapa ampliou o raio de suas viagens e numa reunião em Londres adornou-se cerimoniosamente com o chapéu preto, e a todos pareceu que dele emanou uma intensa luz que se estendeu por todo o salão e que só cessou quando ele recolocou o chapéu preto na caixa. Em Nova York, circularam rumores de que às vezes ele se apresentava bêbado nas palestras e que dormia com discípulos do sexo feminino.

Em 1976, ao ser hospitalizado com câncer, surpreendeu os médicos porque os resultados dos exames pareciam mostrar que ele era capaz de controlar o seu próprio metabolismo.

O Ocidente ficava cada vez mais fascinado pela religiosidade do Oriente. O budismo tibetano da escola do Karmapa prometia um acesso aberto ao sobrenatural que à época era extremamente atraente, se comparado com o tedioso cristianismo. Apologético, enganoso e indiferente, o cristianismo só oferecia uma experiência limitada do sobrenatural, tanto no horizonte conservador da Igreja Católica como nos grupos evangélicos radicais que pelo menos externamente pareciam igualmente limitados e controladores.[2]

Os pensadores de vanguarda do cristianismo liberal – no seio das igrejas anglicanas e episcopais em particular – que participaram do movimento dos realistas cristãos ou ateus "cristãos" admitiram a visão materialista científica do cosmos, e assim concluíram que não existe o sobrenatural. Segundo eles, as descrições religiosas da Bíblia e de outras fontes sobre o plano sobrenatural são simbólicas; ou seja, expressões poéticas ora de estados psicológicos, ora de atitudes morais, ora de acontecimentos de universos paralelos sem qualquer efeito sobre o universo material. Eles discorrem sobre o valor e a importância da "experiência espiritual", mas geralmente utilizam essa expressão no sentido de um envolvimento entusiástico com o universo e não no sentido original e mais útil de uma experiência com os espíritos e as inteligências incorpóreas. Cada vez mais clérigos bem-intencionados admitem que se fossem honestos deixariam de acreditar em grande parte disso. Entre tais pensadores incluem-se John Robinson, bispo anglicano e autor do livro *Honest to God*, Don Cupitt e ainda David Jenkins, que era bispo de Durham quando chegou às manchetes com a declaração de que não acreditava na ressurreição física de Jesus Cristo.

Escrevi este livro para demonstrar a incompatibilidade do materialismo em relação à tentativa de conciliação entre fé e razão. Pois quando se reconhece que a matéria precede a mente, também se reconhece que nada mais vale a pena defender. O idealismo é o *sine qua non*, o "sem o qual" a religião não consegue sobreviver. Se a matéria precede a tudo e nada *significa*, e se somos nós que inventamos os significados do cosmos, as grandes reivindicações religiosas são falsas. E se viemos do nada, as religiões do mundo não valem nada.

O irônico aqui é que a versão da ciência apresentada por Robinson, Cupitt e outros – uma versão que lembra brinquedos, como o modelo Meccano do universo – é tão anos 1950. E não tem nada a ver com a versão dos cientistas de vanguarda.[3] No universo investigado pelos físicos proeminentes, a incerteza é o grande princípio, de modo que os objetos podem estar em dois lugares ao mesmo tempo, afetar os movimentos um do outro em extremos opostos do cosmos e interagir com a mente humana.

A mecânica quântica descreve os acontecimentos microscópicos. Sabemos que a observação consciente afeta o comportamento das partículas subatômicas. Isso foi postulado no famoso enigma "O gato em uma caixa", de Schrödinger, demonstrado experimentalmente pela "escolha atrasada do experimento", proposta em 1978 por John Wheeler, o pai da bomba de hidrogênio, e posto em prática no experimento concebido na Universidade de Maryland, em 1984.[4]

Há, portanto, um gato na caixa, mas também há um elefante na sala. Se podemos afetar a ação da matéria em nível subatômico, por que não poderíamos afetá-la em nível humano ou mesmo em nível cósmico? E se isso também ocorre em nível de um elétron, por que não ocorreria em nível de uma bola de futebol ou de uma estrela? Ou em nível do universo como um todo? Essa é a profunda questão para a qual a ciência ainda não tem uma resposta, diz o físico Roger Penrose. "A mecânica quântica", ele continua, "não faz distinção entre partículas únicas e sistemas complexos de partículas".

Experimentos realizados na Apollo 11 demonstraram que em determinadas circunstâncias os sentidos humanos se afinam a ponto de registrar uma única partícula subatômica.[5] E como agora já sabemos que "partículas embaraçadas" possuem parceiros, cujas ações exercem influências instantâneas em distâncias intergalácticas, podemos prever *em termos aceitáveis para a ciência* que a mente humana também pode influenciar a matéria em distâncias longínquas. Será que a observação inteligente exerceu ou ainda exerce um papel na formação do universo? Será que o universo nos convém como uma luva porque a inteligência humana ajudou a formá-lo? Será que o cosmos é ordenado e continua sendo de acordo com as leis naturais por conta das observações humanas?

Eis como coloca John Wheeler: "Se o universo é necessário para a criação da vida, a vida também é necessária para a criação do universo? Observar no sentido quântico quer dizer trazer aquilo que aparece para o observador?"

⌒

Feito prisioneiro por suas críticas abertas à política dos chineses, o décimo Panchen Lama acabou sendo libertado em 1977, e em janeiro do ano seguinte o autorizaram a voltar para casa, onde passou a viver sob regime de prisão domiciliar. Mas em 1989 ele fez outras recriminações à ocupação chinesa do Tibete, e misteriosamente uma semana depois adoeceu e morreu.

O décimo sexto Karmapa falecera anos antes, em 1981, e as reencarnações tanto do Panchen Lama como do Karmapa acabaram por ser contestadas. Mas encontraram o décimo sétimo Karmapa de acordo com as instruções deixadas pelo décimo sexto. Era um menino de uma comunidade nômade – pastores de iaques, ovelhas e bodes. A mãe sonhou com três guindastes na noite anterior ao seu nascimento. E o soar de uma corneta de chifre encheu o vale para anunciar a chegada do novo Karmapa, conforme previsto pelo décimo sexto Karmapa. O menino avisou aos pais que apareceriam alguns homens para levá-lo um dia antes de terem aparecido no horizonte. Eles o levaram para um mosteiro, onde o educaram, e em 1992 o entronizaram como o décimo sétimo Karmapa. Acontece que alguns dos antigos seguidores do décimo sexto Karmapa alegaram que as instruções utilizadas para identificar sua reencarnação posterior eram falsas, e em 1994 apresentaram um candidato rival.

Em relação ao Panchen Lama, é dever sagrado do Dalai Lama encontrar o menino em quem o próximo Panchen Lama encarnará. E em 1995 o Dalai Lama declarou que tinha encontrado a décima primeira encarnação, um menino de 6 anos chamado Gedhun Choaekyi Nymai: "Estou plenamente convencido do unânime resultado de todos os procedimentos de reconhecimento estritamente realizado de acordo com nossa tradição."

Mas o governo chinês repudiou a identificação, considerando-a arbitrária e ilegal. Apresentaram um novo candidato e aprisionaram a criança identificada pelo Dalai Lama, e o levaram com a família para Pequim, onde desapareceram.

O Dalai Lama expressou preocupação no sentido de que o menino poderia ter sido "morto, drogado ou colocado em alguma instituição mental que o deixaria inútil". Questionado pelo paradeiro do menino tanto pela Organização das Nações Unidas como pela Anistia Internacional e a Human Rights Watch, o governo chinês recusou-se a responder, limitando-se a afirmar que o mantinham em um lugar secreto "para a própria segurança do menino". E ao mesmo tempo o governo chinês entronizava o seu escolhido para décimo primeiro Panchen Lama.[6]

Em 2002, o décimo sétimo Karmapa sentou-se debaixo da árvore onde o Buda alcançara a iluminação e disse para a multidão que se reunira para cumprimentá-lo que "Muitos de vocês tiveram a sorte de conhecer o décimo sexto Karmapa", acrescentando com um sorriso gentil: "Infelizmente, não o conheci...".

O argumento de Mao de que resgatava o povo do Tibete da religião e da superstição medieval remonta à teoria marxista da religião: um artifício inventado pelas elites dominantes para assustar o povo e submetê-lo. Isso soa como uma teoria da religião do "Scooby Do". Marx apropriou-se do conceito hegeliano da Mente Cósmica e o operou dialeticamente para o seu propósito, refinando-o em confrontos com forças opostas e adaptando-o para fins materialistas. Stalin e Mao tornaram-se titãs do materialismo, e o dito materialismo científico tornou-se uma máquina com efeitos mortais sobre a humanidade, tanto nesta vida como na próxima. Ao entrar nos mundos espirituais sem fazer ideia do que esperar, os espíritos não se dão conta de onde estão. As almas se dissolvem com lentidão, de modo que estamos rodeados por sombras como nunca estivemos.[7]

Por outro lado, segundo Lorna Byrne, cada vez mais as pessoas desenvolvem a capacidade de ver e ouvir os seres espirituais de luz.

Na década de 1960, missionários cristãos relataram que tinham avistado seres brancos brilhantes na selva africana. Depois, durante a rebelião da juventude no Congo, rebeldes armados partiram em direção a uma escola missionária que abrigava 200 alunos e era protegida apenas por dois soldados e uma frágil cerca. A essa altura os professores já sabiam que a intenção dos rebeldes era exterminar todos – tanto as crianças como os professores. Aos professores a única defesa que restava contra a tropa rebelde de centenas de soldados que se aproximava era a oração.

Então, segundo os missionários, a tropa rebelde que avançou contra o complexo se deteve repentinamente, deu meia-volta e se foi. O mesmo aconteceu nos três dias seguintes, e depois acabou o perigo.

Algum tempo depois, questionaram um rebelde ferido que estava no hospital ligado à escola sobre a razão de a tropa rebelde ter batido em retirada, e ele respondeu que a tropa tinha avistado um exército de soldados em uniformes brancos que cercava e protegia o complexo.

O que clérigos bem-intencionados como John Robinson e Don Cupitt comentariam a respeito?

Em 1991, Hope Price, uma cristã fervorosa, assistia a uma palestra quando de repente Deus ecoou no seu coração, dizendo-lhe para escrever um livro sobre os anjos. Ela então fez uma inserção de pedidos nas revistas cristãs para que as pessoas enviassem relatos de suas experiências pessoais. Isso foi divulgado por uma rádio e um jornal da cidade, e logo ela recebeu centenas de cartas pelo correio, que foram reunidas no livro

Angels: True Stories of How They Touch Our Lives (Guidepost Books, 1993). As duas histórias abaixo são simbólicas:

Na década de 1960, Joan Thomassen dirigia de Lowestoft para Ipswich quando de repente ouviu um grito: "Pisa no freio!" Resultado: ela não bateu de frente com um caminhão que vinha em sua direção no meio da estrada de uma curva adiante.

Em 1986, Kerry Cole fazia compras com uma amiga, empurrando o carrinho do seu bebê. A certa altura se deteve para olhar uma vitrine e, inadvertidamente, soltou o carrinho. Ela girou o corpo, olhou horrorizada para o carrinho que seguia em direção a uma rua movimentada e saiu correndo atrás. Mas de repente apareceu um homem alto de casaco e bloqueou o carrinho.
– Louvado seja Deus!
Ela se voltou para a amiga e um segundo depois olhou para trás e o homem havia desaparecido como por encanto.

No auge dos conflitos na Irlanda do Norte, um jovem soldado patrulhava a Falls Road, uma região notoriamente perigosa de Belfast. Às 2:45 da madrugada ele estava num pátio de uma igreja católica quando avistou uma luz acima dela que aos poucos assumiu a forma da Virgem Maria, com os braços amorosamente esticados em direção a ele. Seu companheiro entrou no pátio e também presenciou a aparição, e o jovem soldado se convenceu de que aquela aparição de Maria era para salvá-lo do inferno.[8]

Observamos nos capítulos anteriores deste livro um semideus moderno encarnado em Napoleão, e em Jung, um pensador que como Sócrates era guiado pelo seu *daimon*, e ainda pessoas que como Gitta e Hanna eram guiadas pelos anjos em momentos de extremo perigo, como também o era Lot. Os grandes seres espirituais que intervieram na Primeira Guerra

Mundial, como o fizeram no cerco a Troia, também apareceram para Bernadette Soubirous, como já tinham feito para São Francisco. A mesma visão profética que chega a Abraham Lincoln também chega a Constantino, o Grande, no passado. No milagre do sol em Fátima, milhares de pessoas testemunharam uma grande escala de milagres, como os que envolveram Moisés. Místicos modernos como Rudolf Steiner e Lorna Byrne compartilham a mesma visão de como o mundo funciona, registrada por Ibn Arabi, Paracelso e Jacob Boehme.

Hoje em dia já não há mais tantos testemunhos de visões de anjos e outros grandes seres espirituais, como o de Lorna Byrne. Talvez porque ninguém mais possua as mesmas habilidades dela. Mas um grande número de pessoas já teve alguma experiência espiritual. Uma pesquisa realizada na Grã-Bretanha em 1987 por David Hay e Gordon Heald revelou que 55% das pessoas reconheciam padrões significativos em suas experiências, 37% tinham as orações atendidas, 25% testemunhavam aparições de mortos, 25% admitiam presenças malignas e 38% eram conscientes da presença de Deus. Não se colocaram questões a respeito dos anjos.[9]

Segundo uma pesquisa on-line realizada pela Bible Society e a ICM no Reino Unido, em 2010, 31% das pessoas acreditavam em anjos, 29% acreditavam em anjos da guarda e 5% acreditavam que tinham visto ou ouvido pessoalmente um anjo.[10]

As estatísticas na América são mais contundentes. Em 2008, uma pesquisa publicada pela revista *Time* mostrou que 69% dos norte-americanos acreditavam em anjos, 46% acreditavam em anjos da guarda e 32% afirmavam que tinham tido um encontro direto com um anjo.[11]

Segundo os sociólogos Christopher Bader, Cason Mencken e Joseph Baker, em pesquisa realizada em 2008 com 1.700 entrevistados, 55% dos norte-americanos afirmavam que tinham sido salvos do mal pelo seu anjo da guarda, e em outra pesquisa de 2007 a porcentagem de norte-americanos que tinham uma experiência direta com anjos variava de acordo com a fé que professavam: 57% entre os católicos, 66% entre os evangélicos e 10% entre os judeus![12]

A história moderna é uma história secular. Somos educados para acreditar que não há grandes erupções de poder espiritual e de acontecimentos "sobrenaturais" nos tempos modernos. Escrevi este livro também para mostrar que isso não é verdadeiro.

Mais importante, talvez sejamos educados para filtrar as experiências pessoais com manifestações do poder espiritual.

Na guerra entre o idealismo e o materialismo, é o materialismo que leva a melhor?

48

Lorna Byrne e o misticismo da vida cotidiana

"Aquele que busca deve continuar buscando até encontrar. Pois ao encontrar, se perturbará. E ao se perturbar, se extasiará e reinará sobre o Todo."

Jesus, O Evangelho de São Tomé

"A Terra se tornará Sol."

Tommaso Campanella

"Deus Se revela nos sentimentos profundos das almas sensíveis."

Abraham Isaac Kook

Os ventos implacáveis do Norte cobrirão tudo de gelo e os gigantes da neve se rejubilarão. A terra será selvagem e estéril e o céu, escuro. A árvore do mundo, corroída pelos vermes, apodrecerá. Os lobos assomarão da floresta de ferro mais corajosos e como predadores dos seres humanos, e mães famintas devorarão seus bebês. O sol e a lua sairão de vista e depois a árvore do mundo tremerá ao canto do galo, e Heimarr, o vigia dos deuses, soprará a corneta de chifre pela última vez. A grande serpente se libertará das profundezas e rastejará em direção ao campo de batalha, e guiados por Loki, os gigantes chegarão às montanhas.

Houve um tempo, um tempo de outrora, em que Loki não levava nada a sério, mas o mal cresceu dentro dele e agora ele não é nada mais que o próprio mal. Já era tarde demais quando os outros deuses perceberam isso, e agora o mundo está repleto do mal disseminado por Loki. Logo a rainha do inferno,

Hela, brotará do solo, conduzindo os cães do inferno por rédeas, seguidos pelas hostes infernais, que cavalgarão em marcha pelas planícies, onde se travará a última batalha. A Criação inteira estremecerá com a marcha dos gigantes.

E o lobo gigante, Fenris, se libertará da corrente mágica.

Com um capacete de ouro, Odin conduzirá os deuses por Asgard afora, cruzando a ponte do arco-íris, que desmoronará depois que a cruzarem. No campo de batalha, Fenris abrirá uma boca descomunal que englobará o céu e a terra, e o devorador de tudo engolirá o pai de todos, que será o primeiro deus a morrer. Thor matará a grande serpente, mas em seguida o deus de barba ruiva dará nove passos e tombará morto pelo veneno vertido das feridas da serpente. O líder dos gigantes de fogo lançará chamas sobre a árvore do mundo, que será consumida, e a escuridão chegará como um ladrão na noite.

Lorna Byrne nasceu numa família pobre de Dublin, no início da década de 1950. A casa, que também servia de oficina de bicicletas do pai, ficou em ruínas, até desmoronar, quando ela ainda era uma criança, deixando-os desabrigados.

Mas desde cedo Lorna era capaz de ver os seres desencarnados. Seu irmão Christopher, que morreu ainda menino, se tornou seu amigo de brincadeiras. Ela também via anjos, geralmente de aparência humana, vestidos com uma variedade de cores radiantes e emanando uma luz de dentro de si e das asas. Seus pés não tocavam o chão.[1] Ela achava que todos podiam vê-los e hoje afirma que todas as crianças veem os seres espirituais, pelo menos até pouco depois de aprenderem a falar.

A certa altura a família começou a pensar que Lorna era retardada. Talvez pelo fato de estar sempre distraída pelos seres do outro mundo e de não se concentrar nas coisas materiais do dia a dia como todos os outros.

Nas visões de Lorna, os anjos da guarda acompanhavam as pessoas, geralmente a uns três passos atrás, e às vezes inclinados para a frente de modo a envolver amorosamente os protegidos. Os anjos são sempre amorosos e nunca irritados, diz ela agora, frequentemente jovens e, embora sem gênero, assumem aparência masculina ou feminina; enfim, variam de aparência. Eles raramente reconhecem outros anjos da guarda porque se concentram apenas na pessoa que protegem.

Passado um tempo, Lorna deixou de ver os anjos da guarda em toda a sua glória. Em vez disso, via uma coluna de luz que se movia atrás e se estendia por cima das pessoas. Esse feixe de luz se abria para que Lorna visse o anjo da guarda quando ele tinha algo importante para comunicar. Lorna diz que se os anjos se mostrassem por inteiro o tempo todo, ela não conseguiria lidar com a vida cotidiana. Ela cresceu com o que hoje se chama "dificuldades de aprendizagem" e nunca leu um único livro.

Isso é importante porque muitos ensinamentos que os anjos revelam para ela coincidem com o tradicional ensinamento místico e esotérico que investigamos neste livro, uma prova de que ela não obtém as informações de livros e sim de uma visão direta dos anjos.

Logo no início um anjo diferente apareceu no canto do quarto e disse apenas "Lorna". Era uma imponente presença masculina. Eles se tornaram grandes amigos e depois ele disse que se chamava Miguel.

Um dia Lorna estava no campo e em dado momento um anjo com aparência de homem velho atravessou um rio e seguiu em sua direção. Parecia andar, mas os pés não tocavam a água. Esse anjo se tornaria um outro amigo, mas não caloroso e amistoso como Miguel. Estava sempre sério e magnânimo, ora ranzinza e irritado, ora ligeiramente estranho e desconcertante. Uma vez, depois que acabou de conversar com ela, ele soprou-lhe o rosto e sumiu subitamente. Era o anjo Elias, que desempenharia um papel importante porque ensinou Lorna a cumprir a missão que teria que cumprir.

Durante a edição do primeiro livro de Lorna, *Angels in My Hair* (ela dita grande parte do que escreve para uma caixa de som de computador), apontei para algo que ela não sabia: Elias era um personagem do Antigo Testamento. (Talvez pareça estranho para os de formação protestante que alguém tivesse passado pelo sistema escolar sem conhecer o Elias bíblico, mas a Irlanda católica não se interessa muito pelo Antigo Testamento.) Lorna então conversou a respeito com os anjos, que confirmaram que o Elias que aparecia para ela era o mesmo Elias do Antigo Testamento, que fora um homem que abrigava um anjo na alma. Quando Lorna o descreve caminhando por cima da água, isso nos faz lembrar de Khdir, que no misticismo islâmico por vezes é identificado com Elias, como já vimos. (É interessante observar que intelectuais da comunidade islâmica como John Esposito e Tariq Ramadan reconheceram e autenticaram rapidamente os dons de Lorna.)

Ela também encontrou uma figura extremamente brilhante e sorridente, a quem reconheceu como a rainha dos anjos. Assim como encontrou um outro anjo, chamado Eliseu, cuja aparência feminina contradizia a do profeta no Antigo Testamento.

Com o tempo Lorna aprendeu sobre os diferentes tipos e ordens de anjos, como os anjos das curas e os anjos das nações. Ela também conheceu o anjo da árvore, o espírito da espécie das raposas (que se mostrou na forma de uma raposa-indivíduo) e o anjo do rio, talvez o mesmo que os gregos chamavam de deusa do rio.

Passei muitas horas felizes com Lorna na Irlanda, na Inglaterra e no entorno de Glastonbury enquanto ela tentava me ensinar a ver os espíritos da natureza e as energias em torno das plantas e dos animais. Ela tem uma visão essencialmente cristã, mas não exclusivamente cristã no sentido de negar a realidade espiritual de outras religiões e tradições.

Enquanto promovia o livro *Angels in My Hair*, nos Estados Unidos, Lorna visitou o Metropolitan Museum, de Nova York, e o espírito do templo de Dendur reconstruído nesse museu apareceu e lhe disse que o templo devia ser devolvido ao Egito. O ser alto e magro que ela descreve como o anjo do templo talvez seja o *neter* dos antigos egípcios, o qual significa um deus.

Miguel continuou aparecendo regularmente para Lorna em diferentes formas. Geralmente aparecia na forma de um homem com cabelo preto e curto e roupas pretas como as de um sacerdote.

Certa ocasião ela caminhava pelo terreno de cascalho da Faculdade de Teologia, nos arredores de Dublin, e travava um diálogo profundo com Miguel quando a certa altura dois sacerdotes seguiram em direção a eles.

– Bom-dia, padre – disse um dos sacerdotes.

Aparentemente, tanto nessa como em outras ocasiões nas quais Miguel assumia a forma humana, outras pessoas também o viam. No segundo livro, *Stairways to Heaven*, Lorna descreve um anjo que diminui sua luz interior para brincar com as crianças de um parque.

Ela estava com 14 anos quando Miguel se revelou como o arcanjo Miguel. Na ocasião, se apresentou com uma coroa de ouro sobre cabelos longos e radiantes e olhos de safira, vestindo uma túnica branca e dourada e com sandálias que ostentavam um crucifixo de ouro em cada uma. Ele brilhava como o sol e Lorna se deu conta de que se tratava do Arcanjo do Sol. Algum tempo depois, ele apareceu para ela com um escudo e uma grande espada de alça dourada.

Em outra ocasião, ela brincava com um amigo num terreno baldio entupido de lixo e em dado momento uma luz atravessou o muro e seguiu em sua direção. Ela pensou por uma fração de segundo que seria abalroada pela luz, mas logo se deu conta de que era um anjo gigante de rosto bonito parecido com a lua. Ele se anunciou como o arcanjo Gabriel. Mais tarde, ela avistou um livro no fundo dos olhos dele, cujas páginas sempre se transformavam, e isso a fez pensar que ele era o anjo do livro.

Como vimos anteriormente, a principal vertente do cristianismo não divulga amplamente a tradição de que Miguel é o Arcanjo do Sol e Gabriel, o Arcanjo da Lua. A conexão entre os seres espirituais e os corpos celestes não agrada à Igreja. No entanto, faz parte das diversas tradições místicas e esotéricas reunidas na história sagrada deste livro.

No livro *Stairways to Heaven*, Lorna recorda o momento em que viu pela primeira vez o anjo Jimazen. Ela estava com 5 anos e olhava para as macieiras ao longo do muro de um jardim quando de repente desviou os olhos para o alto e avistou um imenso anjo que se alongava a perder de vista no céu. Era um anjo sem asas, mas tinha uma armadura tingida de preto e um enorme cajado na mão. Ela ficou apavorada quando ele atingiu a Terra com o cajado e a fez estremecer de lado a lado. Só depois ela soube que Jimazen era o anjo da guarda da Terra.

Mais tarde, enquanto tinha uma visão da bonita e feminina Mãe Terra nas cores verde-esmeralda e azul-dourada, mexendo os braços suavemente como velas e se enrolando em si mesma no núcleo do planeta, Lorna se deu conta de que Jimazen era um assistente da Mãe Terra, já que a impedia de ter espasmos de dor em tempos de crise ecológica. Lorna tremia de medo com as aparições de Jimazen porque isso anunciava inundações, terremotos e outras catástrofes.

Observamos aqui uma visão moderna e espontânea do antigo mito da Mãe Terra e Saturno recontado no Capítulo 2.

O fato de que pessoas diversas em momentos diferentes e culturas diferentes tiveram visões claras dos mesmos seres em circunstâncias semelhantes já é um bom argumento para afirmar a existência de um mundo espiritual com um nível consistente de importância e realidade. Como vimos antes, segundo os místicos sufis pode-se viajar para as mesmas regiões e conhecer os mesmos seres desse mundo.

E pode-se extrair dos escritos de Lorna um quadro completo do "ecossistema" do reino espiritual nos seus diversos níveis e dimensões, pelo menos em relação à vida na Terra. Ela também menciona um lado negro com o qual se comunica com pouca frequência porque é um lugar perigoso.

No livro *Angels in My Hair*, Lorna descreve uma ocasião em que saiu com o pai para pescar e os dois se protegeram do frio dentro de uma velha casa abandonada. Ela sentiu-se congelada no interior da casa e, quando o pai acendeu um fósforo, o palito explodiu e uma velha cadeira voou pela sala. Antes de fugirem, Lorna ainda teve tempo de ver um *poltergeist* com um metro de comprimento e a largura de um tórax humano que parecia cera derretida e não tinha o desenho claro da boca e dos olhos. Ela diz que essas criaturas satânicas sem alma são trazidas à existência quando se mexe com tábua de *ouija* ou magia negra.

Muitos anos depois, um homem de negócios procurou-a para ser aconselhado. Ele agira impiedosamente para acumular riquezas e continuava agindo assim com a esposa e o filho. De alguma forma, ele sabia que precisava se arrepender, mas não sabia como fazê-lo. Lorna percebeu que o homem estava sob a influência de Satanás, porque quando se sentou à mesa da cozinha, um rosto malvado emergiu do peito dele, como se emergindo das profundezas, e sorriu para ela. Mais tarde, ela disse que era como se o espírito maligno estivesse se regozijando por não ter sido visto antes – mas obviamente se revelou nesse gesto de ostentação!

Eu quis saber como é que as pessoas acabam possuídas, e Lorna disse que às vezes isso se deve à "intromissão" no ocultismo. Outras vezes a pessoa participa de jogos perigosos quando criança, o que pode incitar as forças do mal de tal maneira que a pessoa nem precisa fazer coisas terríveis na vida adulta – como amaldiçoar alguém, por exemplo – para ser possuída.

Cada um de nós tem dentro de si uma pequena fração da divindade: o eu interior que se aninha no espírito, que por sua vez se aninha na alma. E como a alma se aninha no corpo físico, acaba por ter percepções limitadas dos reinos espirituais. Segundo Lorna, de vez em quando a alma "se move" parcialmente para fora do corpo e propicia visões ao ser humano. A alma se move dessa maneira, por exemplo, quando estamos muito doentes ou próximos da morte.

Lorna sofreu abalos que além de agonizantes e assustadores também eram extáticos. Foi nesse estado que teve algumas de suas mais extraordinárias e reveladoras visões, inclusive a visão da biblioteca celestial de Deus mencionada anteriormente (talvez essa biblioteca esteja de alguma forma ligada a Enoque). Foi nesse estado desencarnado que ela recebeu autorização para, de alguma forma, presenciar a Natividade e em outra ocasião para presenciar a infância de Jesus. Ambas as visões são narradas no seu livro *Stairways to Heaven*.

No que diz respeito às suas experiências de ascensão ao céu, Lorna confidencia que não quis retornar, mesmo sabendo que isso implicava separar-se da família que ela ama demais. Mas ela não podia morrer porque ainda tinha uma missão a cumprir, e no curso da vida acabou compreendendo a tal missão com a ajuda de Miguel e Elias.

Com um amor e uma bondade genuínos, Lorna sempre beneficia as pessoas que se relacionam com ela, mesmo brevemente. Isso porque talvez ao assumir as dores alheias para si, também as amenize. Mas provavelmente o aspecto mais importante da missão de Lorna seja divulgar as realidades espirituais, sobretudo o papel dos anjos da guarda, para o maior número de pessoas possível.

Foi numa tarde de verão em que ela estava empurrando um carrinho de bebê que Miguel apareceu e disse-lhe que os anjos precisavam dela para escrever um livro, uma tarefa que naquele momento parecia impossível. Lorna conta nos Capítulos 20 e 22 do livro *Stairways to Heaven* como recebeu orientação para me encontrar por intermédio de um irlandês residente na Itália que era amigo de Jean Callanan, o agente dela. Relutei a princípio, porque a agenda de publicação sob minha responsabilidade estava sobrecarregada e me impedia de assumir qualquer outro projeto, e o ceticismo dos meus colegas me era bem conhecido. Logo recuei, pensando que poderia aceitar o trabalho e passar para um outro editor. Mas aos poucos germinou a ideia de que eu tinha que cumprir o meu papel.

A reunião com Lorna acabou sendo decisiva. Fiquei impressionado com sua integridade e seu aconselhamento, que, embora de uma fonte de outro mundo, tranquilizava e era sensato. Foi extraordinário passar o tempo com alguém cuja consciência era tão diferente e estava sempre em contato com um plano desconhecido para os outros mortais e era passível de "ser investigado". Só depois descobri que um dos dons de Lorna era a visão do fluxo da força vital no corpo físico, tal como é concebido na medicina chinesa como *chi*. Ela viu um bloqueio no fluxo de energia no meu abdome e me recomendou um exame médico. Acabei esquecendo isso – como já disse, eu estava muito ocupado. Alguns meses depois, senti um desconforto diagnosticado em seguida como uma hérnia que necessitava de uma cirurgia.

A missão que Lorna recebeu dos anjos era escrever livros para mostrar que cada um de nós tem um anjo da guarda que escolhemos quando somos concebidos. Antes mesmo de encarnarmos, o anjo da guarda nos acompanha e nos prepara para as alegrias e os desafios que teremos pela vida à frente. O anjo da guarda nunca se afasta de nós – ao contrário dos arcanjos, que não são presenças constantes porque podem estar em diversos lugares ao mesmo tempo. Enfim, o anjo da guarda nos acompanha antes, durante e no final de nossa vida, permanecendo conosco o tempo necessário para nos ajudar a passar para o outro lado.

Os anjos da guarda possuem nomes extensos, com cerca de uma centena de letras. Lorna pode ensinar uma versão abreviada do nome do seu anjo da guarda que seja mais fácil de lidar e que talvez lhe pareça mais familiar.

Geralmente a voz de sua consciência e outras sugestões que o levam a fazer o bem são palavras do seu anjo da guarda para você. E assim como você pode pedir ajuda ao seu anjo da guarda, ele também pode "recorrer a outros anjos" para ajudá-lo – anjos de cura, por exemplo, e outros anjos que o ajudam nas habilidades ou tarefas especiais. Tal como o papa Pio XI, Lorna também diz que você pode pedir que seu anjo da guarda converse com um outro anjo da guarda para resolver um conflito com outra pessoa ou simplesmente para se sair bem em algum encontro que lhe parece difícil. Seu anjo da guarda e outros anjos também rezam junto com você para reforçar suas orações.

Os que leram *Angels in My Hair*, a autobiografia de Lorna, sabem que os anjos não atendem a tudo que se pede a eles. Ao longo da infância e de grande parte da vida, Lorna viveu em extrema pobreza e estigmatizada por ser considerada retardada. Apesar da pobreza e da doença, ela passou alguns anos felizes casada com Joe. Mas ele morreu ainda jovem e isso a levou a dizer para Miguel: "Por que não torna as coisas mais fáceis para mim?" E Lorna ainda tinha grandes coisas a fazer, e já tinha feito muito, assim como tinha muitas bênçãos na vida que talvez não tivesse obtido sem a ajuda dos anjos.

Lorna afirma que passa uma mensagem muito importante para os nossos tempos que precisam desenvolver a consciência das realidades espirituais. Isso porque as forças do bem e do mal estão se agrupando. No livro *Stairways to Heaven*, ela escreve sobre a encarnação do Anticristo e dos seus batedores, que já estão aqui preparando o caminho neste mundo. Nas fileiras de Deus, os esplendorosos bebês são fisicamente imperfeitos, com doenças e deficiências físicas que os impedem de sobreviver à infância, mas são perfeitos em amor e sabedoria e por isso precursores de uma humanidade recém-evoluída. Certa vez Lorna encontrou um menino na Irlanda que abrigava Elias como anjo na alma. Se esse menino sobreviveu, desempenhará um papel importante na história do mundo. Além do mais, a rainha dos anjos prometeu que no momento certo se mostrará para todos, como o fez para Lorna, e à medida que o corpo e a alma trabalharem juntos, o ser humano acabará desenvolvendo dons espirituais mais elevados.

Lorna me pediu para acrescentar que ela não tem qualquer dúvida de que no fim a boa vontade irá prevalecer.

Conclusão

Anjo tocando a trombeta
(gravura de um detalhe nos afrescos do Duomo, Orvieto, de Luca Signorelli).

O materialismo leva muita vantagem no debate com o idealismo, e isso dificulta o entendimento da razão pela qual se deixou de acreditar naquilo que todos acreditavam no passado, ou seja: os pensamentos e as ideias são mais reais que os objetos, e os objetos são sombras dos pensamentos e não o contrário. Mas nestas páginas procurei apenas sugerir que o idealismo é um relato mais abrangente da experiência humana.

Ao longo deste livro reuni tipos de experiências difíceis de explicar em termos materialistas, e não apenas a grande escala de milagres atestados que mudaram o curso da história, como também experiências comuns cada vez mais cotidianas, embora registrando apenas algumas entre muitas. Sentimos uma conexão especial com algumas pessoas que conhecemos. Sentimos que já conhecíamos uma pessoa que acabamos de conhecer e que certamente não tínhamos conhecido nesta vida. Temos premonições. Temos sonhos que parecem querer nos dizer alguma coisa. Sentimos que estamos sendo olhados. Sentimos quando um lugar é maléfico ou sagrado. Sabemos claramente o que alguém está pensando. Agimos mal e de repente os acontecimentos parecem conspirar para nos punir. Mas no fim das contas as boas intenções são recompensadas e as orações são atendidas. E na terceira tentativa obtemos sucesso. Sentimos os impulsos amorosos que nos enviam de grandes distâncias. Fugimos de um desafio que depois retorna e nos encontra disfarçado de outra maneira. As circunstâncias se juntam para testar nossos medos profundos e nossos pontos fracos. De repente nos apaixonamos de um jeito que parece destinado a se prolongar para sempre. Em todos esses momentos, talvez estejamos em comunhão com inteligências superiores, que nos guiam para experiências que exigem uma resposta, e em comunhão com um tipo de amor que nos protege e zelosamente responde aos nossos pensamentos mais íntimos.

Suponho que no fundo sabemos que a relação entre a mente e a matéria não é um caminho que se faz apenas da matéria para a mente. Às vezes, algo nos diz que estamos envolvidos em uma batalha de inteligências. "Quem procura, deseja uma coisa, mas recebe outra", diz Bernardo de Clairvaux. "O espírito nos trapaceia, o espírito planeja pelas nossas costas, o espírito mente", diz Hegel. Mas a oração do Senhor menciona um outro lado da moeda que pela suavidade nos leva a uma interação mais inteligente com o cosmos. "Perdoai as nossas ofensas, assim como perdoamos a quem nos tem ofendido." Isso se refere a um fluxo dinâmico que se assemelha ao de uma bomba. Ao perdoarmos os outros, abrimos espaço dentro de nós para o fluxo das forças curativas do perdão.

O idealismo é a filosofia que fortifica todas as religiões e sob as lentes do idealismo, todas as experiências, instintos e intuições fazem sentido. Se definimos o poder da mente sobre a matéria como "sobrenatural", então à luz do idealismo nós vivemos num universo sobrenatural. A mente apoia-se sobre tudo e informa tudo. Ela vive sob a superfície material das coisas; informando, dirigindo e movimentando-as em conformidade com um plano divino e em resposta às orações humanas.

A religião e o idealismo ocupam a zona nebulosa e desconhecida dos grandes mistérios da vida. Habitam uma zona fronteiriça de sono e escuridão tanto na vida de todos os seres vivos e da história humana como na totalidade do cosmos. Religião e idealismo observam o lado sombrio e desconhecido do ser humano e questionam o que está emanando dele.

A religião faz um relato das experiências humanas, de modo que principalmente os sentimentos ímpares, anômalos e limítrofes que os sociólogos chamam de numinosos possam fazer sentido.

O materialismo científico faz um relato claro, perspicaz e útil daquilo que você deixa para trás quando se liberta do lado sombrio da vida. Mas um dos problemas é que o materialismo faz um relato exíguo das coisas boas da vida. Cada vez que agregamos valor às coisas adequadas a medições e testes, seguimos aos empurrões em direção ao mais baixo sentido do materialismo e passamos a nos interessar apenas por dinheiro, bens, mercadorias, produtos de linha branca, sexo e emoções frenéticas. E com isso a sutileza e os sentimentos mais elevados da humanidade são deixados de lado. Já vimos que o idealismo filosófico gera o idealismo popular, da mesma forma que o materialismo filosófico gera o materialismo popular.

E como disse antes, o problema é que o materialismo leva vantagem. Já nos distanciamos tanto da visão de mundo idealista que grande parte da religião e do pensamento espiritual, ou melhor, grande parte do pensamento e da cultura humana tornou-se um livro fechado.

Essa é uma das razões pelas quais as histórias recontadas neste livro são importantes. Até porque trazem à luz a imanência do divino na vida cotidiana. Cada vez que lemos Dickens, por exemplo, entramos num mundo onde somos mais generosos e determinados a fazer o bem.

Embora Dickens seja um caso extremo, todas as histórias fazem algo semelhante. Abrem um universo estruturado onde prevalecem questões de *qualidade* cujos valores intrínsecos não existiriam sem um agente externo que os colocasse onde estão. As histórias retratam o *universo pessoal* no sentido de um envolvimento com a vida coletiva. As histórias retratam as interações do universo, jogando com a esperança individual ora para a felicidade, ora para os bens, ora para o amor, ora para a verdade. Os contadores de histórias costuram diálogos entre personagens que anseiam por felicidade, beleza, bens e sentido, e uma sequência de acontecimentos frustra tais esperanças ou as satisfaz de maneira inesperada. As histórias nos levam de volta aos aspectos evanescentes de nossa própria experiência.

As histórias nos ajudam a pensar no destino e nos sussurros da Providência quando não dispomos de uma linguagem abstrata para fazê-lo senão talvez a do horóscopo pessoal. (Claro, às vezes a astrologia parece superficial. Talvez a astrologia esteja intelectualmente à margem porque as mentes mais aguçadas já não são mais idealistas.[1]) Ao começar uma investigação que pudesse justificar friamente a causalidade, Hume observou-a como "uma questão raramente considerada". O mesmo pode ser dito agora em relação às questões sobre o sentido da vida.

O que tentei mostrar é que não se trata de uma simples escolha entre razão e fé. A religião baseada nos pressupostos do idealismo é razoável, da mesma forma que a ciência baseada nos pressupostos do materialismo é razoável. Enquanto o teste objetivo é a pedra de toque da ciência, o teste subjetivo da experiência humana é a pedra de toque da religião.

É a mente um acidente da matéria? Ou o cosmos material precipitou-se de uma Grande Mente Cósmica?

Na Suíça, o Grande Colisor de Hádrons, uma máquina de quase 44 mil metros de circunferência que custou bilhões de dólares e que levou trinta anos para ser planejada e construída, tenta reproduzir as condições existentes a menos de um nanossegundo após o Big Bang, há 13,7 bilhões de anos. Utilizam-se matrizes de detectores na tentativa de registrar os menores traços de resíduos subatômicos expelidos das colisões produzidas pela máquina, com o objetivo de conhecer as forças que moldaram o cosmos no início do tempo.

Construiu-se então o Grande Colisor de Hádrons na tentativa de obter provas de apoio à teoria da origem do cosmos proposta pelo materialismo.[2]

De que máquina precisaríamos para obter provas de apoio ao ponto de vista oposto – o idealismo? Onde obteríamos evidências de que o universo material depende da mente e é sensível a ela? Será possível detectar traços da mente de Deus?

O cérebro humano continua sendo a máquina mais sutil, mais complexa e certamente mais misteriosa do universo conhecido. Sugiro então que podemos fazer um juízo mais informado do que ocorreu no início do cosmos pela observação de certos aspectos de nossa experiência cotidiana, sem precisar examinar os dados do Grande Colisor de Hádrons.

Se você observar a vida o mais objetivamente possível, certamente se emocionará com os resultados práticos. Mas a ciência só abre as portas para as maravilhas quantitativas da vida.

E se você observar a vida o mais subjetivamente possível? E se você se concentrar nas suas questões mais íntimas, nas suas esperanças mais elevadas e nos seus medos mais profundos? E depois se perguntar: "Será que o cosmos responderá?"

Para se rastrear esse tipo de coisa é preciso estar atento aos movimentos mais evanescentes do espírito humano e às nuances mais sutis do coração.

Se quisermos questionar a nossa própria experiência, teremos que observar do modo que se observa nos textos de um Dostoievski, um George Eliot, um Hermann Melville e um David Foster Wallace, contadores de histórias que arriscaram a paz de espírito e talvez até a sanidade para lidar com o mais sombrio e mais complicado de todos os problemas filosóficos.

Será que o cosmos *responde* os nossos desejos mais sutis, os nossos medos mais profundos e as nossas orações mais sinceras? Somos tocados por asas de anjos? Apenas nós mesmos poderemos ser juízes disso. Quais eram nossas intenções com nosso ser amado? Eram boas de coração e sinceras? O que desejamos no fundo do coração? Em que finalmente iremos confiar – em nossa própria experiência ou em pareceres da última safra de especialistas?

Morte e imortalidade (de William Blake).

Notas

PREFÁCIO

1. De acordo com o materialismo, a faculdade da imaginação levanta suspeita e muitas vezes se iguala a mera fantasia. De acordo com o idealismo, a filosofia na qual a mente faz um sentido mais real que a matéria, a imaginação humana desempenha um papel muito mais elevado. Já que mobiliza grandes forças criativas do cosmos e permite ao ser humano o papel de cocriador consciente. Veja nos Capítulos 30 e 38 como o idealismo concebe a imaginação, na visão de mundo de Ibn Arabi, Henry Corbin e William Shakespeare, entre outros.
2. Quanto à narrativa da Criação, a primeira parte do livro é "criacionista", no sentido de que o Gênesis faz um verdadeiro relato da Criação da condição humana por parte de Deus e dos seres angélicos que o ajudam em Seu plano. Mas como se trata de um relato da história *interior*, sugiro que não a considere como uma reunião de peças exteriores apoiada numa coleção de dados, uma vez que não é necessariamente incompatível com a objetividade da ciência moderna.
3. Uma nota sobre o vocabulário: realmente tive muita cautela em relação ao uso da palavra "sobrenatural". A questão "Há eventos sobrenaturais no mundo?" é da mesma ordem de "Quando você deixou de espancar sua esposa?". Ambas implicam uma suposição hostil. Como veremos no Capítulo 38, o termo "sobrenatural" surgiu com o materialismo científico e leva ao pressuposto de que existem leis da natureza universalmente estabelecidas e extremamente improváveis de serem rompidas. Se você partir do ponto de vista materialista, os eventos sobrenaturais serão improváveis ao extremo. Mas como veremos no decorrer deste livro, se você partir do idealismo, aprenderá a observá-los.
4. O filósofo neoplatônico Plotino coloca uma hipótese sobre o idealismo que sinceramente não sei se alguma vez a colocaram de forma mais sucinta e clara: "Os objetos externos só refletem aparências. O mundo das ideias não pode ser investigado como algo externo a nós porque assim torna-se imperfeitamente conhecido. O mundo das ideias está dentro de nossa inteligência. A consciência, portanto, é a única base de certeza. E a mente é o seu próprio testemunho" (*Carta a Flaccus*).
5. Com a aprovação de Hegel e seu *Fragmentos sobre religião popular e o cristianismo* (1793).

6. A despeito de se expressarem precisamente nesses termos, a maioria das pessoas religiosas acredita implicitamente no idealismo. Argumentarei que você realmente não pode se dizer religioso ou espiritualista sem estar do lado do idealismo contra o materialismo (veja o Capítulo 39).
7. No caso, para ter certeza face à presença de evidências, sugiro, é inapropriado à sua escassa natureza, embora os fanáticos de ambos os lados – religiosos fundamentalistas e ateus militantes – professem a certeza. A resposta apropriada, sugiro, é genial, tolerante e de mente aberta.
8. Alvin Plantinga, *Where the Conflict Really Lies: Science, Religion and Naturalism*, Oxford University Press Inc., 2011.
9. George Eliot, *Scenes of Clerical Life*, Blackwood and Sons, 1858.
10. David Foster Wallace, *Infinite Jest*, Little, Brown, 1996.

INTRODUÇÃO

1. São Tomás de Aquino, o grande teólogo dos anjos, definiu o místico como "alguém que experimenta o gosto da doçura de Deus", que segundo Aquino está "além da especulação" (*Suma Teológica* II/IIq97a.2.re2).
2. Segundo Henry Maudsley, fundador de um conhecido hospital psiquiátrico em Camberwell, sul de Londres, muitos líderes espirituais, incluindo São Paulo, Maomé, Mãe Ann Lee, fundadora dos Shakers, Swedenborg, Inácio de Loyola, George Fox e Charles Wesley, eram epiléticos. Para um relato dos estados alterados de consciência como campo de batalha entre a crença religiosa e a psiquiatria, ver o livro de Ivan Leudar e Philip Thomas, *Voices of Reason, Voices of Insanity: Studies of Verbal Hallucinations* (Routledge, 2000). Houve um momento comovente durante um dos eventos públicos de Lorna Byrne, em novembro de 2012, no Quaker Hall, em Londres, quando ela reconheceu que não gostava de falar sobre suas visões dos anjos nos seus tempos de menina porque tinha medo de ser trancada numa instituição e sua mensagem nunca chegar ao resto do mundo.
3. Ser transportado de maneira a perder toda a consciência do mundo material é como ter uma "visão beatífica". Nem sempre é uma experiência totalmente feliz ou sem dor. Lorna Byrne relata que para ela a experiência é precedida pelo choque de um anjo no seu peito. Sua alma é puxada do seu corpo com um terrível choque.
4. Há uma cena brilhante no filme *Annie Hall*, de Woody Allen, na qual ele está na fila de um cinema com Diane Keaton e se irrita com um sujeito que se exibe para a namorada logo atrás, vomitando a filosofia de Marshall McLuhan. Woody se vira e diz que o sujeito não sabe o que está dizendo. E de repente, do nada, aparece Marshall McLuhan, que assegura que o sujeito não captou de todo o pensamento dele. Woo-

dy olha para a câmera e diz: "Não seria ótimo se a vida fosse assim?" Meu agente, Jonny Geller, volta e meia me pergunta por que aceito Lorna Byrne como uma autoridade. Os grandes místicos possuem uma autoridade natural, *uma força* de personalidade que não deriva de livros e outras autoridades, se bem que às vezes semelhante à visão de outros místicos e tradições religiosas. O biógrafo de São Francisco, São Boaventura, descreveu-o como "pleno de conhecimento", e ao morrer apontou para um crucifixo e disse: "Essa é a fonte de todo o meu conhecimento."

5. Jó, 38:6 "(...) juntas, as estrelas da alvorada cantavam e todos os anjos gritavam de alegria." Ver também Gênesis, 3:24, onde querubins barram o caminho de volta para o Éden. Mas há uma outra camada, mais esotérica, de interpretação sobre o papel dos anjos na Criação, o que se explica em *A história secreta do mundo* (Quercus, 2008). O termo *"elohim"*, traduzido em versões do idioma inglês do Gênesis como "Deus", é na verdade um substantivo plural, referindo-se a sete anjos que atuam em conjunto com a Palavra de Deus. Eles são Deus no ato da Criação. Os relatos no Gênesis e no Evangelho de São João são consistentes. Foi através da Palavra – através de *Elohim* – que tudo foi feito.

6. *O Livro dos Jubileus*, 2:2: "Pois no primeiro dia que Ele criou os céus que estão acima, a terra, as águas e todos os espíritos que servem diante Dele – os anjos da presença, e os anjos da santificação, e os anjos [do espírito do fogo e os anjos do espírito dos ventos], e os anjos do espírito das nuvens, e os das trevas e os da neve e os do granizo e os da geada, e os anjos das vozes e dos trovões e dos relâmpagos, e os anjos dos espíritos do frio e do calor, e do inverno e da primavera e do outono e do verão e de todos os espíritos de suas criaturas que estão nos céus e na terra."

O Livro dos Jubileus é um antigo texto judaico considerado como autoridade pela Igreja cristã primitiva. Alguns estudiosos acreditam que alguns dos seus documentos originais são tão antigos quanto os documentos que originaram os primeiros livros do Antigo Testamento. Da mesma forma que a *Hermética*, escritos de origem egípcia que influenciaram o pensamento e a arte do Renascimento, e os fragmentos sobreviventes do historiador egípcio Maneto, que escreveu sobre as gerações dos deuses, são mais antigos que algumas partes da Bíblia, e algumas fontes desses textos talvez sejam tão antigas quanto qualquer outro texto dela. Além disso, as diferentes ordens de seres espirituais descritos por esses textos também estão representadas nas pirâmides e nos templos do mundo antigo, sugerindo que faziam parte de uma cosmologia universalmente aceita muito antes de serem transcritas nos textos sobreviventes.

A descrição das diferentes ordens de anjos tipifica o pensamento teosófico. Hoje, a palavra "teosofia" talvez esteja associada na mente da maioria das pessoas com a teosofia do movimento fundado no século XIX por madame Blavatsky, mas na verdade, como acabamos de ver, as raízes do movimento remontam pelo menos à Antiguidade grega e, provavelmente, anterior a ela. A teosofia é uma forma de pensar sistematicamente a experiência humana em relação à divindade – a geografia dos reinos espirituais, as diferentes ordens de seres espirituais e suas características, o plano divino para o cosmos e suas diferentes fases de desdobramento, o plano divino para os seres humanos individuais antes do nascimento, durante a vida e após a morte. Se a teologia ensinada nas universidades tendeu a ser estritamente cristã, a teosofia aspira a ser universal e tende a se concentrar na unidade entre as religiões do mundo. Trata-se de uma tradição antiga, augusta e, por vezes, sombria. Encontrei traços dessa tradição em livros vitorianos (geralmente muito longos), muitas vezes escritos por clérigos do tipo satirizado por George Eliot na figura de Casaubon. É uma alegria encontrar livros como esses nos sebos reais ou, atualmente, nos sebos virtuais pelo trabalho extenso e meticuloso de estudiosos que observam as semelhanças de padrão e o intercâmbio entre as grandes tradições religiosas. Casaubon empoleirou-se no meu ombro enquanto eu escrevia este livro.

CAPÍTULO 1

1. O grande conflito do século XX pode ser visto como uma batalha entre o comunismo e as forças do ateísmo de um lado e as democracias cristãs e as teocracias, como a do Tibete, do outro.
2. "Com esse campo orvalhado consagre cada fada e siga a sua marcha...", Oberon em *Sonho de uma noite de verão* (Ato V. Cena III). Examinaremos a imersão de Shakespeare e outros grandes escritores dessa ordem de pensamento nos capítulos posteriores.
3. Chama-se emanacionismo o relato do idealismo sobre as diferentes ordens de seres espirituais que emanam da Grande Mente Cósmica para formar o universo material. Pode ser rastreado pelo menos até aos primórdios anteriores à religião egípcia. Os antigos egípcios concebiam os deuses – *neteru* – como personificações dos princípios que atuam em conjunto para gerar a natureza.

   Um dos primeiros relatos do emanacionismo nos vem do hermetismo, o qual apresentou o cosmos como uma emanação viva do divino entrelaçada por complicadas e distintas camadas finíssimas de emanação. Já se aceita amplamente que tais escritos, ou pelo menos as ideias subjacentes a eles, provavelmente originam-se dos círculos sacerdotais egípcios, pois os documentos que nos chegaram talvez tenham sido escritos pelos sacerdotes egípcios no exílio depois que fecharam as escolas de mistérios.

Entre outras formas do emanacionismo, incluem-se o relato da Cabala do *sepiroth* e as diferentes ordens de seres espirituais descritas pelo neoplatônico Plotino. Isso também se apreende na exposição das diferentes ordens de anjos, aludidas por São Paulo e colocadas integralmente pelo seu discípulo Dionísio, o Areopagita, os quais são relatos clássicos das ordens de anjos na tradição cristã. Para um relato paralelo das diferentes ordens recolhidas dos sábios zulus no século XX, ver *"The Ancient Wisdom in Africa"*, de Patrick Bowen, em *Studies in Comparative Religion*, volume 3, nº 2, primavera de 1969, pp. 113-121. Para um relato da narrativa sobre o "drama no paraíso", conforme os paralelos nas tradições gnóstico-cristãs, na Cabala de Isaac Luria e na gnose xiita do ismailismo, consulte *"The Dramatic Element Common to the Gnostic Cosmogonies of the Religions of the Book"*, de Henry Corbin, em *Cahiers de l'Université Saint Jean de Jerusalem*.

4. Coríntios, 4:18: "As coisas visíveis são temporais, mas as coisas invisíveis são eternas."

CAPÍTULO 2

1. Ocorre uma intensa dimensão metafísica no filme, típica da obra de Terrence Malick. Ele não se refere apenas à colisão entre os átomos, mas também à colisão de valores no cerne da natureza. Trabalhei por muitos anos com a edição e publicação do herói da SAS (Informante Especial da Força Aérea) Chris Ryan, o qual me disse que *Além da linha vermelha* é um dos dois filmes que melhor traduzem o sentido do que é realmente gostar de estar na batalha.

2. O neoplatônico Proclus escreveu que, segundo a teologia órfica, "a divindade geradora da energia estável, da semelhança e do primeiro princípio de conversão de todas as coisas é caracteristicamente masculina, mas a divindade que gera a partir de si mesma todos os crescimentos e poderes é feminina. Segundo a teologia, a comunicação entre ambos é o casamento sagrado... que antes os teólogos chamavam de casamento entre o Céu e da Terra, entre Saturno e Reia". Citado nas *Obras* de Plotino, com um comentário de G. R. S. Mead, 1929.

3. Fragmentar e romper fazem parte da natureza dos minerais. "O eu se manifesta nos opostos e nos conflitos entre eles; o que é uma *coincidentia oppositorium*", Carl Gustav Jung, *Psychology and Alchemy* (Routledge, 1944).

4. Pode-se rastrear o desenvolvimento do conceito de "Palavra," como princípio organizador do cosmos em Heráclito, nos estoicos e no grego Philo, que provavelmente influenciou o autor do Evangelho de São João. Na tradição grega, Apolo era a representação divina desse princípio ordenador. Veja *Jesus Christ, Sun of God: Ancient Cosmology and Early Christian Symbolism*, de David Fideler (Quest Books, 1996).

Veja também *The Popol Vuh*, 1,1: "Tudo estava em suspensão, tudo estava sereno e silencioso, tudo estava imóvel, tudo estava pacífico e o vazio era a imensidão dos céus. E então apareceu a primeira palavra."
5. Eis o que escreve Plotino, um dos seguidores de Platão que redirecionou o idealismo para um misticismo prático: "Neste mundo inteligível tudo é transparente. Nenhuma sombra limita a visão. Todas as essências se observam e se interpenetram na mais íntima profundidade de sua natureza" (*Eneida*, V.8).
6. À luz da filosofia mística, a dimensão vegetal encarnada por Adão e Eva vive em nós, como princípio que vitaliza e organiza o corpo físico. Como diz o poeta sufi Rumi: "No início estávamos com Adão e Eva." Esse é um tema que retornará repetidamente. *Mathnawi*, vi. 735.

CAPÍTULO 3

1. Além do Sol e da Lua, Vênus é o único corpo celeste cujo brilho projeta sombras.
2. A esmeralda era a pedra preciosa sagrada de Hathor, a Vênus egípcia. Um poema medieval intitulado "A guerra de Wartburg" preservou a tradição da queda de uma pedra de esmeralda da coroa de Lúcifer, e mais adiante veremos por que isso se tornou um elemento importante na história do Graal.
3. Todos os seres humanos anseiam pela felicidade. A morte é o negror do outro lado do espelho pelo qual nos vemos a nós mesmos.
4. Onde o Gênesis diz que Adão e Eva perceberam que estavam nus, isso quer dizer que como animais se tornaram conscientes de que tinham corpos de um modo que as plantas não tinham consciência. Um tipo de percepção que proporcionou o "pecado".
5. Reconhece-se essa dualidade – o modo pelo qual o mal nos ataca de duas direções – na oração do Senhor: "Não nos deixeis cair em tentação [Vênus] e livrai-nos do mal [Saturno]."
6. Miguel, por exemplo, é descrito tradicionalmente como o Arcanjo do Sol, e Gabriel, como o Arcanjo da Lua. Para uma compreensão mais completa de como o explícito folclore astronômico, embora esquecido, é codificado na Bíblia e também na arquitetura e na arte cristãs, ver *A história secreta do mundo*.
7. Inscrição tamil observada pelo renomado estudioso de religião tradicional Ananda K. Coomaraswamy.

CAPÍTULO 4

1. Compare os exemplos de *yogasutras de Pantanjali*:
"Medite sobre o elefante para ganhar a força de um elefante."

"Medite sobre a orelha para poder ouvir a grandes distâncias."

"Medite sobre a leveza do algodão para poder atravessar o espaço."

2. Depois de aprender com a mulher-aranha, a menina retorna para casa e ensina ao povo navajo a tecer os belos padrões que se tornaram famosos.

CAPÍTULO 5

1. O sapatinho de cristal de Cinderela é um eco evidente do "encaixe perfeito". Um grande número de histórias conhecidas desde a infância – *A Bela Adormecida; João e o pé de feijão; Cinderela* – aborda o que aconteceu com os anjos.
2. *Poimandres*, o "conhecimento de Rá", um capítulo no *Corpus Hermeticum*, descreve a elevação do espírito humano aos céus, libertando-se dos diferentes atributos ruins nas diferentes esferas, como maquinações astutas na esfera de Mercúrio, luxúria na de Vênus, imprudência na de Marte, ganância na de Júpiter e falsidade na de Saturno.
3. Novalis: "Um nascimento na Terra acarreta uma morte nos mundos espirituais."
4. Esdras descreve um mundo espiritual primordial como morada da humanidade antes da criação do mundo da matéria (Segundo Livro de Esdras, 3:4-7).
5. Os mitos apresentam as realizações dos deuses (anjos) das quais os seres humanos também serão capazes de realizar. Forjam um caminho para nós. A história de Ísis e Osíris apresenta o percurso de tempo limitado do nascimento até a morte no mundo da matéria, medido pelo Sol e a Lua, com testes e submissões a julgamentos de acordo com os dons que abençoam cada ser humano. Mostra como se recebe ajuda divina quando se pede por isso, e como se morre para o mundo material e se renasce no mundo espiritual por um determinado tempo.

Só vivemos o tempo suficiente para sermos testados repetidas vezes. Cada ser humano tem o seu próprio encontro com Seth, e segundo os sacerdotes egípcios, após a morte acabamos por ver claramente os acontecimentos sob a luz de Osíris.

CAPÍTULO 6

1. Embora Ovídio seja a principal fonte das histórias de metamorfose, parte da linguagem vem de Shakespeare.
2. Há um ditado atribuído a Baal Shem Tov, o fundador do judaísmo hassídico: "Toda folha de grama tem um anjo ao lado que diz: 'Cresça! Cresça!'"
3. Milton descreveu os corpos espirituais como "suaves e não compostos... com sua pura essência sem amarras ou algemas em articulações ou membros – e muito me-

nos fundada em ossos frágeis", e como os anjos se metamorfoseiam em busca dos seus "objetivos etéreos". *Paraíso perdido*, Livro 1.425-30.

4. Em outra história celta, *As aventuras de Cormac na terra prometida*, o rei viaja pela terra prometida e encontra uma fonte de cinco veios de água, sendo informado de que cada veio é um dos cinco sentidos.

Esse é um exemplo surpreendente de uma narrativa oblíqua que nos faz ter a familiar sensação de que a perspectiva do narrador é de outro mundo – em outras palavras, da perspectiva do outro mundo sobre como o mundo material se forma a cada dia. É como as cenas do filme *Matrix*, baseado nos romances místicos de Philip K. Dick, nas quais de repente o espectador percebe que os personagens do filme estão ligados a máquinas que os levam a um mundo virtual que eles confundiam com o mundo real.

Em certo nível, histórias como essa e a de Taliesin descrevem o que ocorre na iniciação, mostrando ao leitor ou espectador uma perspectiva de outro mundo. E considerando que educam o leitor nessa perspectiva, tais histórias são iniciadoras por si mesmas.

CAPÍTULO 7

1. Odin tinha como missão combater o mal autorizado a entrar no mundo pela criação da vida animal, e desenvolver as habilidades de resistência à tentação e à astúcia insinuada por Vênus. Os astrólogos do Norte observaram os padrões complexos de Mercúrio e Vênus em torno do Sol ao nascer e ao se pôr, e isso os fez entender que o destino humano estava interligado à relação entre os dois planetas.

2. Tanto as histórias de Odin e Asgard como as de Zeus/Júpiter registram momentos de grandes vitórias sobre as forças de Saturno e Vênus, forças do materialismo e da desilusão, mas também momentos ainda não terminados para as duas frentes de batalha. Os contadores de histórias sabiam que as forças do materialismo eclodiriam de novo como filhos de Saturno, os Titãs e os gigantes. As forças do materialismo eram as constantes ameaças externas e as de Vênus, a do inimigo interno.

3. Para uma descrição clara e concisa da teoria dos campos mórficos em relação aos últimos desenvolvimentos científicos, veja *The Science Delusion*, de Rupert Sheldrake, editado e publicado por mim no ano passado. Nos Estados Unidos, já consta da lista de Deepak Chopra, como *Science Set Free*.

4. Mary Midgley, *Guardian*, 27 de janeiro de 2012.

5. "Se todo o mundo fosse de papel / E todo o mar fosse tinta / E todas as árvores fossem de pão e queijo / O que teríamos para beber?" Esse versinho infantil evoca um eterno mistério que ainda mobiliza a ciência atual. O cosmos não precisaria ser

finamente sintonizado do jeito que é para se adequar a nós e nos propiciar condições de vida. Embora adequado e confluente a cada tipo de forma, se faltasse um pequeno elemento, a vida, como a conhecemos, seria impossível.

6. O *Corpus Hermeticum*: "Não há nada no cosmos que não esteja vivo" (Livro 12, *um discurso de Hermes para Tat*).
7. Pinturas tradicionais da Natividade são símbolos maravilhosos de tal processo histórico.
8. Segundo Rudolf Steiner, a consciência das pedras assemelha-se a um transe profundo da consciência humana.
9. Plínio, o Velho, *A história natural*, Livro 2, Capítulo 102: "A Lua preenche os corpos pela aproximação e os esvazia pelo distanciamento. O sangue aumenta e diminui junto com ela. A Lua é o astro do espírito animal." Eleazar, um zelote do primeiro século, disse que a alma possui grande capacidade, mesmo presa ao corpo, uma vez que faz do corpo um órgão de percepção, mas só depois que a alma retorna a sua própria esfera é que se enche de alegria e poder sem limites. Como diz o matemático e místico francês Blaise Pascal na frase bastante conhecida: "O coração tem razões que a própria razão desconhece." E ele poderia ter acrescentado ao coração os pulmões, o estômago, o genital, o sistema nervoso e também o cérebro.
10. Considerando que o ponto de partida idealista é oposto ao ponto de partida materialista, as concepções do idealismo podem parecer de cabeça para baixo para a modernidade materialista. Como veremos depois, grandes pensadores espirituais, de Jesus Cristo aos mestres do zen, desempenharam uma qualidade paradoxal. Os mitos nórdicos estão mais impregnados do paradoxismo – o espaço e o tempo pouco significam para eles – do que os mais conhecidos gregos e romanos, e talvez por isso fizessem releituras populares. Até mesmo os vitorianos, geralmente talentosos nesse tipo de coisa, se viram às voltas com os mitos nórdicos, como fez Roger Lancelyn Green na sua releitura talvez a menos bem-sucedida.

CAPÍTULO 8

1. No Corão (Sura, 27:16), diz Salomão: "Fomos ensinados na linguagem dos pássaros." Isso significa que "sabemos como conversar com as inteligências superiores" – pássaros, aqui, simbolizam anjos. O mesmo simbolismo utilizado na parábola do grão de mostarda, onde a árvore representa a árvore do mundo, o polo que perpassa todos os níveis do ser e da realidade – e as aves do céu nos galhos mais altos são os anjos. Análise inspirada em René Guénon ("A linguagem dos pássaros", *Studies in Comparative Religion*, vol. 3, nº 2, 1969).

CAPÍTULO 9

1. Diferentes tradições religiosas enfatizam diferentes épocas. Uma passagem curta do Gênesis 6 cobre a totalidade do corpo mitológico greco-romano, na alusão aos anjos que tomam mulheres como esposas e dos homens poderosos que nascem dessa união.
2. Perseu é um herói solar, seus feitos ecoam as obras dos primeiros heróis solares. Ele luta contra um monstro saturnino do materialismo que quer transformar o mundo inteiro em matéria morta. Como veremos adiante, para o idealismo os padrões de repetição na história não carregam consigo implicações do que são "compostos". Os padrões se repetem na história de acordo com os ditames das estrelas e dos planetas.

CAPÍTULO 10

1. Lorna tem escrito sobre um demônio que age inconscientemente. Para uma chance rara de assistir a Lorna Byrne discorrendo sobre "o outro lado", consulte o vídeo da entrevista com Graham Hancock, disponível no site dele.
2. A literatura enoqueana é amplamente citada como autoridade no Novo Testamento, a ponto de Jesus Cristo ter feito uma alusão a ela. *O livro de Enoque* permaneceu perdido por mais de 1.500 anos, até ser redescoberto em 1773 pelo maçom escocês James Bruce, no território que hoje faz parte da Etiópia.
3. O historiador do século XI Said de Toledo registra que a tradição de Thoth no Egito – Hermes para os gregos, Enoque para os judeus e Ídris para os muçulmanos – originou a ciência antediluviana, uma primeira referência sobre os movimentos dos planetas, a construção de templos para Deus e o alerta para catástrofes, incluindo o Dilúvio. Consulte também "E vi como as estrelas do céu surgiram, e contei os portais dos quais procediam, e anotei os pontos de saída, de cada estrela individual por si só, de acordo com os números e os nomes, os cursos e as posições e os tempos e os meses..." (*O livro de Enoque*, Capítulo 33); em *Uriel's Machine*, Robert Lomas e Christopher Knight sugerem que o que estava sendo descrito era um monumento megalítico com a função de predizer os movimentos dos corpos celestes e, consequentemente, das estações. Até hoje ainda se espera encontrar a biblioteca de Enoque nos desertos do Norte da África, onde as tradições dos Salões de Registros sobreviveram. Alguns acreditam que está enterrada debaixo das patas da Esfinge. No livro *Stairways to Heaven*, Lorna Byrne oferece uma descrição muito viva e detalhada dessa biblioteca como situada numa dimensão espiritual.

4. Malaquias tem uma profecia do "sol da justiça" (Malaquias, 4:2-3) que São Paulo e a tradição cristã assumiram como uma profecia de Jesus Cristo. Jesus Cristo é tradicionalmente retratado com imagens de energia solar, uma associação muitas vezes explícita na literatura cristã primitiva, como a de *Pistis Sophia*.
5. "A visão me levantou para o alto e me levou até o céu... E olhei e lá estava um trono sublime: era como cristal e as rodas brilhavam como o sol e apareciam querubins" (*O livro de Enoque*, Capítulo 14).
6. "E os anjos, os filhos do céu, observaram e as cobiçaram... E eles saíram atrás e com elas se contaminaram e ensinaram encantos e encantamentos para elas... E elas engravidaram e geraram gigantes com uma estatura de três mil varas... e os gigantes se voltaram contra elas e devoraram a humanidade. E começaram a pecar contra pássaros e bestas, e répteis, e peixes, e devoraram a carne uns dos outros e beberam o sangue" (extraído dos Capítulos 6 e 7 de *O livro de Enoque*). "E aconteceu que os anjos de Deus notaram que elas eram bonitas de se olhar... e tomaram para si todas as mulheres que escolheram, e deram filhos para elas, filhos gigantes... e a ilegalidade se intensificou na terra e toda a carne corrompeu o caminho e toda a imaginação da mente de todos os homens [tornou-se] em mal continuamente... E Ele disse que destruiria o homem e toda a carne sobre a face da terra que Ele criara" (*O livro dos Jubileus*, Capítulo 5).

CAPÍTULO 11

1. Depois de dizer que não profetizaria, disse Eliseu: "Mas agora me traga um menestrel." "E sucedeu que quando o menestrel tocou, a mão do Senhor o tocou" (2 Reis, 3:15).
2. Havia homens de profunda sabedoria nos tempos antigos que conheciam por intuição os sentimentos e a forma de todos os seres vivos. Entendiam perfeitamente as línguas das diferentes espécies de animais. E quando eles chamavam, os animais reuniam-se e ouviam os ensinamentos.
3. A antiga *oreibasia* grega era um rito de meados do inverno dedicado a Dioniso. As mulheres deixavam a cidade durante a noite em direção às montanhas, onde imitavam as Mênades, bebendo vinho, dançando em êxtase, sacudindo os cabelos e, enlouquecidas, desmembrando e devorando o cabrito que representava o deus. *Tragos* é o termo grego para cabra, e essa cerimônia originou o drama trágico e preparou o caminho para a grande arte de lidar com as questões importantes da vida e da morte. O rito mescla exaltação selvagem e repulsão, sagrado e bárbaro. Paradoxos que afirmam a força da vida em confronto com o pior do que pode acontecer e que

terminam mostrando a força da vida ainda indestrutível. Isso sobrevive à morte individual, sendo em última análise uma rejubilação. A vida segue adiante.

De James George Frazer, *The Golden Bough*, 1890, com um relato de um missionário sobre uma dança executada por canibais, na Colúmbia Britânica, onde rasgavam e comiam um corpo humano (Capítulo 43).

Ainda no início do século XX, o viajante Wilfred Thesiger testemunhou o rito anual de uma tribo das montanhas no Tânger. As pessoas ficavam quase mortas de fome e entravam em delírio induzido por drogas. Dançavam ao som de flautas e tambores. E depois jogavam uma ovelha no centro da praça da aldeia e o dilaceravam e rapidamente o devoravam cru, com o sangue ainda fresco. Thesiger é citado por E. R. Dodds no livro *The Greeks and the Irrational*, 1951.

4. Informação sobre as abelhas extraída de *A parábola da fera*, de John Bleibtreu, 1970. Trata-se de um relato surpreendente da biologia experimental sobre a inteligência no trabalho do mundo natural em muitas e inesperadas maneiras.
5. Como disse Krishna, cuja história estará no Capítulo 15: "Aquilo que é verdadeiramente conhecido sabe que é conhecido."
6. Os maiores escritores abordam as questões da vida e da morte, os mistérios da condição humana, as ligações misteriosas e místicas das cadeias de eventos. Para dar um brilhante exemplo moderno, Jonathan Franzen, na esteira da alta tradição de George Eliot, escreve em *Freedom* sobre o "erro da vida realmente grande" de um personagem. Insegura por uma infância sem amor, Patty "assume" uma versão de sua imagem que o amante lhe dá, apesar de saber que não é precisa. As inseguranças dos dois amantes integram-se perfeitamente. As melhores e piores qualidades de ambos envolvidas nesse "erro de vida" tornam-se o grande "teste de vida" de ambos. É improvável que entrelaçamentos assim ocorressem sem a mão orientadora do destino. Coisas que acontecem de maneira que às vezes apenas os grandes escritores conseguem capturar continuam sendo um profundo mistério. O que escritores como George Eliot e Jonathan Franzen dizem é que podemos tentar adiar a consideração de questões como essas e mergulhar em outras coisas, mas no fim sempre temos que confrontar as escolhas pessoais com extrema seriedade. E grandes romancistas como esses mostram com realismo psicológico como isso funciona no curso de vidas e gerações. Voltaremos ao assunto no Capítulo 42.

CAPÍTULO 12

1. No *Matsya Purana* (2:8-10), diz Vishnu para Manu: "Sete nuvens de chuva trarão destruição. Os oceanos turbulentos se fundirão em um único mar. Elas transforma-

rão o mundo em lençóis de água. Então, pegue as sementes da vida de todos os lugares e coloque-as no barco dos Vedas."
2. Em *Meditations on the Tarot*, Valentine Tomberg, católico estudioso do misticismo e da sabedoria esotérica, descreve o olho como um ferimento. Talvez para dizer que os olhos físicos nos cegam para o mundo espiritual (Carta V).
3. "E Deus organizou o zodíaco e ordenou que fosse produtivo para os diferentes tipos de animais que estavam por vir" (*The Kore Kosmu*: 20). Mas juntos, os quatro querubins nos pontos cardeais do zodíaco – Touro, Escorpião, Leão e Aquário – formam uma cruz no cosmos. ("Essas quatro constelações marcam as extremidades de um cruzamento cujo centro é a estrela polar, pela sua imobilidade no centro da rotação celestial." *Le Tarot des imagiers du moyen age*, Oswald Wirth.) Nessa cruz o deus Sol seria crucificado, de modo que a matéria pudesse se espiritualizar de acordo com o plano cósmico.
4. A escultura da Esfinge no planalto de Gizé, datada de 11451 a.C., representava um guardião do tempo. Para argumentos a respeito de datas, veja *The Fingerprints of the Gods*, de Graham Hancock (William Heinemann, 1995); *Keeper of Genesis*, de Robert Bauval e Graham Hancock (William Heinemann, 1996); *The Egypt Code*, de Robert Bauval (Century, 2006). Um dos fundamentos dessas teorias é a obra do dr. Robert Schoch. Consulte *Erosion Processes on the Great Sphinx and its dating*, 1999.

CAPÍTULO 13

1. Alguns diziam que a montanha mística era de cristal. Outros diziam que era de ouro. Suas cavernas estavam repletas de joias mágicas guardadas por serpentes. Também circulavam rumores da existência de cidades subterrâneas e vias em espiral descendente até o centro da Terra.

Por volta de 450 a.C., o matemático e místico Pingala utilizou o nome de monte Meru para a sequência de Fibonacci definida como pirâmide. O monte Meru pode ser visto como uma pirâmide de pensamentos santos que emana da Grande Mente Cósmica e abre-se para criar o mundo abaixo.

O terceiro Panchen Lama, um dos líderes tradicionais do Tibete, disse que a tentativa de uma viagem física para encontrar a montanha sagrada só leva para mais longe. Também são necessários intensos e difíceis exercícios espirituais e místicos.

A atração do monte Meru projeta-se pelo mundo adentro. Cristãos místicos, como Santo Agostinho e a beata Catherine Emmerich, da Ordem de Santo Agostinho, escreveram a respeito. Thomas Vaughan, um inglês inspirado nos ideais rosa-cruzes, escreveu com um pseudônimo sobre uma montanha "situada no centro da Terra ou no centro do mundo que tanto é pequena como grande. Suave, acima de qualquer medida, dura e forte, longe e perto, mas invisível pela Providência de Deus. Onde estão escondidos tesouros cuja amplitude o mundo sequer consegue avaliar". *Lumen de Lumine*, Parte II, Eugenius Philalethes, 1651.

No século XIX, o dito reino sagrado era amplamente conhecido como Shambhalah. O czar Nicolau II estava convencido de que ele era a reencarnação de um grande místico da região, e por isso construiu um templo budista em São Petersburgo, em 1910. O pintor russo Nicholas Roerich carregou um punhado de terra santa, supostamente presenteada pelos *mahatmas*, mestres espirituais que vivem na montanha, para colocar no túmulo de Lênin. Ele estava convencido de que Marx e Lênin haviam sido secretamente instruídos por esses mestres.

A partir do segundo século a.C., profecias da tradição budista *kalachakra* previram que o budismo seria praticamente extinto no Tibete, Mongólia e China entre 1927 e 2027. Também previram que entre 2327 e 2424 ocorreria uma grande guerra. E que exércitos desceriam do monte Meru, liderados por um rei, e expulsariam as forças do materialismo e tra45ariam uma nova era dourada.

Rama é um governante arquetípico alheio aos assuntos de Estado, como o califa Haroun al Raschid, em *Contos das mil e uma noites* e o duque em *Medida por medida*, de Shakespeare. Tomás de Aquino escreveu que por vezes Deus e os anjos ausentam-se em prol do desenvolvimento do livre-arbítrio humano.

Eu participava do lançamento de *Stairways to Heaven*, de Lorna Byrne, em Dublin, quando um senhor se aproximou e entregou-me um envelope com o trabalho de um professor esotérico que me era desconhecido. De acordo com Brian Cleeve, cada espírito humano integra um grupo de milhares de espíritos. Após a morte os espíritos integram-se em uma única mente grupal, constituindo um ser com a experiência de mil vidas humanas. Nesse estado continuamos com o senso de individualidade, mas compartilhamos as experiências coletivas do nosso grupo. Perdi a direção desse cavalheiro e não pude agradecê-lo, mas agradeço agora caso ele esteja lendo estas palavras. (Observe-se a semelhança com a noção de "família de almas", de Isaac Luria, atraídas umas pelas outras por um parentesco especial.) Com base nas suas próprias experiências no céu, Lorna diz que lá substituímos o senso de injustiça da vida por algo infinitamente mais amplo que tudo que experimentamos neste planeta como seres humanos. Alguns escritos de Brian Cleeve estão on-line, em *Seven Mansions: The Works of Brain Cleeve 1921-2003*.

CAPÍTULO 14

1. Zaratustra é um dos seres elevados que guarda a história humana e intervém nos momentos decisivos.

2. De acordo com a secular posição acadêmica segundo a qual os anjos e seres espirituais superiores não são reais, os rumores sobre os anjos irromperam por influências culturais e os anjos do Antigo e Novo Testamento modelaram-se em narrativas persas, como o encontro de Zaratustra com os altos seres brilhantes. Veja, por exemplo, *The Old Testament: A Historical and Literary Introduction to the Hebrew Scriptures*, de Michael D. Coogan (Oxford University Press, EUA, 2005).
3. Ainda menino, Nietzsche passou por um susto terrível quando estava sentado sozinho na biblioteca do pai e uma voz o chamou por trás da cadeira. Petrificado, não ousou se virar para olhar. Alguns anos depois, um homem com aquela mesma voz surgiu à sua frente e o cumprimentou. Era o próprio Zaratustra, envolvido por uma terrível aura de perigo. Voltaremos a Nietzsche e à história do seu tempo mais tarde.
4. O divino está dentro de cada um de nós, diz Plotino, "como um rosto refletido em muitos espelhos". A doutrina do Eu divino e do eu humano, talvez mais familiar no ensinamento hindu, é propagada pelo cristianismo desde os primeiros dias da Igreja. Diz Santo Agostinho: "Deus é mais eu do que eu próprio sou." O que ocorre no mundo espiritual, no mundo do Eu, mais tarde também ocorre com todos e com cada um de nós.
5. "Cristo" não é propriamente um sobrenome de Jesus Cristo. É um título adquirido no batismo que indicava o papel de salvador cósmico.
6. Após a batalha, Krishna levantou e ressuscitou o neto de Arjuna dos mortos.
7. A Kali Yuga durou de 3001 a.C. até 1899 d.C.

CAPÍTULO 15

1. Os mais antigos escritos que chegaram até nós são os tabletes cuneiformes de Uruk, no atual Iraque.
2. Noé e Dionísio, o Jovem, associados à transição para sociedades pós-diluvianas, também são associados à embriaguez. O álcool participa da evolução humana como elemento que intoxica o mundo material – e desliga o mundo espiritual.
3. Enlil é Júpiter. A melhor tradução do épico de Gilgamesh e da legendária estrela que lhe é subjacente encontra-se no *He Who Saw Everything*, de Robert Temple (Rider, 1991).

CAPÍTULO 17

1. Sigo David Rohl e os defensores da "nova cronologia" ao identificar Dudimose, não Ramsés II, como faraó do Êxodo. Para um relato completo, consulte *A Test of Time* (Century, 1995), de David Rohl.

2. Além das instruções para a construção do Tabernáculo, incluindo dois querubins de ouro esticados de modo protetor sobre a arca, também houve instruções para fazer as sete lâmpadas e as vestes sacerdotais com um bolso para carregar o *urim* e o *tumim* – instrumentos divinatórios. Javé deu instruções detalhadas para o sacrifício e o culto cerimonial.
3. Essa história é do Corão (18:61-83).
4. Para a identificação do Bahrain como local de confluência das duas águas, veja *Legend: The Genesis of Civilisation*, de David Rohl (Century, 1998).
5. Segundo uma tradição do misticismo judaico, o primeiro conjunto de tábuas trazidas do monte por Moisés continha uma sabedoria diferente e mais ampla que a do segundo conjunto de tábuas trazidas por ele depois que o povo se mostrou indigno adorando o bezerro de ouro. Por vezes chamam essa sabedoria mais ampla de Cabala.
6. A. Lieber, "Agressão humana e o ciclo sinódico lunar", *Journal of Clinical Psychiatry* 39 (5), 1978: 296.
7. Em *O avanço do aprendizado*, Livro II, Francis Bacon diz que "as coisas invisíveis" são refletidas pela lua.
8. A luz da lua está em constante mudança, geralmente sombria, e o pensamento humano também perde a clareza periodicamente e se torna fantasmático. Os demônios da lua são aproximadamente da estatura de um ser humano de 6 ou 7 anos. Uivam para a lua cheia, mas se calam na lua nova.
9. Josué, Capítulos 5 e 6, no *Manuscrito da guerra* encontrado em Qumran e publicado em 1995, o ritualisticamente impuro é proibido de participar na batalha porque os santos anjos também estariam combatendo. O anjo que passou diante dos israelitas era São Miguel. Sua missão, na ocasião, era incentivar os israelitas a desenvolver uma consciência racional. Miguel, o mensageiro do Senhor, muitas vezes é representado pesando as almas dos mortos. Ao dar para os judeus a razão e a capacidade de optar racionalmente pelo certo e o errado, Miguel também os condenava a ser julgados de acordo com o caminho tomado.
10. A "nova cronologia" data do Êxodo, aproximadamente 1447 a.C. As últimas escavações em Hisarlik, na Turquia, datam do cerco a Troia no final da Idade do Bronze, aproximadamente 200 anos mais tarde. Veja *A Test of Time*, de David Rohl (Century, 1995).
11. Pitágoras acreditava que tinha encontrado o escudo que portava em uma encarnação anterior, no cerco a Troia. História preservada por Diógenes Laércio, disponível on-line no *The Centre for Hellenic Studies*, pela Universidade de Harvard.
12. Para uma crítica perspicaz de Jaynes, consulte *Voices of Reason, Voices of Insanity*, de Ivan Leudar e Philip Thomas (Routledge, 2000). A meu ver uma correção de Jay-

nes, uma vez que mostra que ele exagera o seu caso. Há passagens sugestivas da vida interior em Homero, particularmente quando Ulisses diz para si mesmo: "Por que o meu coração debate essas coisas dentro de mim?" Por outro lado, é significativo que Ulisses diga isso por ser um herói engenhoso que forja uma nova consciência. Como os heróis hebreus, Ulisses consegue sucesso pelo juízo e não pela força superior, como os tradicionais heróis gregos representados no cerco por Aquiles. Também é instrutivo consultar o trabalho das gerações anteriores de estudiosos como E. R. Dodds (*The Greeks and the Irrational*, University of California Press, 1951), e as conferências de Gifford, 1948-50, do acólito de Wittgenstein, John Wisdom. Eles teriam concordado com Jaynes em muitos aspectos, mesmo sem enquadramentos provocativos. Também vale a pena notar no contexto que quando Homero pede ajuda das Musas na escrita, isso não quer dizer que pede ajuda para o estilo de escrita e sim para *informações factuais* sobre o curso da guerra e das batalhas individuais. Além de escrever sobre personagens que se encontram pessoalmente com seres espirituais, ele também se encontra com tais seres. Isso nos lembra os teósofos e Rudolf Steiner, que consultam as "crônicas *akáshicas*", o banco de memória cósmica. Da mesma forma, no *Paraíso perdido*, Livro 9, John Milton escreve sobre a sua "celestial padroeira", cujo "aparecimento noturno é imprevisível e dita para mim durante o sono ou inspira o fluxo do meu verso não premeditado".

13. Essa é uma história do mundo da forma que era entendido e acreditado por pessoas com um tipo diferente de consciência da que hoje predomina. Mas o surpreendente é que hoje muitos ainda têm o mesmo tipo de consciência ou algo muito parecido – e se você leu este livro até aqui, isso provavelmente o inclui!

CAPÍTULO 18

1. Usando uma corrente e um anel, ambos com o nome de Deus gravado em cima, Salomão entrou na sala do trono. O demônio Asmodeus estava sentado à direita do trono, mas, ao ver Salomão, levantou as asas assustado e saiu voando para longe e desapareceu com um grito. (Uma lenda judaica preservada na tradição maçônica. Ver *Masonic Legends and Traditions*, de Dudley Wright, 1921, Capítulo 3, disponível on-line na excelente biblioteca da Grande Loja Maçônica de Ohio.)

2. Esta versão da história antiga de Hiram é reintroduzida na vertente de tradição maçônica no século XVIII pelo misterioso diplomata e mestre espiritual conde de Saint Germain. Se os anjos influenciam a vida humana e se alguns são anjos de planetas e de constelações, como diz a tradição cristã, então estão implícitos no cristianismo os contornos de uma visão de mundo que é adjacente, se não idêntica, à visão de mundo da astrologia. Atualmente, a Igreja encontra-se em uma de suas

fases de negação da astrologia, embora grande parte da história da astrologia tenha sido tecida na prática religiosa cotidiana. Tanto o Antigo como o Novo Testamento são ornados com a tradição estelar e planetária, e como o templo de Salomão, as igrejas cristãs eram tradicionalmente construídas e orientadas de acordo com os princípios astrológicos. Um dos objetivos deste livro é o de acentuar o que as grandes religiões têm em comum, e aparentemente há um elemento astrológico em todas elas. Veja também *The Secret History of the World* (Quercus, 2008), publicado no Brasil pela Editora Rocco, sob o título *A história secreta do mundo*.

CAPÍTULO 19

1. Quando aparece pela primeira vez, ele é chamado de Elias, o tisbita, mas a pesquisa não encontrou qualquer cidade, tribo ou região associada a esse nome.
2. A atenção dos corvos indica a presença de Zaratustra, um espírito familiar.
3. Claro que é difícil não observar um eco disso na relativamente recente tradição cristã das crianças que deixam comida e bebida para Papai Noel.
4. Elias pegou o manto e havia "uma porção dobrada do espírito" (2 Reis, 2:9). A Torá menciona que ele realizou dezesseis milagres, enquanto Eliseu realizou oito. Na literatura esotérica, tal manto é descrito como um manto de amor ardente. Isso se refere a uma fase na transformação do corpo sutil, uma parte do misticismo da *merkabah* onde os corpos sutis são moldados numa carruagem para levar o espírito ao céu.
5. Moisés e Elias continuam desempenhando grandes papéis na economia espiritual do cosmos. Elias intervém naquilo que o místico Jacob Boehme se referiu, no século XVII, como Mundo Exterior, anunciando o Segundo Advento, e na chamada de Moisés para a contagem dos mortos. As escrituras sagradas dos judeus mostram o cosmos realizado para nós, movendo-se tanto para nos ajudar como para nos testar, tanto nesta vida como na próxima.
6. Lembremo-nos da promessa nos Salmos (91:11-13): "Porque aos seus anjos dará ordens, para te guardarem em todos os teus caminhos. Eles te susterão nas mãos, para que não tropeces nas pedras. Pisarás o leão e a serpente, calcarás aos pés o filho do leão e da serpente."

CAPÍTULO 20

1. A imortalidade é um fio condutor através de muitas encarnações. Astrólogos altamente avançados podem rastreá-la. Diz-se que a Mãe Meera pode ver isso quando você se ajoelha à frente e ela olha para sua cabeça. Grandes seres que vivem e trabalham neste mundo e no mundo espiritual são lembrados em diferentes culturas

e em diferentes momentos com diferentes roupagens. O ser que nasceria de uma rainha e seria conhecido como o Buda tinha vivido anteriormente como Odin, de acordo com Rudolf Steiner. Esse grande ser tem um papel essencial na história do cosmos: levar-nos para cima e para fora do nosso corpo animal.

2. A árvore sob a qual o Buda se senta é a Árvore do Mundo de Odin, a árvore que nos liga espiritualmente com tudo no cosmos. Por também sentar-se contra ela, ele a revive e interliga a humanidade com tudo.
3. Para a afinidade do Buda com os pastores, veja também sua aparição para os pastores no Evangelho de São Lucas. Veja *The Gospel of Luke*, palestras 2 e 3, Rudolf Steiner, 1909.
4. Os ensinamentos do Buda sobre os princípios subjacentes ao cosmos são de uma clareza esplendorosa e representam um salto à frente no pensamento conceitual, diferentemente da tradicional consciência pictórica do mundo antigo.
5. O eu interior é o centro da consciência do indivíduo. Esse eu é a Mente Cósmica. No idealismo, o eu interior não é o autor de sua própria consciência, como no materialismo, mas pega "emprestada" a consciência do eu interior. Esse eu é por vezes concebido como indiferenciado, e por vezes os seus pensamentos são experimentados como deuses ou anjos. Lorna Byrne me disse que às vezes ela vê todos os anjos ligados a Deus por um cordão.
6. A doutrina do caminho óctuplo da virtude pode parecer abstrata, mas é um meio pelo qual se desenvolve o chacra de dezesseis pétalas, moldando as pétalas na sua plasticidade etérea para alcançar os dons espirituais – mas por via moral. O Buda prega uma vida santa como via para os mundos superiores.

CAPÍTULO 21

1. Levando em conta que Sócrates é o pai da filosofia ocidental, fico surpreso por não encontrar relatos de sua relação com seu *daimon* com a importância que dou aqui. Talvez isso se dê pelo fato de que a filosofia socrática é seminal para racionalistas e materialistas. Mas como mostra este capítulo, Sócrates não acreditava naquilo que eles acreditam.
2. Na peça de Sófocles, Édipo diz que Apolo é que tinha sido o *daimon* que o instigara a furar os próprios olhos, mas ressaltando que a mão que o tinha feito era a dele (*Édipo Rei*, 1385-1390).
3. Para uma visão alternativa do *daimon* de Sócrates, sir John Beaumont, o escudeiro do século XVIII, cujos primeiros relatos de xamanismo e *poltergeists* examinaremos adiante, escreveu que o *daimon* era claramente o mal, uma vez que levou Sócrates a uma morte desnecessária! (*Um tratado histórico, físico, psicológico e teológico dos espí-*

ritos: aparições, feitiçarias e outras práticas mágicas. Contendo um relato sobre os gênios... Com uma refutação do mundo enfeitiçado do dr. Bekker; e outros autores..., 1705).

Um aspecto interessante do *daimon* de Sócrates entra na vida de Plotino, o filósofo neoplatônico. Um amigo o persuadiu a ir ao encontro de um sacerdote egípcio que visitava Roma. O sacerdote mostraria o *daimon* – ou espírito familiar – de Plotino através de uma invocação, e para isso convidava o filósofo para um encontro no templo de Ísis, o único lugar em Roma onde a língua egípcia parecia pura e reverberava de maneira eficaz. Mas ao invés de um *daimon*, manifestou-se um deus. O sacerdote egípcio disse em altos brados: "Você é um homem feliz, Plotino! Você tem um deus como seu *daimon*. Seu guia não é do tipo inferior" (Porfírio, *Vida de Plotino*, 10:1-2).

Relatando o episódio, Beaumont evoca o comentário de Hermes Trismegisto: "Aqueles que estão comprometidos com os anjos mais sublimes têm prioridade sobre os outros homens. Pois tais anjos os guardam e os elevam, e por meio de um poder secreto os atraem para si, sem que sejam percebidos. Mas aqueles que são atraídos se deparam com certo poder presidencial, do qual não conseguem se desligar. Pelo contrário, temem e reverenciam essa força exercida pelos anjos superiores e inferiores e que faz os mais fracos temerem o poder presidencial."

4. Demócrito, contemporâneo de Sócrates, é o primeiro filósofo a dar uma explicação sistemática dos átomos. O átomo seria literalmente aquilo que não pode ser cortado. O átomo seria então um componente básico e irredutível; portanto, de toda a realidade – o que era de fato real. Epicuro segue-se a Demócrito, e cem anos depois o romano Lucrécio, no desenvolvimento do atomismo e, por consequência, de uma visão mecanicista e materialista do universo no sentido de propor que a matéria era autossuficiente de um modo que tornava a explicação espiritual desnecessária. No *Sobre a natureza das coisas*, Lucrécio nega a Divina Providência, exaltando o prazer como bem supremo, com o argumento de que o mundo era constituído de átomos e vazio. Será que os períodos mais intensos da criatividade humana originam-se do excitante amálgama entre a cotidiana experiência humana do divino e o atomismo (e a ciência)?

Epicuro fundou uma das escolas mais populares da Antiguidade. Da mesma forma, o atomismo tornou-se bastante popular nas últimas décadas do século XIX, embora desacreditado pela ciência de ponta na década de 1950.

CAPÍTULO 22

1. Outros místicos que tiveram visões da vida de Jesus foram Bridget da Suécia, Catarina de Siena, Anne Catherine Emmerich e Therese Neumann.

2. Segundo a mecânica quântica as percepções humanas afetam o comportamento das partículas subatômicas. Isso levanta uma estranha possibilidade: seriam os átomos de Demócrito e Epicuro que os trouxeram à existência? Ou a matéria teria sido constituída antes de maneira diferente?
3. "Cristo aparece em plena noite de profunda escuridão no mundo", Hildegard de Bingen. *Scivias* III, 7.
4. Em *Timeu*, escreve Platão: "Deus colocou a alma do mundo em formato de cruz através do cosmos e a estendeu sobre o corpo do mundo." Em *A república*, ele diz que "o homem justo será crucificado", o que para muitos comentaristas parece uma encenação sobre a balança humana do ato cósmico descrito no *Timeu*. As duas passagens são por vezes mescladas para instituir uma profecia da crucificação, como por Rudolf Steiner.
5. Uma vez a mente humana transformada pela integração com Cristo, a consciência divina trabalha para exteriorizá-la, refinando e espiritualizando inicialmente a consciência anímica, e depois a vida vegetal, e por fim a matéria. Para iniciar esse processo espiritual, modifica-se inicialmente a mentalidade, que em seguida modifica a fisiologia. À medida que ocorre esse misterioso processo de espiritualização, controla-se o aspecto animal e depois o vegetal e, por fim, em nível avançado, as dimensões materiais da vida. Alguns santos, por exemplo, controlavam as feras, liam mentes de outras pessoas, curavam e até mesmo voavam. Faz-se aqui uma complexa e misteriosa teologia da matéria. O cristianismo não promove o alheamento da dimensão material ou a repressão do corpo humano e do amor e do desejo, mas trabalha no sentido de uma espiritualização de tudo.
6. Lucas, 10:38-42.
7. Os óleos utilizados para unção – Cristo significa "o Ungido" – são suave e lentamente extraídos de árvores ou plantas. É a essência do espírito vivo. Uma unção faz o espiritual brilhar.
8. Entre as literaturas apócrifas quase incluídas no cânone, o Evangelho de São Tomé é o que mais se aproxima da forma e do conteúdo dos quatro evangelhos canônicos, e hoje em dia por vezes é incluído nas compilações e edições sinópticas.
9. A versão mais antiga do texto está danificada e a palavra "boca" é uma suposição.
10. Essa história foi produzida pela reunião de alguns fragmentos do *Codex Borgianus*, tal como interpretados pelo lorde de Kingsborough e recolhidos no *The World's Saviours*, do reverendo C. H. Vail (NL Fowler & Co., 1913), e adapta-se às ideias das palestras de Rudolf Steiner publicadas como *Inner Impulses of Evolution: The Mexican Mysteries and the Knights Templar* (Anthroposophical Press, 1916). A mulher-aranha é, no caso, a deusa criadora/Ísis dos Capítulos 4 e 5.
11. Do Evangelho de São Tomé, dito 82.

CAPÍTULO 23

1. No mundo antigo proliferavam métodos de indução ao estado visionário. Os candidatos escolhidos eram iniciados nas "escolas de mistério", recintos secretos ligados aos templos. Iniciação significa morrer para o mundo por três dias e depois "nascer de novo". No Egito, na Grande Pirâmide, o candidato à iniciação mantinha-se por três dias dentro de um caixão de granito na sala que conhecemos como câmara do rei. Nas cerimônias de iniciação em outras partes do mundo, o candidato mantinha-se pendurado em uma árvore. Durante o período de três dias, o candidato submetia-se a experiências semelhantes às do espírito humano após a morte. Os candidatos acordavam plenamente convencidos de que tinham experimentado realidades mais elevadas. Elêusis, o centro de iniciação mais famoso na Grécia, situava-se fora dos limites de Atenas. Na elite intelectual e política ateniense iniciada, encontravam-se homens como Sófocles, Platão, Píndaro, Plutarco, Aristófanes e Cícero. (Para uma descrição mais completa, veja *A história secreta do mundo*, editado pela Rocco, e *The Secret History of Dante*, Quercus, 2013).

2. Paulo e outros cristãos primitivos eram bem versados na mística e tradição esotérica. Irineu, Clemente, Tertuliano e Jerônimo utilizavam a gematria, o simbolismo místico dos números, mais geralmente associado à Cabala e ao Antigo Testamento, o que vimos anteriormente nos mitos gregos.

    John Michell e David Fideler fizeram ambos extraordinários avanços nesse campo de estudos nos últimos anos, mostrando que a história do milagre dos 153 peixes na rede ininterrupta (João, 21) e a história da alimentação dos cinco mil abrigam um complexo simbolismo numérico. A rede de pesca dos evangelhos é a mesma rede encontrada na pedra *omphalos* na Grécia: um processo que captura e puxa os pensamentos da mente cósmica para dentro do mundo material. Eles descrevem o processo de precipitação da matéria pela mente com exatidão matemática. Veja *City of Revelation*, de John Michell (Ballantine, 1973), e *Jesus Christ, Sun of God*, de David Fideler (Quest Books, 1996).

    Como resultado, Dionísio, o Areopagita, teria sido martirizado em outra colina nos arredores de Paris, hoje conhecida como Montmartre.

3. 1 Coríntios, 15:55.

4. Atos, 2:24; 1 Pedro, 3:19-10:38.

5. Para Nicodemos como iniciado, veja *The Mark*, de Maurice Nicoll (Vincent Stuart, 1954). Quando o evangelista diz que Nicodemos foi a Jesus, *de noite*, ele quer dizer que Nicodemos e Jesus encontraram-se fora do corpo, uma capacidade desenvolvida em algumas iniciações. O objetivo da iniciação é ajudar a preparar a humanidade

para a evolução futura e, portanto, a natureza da iniciação também evolui. Na passagem seguinte, Jesus explica a Nicodemos que é chegado o momento de um novo conceito altamente espiritual de renascimento (João, 3:1-21).
6. Enoque e Elias descrevem como estão para retornar à batalha com o Anticristo em Jerusalém.
7. A morte de três dias e a ressurreição de Jesus se deram de alguma forma como nas cerimônias de iniciação das escolas de mistério, com a diferença de terem ocorrido publicamente. Além do mais, obviamente não eram morte e renascimento simbólicos. Não era simplesmente uma questão de um estado alterado de consciência. Jesus de fato morreu. De certa forma, as iniciações das escolas de mistério podem ser vistas como proféticas desses eventos históricos.
8. Para uma extraordinária rendição moderna a esse mito, contada com grandeza miltoniana, veja o capítulo final da trilogia *Subtle Knife*, de Philip Pullman.
9. A cegueira – para o mundo material – é por vezes um simbolismo da iniciação, como no caso de Homero. Veja também Tomberg, p. 110.
10. Para uma descrição detalhada dos diferentes graus de certeza na doutrina cristã a respeito dos anjos, veja os Arquivos Fr Hardon, no site www.therealpresence.org. Veja também *O livro tibetano dos mortos*: "O gênio do bem nasceu simultaneamente contigo... e o gênio do mal nasceu simultaneamente contigo..." (Livro 2, parte 2, o julgamento).

CAPÍTULO 24

1. De acordo com os sufis, os santos "realizam coisas que se colocam contra os costumes". Para um relato moderno das regularidades na natureza tidas como "hábitos" e não como leis fixas, imutáveis e eternas, ver o Capítulo 3 do *The Science Delusion*, de Rupert Sheldrake.
2. *O livro de Adão* é outro texto dessa época com um vívido e imediato sentido do caminho que o mal opera na história: "Este mundo é todo noite, repleto de voltas e reviravoltas, amarrado a nós e selado com selos além da medida."

CAPÍTULO 25

1. Por vezes define-se a sujeira como "matéria no lugar errado". Formula-se uma definição do mal em moldes semelhantes como "sabedoria no tempo errado". Após o desmoronamento das civilizações do mundo antigo e o encerramento dos templos de mistério ligados aos grandes templos públicos, os sacerdotes, os *magi*, se viram obrigados a fugir e muitos chegaram à Arábia. Fora dos limites estritamente vigia-

dos das escolas de mistério, a sabedoria dos sacerdotes escoou para o mundo externo, generalizando uma cultura de experimentação do ocultismo. Parte da missão de Maomé foi acabar com isso – o que se reflete no símbolo islâmico no qual a Lua cobre Vênus. Veja também *A história secreta do mundo*.

2. Orígenes fez uma clara distinção entre pedir ajuda aos anjos e invocá-los. Consulte *The Westminster Handbook to Origen*, 2004.

3. Os anjos aparecem mais de oitenta vezes no Corão e fazem parte da teologia islâmica. "A posição da humanidade no centro do cosmos é explicada pela referência aos anjos, e dizem que cada anjo zela por uma alma." Sachiko Murata, no Seyyed Hossein Nasr, *Islamic Spirituality: Foundations* (Crossroad, 1987).

Significativamente, talvez os líderes intelectuais islâmicos na América tenham sido rápidos ao acolher Lorna Byrne no coração: "Lorna Byrne levanta o véu de nossos olhos, ligando o leitor a um invisível reino angélico. Em um momento de confusão no mundo, *A Message of Hope from the Angels* testemunha o amor divino e a assistência que constantemente nos rodeia, embora nem sempre pressentidos por nós." Imam Feisal Abdul Rauf, autor de *Moving the Mountain* e presidente do Cordoba Initiative: "A religião institucional e a crença desafiadas e desacreditadas por escândalos do clero, 'novos ateus' e secularismo, crescimento de intolerâncias religiosas e bancos de igrejas estão vazios. No seu livro *A Message of Hope from the Angels*, Lorna Byrne oferece uma mensagem de esperança que aborda as crises e os problemas cotidianos enfrentados por muitos no mundo atual." John L. Esposito, professor da Universidade de Georgetown e autor dos livros *The Future of Islam* e *What Everyone Needs to Know about Islam*.

CAPÍTULO 26

1. Carlos Magno doou a *Sancta Camisia*, a santa túnica da Virgem Maria, para a igreja que se tornaria catedral de Chartres. O culto da Virgem Maria originou-se em Chartres, disseminando-se a partir daí para o mundo.

2. Roger Bacon, erudito do século XIII e fundador do método experimental na história europeia da ciência, citava textos sufis como o *Hikmat el-Ishraq* e chegava a perambular com vestes de árabe pelos arredores de Oxford.

3. Ibrahim ibn Adham, morto no ano 790, era um santo sufi.

4. Khdir foi enviado por Deus para o rei de El Maucil para convertê-lo ao Islã. O rei se recusou e ordenou a execução de Khdir. Os carrascos fizeram o seu trabalho, mas alguns dias depois Khdir retornou à corte e renovou a sua tentativa. E de novo o rei ordenou que o executassem, e de novo Khdir reviveu e reapareceu para pregar. E dessa vez o rei ordenou que o queimassem e espalhassem as cinzas no rio Tigre.

Khdir reapareceu em seguida e o rei e a cidade foram destruídos por um terrível terremoto (extraído de *Curious Myths of the Middle Ages*, de Sabine Baring Gould, 1866).

5. Hildegarde de Bingen: "Ouça a música de amor ardente que ecoa das palavras de uma juventude virginal e florida como um galho verde. Ouça a música que ecoa do derramamento de sangue dos que se oferecem à fé e a música que ecoa do verdor da floração virginal." *Scivias*, terceira parte, Visão 13.

CAPÍTULO 27

1. O pai do histórico Percival era William de Orange, um dos paladinos de Carlos Magno.
2. O conhecido sermão "Jesus chorou", de John Donne, 1622, aborda a profunda comoção frente ao sofrimento alheio, as lágrimas por amor, o que se torna um processo sagrado e milagroso. Quando choramos lágrimas santas, somos banhados pelas lágrimas de Jesus Cristo, que transformam o eu interior e o mundo externo. De acordo com o escritor católico esotérico Valentin Tomberg, as lágrimas santas emanam do coração, ou seja, da flor de lótus de doze pétalas. *Meditations in the Tarot*, Carta XIV.
3. A ideia de uma taça ou tigela milagrosa é universal. O gole da imortalidade encontra-se no *soma* hindu e no *homa* persa, e na taça da comunhão. E subjacente à cerimônia japonesa do chá, o sentido de que o copo humilde é a alma humilde, pobre e aberto em espírito e sendo infundido pelo espírito de *wahi*, o que significa aberto para receber o gole da sagrada iluminação. Mas os antecedentes imediatos das histórias lendárias do Graal são obviamente celtas. Uma das primeiras fontes sobreviventes das histórias do rei Arthur, *The Spoils of Anwfn* (termo galês para "mundo subterrâneo"), apresenta um caldeirão da abundância.

   A lança lendária é a única que cura o ferimento que ela própria causou, e sua finalidade na história do Graal é curar o sangue humano. O sangue humano carrega a consciência animal – espírito –, que por ser animal é bestial. Mas, quando transformado, carrega o espírito de Cristo. Para um relato da redescoberta da lança durante o cerco de Antioquia, em 1268, veja *The Secret History of Dante*, apêndice 1.

   O Graal é como uma flor aberta aos raios do sol – a sagrada lança do amor. Representa, portanto, a dimensão vegetativa do ser humano – a alma que nos interliga aos mundos espirituais. A alma só floresce quando o sangue, a natureza animal, é purificado pelo espírito de Cristo. Isso faz uma alusão à ativação do chacra da coroa, mas também ao olhar para um tempo à frente no qual a humanidade estará espiritualizada, com a natureza anímica transformada de modo a retornar ao estado paradisíaco descrito no Capítulo 2. Um estado no qual não se reproduz sexualmente e sim pelo poder do pensamento. "Na ressurreição as pessoas não se casarão, nem serão dadas em casamento, mas serão como anjos no céu" (Mateus, 22:30).

CAPÍTULO 28

1. "Eis que hoje Eu te coloquei como uma sólida cidadela, uma coluna de ferro e um muro de bronze contra os reis de Judá" (Jeremias, 1:18). Henry Corbin, o grande estudioso francês da filosofia iniciática islâmica, registra um conto que em certo sentido é a imagem em espelho da história, onde as aventuras do herói o levam para um mundo fabuloso, uma dimensão paralela no qual encontra o misterioso Ímã Oculto que lhe parece familiar, e ele então se dá conta de que retornou a casa. *Mundus Imaginalis*, Henry Corbin, 1964.
2. "Houve uma parte desse conto que me fascinou o olhar a um grau que jamais esqueci. Foi realmente um dos muitos casos importantes que em outro lugar chamei invólucro da sensibilidade humana; combinações nas quais os materiais do pensamento e do sentimento futuros são realizados de maneira imperceptível para a mente, como sementes misturadas e levadas pela atmosfera, ou pelos rios, pelas aves, pelos ventos, pelas águas, até terras distantes". De novo, aqui, o sentido de Quincey é a interconexão de tudo no mundo (Thomas de Quincey, *Autobiographical Sketches*, 1853).

CAPÍTULO 29

1. Dizem que encontraram os restos do esqueleto de um lobo sob as lajes da pavimentação da igreja de São Francisco em Gubbio, em 1873.
2. São Francisco tinha uma vida de luta interior constante, e por meio dessa luta a vida da humanidade tornou-se mais rica, mais variada, mais sutilmente sombreada, mais sentida. O que por sua vez surtiu um efeito pictórico, como nas pinturas de Giotto. Isso Frank Auerbach descreve como "a mais direta e intensa representação dos acontecimentos humanos" (citado em *Dante the Maker*, de William Anderson, 1980).
3. Tal como Osíris e Jesus, São Francisco ilumina o mundo subterrâneo. Ele está em uma missão para toda a humanidade, viva e morta. Veja também o Capítulo 45, padre Pio.

CAPÍTULO 30

1. *Hadith* é uma palavra ou um ato atribuído ao profeta Maomé, por vezes para transmitir diretamente a palavra de Deus.
2. Pode-se traçar uma cadeia similar de transmissão entre os grandes místicos alemães de Eckhart a Tauler até Valentine Andrae, o suposto autor dos *Manifestos rosa-cruzes*. Veja *A história secreta do mundo*.
3. Esse é um deserto existencial, claro, um deserto do não ser.
4. Ibn Arabi descreve a experiência de apaixonar-se em termos belos e poéticos. Hoje, isso pode parecer uma experiência universal, mas não foi sempre assim. As descrições de apaixonar-se entram na literatura europeia com os trovadores e a paixão de Dante por Beatriz nas ruas de Florença, em 1247. A noção de amor romântico tornou-se mais popular e mais generalizada quando o amor cortês entrou na moda, como em *The Romance of the Rose*, de Guilherme de Lorris e Jean de Meun, publicado na íntegra em 1275. Para uma descrição mais completa de Ibn Arabi, veja *The Secret History of Dante*.
5. São Francisco sempre iniciava a pregação com a frase "A paz de Deus esteja convosco" – claro, uma saudação distintamente árabe.
6. Essa prática da Igreja convida à comparação com os encantamentos coletados em, por exemplo, *Egyptian Magic*, de Wallis Budge (1899).
7. O lugar dos touros e das vacas sagradas no hinduísmo e na religião do antigo Egito é bem conhecido. Eusebe Salverte, o cético autor de *The Philosophy of Magic* (1829), preservou um registro de Bury St Edmunds, na Inglaterra, em 1487. Ele descreve uma cerimônia na qual uma dama escolhia um touro branco que nunca tinha sido amarrado a um arado ou recebido maus-tratos. O touro era levado em procissão ao santuário de São Edmundo, com os monges cantando, a multidão gritando e a mulher acariciando os flancos brancos e a "barbela pendida" (a pele sob o pescoço) do touro.
8. A distinção entre alma e espírito é abolida no IV Concílio Ecumênico de Constantinopla, em 869. Podemos ver o mal-estar resultante tanto nos cátaros e menestréis como, mais tarde, em Lutero e Calvino. Sob esse prisma, podemos entender os rosa-cruzes como a ala radical da Reforma.

CAPÍTULO 31

1. Quando Dante escreveu para um amigo, o lorde de Verona, descrevendo a sua expectativa para o seu grande poema junto aos leitores, ele citou Píndaro sobre os benefícios da iniciação nos mistérios: "Para conduzir as pessoas que vivem em esta-

do de miséria a uma felicidade garantida". Dante pretendia que a leitura do poema se tornasse uma espécie de iniciação (Epíst. X: 15). Para uma abordagem mais completa, incluindo a iniciação de Dante em uma ordem superior dos Templários, ver *The Secret History of Dante*, de Jonathan Black (Quercus, 2013). Quanto mais fundo pesquisava os Templários e seus motivos para quererem controlar Jerusalém com as profecias do Anticristo, mais me convencia de que a pior forma de tentar compreendê-los era o senso comum moderno.

CAPÍTULO 32

1. *Hatha ioga* é um tipo de misticismo prático que envolve respiração e outros exercícios físicos para mudanças fisiológicas que induzem a uma experiência espiritual direta. Quatro textos em particular lidam com os chacras: o *Shri Jabala Darshana Upanishad*, o *Chudamani Upanishad*, o *Yoga-Shikha Upanishad* e o *Shandilya Upanishad*.

    São textos que localizam os chacras com descrições simbólicas de cada um. Os ensinamentos alquímicos de Christian Rosencreutz requerem um trabalho semelhante com os chacras – ou "os olhos da alma", como os chamou Teresa de Ávila – com a seguinte diferença: na "ioga cristã", o calor do deus Sol, Cristo, é que aquece o centro do lótus e que o faz se abrir, florescer e amadurecer sob a luz do belo e do bom.

    O chacra de doze pétalas do coração é o centro do amor. Embora não fixado ao organismo físico, irradia para fora do corpo e abraça os outros. Esse é um dos grandes segredos ocultistas.

2. Essa história é muito parecida – e é da mesma época – com a história de Vênus e Tannhäuser. Claro, como *A Bela Adormecida* deve ser entendida do ponto de vista dos mundos espirituais. Quando Matysendranath e Tannhäuser são capturados no mundo encantado, eles também estão no mundo material e logo retornam para os mundos espirituais. Tannhäuser segue até Roma para pedir absolvição ao papa, o qual se recusa com o argumento de que Tannhäuser tinha tanta chance de encontrar a salvação como o pessoal do papa tinha de floração. Após a partida do trovador, o pessoal do papa começa a brotar flores – mas a essa altura Tannhäuser já se submetia à condenação em Vênus.

3. O vermelho na cruz branca é, obviamente, a cruz de São Jorge e, em outras de suas formas, a cruz da Ordem dos Templários. Na tradição e na prática espiritual rosa-cruzes, as rosas vermelhas simbolizam os chacras.

4. Com o chifre na posição do terceiro olho, o unicórnio simboliza a inteligência elevada a um nível superior só visto nos mundos espirituais.

5. Na alquimia, Mercúrio faz um trabalho relevante em diferentes níveis. Em um dos níveis, substituindo a Lua como planeta mais próximo e mais influente para a Terra no momento em que se deixa de reproduzir sexualmente. As forças de Mercúrio, representado em diferentes momentos por Odin e pelo Buda, são os impulsos que operam a transformação. Mercúrio é o mensageiro que nos conduz ao mundo transformado, espiritualizado.
6. A pérola é um símbolo do Eu Superior. "O Hino da Pérola" chegou até nós anexado aos *Atos* de Tomé. Narra a história de um jovem príncipe enviado ao Egito – lugar que representa o mundo material – para recuperar uma pérola. Ele se despe do seu manto de glória e se rebaixa. Mas, enquanto está entre os egípcios, ingere os alimentos do lugar e cai em sono profundo, esquecendo-se de que é filho de um rei e de por que está ali.
7. Às vezes a leitura do *Yoga Sutras de Pantanjali* provoca reações de incredulidade frente às instruções de, por exemplo, como desenvolver a força de um elefante. Na verdade, tais dons do espírito são obtidos, como as maravilhas em alusão ao sonho de Christian Rosencreutz, ao longo de várias encarnações.
8. O mito do vampiro é uma inversão maligna da história de Christian Rosencreutz.

CAPÍTULO 34

1. Qual era a natureza do ser encontrado por William Noy? É importante fazer uma distinção entre os fantasmas, cujo progresso pós-morte é impedido de alguma forma antinatural, e nossos entes queridos no céu que podem nos fazer visitas fugazes para nos solicitar ou nos guiar, talvez até mesmo para aparições. David Bellamy nos dá um exemplo do último caso na sua autobiografia *Jolly Green Giant* (Century, 2002). Enquanto terminava este livro, recebi um livro com um autêntico e extraordinário relato em primeira mão sobre o poder da subida da *kundalini* pelos chacras, escrito por um ocidental. O capítulo sobre a iluminação está em *The Nine Freedoms*, de George King, 1963.

CAPÍTULO 35

1. Trithemius disse a célebre frase: "Com a ajuda dos anjos posso comunicar o meu pensamento para outra pessoa a longa distância, sentado ou andando e sem o uso de palavras ou de sinais." Hoje, podem-se ter reflexos anacrônicos de desaprovação nas pesquisas ocultistas sobre magos como Trithemius e Cornelius Agrippa. À época, havia um misto fino de reações, mas é bom lembrar que um dos contemporâ-

neos de Paracelso, o papa Sisto IV, traduziu pessoalmente para o latim 72 livros cabalísticos.
2. No folclore, os *goblins* eram por vezes considerados capazes de tecer a teia de aranha dos pesadelos nos ouvidos dos seres humanos durante o sono.
3. Nas suas memórias, Cellini, o conhecido escultor italiano do Renascimento, lembra ter visto uma salamandra no Coliseu.
4. Do tratado *De Virtute Imaginativa*.
5. Para Paracelso, a alma do homem está tão intimamente ligada à alma da Terra quanto ao corpo físico. A matéria invisível torna-se organizada e visível através da influência da alma. Se uma planta, por exemplo, perde substância material, a matéria invisível permanece "à luz da natureza", e se pudéssemos vesti-la com outra substância material visível, a planta se tornaria novamente visível.
6. Praticando uma alquimia influenciada por Paracelso, o padre jesuíta Athanasius Kircher ressuscitou uma rosa de suas cinzas à frente da rainha Cristina da Suécia, em 1687. Geoffrey Hodson, notável teósofo visionário da Nova Zelândia, descreveu espíritos ou fadas tecendo a forma ideal de uma flor trazendo-a à existência – tanto quanto Platão a teria concebido –, a qual, segundo o teósofo, tinha sido preenchida por matéria para criar uma flor física. Para ver um mago reviver milagrosamente uma flor, "Flower of Life", de Mooji, no YouTube.
7. Essa é a "Obra" dos alquimistas.
8. Na metodologia das ciências experimentais – já vimos os primórdios dessas ciências neste tempo –, coloca-se uma grande ênfase na coleta de provas para testar as teorias. Mas claro que a teoria chega pela intuição.

Se observarmos a história da ciência nesses termos, surge um paradoxo. Quanto maior é o salto de uma descoberta, maior é o papel da intuição. As ideias mais brilhantes são geralmente as que não resultam de meticulosos passos a passos de cálculo e sim as que "resultam do nada", como diria... um materialista. Tradicionalmente, são ideias explicadas por intermédio de ajuda angelical. Se você chama o processo de "intuição", não está propiciando uma explicação alternativa e sim uma explicação com um termo que soa mais científico.

CAPÍTULO 36

1. *Concerning the Three Principles of the Divine Essencs*, 1619. *Mysterium Magnum*, p. 2, 1623.
2. Segunda epístola, de *Sixty-Two Theosophic Epistles*, 1624.
3. O sistema classificatório de personalidade de Myers Briggs tornou-se o método padrão de avaliação de funcionários para grandes organizações. Ele propõe quatro

tipos principais, três dos quais concentrados principalmente em dados dos sentidos – visão, audição e tato. O quarto grupo – grupo "digital" – não recebe tanta informação diretamente dos sentidos, mas depois que a informação é processada internamente. Esse grupo, aproximadamente um quarto da população, é o mais concentrado na movimentação da textura, nas mudanças e nas máscaras da vida interior. Por outro lado, os autistas tendem a ser mais concentrados nos dados dos sentidos e menos concentrados na vida interior de si mesmos e dos outros. A ciência pode, portanto, representar uma oportunidade de carreira para os de tendências autistas. Além disso, a pesquisa também mostra que os autistas raramente cultivam crenças religiosas.
4. Em 1894, no censo realizado para saber o grau de alucinações, a English Society of Psychical Research revelou que uma em cada dez pessoas experimenta uma alucinação em algum momento da vida que não resulta de doença física ou mental. Uma pesquisa similar em 1948 confirmou isso.
5. Filosofia analítica anglo-americana na década de 1970. Talvez já esteja mudada.

CAPÍTULO 37

1. Observou Steiner no *The Karma of Untruthfulness* II: Palestra 20: "... o filósofo demasiadamente britânico Francis Bacon, de Verulam, fundador do pensamento materialista moderno, inspirou-se na mesma fonte de Shakespeare." Para o trabalho de Elias com ambos os homens, veja *A história secreta do mundo*.
2. Francis Bacon, *The Advancement of Learning*, Segundo Livro, 1605.
3. Há um relato mais completo de *A megera domada* em *A história secreta do mundo*, Capítulo 20. Há um ensaio de Corbin sobre o *mundus imaginalis* disponível gratuitamente on-line.
4. O grande profeta disso é obviamente Harold Bloom, excelente professor de ciências humanas da Universidade de Yale e autor de *Shakespeare: The Invention of the Human* (Riverhead Trade, 1999).
5. O grande livro sobre o assunto é *Anatomy of Melancholy*, de Robert Burton, publicado em 1621. Burton comenta de modo aforista que o verdadeiro líder da Sociedade Rosa-cruz ainda estava vivo na ocasião.
6. "A loucura fascina porque é conhecimento", disse Michel Foucault em *História da loucura*. Mas a consciência mística de estado alterado ou não só é interessante quando o que mostra é real; em Shakespeare, claro, o louco, o aparentemente louco e o louco tolo são muitas vezes canais para a sabedoria superior. Eles veem realidades maiores que os outros personagens não conseguem ver.

CAPÍTULO 38

1. Robert Kirk acabou de escrever a sua obra *The Secret Commonwealth of Elves, Fauns and Fairies* no ano de 1692. Não foi publicada enquanto ele estava vivo. Isso ocorreu mais tarde, em 1815, por sir Walter Scott.
2. Será que essa noção da vida das fadas originou a ideia de Blake do fantasma de uma pulga? Pintura em permanente exposição na Tate Britain, em Londres.
3. Relatos retirados de depoimentos de testemunhas, mas a despeito dos motivos ninguém duvida de que eles realmente acreditavam que tinham visto o que disseram que tinham visto. Os registros do tribunal Manningtree estão disponíveis on-line.
4. No século XX enfatizou-se um critério adicional – de que a proposta de uma boa teoria científica não deve ser apenas testável, mas também *sujeita à rejeição*. Se nenhum conjunto concebível de eventos se volta contra a teoria, segue o argumento, na verdade a teoria não propõe nada. Essa foi uma vara utilizada para bater na religião.
5. Durante o surgimento do cientificismo, no século XVII, e da transição de uma visão de mundo idealista para uma visão de mundo materialista, nos séculos XVIII e XIX, os pioneiros da ciência e da matemática professavam crenças que seriam anátemas para os materialistas radicais de hoje. Francis Bacon era um neoplatônico que acreditava nos anjos e nos demônios. Spinoza acreditava nos anjos. E para Descartes, um gênio *mauvais* o tinha enganado. Ele ainda era um jovem soldado quando um anjo lhe apareceu em sonho e lhe revelou a missão que teria na vida – e como alcançá-la. Segundo o relato que ele faz do sonho, o anjo disse: "A conquista da natureza deve ser alcançada por medida e número." Kepler e Galileu acreditavam na astrologia. Todo o trabalho de Kepler envolve uma intensa dimensão espiritual. Ele acreditava que a astrologia era "um testemunho da obra de Deus" e uma revelação divina, e que no momento do nascimento fazia-se uma marca celestial das posições das estrelas e dos planetas na alma do indivíduo. Isso o permitiria ouvir a música celestial e o impeliria a dançar a música das esferas (veja *Johannes Kepler and the Music of the Spheres*, de David Plant). Mesmo Locke aconselhava a se colherem as ervas curativas em momentos astrologicamente propícios. O livro *Herbal*, de Culpeper (1653), o primeiro compêndio de ervas no idioma inglês e pedra fundamental da indústria farmacêutica, foi um comentário estendido sobre as obras de Paracelso e Jacob Boehme.
6. A sensação de que nossas vidas são significativas se entrelaça por milhares de fios com nossas mais íntimas preocupações. Cortá-los é uma dolorosa operação, mas se você é ateu e quer ser intelectualmente coerente, isso é o que deve fazer. Pois a realidade é que sem o sentido da Mente Cósmica preexistente o cosmos e o meio pelo

qual nos integramos a ele perdem o sentido intrínseco. Essa é uma verdade absoluta. Suspeito de que não muitos dos que se dizem ateus encaram isso e suas implicações no entendimento de sua experiência cotidiana. Suspeito de que conseguem compartimentar seu ateísmo e seguir com suas vidas cotidianas como se plenas de significado. Viver a vida de um modo rigorosamente coerente com o ateísmo, sempre resistindo às insinuações de significâncias e intuições de algo mais elevado, sempre resistindo à tentação de acreditar que isso ou aquilo era para ser, talvez seja um trabalho duro e até mesmo perigoso. *La Nausée*, de Jean-Paul Sartre (Gallimard, 1938), é um romance autobiográfico, um relato de quem tenta viver com total honestidade intelectual uma vida sem um sentido essencial. É uma consideração dolorosa de uma série de episódios psicóticos. No final, o herói não aguenta mais e imprime um sentido arbitrário à própria vida... tornando-se escritor. O biólogo Lewis Wolpert, um dos principais defensores do ateísmo, também escreveu com grande sinceridade e sensibilidade sobre os seus períodos de depressão debilitante. Obviamente, o ateísmo depressivo não é por si só um motivo decisivo para a opção por Deus, mas indica que se pode ter uma necessidade de sentido intrínseca.

CAPÍTULO 39

1. O filósofo Nicholas Berdayev escreveu um ensaio sobre Boehme e suas influências no *Studies Concerning Jacob Boehme* (1939): "Jaz um princípio irracional na base da filosofia hegeliana." Hegel era tão sistemático no racionalismo quanto Tomás de Aquino ou Descartes, mas baseia todo o sistema em uma visão irracional – a de Boehme. Para Hegel a divindade é primordialmente inconsciente e só emerge a consciência por intermédio da filosofia humana. *The Roots of Romanticism* é uma maravilhosa série de palestras dadas em 1965, por Isaiah Berlin, que introduz – pelo menos para mim – muitos novos escritores e pensadores ao longo de um fio profundo e intrigante de misticismo na filosofia alemã. Fiquei intrigado ao ler sobre a visão de Deus colocada por Herder, um poeta falando através da história, e sobre a ideia de Fichte de que não agimos porque sabemos e sim porque somos chamados a agir, e sobre a ideia de Schelling de Deus como princípio criativo da consciência. Há uma linha direta de Boehme até esses filósofos e Steiner.
2. Hegel, *On the Prospects for a Folk Religion*, 1793.
3. Claro, existem dois tipos principais de idealismo – o da mente que antecede a matéria e o do sentimento ordinário de que se está preparado para um sacrifício por um princípio. Mas os dois idealismos tendem a andar de mãos dadas, desde o autossacrifício de Sócrates até a luta por liberdade dos românticos. Na verdade, os ro-

mânticos combinam os dois tipos porque tendem a rejeitar o mundo cotidiano para viver em sótãos e olhar as estrelas.

CAPÍTULO 40

1. Aprendi com o excelente livro *Daimonic Reality*, de Patrick Harpur (Arkana, 1994), que quando falamos que sofremos um golpe estamos aludindo ao "golpe das fadas", por vezes relatado por pessoas que tinham encontrado "o povo pequeno", o que os deixava parcialmente paralisados e incapazes de falar. O mesmo efeito encontrado em pessoas que tiveram encontros com extraterrestres, e neste livro em Bernadette de Lourdes.
2. Esse texto foi tomado em grande parte da autobiografia de Bernadette, suplementado com outros relatos contemporâneos.
3. Swedenborg assistiu a um incêndio em Estocolmo e o descreveu com detalhes no mesmo instante em que ocorria – isso a 500 quilômetros de distância. Ele também descreveu palavra por palavra a conversa secreta entre um negociador da Suécia e um outro da Prússia, e ainda o estrangulamento de Pedro III da Rússia dias antes de ocorrer. Como Joana d'Arc e Lorna Byrne, Swedenborg via anjos com tanta clareza como o restante de nós vê seres de carne e osso.

CAPÍTULO 41

1. Em 2006, publiquei o livro *Why Mrs Blake Cried*, escrito pela excelente estudiosa do esoterismo, Marsha Keith Schuchard. Ela foi convidada para um debate na Grande Loja Unida em Londres e, depois de um jantar, humoristicamente chamou de "nababos" alguns anfitriões e adversários que a tinham tratado de maneira deselegante no transcorrer do debate.
2. Whitley Strieber escreveu sobre crianças selvagens avistadas na mesma região, um prelúdio para encontros com seres de outro mundo no *The Key*, 2000. Não conheço outro escritor que tenha melhor apresentado o que seja um encontro com seres de outra dimensão.
3. Henry Steel Olcott, *People from the Other World*, Cambridge University Press, Nova York, 1875.
4. Ibid., Capítulo 8.
5. C. G. Harrison, *The Transcendental Universe*, George Redway, 1896.
6. Um certificado emitido para esse efeito por John Yarker, um britânico maçom com fortes laços americanos e membro de pelo menos uma loja. (Veja *Revised Encyclopedia of Freemasonry*, de Mackey, 1929.)

7. Olcott cita Lecky, autor de *The History of the Rise and Influence of the Spirit of Rationalism in Europe* (1865), queixando-se de quem recebe relatos de acontecimentos milagrosos "com absoluta e zombeteira descrença, que dispensa todo o exame da prova". Lembro-me do relato de Rupert Sheldrake de uma conversa recente com seu colega biólogo Richard Dawkins. "Não estou interessado em evidências!", disse Dawkins, quando pressionado. Como veremos adiante, os materialistas são tão preocupados com o teste que a evidência é irrelevante.
8. *Hope Street*, um livro de memórias evocativas da vida da classe operária em Manchester, por Pamela Young (Coronet, 2012). A autora, criada no seio de uma igreja espiritualista, é considerada uma progressista intelectualmente vibrante que segue de mãos dadas com o socialismo. Pam descende de uma longa linhagem de mulheres espiritualmente dotadas, principalmente a mãe, médium talentosa. São relatos poderosos de materializações e outras maravilhas testemunhadas por ela e pelo irmão na década de 1950 porque vistos através dos olhos de uma criança.
9. Alongamento corporal é tradicionalmente um fenômeno associado aos santos e místicos, como Veronica Lapelli, no século XVII, e o beato Stefana Quinzani, no século XVIII. Ao longo da história, uma centena de santos católicos afirma ter levitado.
10. Para um artigo bem fundamentado sobre a conexão entre a maçonaria e os rosacruzes, consulte *An Esoteric View of the Rose-Croix Degree*, de R. W. Bro Leon Zeldis, disponível on-line.

    Elias Ashmole publicou *The Theatrum Chemicum Britannicum*, em 1651, uma coleção de poemas alquímicos. No início do ano, ele conhecera o proprietário de terras William Backhouse, que o adotara como "filho", e ele o aceitara como mestre espiritual. A educação espiritual de Ashmole tornou-se um processo longo e acidentado, até que em maio de 1653 ele registra no caderno de anotações: "Meu pai, Backhouse, jazia doente na Fleet Sreete, em frente à igreja de São Dunstans, e sem saber se viveria ou morreria, por volta de 11 horas, contou-me em sílabas a verdadeira matéria da pedra filosofal, como um legado para mim." Depois disso, as notas de Ashmole não registram outras experiências alquímicas. Ele conseguira. (Com a palavra "sílabas", ele sugere a pronúncia correta das palavras de acordo com uma série de vibrações rítmicas, que por sua vez repercutem sucessivamente em viagens pelo fluxo das dimensões pessoais. Veja *Maitri Upanishad*, VI.)

CAPÍTULO 42

1. Publicado em 1880. Essa é uma versão abreviada da tradução de 1912 de Constance Garnett.

2. Vladimir Soloviev (1853-1900) fundou a filosofia mística chamada sofiologia. Para relatos das profecias a respeito do Anticristo, veja *A história secreta do mundo*.
3. Como seu amigo Soloviev, Dostoievski prevê um inferno na Terra precipitado pela ciência, e ambos se inspiram nas profecias de Daniel sobre o Anticristo. Ainda estudante, Soloviev estava pulando de um vagão para outro de um trem em movimento quando desmaiou em pleno salto. Foi resgatado da morte certa por uma jovem conhecida, que o arrastou de volta para dentro do vagão. Depois ele se deu conta de que se tratava da mesma bela mulher a quem chamava de amiga eterna, uma visão de sabedoria, bondade e alegria na qual "deixara de acreditar que existisse neste mundo". A amiga eterna o guiaria pela vida afora. Enquanto ele estava em viagem de estudo com Dostoievski para Londres, ela o chamou para encontrá-la no deserto egípcio. Dostoievski deixa transparecer ocasionalmente na sua ficção algumas convicções escatológicas. "Suas rosas celestiais florescerão dentro de mim para sempre", diz. "Os homens transformarão a matéria, e todos os pensamentos e sentimentos serão transformados, toda a matéria e todo o mundo" (Dostoievski, *Os demônios*, 1872).
4. Uma vara curta de bambu.

CAPÍTULO 43

1. William Blake: "O mundo da imaginação é o mundo da eternidade, o seio divino para onde nós todos iremos depois da morte do corpo vegetativo". *A Vision of the Last Final Judgement*, 1810.
2. Há uma gravação rara das palestras de Gershom Scholem sobre o *tzelem*, em 1975, no *Book of Doctrines and Opinions*, um site dedicado à teologia judaica e à espiritualidade.
3. Citações bíblicas que distinguem a alma e o espírito: I Tessalonicenses, 5:25; I Coríntios, 2:14; Lucas, 1:46-7. A distinção foi "abolida" pela Igreja em 669. Steiner e outros viram isso como uma tentativa de evitar que as pessoas tivessem uma experiência espiritual direta à margem da sua égide.
4. De acordo com o *Maitri Upanishad*: "Aquele que vê com o olho, aquele que se move em sonhos, aquele que está em sono profundo e aquele que está além do sono profundo – essas são as quatro condições distintas do ser humano." O *Maitri Upanishad* descreve o corpo humano como um instrumento de percepção, e acrescenta que os diferentes elementos do corpo são veículos para as diferentes formas de consciência (*Maitri Upanishad*, vii.ii).
5. Atanásio, bispo de Alexandria no século III, disse que durante o sono a alma encontra os santos e os anjos, pois não está mais confinada no corpo terreno. De acordo

com Santo Agostinho, Deus trabalha através de sonhos e através de visões, e de acordo com Tertuliano, a maioria das pessoas obtém o conhecimento de Deus a partir de sonhos.
6. Essa talvez seja a experiência comumente relatada como "ir para a luz". Para um relato vívido disso, veja *Angels in My Hair*, de Lorna Byrne. Para uma pesquisa com uma visão de notável coerência de tais relatos em diferentes culturas, consulte *The After Death Experience: The Pshysics of the Non-physical*, que encomendei do historiador Ian Wilson, em 1987.
7. É interessante comparar com os relatos medievais de ataques de demônios durante a experiência pós-morte, do filósofo neoplatônico Proclus, que descreve "as vertiginosas tropas de demônios da terra". Veja sua obra, em inglês, *Commentary on the Statesman by Plato*.
8. Em *On the Face on the Moon*, Plutarco escreve que após a morte o corpo físico é deixado para trás, enquanto a alma e o intelecto divino – o *nous* – viajam para a Lua. Depois de um tempo, o intelecto divino segue adiante por si só. Nos relatos de morte do mundo antigo, como no relato hoje conhecido como o *Livro egípcio dos mortos*, o espírito (*nous*) tem que passar por sete portas, e nas sete portas tem que citar uma fórmula mágica, memorizada durante a vida na Terra. No relato de Steiner, são as qualidades morais e espirituais que nos levam adiante – uma marca da evolução espiritual da humanidade no período de separação. Steiner também menciona de passagem uma ideia intrigante: os espíritos que vivem na esfera de Marte, por exemplo, são capazes de sentir a nossa passagem. Para eles, somos como fantasmas. Veja também *A história secreta do mundo*, Capítulo 10, para o relato escavado no Iraque que remonta ao terceiro milênio a.C.
9. E. R. Dodds, *The Greeks and the Irrational*, University of California Press, 1951, p. 264.
10. "O mundo em que vivemos," escreve Steiner, "é tecido fora da concretude na qual o pensamento humano existe" (*Teosophy*, 1904, Capítulo 3). Poderíamos imaginar esse pensamento-material como sendo como a água em um rio, ele sugere. A matéria é como pedaços de gelo flutuando na água – a mesma substância em estado diferente.

CAPÍTULO 44

1. Para uma lista de livros de Swedenborg que servem de referência para Jung, veja o ensaio "Jung on Swedenborg, Redivivus", de Eugene Taylor, no site da *Philemon Foundation*, www.philemonfoundation.org.

2. Para um relato completo, veja *O livro vermelho*, W. W. Norton & Co., 2009, p. 200.
3. Mais tarde, ele disse que as histórias de Siegfried jamais tiveram apelo. O idealismo alemão pode ser um pouco preocupante quando se torna *heroico*.
4. No *Alchemical Studies*, Routledge e Kegan Paul, 1967.
5. Ele manteve *O livro vermelho* sob sete chaves durante a vida – talvez por medo de que pudessem considerá-lo louco. Filemon é um exemplo de um "arquétipo" junguiano, o arquétipo do velho sábio, e como sublinhou o teólogo suíço Paul Tillich, "arquétipo", no caso, é a tradução latina da "ideia" de Platão.
6. Durante as Cruzadas, avistaram seres vestidos de branco ajudando os cristãos na batalha, o que imprimiu aos Cavaleiros Templários uma aura sobrenatural. *The Knights Templar*, Stephen Howarth, Collins, 1982.

CAPÍTULO 45

1. Em *The Church* (1967), o amigo de Joseph Ratzinger, o teólogo Hans Küng, chamou a atenção para as semelhanças entre os fenômenos em Fátima e as profecias de Joaquim de Fiore – as previsões, a regularidade de datas recorrentes e o simbolismo numérico. Existem três crianças, três segredos e sete aparições. A senhora apareceu no dia 13 de cada mês. Lúcia morreria no dia 13 de maio. A prevista tentativa do assassinato de um papa aconteceu no dia 13 de maio de 1981. A tentativa falhou e o bispo de Leiria-Fátima recebeu a bala de presente, mais tarde colocada na coroa da imagem de Nossa Senhora de Fátima. Para uma abordagem mais completa de Joaquim, veja *A história secreta do mundo* e *The Secret History of Dante*.
2. Para mais informações sobre as experiências católicas do sobrenatural nos tempos modernos, recomendo o site www.mysticsofthechurch.com. Para dar mais um exemplo, em 1968 dois mecânicos muçulmanos de uma garagem do subúrbio do Cairo avistaram uma mulher na cúpula da igreja de Santa Maria. Supondo que estava prestes a cometer suicídio, eles gritaram para que ela não pulasse. Ela não respondeu, mas outra mulher apontou para ela com um dedo gangrenado, que se curou de imediato. Aproximadamente um milhão de pessoas presenciaram essa visão luminosa, com muitas fotografias tiradas. Para um relato completo e ilustrado por fotos, consulte *The Sceptical Occultist*, de Terry White (Century, 1994).

CAPÍTULO 46

1. Em 1946, Jung disse na rádio da BBC que a partir de 1918 notou que um número surpreendente de pacientes alemães começou a ter sonhos com uma entidade identificada por ele como a Besta Loura. Uma entidade profetizada na década de 1880

por Nietzsche, quando ele escreve sobre o que acontece com os nobres quando estão entre estranhos, e a ideia é adotada pelos nazistas para os seus próprios fins. Isso é outro exemplo surpreendente de um espírito poderoso ou de uma inteligência desencarnada em movimento através de muitas mentes ao mesmo tempo (Friedrich Nietzsche, *On the Genealogy of Morals*, 1887).
2. Circularam especulações sobre os interesses ocultos de Hitler, incluindo *The Spear of Destiny*, originalmente escrito por Trevor Ravenscroft como romance. Enquanto trabalhava neste livro recebi um excelente livro, *Whisperers*, de J. H. Brennan, que produziu uma arma fumegante em outro livro, *Magische Geschichte/Theorie/Praxis*. Hitler possuía um exemplar com seguidas anotações – 66 vezes (Capítulo 18).
3. A única fonte para a história de Gitta e Hanna que conheço é um livro pouco conhecido, embora maravilhoso, *Talking with Angels* (Daimon Verlag, 1988).

CAPÍTULO 47

1. A capacidade de deixar impressões na rocha sólida, embora hoje em grande parte esquecida, em outros tempos era um dom popularmente atribuído a indivíduos espiritualmente superiores ou evoluídos no Ocidente. Segundo Heródoto, Hércules deixou a impressão de uma pegada, com dois côvados de comprimento, na rocha perto de Tyras, na Cítia. Preservaram a pegada de Elias no monte Carmelo. Moisés deixou impressões de suas costas e seus braços em uma caverna onde se escondera, e encontrou-se uma impressão da cabeça de Maomé ao lado de uma caverna nas cercanias de Medina. Dizem que a pedra sobre a qual colocaram o corpo de Santa Catarina amoleceu e manteve uma boa impressão do corpo. Para esses e outros exemplos, veja *The Philosophy of Magic*, de Eusebe Salverte (1829).
2. Nos anos 1970 e 1980, o padre Thomas Keating, o frade William Meninger e o monge Basil Pennington desenvolveram uma nova oração contemplativa, baseada no relato medieval *A nuvem do desconhecido*. O objetivo era apresentar os exercícios e métodos espirituais de meditação de um mosteiro trapista para o mundo exterior, como um contrabalanço da meditação cristã para as meditações orientais que estavam em voga entre os jovens.
3. Para um excelente relato de cientistas ainda apegados ao desacreditado paradigma mecanicista, consulte *The Science Delusion*, de Rupert Sheldrake (Coronet, 2012).
4. Em 1984, Alley, Jakubowicz e Wickes realizaram pela primeira vez o experimento "escolha retardada" na Universidade de Maryland, e desde então tem sido repetido muitas vezes.
5. Veja o apêndice II de *The Lost Key the Supranatural Secrets of the Freemasons*, de Robert Lomas (Coronet, 2011) para um relato claro. No Capítulo 11: "Os astro-

nautas da Apollo 11 relataram ter visto estranhos clarões, mesmo de olhos fechados. A NASA decidiu investigar o fenômeno, que só acontecia fora do campo eletromagnético natural da Terra. Verificou-se que as ondas eram causadas por uma única partícula de alta energia que estimulava os nervos ou retinas óticas dos astronautas." Lomas esquadrinha a citação do relatório oficial da NASA.

6. A situação do Panchen Lama foi trazida à minha atenção por Sevak Gulbekian, editor da Temple Lodge Publishing, da Rudolf Steiner Press e Clairview Books, e autor de um excelente livro, *In the Belly of the Beast: Holding your Own in Mass Culture* (Hampton Roads, 2004), o qual tem um capítulo sobre o assunto.

7. *The Cycle of the Year as a Path of Initiation Leading to an Experience of the Christ Being*, de Sergei O. Prokofieff (Temple Lodge Publishing, 1991), pp. 337 e 338. Aqui Prokofieff, um importante autor antroposófico, descreve como a influência materialista sobre a vida dos seres humanos nos séculos XVIII, XIX e início do XX levou ao esgotamento dos seus corpos etéricos, impressionados por um imaginário sombrio, de modo que após a morte os corpos etéreos se dissolveriam tão lentamente que formariam uma barreira para um encontro com Cristo.

8. Um relato completo pode ser encontrado nos arquivos do Centro de Pesquisa Religiosa da Universidade do País de Gales.

9. David Hay, *Religious Experience Today*, Mowbray, 1990. Veja também "Religion is Good for You", de David Hay e Gordon Heald, *New Society*, 17 de abril de 1987.

10. Pesquisa da ICM para a Sociedade Bíblica relatada no *Daily Telegraph*, 17 de dezembro de 2012.

11. Enquete realizada pelo Instituto de Estudos de Religião da Universidade Baylor e relatada na revista *Time*, em 18 de setembro de 2008.

12. Levantamento do Fórum Pew sobre Religião e Vida Pública, disponível em religions.pewforum.org/reports.

CAPÍTULO 48

1. A agente e empresária de Lorna, Jean Callanan, nos levou a uma exposição de pinturas dos pré-rafaelitas na Tate Britain, no início deste ano, e Lorna apontou uma pintura da Anunciação, de Dante Gabriel Rossetti, como a que mais capturava a maneira com que os anjos pairam no ar, até o detalhe de uma ligeira sombra. Eu esperava mostrar para Lorna *O morador no íntimo*, de George Frederic Watts, que é talvez uma representação do Guardião do Umbral, descrito por Edward Bulwer-Lytton, Rudolf Steiner e outros. E no fim encontramos uma reprodução na lojinha do museu. Para uma interessante comparação, veja esta passagem de *Experiences*, de Arnold Toynbee, Parte II, Capítulo 9: "(...) o que me preocupa quanto à humanida-

de é a faceta espiritual de cunho psicossomático que os seres humanos apresentam para os outros e para si mesmos. A verdade (como acredito que seja) é expressa visualmente pelo pintor inglês vitoriano no quadro que ele intitulou *O morador no íntimo*."

CONCLUSÃO

1. Nos primeiros capítulos, tentei mostrar que a astrologia só *parece* trivial – e que é um componente de um complexo e sofisticado sistema filosófico que tem servido bem à humanidade, e no mínimo a forma com que reconcilia as experiências objetiva e subjetiva é a mais abrangente narrativa do mundo ainda inventada. Segundo Kant, duas coisas o enchiam constantemente de admiração – as piscadas das estrelas no céu da noite e as piscadas da consciência interior. Na filosofia descrita neste livro, ambas estão intimamente ligados.
2. Rupert Sheldrake sorria maliciosamente quando me disse, em novembro de 2012, que ele pensou que o Grande Colisor de Hádrons era um exercício gigantesco no efeito quântico. Todos esses cientistas concentram-se em encontrar a partícula de Higgs e talvez chamá-la à existência!

    Daqui a milhares de anos, os arqueólogos talvez descubram os restos do Grande Colisor de Hádrons e os considerem no mesmo patamar do complexo das pirâmides no planalto de Gizé e, dependendo da predisposição filosófica, eles poderão considerá-lo como uma gigantesca loucura ou como uma gigantesca máquina concebida para pôr em evidência o poder de outra dimensão.

    É complicado tentar usar toda a história para rastrear as raízes mais evanescentes das experiências – a sensação é que o que você acabou de ter não é algo que pode chamar com segurança de seu?

Bibliografia

Avery Allyn, *A Ritual and Illustrations of Freemasonry*, 1831
William Anderson, *Dante the Maker*, Hutchinson, 1980
Bartholomaeus Anglicus, *Le Propriétaire des Choses*, 1490
Elias Ashmole, *Theatrum Chemicum Britannicum*, 1651
W. e G. Audsley, *Handbook of Christian Symbolism*, 1865
Francis Bacon, *The Advancement of Learning*, 1605
Philip Ball, *The Devil's Doctor*, William Heinemann, 2006
———, *Universe of Stone*, Bodley Head, 2008
Robert Bauval, *The Egypt Code*, Century, 2006
Robert Bauval e Graham Hancock, *Keeper of Genesis*, William Heinemann, 1996
Harold Bayley, *The Lost Language of Symbolism*, 1912
———, *Archaic England*, Chapman and Hall, 1919
John Beaumont, gent., *An historical, physiological and theological treatise of spirits: apparitions, witchcrafts, and other magical practices. Containing an account of the genii ... With a refutation of Dr. Bekker's World bewitch'd; and other authors ...* D. Browne, J. Taylor, R. Smith, F. Coggan e T. Browne, 1705
David Bellamy, *Jolly Green Giant*, Century, 2002
Nicholas Berdyaev, *The End of Our Time*, 1923
———, *Studies Concerning Jacob Boehme*, 1939
Isaiah Berlin, *The Roots of Romanticism*, Chatto & Windus, 1999
Jonathan Black, *The Secret History of the World*, Quercus, 2008
———, *The Secret History of Dante*, Quercus, 2013
H. P. Blavatsky, *Isis Unveiled*, vols. I e II, 1877
John Bleibtreu, *The Parable of the Beast*, Paladin, 1970
Harold Bloom, *Shakespeare: The Invention of the Human*, Riverhead Trade, 1999
Emil Bock, *Genesis*, Floris Books, 1983
Jacob Boehme, *The Signature of All Things*, circa 1612
———, *Mysterium Magnum*, 1623
Mark Booth, editor, com M. Basil Pennington e Alan Jones, *The Christian Testament Since the Bible*, Firethorn Press, 1985; publicado nos Estados Unidos com o título *The Living Testament*, Harper & Row

———, editor, *Christian Short Stories,* Crossroad, Continuum, 1985
Jorge Luis Borges, editor com Adolfo Bioy Casares, *Extraordinary Tales,* 1967
Patrick Bowen, "The Ancient Wisdom in Africa", em *Studies in Comparative Religion,* volume 3, nº 2, primavera de 1969, pp. 113-121
K. M. Briggs, *The Fairies in Tradition and Literature,* Routledge & Kegan Paul, 1967
Mick Brown, *The Dance of 17 Lives,* Bloomsbury, 2004
Richard Maurice Bucke, *Cosmic Consciousness,* E. P. Dutton, 1901
Robert Burton, *The Anatomy of Melancholy,* 1621
Lorna Byrne, *Angels in My Hair,* Century, 2008
———, *Stairways to Heaven,* Coronet, 2011
———, *A Message of Hope from the Angels,* Coronet, 2012
Joseph Campbell, *The Hero with a Thousand Faces,* Pantheon Books, 1949
Cícero, *On the Nature of the Gods*
Norman Cohn, *Europe's Inner Demons,* Sussex University Press, 1975
Michael D. Coogan, *The Old Testament: A Historical and Literary Introduction to the Hebrew Scriptures,* Oxford University Press USA, 2005
Henry Corbin, *History of Islamic Philosophy,* 1964
James Cowan, "Wild Stones", *Studies in Comparative Religion,* volume 17, nos 1 e 2
William Crookes, *Researches into the Phenomena of Spiritualism,* J. Burns, 1874
Nicholas Culpeper, *Complete Herbal,* 1653
Charles Dickens, *A Christmas Carol,* Chapman & Hall, 1843
Adolphe Napoléon Didron, *Iconographie chrétienne,* Imprimerie royale,1843; *Christian Iconography,* 2 volumes, Henry G. Bohn, 1851-1886
Dionísio, o Aeropagita, *The Celestial Hierarchies*
E. R. Dodds, *The Greeks and the Irrational,* University of California Press, 1951
Fiodor Dostoievski, *Os demônios,* 1872
———, *Os irmãos Karamazov,* 1880
Maureen Duffy, *The Erotic World of Fairy,* Hodder & Stoughton, 1974
Johann Peter Eckermann, *Conversations with Goethe, Conversations with Eckermann,* vols. I and II, Gedichte, 1836; vol. III, 1848
Mircea Eliade, *Myth and Reality,* tradução de Willard R. Trask, Harper & Row, 1963
George Eliot, *Scenes of Clerical Life,* Blackwood and Sons, 1858
Henry Nicholson Ellacombe, *The Plant-Lore and Garden-Craft of Shakespeare,* W. Satchell & Co., 1878
J. Fellows, *The Mysteries of Freemasonry,* 1860
David Fideler, *Jesus Christ, Sun of God,* Quest Books, 1996
David Foster Wallace, *Infinite Jest,* Little, Brown, 1996
———, *The Pale King,* Little, Brown, 2011

Michel Foucault, *Folie et déraison*, Librarie Plon, 1961; *Madness and Civilization*, resumido, Random House, Inc., 1965
Matthew Fox e Rupert Sheldrake, *The Physics of Angels*, HarperCollins, 1998
Jonathan Franzen, *Freedom*, Fourth Estate, 2011
James Frazer, *The Golden Bough*, 1890
Louis Ginzberg, *The Legends of the Jews*, The Echo Library, 1910
Joscelyn Godwin, *Robert Fludd, Hermetic Philosopher and Surveyor of Two Worlds*, Thames & Hudson, 1979
Rene Guénon, *Man and his Becoming according to the Vedanta*, 1925
———, *The Esoterism of Dante*, 1925
———, *The Lord of the World*, 1929
Sevak Gulbekian, *In the Belly of the Beast*, Hampton Roads, 2004
Graham Hancock, *The Fingerprints of the Gods*, William Heinemann, 1995
———, *Supernatural*, Century, 2005
Patrick Harpur, *Daimonic Reality*, Viking, 1994
———, *The Philosophers' Secret Fire*, Ivan R. Dee, 2002
C. G. Harrison, *The Transcendental Universe*, George Redway, 1896
Jane Harrison, *Themis: A Study in the Social Origins of Greek Religion*, Merlin Press, 1963
Hegel, *On the Prospects for Folk Religion*, 1793
———, *Lectures on the Philosophy of History*, tradução de J. Sibree, 1837-1888
Geoffrey Hodson, *The Kingdom of Fairie*, 1927
———, *The Coming of Angels*, 1935
Stephen Howarth, *The Knights Templar*, Collins, 1982
Georges Huber, *My Angel Will Go before You*, Four Courts Press, 1983
Ted Hughes, *Shakespeare and the Goddess of Complete Being*, Faber and Faber, 1992
David Hume, *An Enquiry Concerning Human Understanding*, 1748
———, *An Enquiry Concerning the Principles of Morals*, 1751
Robert Irwin, *The Arabian Nights: A Companion*, Allen Lane, 1994
Toshihiko Izutsu, *Sufism and Taoism*, University of California Press, 1983
Julian Jaynes, *The Origins of Consciousness in the Breakdown of the Bi-Cameral Mind*, Houghton Mifflin, 1976
Leon Jenner, *Bricks*, Coronet, 2011
Carl Gustav Jung, *Psychology and Alchemy*, Routledge, 1944
———, *Memories, Dreams, Reflections*, Collins and Routledge, 1962
———, "Paracelsus as a Spiritual Phenomenon", introdução (1942), *Alchemical Studies*, tradução de R. Hull, Routledge and Kegan Paul, 1967
———, *The Red Book*, W. W. Norton & Co., 2009

Robert Kirk, *The Secret Commonwealth of Elves, Fauns and Fairies*, 1691, nova edição com introdução de Marina Warner, New York Review of Books, 2007
Stanislas Klossowski de Rola, *The Golden Game*, Thames and Hudson, 1997
Brunetto Latini, *Li Livres dou Trésor*, Imprimerie Impériale, Paris, 1863
William Edward Hartpole Lecky, *The History of the Rise and Influence of the Spirit of Rationalism in Europe*, vol. I, 1865; vol. II, 1866
William Lethaby, *Architecture, Mysticism and Symbolism*, 1891
Ivan Leudar e Philip Thomas, *Voices of Reason, Voices of Insanity*, Routledge, 2000
Robert Lomas, *The Secret Science of Masonic Initiation*, com prefácio de Mark Booth, 2010
———, *The Lost Key*, Coronet, 2011
Robert Lomas e Christopher Knight, *Uriel's Machine*, Random House, 1999
Inácio de Loyola, *The Spiritual Exercises of Ignatius Loyola*, Antonio Bladio,1548
Gitta Mallasz, *Talking with Angels*, tradução de Robert Hinshaw, Daimon Verlag, 1988
Jean de Meun e Guillaume de Lorris, *The Romance of the Rose*, 1275
John Michell, *City of Revelation*, Ballantine, 1973
Seyyed Hossein Nasr, *Islamic Spirituality: Foundations*, Crossroad, 1987
Maurice Nicoll, *The Mark*, Vincent Stuart, 1954
Henry Steel Olcott, *People from the Other World*, Cambridge University Press, Nova York, 1895
Paracelso, *De Virtutue Imaginativa*, circa 1535
David Plant, *Johannes Kepler and the Music of the Spheres*, www.skyscript.co.uk/kepler.html
Alvin Plantinga, *Where the Conflict Really Lies*, Oxford University Press Inc., 2011
Plotino, *Letter to Flaccus*
———, *Enéadas*
Plutarco, *Life of Marcellus*
———, *On the Face on the Moon*
Hope Price, *Angels: True Stories of How They Touch Our Lives*, Guidepost Books, 1993
Sergei O. Prokofieff, *The Cycle of the Year as a Path of Initiation Leading to an Experience of the Christ Being*, Verlag Freies Geistesleben, 1986, tradução de Simon Blaxland de Lange, Temple Lodge Publishing, 1991
Philip Pullman, *His Dark Materials I: Northern Lights*, Scholastic, 1995
———, *His Dark Materials II: The Subtle Knife*, Scholastic, 1997
———, *His Dark Materials III: The Amber Spyglass*, Scholastic, 2000
David Punter, *Blake, Hegel and Dialectic*, Rodopi, 1982
Thomas de Quincey, *Autobiographical Sketches*, 1853
C. J. Richardson, *Studies from Old English Mansions*, 1851

John Robinson, *Honest to God*, John Knox Press, 1963
David Rohl, *A Test of Time*, Century, 1995
———, *Legend*, Century, 1998
Eusebe Salverte, *The Philosophy of Magic*, 1829
Jean-Paul Sartre, *La Nausée*, Éditions Gallimard, 1938
Marsha Keith Schuchard, *Why Mrs Blake Cried*, Century, 2006
Edouard Schure, *The Great Initiates*, 1889
Virginia Sease e Manfred Schmidt-Brabant, *Thinkers, Saints, Heretics*, Temple Lodge Publishing, 2007
Jean Seznec, *The Survival of the Pagan Gods*, Princeton University Press, 1940
Idries Shah, *The Sufis*, WH Allen, 1964
———, *The Way of the Sufis*, Jonathan Cape, 1968
Rupert Sheldrake, *The Science Delusion*, Coronet, 2012
Herbert Silberer, *Hidden Symbolism of Alchemy*, 1917
Ludwig Staudenmaier, *Magic as an Experimental Science*, 1912
Rudolf Steiner, *Philosophy of Freedom*, 1894
———, *Genesis*, 1910
———, *Inner Impulses of Evolution: The Mexican Mysteries and the Knights Templar*, Anthroposophical Press, 1916
———, *The Karma of Untruthfulness*, vols. I e II, Steiner Books, 1916, 1917
———, *Knowledge of Higher Worlds and How to Attain It*, 1918
———, *The Temple Legend*, Rudolf Steiner Press, 1985
Whitley Strieber, *Christmas Spirits*, Coronet, 2012
Robert Temple, *He Who Saw Everything*, Rider, 1991
———, *The Crystal Sun*, Century, 2000
———, *Netherworld*, Century, 2002
Keith Thomas, *Religion and the Decline of Magic*, Weidenfeld and Nicolson, 1971
Valentine Tomberg, *Méditations sur les 22 arcanes majeurs du Tarot*, publicado anonimamente, Aubier, 1984; *Meditation on the Tarot*, tradução de Robert Powell, Jeremy P. Tarcher, 1985
Arnold Toynbee, *Experiences*, 1969
Rev. C. H. Vail, *The World's Saviours*, N. L. Fowler & Co., 1913
Jacob de Voragine, *The Golden Legend*, 1275
HRH The Prince of Wales, Tony Juniper e Ian Skelly, *Harmony*, Blue Door, 2010
E. A. Wallis Budge, *Egyptian Magic*, Kegan Paul, Trench and Truber & Co., 1899
Marina Warner, *From the Beast to the Blonde*, Chatto & Windus, 1994
Terry White, *The Sceptical Occultist*, Century, 1994
W. L. Wilmshurst, *The Scientific Apprehension of the Superphysical World*, 1905

Ian Wilson, *The After Death Experience*, Sidgwick and Jackson, 1987
Oswald Wirth, *Le Tarot des imagiers du moyen age*, Claude Tchou, 1966
Francis A. Yates, *Giordano Bruno and the Hermetic Tradition*, Routledge, 1964
Pamela Young, *Hope Street*, Coronet, 2012
Carol Zaleski, *Otherworld Journeys*, Oxford University Press, 1987
R. W. Bro. Leon Zeldis, *An Esoteric View of the Rose-Croix Degree*, disponível on-line em Pietre-stones Review of Freemasonry, freemasons.freemasonry.com

Agradecimentos

Agradeço amorosamente a minha filha, Tabitha, por suas belas ilustrações, a meu filho, Barnaby, por sua ajuda com as correções e a minha esposa, Fiona, por ser uma viúva livro com tanta boa vontade. A Hannah Black, Kate Parkin, Sevak Gulbekian e Jean Callanan, que se importaram o suficiente para lerem os originais e fazerem sugestões perspicazes e esclarecedoras. Sou mais agradecido do que consigo dizer. Faço sinceros agradecimentos ao meu superagente, Jonny Geller, que continua me apoiando e negociando a edição dos meus livros por todo o mundo. Obrigado também a todos da Curtis Brown por serem sempre gentis, solidários e atenciosos, mas especialmente a Kirsten Foster, Lisa Babalis, Melissa Pimentel, Kate Cooper e Eva Papastratis. Na Quercus, gostaria de agradecer a Mark Smith, que tem sido um verdadeiro camarada, meu editor misterioso e sábio, a Richard Milner, Iain Millar, que têm estado à frente da curva e são a chave para o sucesso dos livros desde o início, a Josh Ireland, que foi brilhantemente incansável e hábil e de uma alegria ímpar para lidar com tudo. Obrigado a Roy Flooks pelas excelentes fotografias dos meus livros antigos de má qualidade, e a Rich Carr pelo seu brilhante design. Obrigado também aos meus novos editores americanos, Judith Curr e Johanna Castillo, da Atria, pelo talento na publicação e pela inovadora filosofia.

Impressão e Acabamento:
GRÁFICA STAMPPA LTDA.
Rua João Santana, 44 - Ramos - RJ